大学受験
プライムゼミ
ブックス

JN042139

竹岡の
英語長文
SUPREMACY
至高の20題
別冊 問題編

Gakken

英語長文 SUPREMACY

 挑戦者3つの心得

1

英文は前から読み進むべし!

英文は「意味のカタマリ」を意識し，前から読み進めることを習慣化してください。「返り読み」のクセが抜けなければ，読解スピードの改善は望めませんし，リスニングにおいては絶望的な結果をもたらします。音声も活用して，英語を前から読み進めるトレーニングを積んでください。

2

パラグラフごとに要旨をつかむべし!

「読解の力」とはすなわち「英文の言いたいこと」を端的に答えられることです。枝葉末節にこだわり，樹の全体像を見ないのでは入試突破は見込めません。細かなことも大切ですが，英文の要旨をつかむことも意識してください。入試本番でも発揮できるよう，問題を解く際には必ず各パラグラフの要旨をメモする習慣をつけてください。

3

語彙力，文法力，そして負けない心を持つべし!

英文を読み進めるには，必要最低限の語彙と文法の力が必要です。一文一文の意味がわからず，構造も間違えてとらえたとあっては文の意味はもちろん，英文の要旨などつかめるはずがありません。本書の解説では誌面の許す限り，語彙，文法，構造の解説，解析をしています。未知のことや間違えた問題があったら，「なにくそ! 負けるものか!」の精神で解説を熟読し，吸収，克服してください。

はじめに 〜長文読解に必要なこと

1. 前から読み進めること

「意味のカタマリ」を意識して，前から読み進めることを習慣化してください。「返り読み」にならないように意識して読んでください。最初は，違和感がある人もいるでしょうが，それをやらないと読解のスピードの改善は望めません。しかも，「返り読み」では，リスニングは絶望的なぐらいできません。

ただし，下線部和訳を課される場合には，「返り読み的な訳」をするしかありません。そこは「受験」と割り切って，「返り読み」をします。

2. パラグラフ毎に簡単な要旨を書くこと

「読解の力」とは突き詰めれば「英文の言いたいこと」を端的に答えられることです。「文構造が分かる」「強調構文だと識別できる」「修飾関係がわかる」などの細かいことも，もちろん大切かもしれませんが，極論すれば，そうしたことがわからなくても「文のおよその言いたいこと」がつかめればよいわけです。

だから，必ず各パラグラフの言いたいことを簡潔にメモする癖をつけてください。

3. 語彙の力

当たり前のことですが，語彙の力がなければ絶望的です。ただし「単語集の丸暗記」ではなく，様々な「手がかり」を総動員して覚えてください。本書では紙面の許す限り語彙の解説をしています。これらを参照にして「丸暗記」にならないようにしてください。

1. deserve 〜 　　　「〜に値する」
2. conservative 　　　「保守的な」
3. approve of 〜 「〜を承認する」
4. oppose 〜 　　　「〜に反対する」
5. award 〜 　　　　「〜を与える」

たとえば，上の単語を1つでも知らないと「記念受験」になってしまいます。単語は1つでも多く知っておいた方が有利です。語学の勉強は「語彙に始まり語彙に終わる」と言われています。確かにその通りです。日々，語彙を増強するように精進してください。

4. 読み解くための文法力

どのような言語でもそうですが，英語もある一定の約束の元で書かれています。つまり，その約束事を知らないでは読みにくくなります。たとえば「関係代名詞」「分詞構文」などの形を知らないと，読みづらくなります。

5. 負けない気持ち

　高校生が突然変化する姿には素晴らしいものがあります。何かロケットエンジンが点火した感じでしょうか。「私でも出来るかも！」と思った瞬間に，様々な化学反応が一気に進み，まさに「目の色を変えて」勉強し出すという感じですね。そのような生徒との出会いはこの30数年でおびただしい数になります。ある福岡の男子生徒は，センター試験の英語の点数が200点満点で50点もない状態で浪人してきました。なかば自暴自棄になっていましたが，アクセントに原則性があることを知った時ぐらいから，突然エンジンが点火しました。結局，9カ月後のセンター試験では188点をたたき出していました。また，「チャゴ」という芸名で仕事をなされていた芸能人を，テレビ番組の企画で教えたことがあります。芸能人としてほぼ無名なため，「そのテレビ企画で頑張らないと明日はないのです」と彼は言っていました。彼は1年後，予備校の東京大学模擬試験の文科Ⅲ類で全国1位になりました。すごいですね。また，ある時，中学受験に失敗した生徒と塾で出会いました。語源に興味を持ってくれ，気がつけば京都大学の模擬試験で英語全国1位になっていました。東京大学に現役，浪人と2回も落とされた佐賀県の女の子がいました。浪人した時に，講師部屋で号泣していたのを覚えています。けれども，それでへこむことなくエンジンが入り，4年後ハーバードの大学院に奨学金つきで合格しました。すごいですね。みなさんも，失敗しても腐ることなく，再度挑戦してください！「なにくそ！　負けるものか！」

　学研編集部の田中宏樹さんには，英文の選定を始めとして色々とお世話になりました。また，駿台予備学校の吉村聡宏先生には原稿全体に目を通していただき，講師の視点から貴重なご意見をいただきました。ありがとうございました。皆さんにこの本を用いて読解力を「どどどーん」と上げて頂くことが，著者と編集者の切なる願いです。がんばってください。

2021年10月
竹岡広信

問題編 もくじ

Contents

ダウンロード音声について

Day 1〜Day 20までの全英文の英語読み上げ音声をご用意しています。
音読やリスニングのトレーニングなどに,
付属の音声を存分に活用しましょう。
本書付属の音声は下記の方法でご利用いただけます。

❶ スマートフォンなどで聞く

右のQRコードをスマホなどで読み取るか,
次のURLにアクセスしてアプリをダウンロードしてください。ダウンロード後,
アプリを立ち上げて『竹岡の英語長文SUPREMACY至高の20題』を選択すると,
端末に音声がダウンロードされます。

https://gakken-ep.jp/extra/myotomo/

※iPhoneからのご利用にはApple ID,
　Androidからのご利用にはGoogleアカウントが必要です。
　アプリケーションは無料ですが,通信料は別途発生します。

❷ パソコンで聞く

上記の URL にアクセスし,ページ下方の【高校】から
『竹岡の英語長文SUPREMACY至高の20題』を選択後,
MP3 形式の音声ファイルをダウンロードしてください。

※ダウンロードできるのは,圧縮されたMP3形式の音声ファイルです。再生するには,ファイ
　ルを解凍するソフトと,iTunes や Windows Media Playerなどの再生ソフトが必要です。
※お客様のスマートフォンやパソコン等の環境により音声をダウンロード・再生できない場合,
　当社は責任を負いかねます。ご理解,ご了承をいただきますよう,お願いいたします。

竹岡先生の授業をもっと見たい方は…

[学研プライムゼミ] で検索！

https://gpzemi.gakken.jp

学研プライムゼミへの無料会員登録で,
「難関私大英語」の第 1 講をお試し試聴することができます！
他の教科・科目も,充実したカリキュラムをご用意しています。

本書の使い方

本書は近年の私立大学の入試問題を分析し、「合格」の栄冠をめざす
受験生の演習に適した良問だけを厳選した「英語長文問題集」です。
すべての設問に竹岡先生が授業さながらのくわしく解説を加え、
英文の構造なども徹底的に解析しています。

まずは，別冊「問題編」の問題を解こう！

最初に問題を解いていきましょう。
この別冊は本体から取り外して利用できるので、
問題だけ持ち出して通学中などに解きたい人には便利です。

ユニット

本書にはDay 1～Day 20まで20のユニ
ットがあります。時間をはかり、入試本
番を意識して取り組みましょう。

制限時間、レベルなど

各英文の冒頭に英文の単語数、制限時間、英
文の語彙を分析した「CEFRレベル」、設問
などを総合してレベルを判断した「難易度」、
音声のトラック番号などを表示しています。

問題

よく出る問題だけを厳選して
収録しています。

次に，本冊「解答・解説編」の解説をしっかり読もう！

解答一覧と配点については，本冊解説編の各Day冒頭ページに示しています。
問題を解き終えたら，そちらを参照して，答え合わせと採点をしてください。

解説

正解に至るプロセスがわかる竹岡流のく
わしい解説を掲載しています。

モニター受験者が正解の選択肢を選んだ割合
をパーセンテージで示した正答率を掲載。
正答率がとくに低かった問題についてはCheer
Up!のコーナーを設け，誤答の「なぜ」や正
解を選ぶための心構えなどをまとめています。
各設問の正答率は，大学が発表したものでは
なく，著者が独自に実施した試験の結果です。
問題ごとの母集団は同じではなく，結果には
ばらつきがありますが，「およその目安」と
考えて参考にしてください。

竹岡の生徒答案メッタ斬り

英文和訳の生徒の答案に竹岡先生が採点，
コメントを加えるコーナー。厳しい中に
もやさしさがあるコメントを読むことで，
解答のポイントがつかめます。

[生徒答案例1] [4/5]
私は，人工芝と同じくらい天然芝の見栄えをよくするために，自分の×
[ヌケ=すべての] 人生を費やしている。
※ all の訳抜け。
[生徒答案例2] [2/5]
私は自分の人生のすべてをかけて，人工芝と見栄えが大変な本当の芝
×を作ろうと [→にしようと] 試みている。
※〈make + O + 原形不定詞〉がわかっていない典型的なミス。

構文解析，日本語訳，語注

英文の構造を分析した構文解析と日本語
訳，英文中の重要表現をまとめた語注を
掲載しています。

❶ ●Environmentalists have warned〈that a growing trend〉to lay artificial lawns
　　　　　　　　S　　　V　　　　O　　適　M
〈instead of real grass〉threatens the natural landscape〈across Britain〉. ❷ ●From
local governments〈who purchase〈in bulk〉〈for use〉〈in urban settings〉〉,
　　　　　　　　　　　　　　　　　　関主　V
〈to primary schools〈for children's play areas〉〉, and〈in the gardens〉of ordinary

□ environmentalist	「環境保護論者」	A
□ a growing trend to (V)	「Vする高まりゆく傾向」	B
□ lay artificial lawns	「人工芝を敷く」	A
□ threaten	「〜を脅かす」	B
□ natural landscape	「自然の景観」	A

語注の単語や熟語などには「使用頻度レベル」
を A，B，C の表記を付しています。使用
頻度は A が最も高く，その次に B，使用頻
度は低いものの重要であるものには C を付
しています。この指標はCEFR-JのWordlist
やEnglish Profileなどの英語の使用頻度やレ
ベル指標を参照しながら，編集部が独自に設
定したものです。

Road to Supremacy

設問解答や英文理解のカギになっている
知識，関連表現などをコンパクトに凝縮
した「まとめ」のコーナーです。

Road to Supremacy 001

Oh my ...

解説では言い足りなか
った竹岡先生のコメン
トをまとめたコラムの
コーナーです。

Oh my ...

〈語彙リストで使用する主な記号〉

名=名詞　**動**=動詞　**形**=形容詞　**副**=副詞　**接**=接続詞　**前**=前置詞　**間**=間投詞　**熟**=熟語

英語長文
SUPREMACY Day 1

≫解答・解説は本冊 p.004

制限時間 15分　単語数 725words
CEFR レベル B1　レベル やや難　音声 TRACK 01

得点：1回目　　/40　2回目　　/40

次の英文を読み，下の問いに答えなさい。

❶　I remember my first boss at J. Walter Thompson, an advertising agency, gave me a big piece of advice with my first raise. He said," [X], Mike, but I have to warn you. The richer you get, the more you worry about being poor." He spoke the truth. The more money I had, the more I spent and **(1)the more I lived in an anxious mood of always trying to make more**. I have known billionaires who wake up each morning with a kind of deep-rooted anxiety. They are afraid their good fortune cannot last. There is no security in money, only greater fear that somehow it **(2)could** all disappear someday. The more money you have, the more you have to lose, and so the sick fear grows.

❷　Money is the easiest drug in a material culture to get addicted to. A big house is also irresistible. [Y] once you have a huge house you have to make sure you have a big job to pay the loan. Once you have a huge house and a big job you not only **(3)fear losing them**, you lie awake at night wondering whether you can survive without all the possessions you have gained.

❸　**(4)Make a list of the things you have sacrificed so much of your time and energy to acquire**. Then list the things you actually need to survive. The bare necessities. You will discover that you don't need most of the things you have, and you can live easily (and often are even better off) without them.

❹　As humans, we need food on the table and a roof over our heads. But equally, we need family and love. We need to appreciate the world we live in and respect those around us. We don't need fancy clothes, or the fastest car, or the most up-to-date anything. There is a natural and sadly inevitable tendency to become possessed by our possessions. I have discovered the only sure way to avoid **(5)that fate**: Don't buy more stuff! And get rid of all the stuff you can. As we eagerly fill our lives full to overflowing, I have come to understand a basic fact: *Any* fool can complicate their lives. *It takes a genius to simplify.* The best way to simplify: Free yourself from stuff! While many of our possessions may bring us temporary comfort, they inevitably bring burdens as well — the burden of paying for them, of maintaining them, of them getting in the way of our thoughts and our time.

⑤ Today as I climb the stairs to my little apartment I look forward to what we used to call in advertising "white space." When I open the door to my apartment I see white walls and white plastic furniture. There's a lot of welcome white space.

⑥ A reporter came to interview me and see the way I lived. First we went to see the home where I had grown up: a twenty-five-room mansion built in a grand style that seemed fit for a king. Then we came back to my little apartment so [**Z**] in expensive furniture or any other stuff.

⑦ "I have to say something," the reporter told me with a frown, "but not as a reporter. This is not about my newspaper story — this is about the way you live."

⑧ "Okay," I said, ready for some profound observation about my life.

⑨ "You have to get a sofa!" she announced.

⑩ No, I don't. No sofa. My life is a lesson that the loss of stuff can bring a new sense of liberty. I feel a whole new sense of freedom from the fear of losing stuff. I also feel free of the literal and figurative* weight of carrying all that stuff. I have found how much fun it can be to travel through life without carrying a lot of **(6)luggage**.

⑪ Somehow in recent years we have let the American Dream become defined as an aspiration for possessions. Life, liberty, and the pursuit of happiness do not mean the greedy desire for more stuff.

⑫ Tonight my sleep is not weighed down by my fear of losing my possessions. When I wake I know I'll be free of the burden of all that stuff.

＊figurative：比喩的な

□
□　01　空所[**X**]に入る上司のことばとして最も適切なものを次の(イ)〜(ニ)の中から1つ選びなさい。
　　　　(イ) Congratulations 　　(ロ) Don't worry
　　　　(ハ) Not at all 　　　　　(ニ) Take it easy

□
□　02　下線部**(1)**の "make more" の後に省略されているものを補って，全体を句読点を含め35字以内の日本語に訳しなさい。

□
□　03　下線部**(2)**の用法に最も近いものを次の(イ)〜(ニ)の中から1つ選びなさい。
　　　　(イ) **Could** you come and help us with the problem I told you about?
　　　　(ロ) It was so noisy in the shop that we **could** hardly hear ourselves speak.
　　　　(ハ) If only I **could** make them understand my viewpoint.
　　　　(ニ) There **could** be trouble if you don't do the right thing.

□
□　04　空所[**Y**]に入る最も適切なものを次の(イ)〜(ニ)の中から1つ選びなさい。
　　　　(イ) For example 　　　　(ロ) Moreover
　　　　(ハ) On the one hand 　(ニ) Yet

□
□　05　下線部**(3)**を以下のように書き換えた場合，(　　)に入る語として最も適切な1語を書きなさい。
　　　　 fear their (　　)

□
□　06　下線部**(4)**の意味に最も近いものを次の(イ)〜(ニ)の中から1つ選びなさい。
　　　　(イ) List the things you have obtained by spending a lot of time and

effort.
- （ロ）You are expected to make a list of the possessions you have gained at the cost of all your money.
- （ハ）Put on the list the things you have given up in order to acquire a higher position.
- （ニ）You have spent so much of your time and money making a list of the things you need.

07　下線部(5)が具体的に指している箇所を探し，その箇所を句読点を含めて15字以内の日本語でまとめなさい。

08　空所[Z]に入る語として最も適切なものを次の(イ)〜(ニ)の中から1つ選びなさい。
　　（イ）absent　　　（ロ）empty　　　（ハ）failing　　　（ニ）lacking

09　本文中に使われている語の中で，下線部(6)と同じ意味で**使われていないもの**を次の(イ)〜(ニ)の中から1つ選びなさい。
　　（イ）burdens　　（ロ）lessons　　（ハ）possessions　　（ニ）stuff

10　本文の内容と一致するものを次の(イ)〜(ト)の中から**2つ**選びなさい。
- （イ）J. Walter Thomson's advice for the author was that you might be afraid of losing your possessions if you become richer.
- （ロ）If you earn enough money before buying a house, then you will not worry about paying the housing loan.
- （ハ）You don't need any food to eat or a house to live in, as long as you have family and love.
- （ニ）Although you might feel happy with your possessions for a while, you will come to fear losing them.
- （ホ）The only expensive furniture the author has in his apartment is a sofa.
- （ヘ）The reporter was surprised to see there was not even a sofa in his former residence.
- （ト）Losing material possessions can often bring a new kind of freedom and result in spiritual well-being.

本文のタイトルとして最も適切なものを次の（イ）〜（ニ）の中から１つ選びなさい。

（イ）Less Is More

（ロ）More Haste, More Waste

（ハ）More or Less

（ニ）More than Enough

英語長文 SUPREMACY **Day 2**

≫解答・解説は本冊p.020

制限時間 20分　**単語数** 799words
CEFR レベル C1　**レベル** 標準　**音声** TRACK 02

| 得点：1回目 | /30 | 2回目 | /30 |

次の文を読み，下記の 01 ～ 10 それぞれに続くものとして，本文の内容と最もよく合致するものを，各イ～ニから1つずつ選びなさい。

❶ Messy or tidy — which is better? Historically, the evidence has favored the tidy camp. Cleanliness, as the proverb says, is next to godliness. The anthropologist Mary Douglas noted almost 50 years ago a connection between clean, open spaces and moral righteousness. More recently, psychologists have shown that the scent of citrus cleaning products is enough to raise people's ethical standards and promote trust. Conversely, in another study, people were found to associate disorderly wilderness with death. But if messiness is so bad, why do so many people tolerate, and even embrace, it?

❷ Not long ago, two of my colleagues and I speculated that messiness, like tidiness, might serve a purpose. Since tidiness has been associated with social standards, we predicted that just being around tidiness would raise a desire for convention. We also predicted the opposite: that being around messiness would lead people away from convention, in favor of new directions.

❸ We conducted some experiments to test these intuitions, and as we reported in last month's issue of the journal *Psychological Science*, our guesses were right. For our first study, we arranged rooms in our laboratory to look either tidy, with books and papers stacked and orderly, or messy, with papers and books spread around. Then we invited 188 adults to visit our laboratory individually, seemingly for a consumer-choice study. Each subject was assigned to either a messy or a tidy room, where he or she was shown a menu from a deli that made fruit smoothies. The smoothies were said to come with a "boost" (added ingredients) from

014

which there were three options to choose — a health, wellness or vitamin boost.

④ We created two versions of the menu. Half of the subjects saw a menu that had the word "classic" highlighting the health boost option, whereas the other half saw the health boost highlighted by the word "new." Then our subjects made their choices.

⑤ As predicted, when the subjects were in the tidy room, they chose the health boost more often — almost twice as often — when it had the "classic" label: that is, when it was associated with convention. Also as predicted, when the subjects were in the messy room, they chose the health boost more often — more than twice as often — when it was said to be "new": that is, when it was associated with novelty. Thus, people greatly preferred convention in the tidy room and novelty in the messy room.

⑥ Given that **divergence** from the status quo* is the essence of creativeness, we conducted a second experiment to test whether messiness fostered creativity. Forty-eight research subjects came individually to our laboratory, again assigned to messy or tidy rooms. This time, we told subjects to imagine that a ping-pong ball factory needed to think of new uses for ping-pong balls, and to write down as many ideas as they could. We had independent judges rate the subjects' answers for degree of creativity. Answers rated low in creativity included using ping-pong balls for beer pong (a party game that in fact uses ping-pong balls, hence the low rating on innovation). Answers rated high in creativity included using ping-pong balls as ice cube trays, and attaching them to chair legs to protect floors.

⑦ When we analyzed the responses, we found that the subjects in both types of rooms came up with about the same number of ideas, which meant they put about the same effort into the task. Nonetheless, the messy room subjects were more creative, as we expected. Not only were their ideas 28 percent more creative on average, but when we analyzed the ideas that judges scored as "highly creative," we found a remarkable boost from being in the messy room — these subjects came up with almost five times the number of highly creative responses as did their tidy-room counterparts. (These results have been confirmed by independent researchers at Northwestern University, who found that subjects in a messy room drew more creative pictures and were quicker to solve a challenging puzzle than subjects in a tidy room.)

⑧ Our findings have practical meanings. There is, for instance, a minimalist design trend taking hold in contemporary office spaces where less means more. Private walled-in offices and even private cubicles are out of favor. Today's office environments often involve desk sharing and have minimal "footprints" (smaller office space per worker), which means less room to make a mess.

⑨ At the same time, the working world is busy with cultivating innovation and creativity, endeavors that our findings suggest might be **hampered** by the minimalist movement. Although cleaning up certainly has its benefits, clean spaces might be too conventional to let inspiration flow.

＊status quo：現状

☐
☐　01　One idea included in the first paragraph is that
　　　イ．messiness and cleanliness have different meanings for people.
　　　ロ．anthropologists and psychologists study different things.
　　　ハ．wilderness has an association of cleanliness for many people.
　　　ニ．psychologists have not yet explored the meaning of cleanliness.

☐
☐　02　The passage indicates that cleanliness is associated with all of the following EXCEPT
　　　イ．morality.　　　　　　ロ．wealth.
　　　ハ．social conformity.　　ニ．trust.

03 In the first experiment, the 188 subjects
イ．learned the goal of the experiment beforehand.
ロ．visited both the tidy and the messy rooms.
ハ．sat together with other subjects at a table.
ニ．chose one of three kinds of fruit smoothies.

04 The results of the first experiment showed that subjects in the messy room
イ．wanted to try something traditional.
ロ．preferred the menu with several options.
ハ．wanted to try something new.
ニ．preferred the classic menu.

05 The underlined word "**divergence**" (paragraph 6) is closest in meaning to
イ．criticism.　　　　ロ．difference.
ハ．encouragement.　　ニ．recognition.

06 In contrast to the subjects in the first experiment, subjects in the second experiment
イ．visited the laboratory individually.
ロ．were allowed to play ping-pong.
ハ．visited the laboratory more than once.
ニ．were asked to come up with ideas.

07 Results of the second experiment showed that
イ．the type of room had a big influence on subjects' creativity.
ロ．it is difficult to use one's imagination in a laboratory.
ハ．the type of room had a big influence on the number of ideas.
ニ．it is difficult to evaluate creativity in a laboratory.

08 The underlined word "**hampered**" (last paragraph) is closest in meaning to
イ．cancelled.　　　　ロ．explained.
ハ．restricted.　　　　ニ．strengthened.

09 The authors would most likely agree that

イ. it's important to keep your house or office as tidy as possible.
ロ. the immediate environment can influence how we think.
ハ. minimalist office design helps to stimulate creativity.
ニ. psychological experiments tell us little about the real world.

10 The most appropriate title for this passage is

イ. The Psychological Effects of Cleanliness.
ロ. Innovation in the Office Environment.
ハ. Recent Theories of Human Creativity.
ニ. The Benefits of a Messy Room.

英語長文
SUPREMACY Day 3

≫解答・解説は本冊p.036

制限時間 20分　単語数 764words
CEFR レベル C1　レベル 標準　音声 TRACK 03

得点：1回目　　/27　2回目　　/27

Read the passage and answer the questions.

❶ We know some of the tricks for teaching kids to become high achievers. For example, research suggests that when parents praise effort rather than ability, children develop a stronger work ethic* and become more motivated. Yet success is not the No.1 priority for most parents. Surveys reveal that in the United States, parents generally place far greater importance on [A] than [B]. That is to say, we're much more concerned about our children becoming kind, sympathetic and helpful.

❷ In spite of the significance that it holds in our lives, teaching children to care about others is no simple task. A certain study shows parents who valued kindness and sympathy frequently failed to raise children who shared those values. Are some children simply good-natured — or not? How do kind and generous tendencies develop? Genetic twin studies suggest that anywhere from a quarter to more than half of our tendency to be giving and caring is inherited. In other words, there is still much room for education and environment.

❸ By age 2, children experience some moral emotions — feelings triggered by right and wrong. To support caring as the right behavior, research indicates, [C]. Rewards run the risk of leading children to be kind only when something is offered, whereas praise communicates that sharing is essentially valuable for its own sake. But what sort of praise should we give when our children show early signs of generosity?

❹ In an experiment, researchers investigated what happens when we praise generous behavior versus generous character. After 8-year-old children won some plastic toys in a game and gave some to charity, the researchers granted different types of praise to different children. For some, they praised the action: "[**D**]" For others, they praised the character behind the action: "[**E**]"

⑤ A couple of weeks later, when faced with more opportunities to give and share, the children were much more generous after their character had been praised than after their actions had been. Tying generosity to character appears to matter most around age 8, when children may be starting to form notions of identity. Children learn who they are from observing their own actions: I am a helpful person.

⑥ Praise in response to good behavior is important, but our responses to bad behavior have consequences, too. When children cause harm, they typically feel one of two moral emotions: shame or guilt. [**F**] the common belief that these emotions are practically the same, they have very different causes and consequences.

⑦ Shame is the feeling that I am a bad person whereas guilt is the feeling that I have done a bad thing. Shame is a negative judgment about the core self, which is highly damaging. Shame makes children feel small and worthless, and they respond either by expressing anger toward the target or escaping the situation altogether. In contrast, guilt is a negative judgment about an action, which can be repaired by good behavior. When children feel guilt, they tend to experience deep regret, sympathize with the person they have harmed, and aim to make it right.

⑧ In one study, young children received a doll and the leg fell off while they were playing with it all by themselves. The kids who tend to feel shame avoided the researcher and did not volunteer that they broke the doll. The kids who tend to feel guilt were more likely to fix the doll, approach the researcher, and explain what happened. The children who felt ashamed were avoiders; the children who felt guilty were amenders.

⑨ If we want our children to care about others, we need to teach them to feel [**G**] when they behave badly. A psychologist suggests that shame emerges when parents express anger, withdraw their love, or try to assert their power through threats of punishment: Children may begin to believe that they are bad. **(H)Fearing this effect**, some parents fail to exercise discipline at all, which can harm the development of strong moral standards.

⑩ The most effective response to bad behavior is to express disappointment. Parents raise caring children by showing disappointment and explaining why the behavior was wrong, how it affected others, and how they can correct the situation. This enables children to develop standards for judging their actions, feelings of sympathy and responsibility for others, and a sense of moral identity, which lead them to become a helpful person. The beauty of expressing [I] is that it communicates the fact that you do not approve of the bad behavior, together with high expectations and the potential for [J]: "You're a good person, even if you did a bad thing, and I know you can do better."

＊work ethic: the principle that hard work is good

01　Choose the most appropriate combination for [**A**] and [**B**].
  a.　[**A**] action　　[**B**] character
  b.　[**A**] caring　　[**B**] achievement
  c.　[**A**] effort　　[**B**] inheritance
  d.　[**A**] results　　[**B**] process

02　Choose the most appropriate for [**C**].
  a.　both praise and rewards are essential
  b.　neither rewards nor praise is proper
  c.　rewards are more instructive than praise
  d.　praise is more effective than rewards

○
○ 03 What did the researchers say to the children? Choose the most appropriate for each of [**D**] and [**E**]. Use each choice only once.
   a. You offered a lot of your toys, didn't you?
      You are a nice and helpful person.
   b. It's always fun to play with you.
      You are so bright and cheerful.
   c. It's always good to be diligent.
      You worked so hard to get the toys.
   d. You were so good at the game.
      That was really impressive.
   e. You gave your toys to charity.
      That was such a nice thing to do.

○
○ 04 Choose the most appropriate for [**F**].
   a. According to   b. Because of   c. Despite   d. Including

○
○ 05 Choose the most appropriate for [**G**].
   a. shame as well as guilt   b. neither guilt nor shame
   c. shame rather than guilt   d. guilt rather than shame

○
○ 06 Choose the closest in meaning to **(H) Fearing this effect**.
   a. As they are worried about causing their children to consider themselves bad,
   b. Although they are worried about their children's lack of discipline,
   c. Because children are afraid of punishment for their bad behavior,
   d. While children are aware that it might damage their mental development,

07 Choose the most appropriate combination for [**I**] and [**J**].

   a. [**I**] anger   [**J**] affection

   b. [**I**] criticism   [**J**] friendship

   c. [**I**] disappointment   [**J**] improvement

   d. [**I**] dissatisfaction   [**J**] assessment

08 What is the passage mainly about? Choose the most appropriate.

   a. It is about how children learn to control their emotions.

   b. It is about the ways to encourage children to care about others.

   c. It is about how children take after their parents' character.

   d. It is about the ways to help children develop a sense of independence.

英語長文
SUPREMACY Day 4

制限時間 20分　単語数 892words
CEFR レベル C1　レベル やや難　音声 TRACK 04

≫解答・解説は本冊 p.052

得点：1回目　　/26　2回目　　/26

次の英文を読み，以下の設問に答えなさい（＊印の語または語句については，英文の後の注釈を参照しなさい）。

❶ The brain is the most complicated organ in the known universe. It is estimated that the brain has one hundred billion nerve cells and more connections in it than there are stars in the universe. (a) the brain consists of only about two percent of your body's weight, it uses about 25 percent of the calories you consume. If you take a piece of brain tissue the size of a grain of sand, it contains a hundred thousand nerve cells and a billion connections all communicating with one another. If you are not mentally active, the brain loses an average of 85,000 brain cells a day, or one per second. Information in the brain travels at the speed of 268 miles per hour, unless of course you are drunk, which really slows things down. The brain is the organ of loving, learning, behaving, intelligence, personality, character, belief, and knowing.

❷ Neurosurgeon Katrina Firlik describes the brain as being like tofu, the soft kind. Your soft tofu-like brain is contained in a really hard skull that has many ridges*. These ridges can damage the brain during trauma, so why would you ever let children hit soccer balls with their heads, play tackle football (even with helmets), skateboard, or snowboard or ski without helmets? Sports like boxing, football and motocross are simply not (b) the risk. The brain loves physical activity, and it is better to think about safer sports such as tennis, table tennis, track and field* (although not pole vaulting*), and basketball.

❸ A 2007 study by John Adams and colleagues at the University of Cincinnati College of Medicine found that hitting a soccer ball with one's head is linked to long-term brain injury and memory problems later in life. Researchers found evidence of reduced gray matter* in the brains of male college soccer players, compared with young men who had never played.

④ A person with a brain injury often suffers later from emotional, behavioral, or memory problems that may lead him to a psychiatrist or psychologist, who typically never looks at the brain. As a result, problems that are physically based are often considered psychological. If you never look at the brain, you will likely miss what many researchers have called the silent epidemic. There are two million reported new brain injury cases every year, and millions of others that go unnoticed.

⑤ When I first started imaging work, I saw a lot of brain injury patterns on scans. When I asked patients about a history of head injuries, they denied them. When I pressed, a whole new world opened up. I had to ask them three, four, even ten times. Many people forgot, or they did not realize, that they had had a serious brain injury. You would be amazed by how many people, after repeatedly saying "no" to this question, suddenly got an "aha" look on their face and said, "Why yes, I fell out of a second-story window at age seven." Or they told us that they had gone through the windshield of a car in an accident, had had concussions* playing football or soccer, or had fallen down a flight of stairs. Not all brain injuries, even serious ones, will cause damage — it depends on one's genes. Moreover, the brain is protected by the cerebrospinal fluid* that bathes it. Still, damage can occur more than most know.

⑥ Blood is also important to the brain. Although the brain accounts for only two percent of the body's weight, it uses 20 percent of the body's blood flow and oxygen supply. Blood flow to the brain is rarely thought of as important by the general public, unless a disaster strikes, such as a stroke* or any other serious condition. Yet good blood flow is absolutely essential to the brain's health. This is one reason I favor brain SPECT* as our primary imaging method. It specifically looks at blood flow patterns in the brain.

⑦ Blood brings oxygen, sugar, vitamins, and other nutrients to the brain and takes away carbon dioxide and other toxic waste products*. Anything that limits blood flow makes all of your body's organs older prematurely. Consider the skin of smokers. Most people can tell if someone is a smoker by looking at his or her skin. A smoker's skin is more likely to be deeply wrinkled and even perhaps tinged with a yellow or gray color. Why? Nicotine in cigarettes restricts blood flow to every organ in the body, including the skin and the brain. (c) of vital nutrients, a smoker's body will look older and the brain will think slower than it should.

⑧ Unless you actively do something to change it, blood flow throughout your body decreases over time, especially to the brain. Blood vessels become weak and blood pressure rises, limiting blood supply. **(A)To keep your heart and mind young, it is essential to understand the factors that limit blood flow and eliminate them**. Improving blood flow is the fountain of youth.

⑨ To increase healthy blood flow throughout your body and brain, you need to get enough sleep; drink plenty of water; stop any medications or bad habits (like smoking) that may be limiting blood flow; and consider taking supplements such as fish oil, gingko, ginseng, and L-arginine that increase blood flow. Probably the most important thing to do is to (d) any toxic waste products and to exercise almost every day.

＊ridges：隆起
＊track and field：陸上競技
＊pole vaulting：棒高跳び
＊gray matter：灰白質
＊concussions：脳しんとう
＊cerebrospinal fluid：脳脊髄液
＊stroke：脳卒中
＊SPECT：単一光子放射形コンピュータ断層撮影法
＊toxic waste products：老廃物

01 本文の(a)〜(d)の空所に入るものとして，最も適切なものを各組の
1〜4の中から1つずつ選びなさい。

(1) **(a)**
1 Therefore　　2 Even though　　3 As though　　4 Unless

(2) **(b)**
1 paid　　2 given　　3 worth　　4 value

(3) **(c)**
1 Deprived　　2 Full　　3 Ignorant　　4 Consisting

(4) **(d)**
1 remain　　2 repair　　3 recover　　4 remove

02 次の各組の英文の中で，本文の内容に照らして最も適切なものを，各組
の1〜4の中から1つずつ選びなさい。

(5)
1 Hitting a soccer ball with your head is not a danger to your brain.
2 Tennis, pole vaulting and basketball are safe for your brain because
they do not require helmets.
3 The more you play soccer, the more likely you are to have memory
problems in the future.
4 The brains of male college soccer players are much healthier than
those of young men who have no experience playing soccer.

(6)
1 We get two million reports of new brain injuries every year, but
choose to ignore millions of others.
2 It is suggested that the brains of people with emotional, behavioral,
or memory problems be checked for damage.
3 Looking at behavior rather than brain images is more likely to lead
to the discovery of brain injuries.
4 The author does not believe in looking at the physical condition of
a patient's brain.

(7)
    1 The "aha" mentioned in the fifth paragraph is an expression of realization.
    2 The "aha" mentioned in the fifth paragraph is an expression of regret.
    3 The "aha" mentioned in the fifth paragraph is an expression of apology.
    4 The "aha" mentioned in the fifth paragraph is an expression of joy.

03　(8) 下線部**(A)** について，**themの指す内容を明確にしながら**全文を和訳しなさい。

英語長文
SUPREMACY Day 5

≫解答・解説は本冊 p.066

制限時間 20分　単語数 763words
CEFR レベル C1　レベル やや難　音声 TRACK 05

得点：1回目　　/20　2回目　　/20

次の英文を読んで，設問に答えなさい。

❶ Is it an accident that no white runner has managed to break the ten-second barrier in approved wind conditions?　There is definitely a psychological barrier.　The huge bias in the figures has fuelled a debate as to whether black West Africans are faster than the rest of the world's population.　The statistics suggest they are.　But it is also likely that there is an element of the self-fulfilling prophecy about it: in the USA, for instance, since white boys and girls are always told that black runners are superior in sprint events, they go away and choose to compete at something else.　And few black runners in the United States have distinguished themselves at distances over 800 metres.

❷ None of the West African countries have long-distance runners of a high international standard.　The country with the highest density of world-class sprinters in proportion to the population is Jamaica, but Jamaica has never produced runners of the highest standard at more than 800 metres.　Little Jamaica has a population of 2.6 million but almost always has competitors of both sexes in international sprint finals.　In addition to which, many Jamaicans have emigrated to the USA, Canada and Britain and represent those countries in sprint events: they train in different countries and different environments but they still reach the top.

❸ Only two Jamaicans have ever run 10,000 metres in less than 30 minutes, and Jamaican women are in a similar position.　The results show that long-distance running neither enthuses nor suits Jamaicans and there may be particular cultural factors that contribute to that.

❹ Genes are important in sprinting and really talented sprinters can run fast without training, whether they happen to be black or white. A runner who lacks a high percentage of fast muscle fibre stands no chance in a 100 metre sprint and the fields of international sprinters are all approaching perfection for the particular event. There have been studies to estimate what percentage of fast muscle fibre the best sprinters have, but it is not a simple matter. The proportion of different muscle fibres is not evenly distributed through the muscle and no active world-class runner would donate the whole muscle for research. Researchers are limited to taking and testing samples that might reveal tendencies. It is unlikely that anyone has only fast muscle fibres, but if the proportion of such fibres is particularly high then that individual can more easily improve because the fast muscle fibres will be trained irrespective of what the runner is doing, even if the training is wrong.

⑤ It is an interesting fact that a 100-metre runner takes the same number of strides in every race **イ) once** he or she is fully grown. Among the best runners, the number of strides is between 43 and 50, with some slight variation depending on height but irrespective of whether the wind is with them or against them. The Canadian Ben Johnson took 46.1 strides whether his time was 10.44 or 9.83 at different points in his career. It demonstrates that progress is achieved through faster rather than by longer strides.

⑥ (A) **It is dangerous to claim that any one race is better than another at any activity**. In men's sprinting and long-distance running, however, West Africans and East Africans respectively are outstandingly the best in 2008, though that has not always been the case.

⑦ In 1986 about half of the twenty best times at distances between 800 metres and the marathon were held by European men and about a quarter by Africans. In 2003 the European element in the statistics was 11 per cent whereas 85 per cent of the best times were due to African runners. In the same year all of the world records from 100 metres up to the marathon were held by Africans or people of African origin.

⑧ Have the Africans become stronger because they want to run their way out of poverty? That is certainly an important motivation and one they put forward themselves. Physical differences are another reason. Insufficient research has **ロ) yet** been done in this area and it may be that we will never know the answer since there are so many factors at play even in something as simple as running.

⑨ The picture is a rather different one among the women. A black runner holds the records at 100 and 200 metres but, with the exception of the 5,000 metres, all the records from 400 to 10,000 metres are in the hands of white Europeans or Chinese. Is this because the African women entered the international elite later than their male counterparts?

□□ 01 下線部**(A)**を日本語に訳しなさい。

□□ 02 第4パラグラフ（Genes から wrong までの文章）の主題を最も的確に表しているものを下の 1)～4)の中から1つ選びなさい。
1) World-class runners donating muscle fibres for research
2) An even distribution of a sprinter's different muscle fibres
3) The importance of a high proportion of fast muscle fibres for sprinters
4) Muscle-fibre training methods available to really talented sprinters

□□ 03 下線部**イ)**と**ロ)**に関して文法上異なる用法の例文を下の 1)～4)の中からそれぞれ1つずつ選びなさい。
イ) once
1) Don't forget to add in a couple of tablespoons of salt **once** the potatoes start to cook.
2) There was a big sigh of relief **once** his healthcare reform plan was decided.
3) The magic trick looked impossible but **once** it was explained it was actually quite simple.
4) Jeremy kicked the door hard in anger at least **once** before breaking his toe.

ロ） yet

   1）The factory workers hope that another negotiated settlement might **yet** be possible.

   2）The Italian cellist gave her audience an exciting **yet** sensitive performance.

   3）The two prime ministers have **yet** to meet, but may do so while in Tokyo.

   4）What the police gave the public was one of the toughest warnings **yet** delivered.

04 次の 1）〜7）の各文の中で本文の内容と一致しているものを 2 つ選びなさい。

   1）According to the article, Jamaicans tend to be big fans of long-distance running with many top atheletes in the field.

   2）In the mid-eighties, roughly 25% of the 20 fastest times in long-distance running events (those between 800 metres and a marathon), were achieved by African runners.

   3）Ben Johnson took 50 strides to run the 100 metres in 9.83 seconds and 43 strides to run the same event in 10.44 seconds.

   4）Most world-class sprinters are white and come from the southern United States, Canada and Britain.

   5）Some African runners support the claim that they have become faster runners in order to leave poor economic situations.

   6）The article states that, unlike black men, black women are particularly strong in the 10,000 metres category.

   7）Fast muscle fibers require very specialized training techniques in order to become trained.

英語長文
SUPREMACY Day 6

≫解答・解説は本冊 p.080

制限時間 15分　単語数 729words
CEFR レベル B2　レベル 簡易　音声 TRACK 06

得点：1回目　　/33　2回目　　/33

次の英文を読み，問いに答えよ。

❶ Every day a small miracle occurs without anyone paying the slightest attention. At breakfast, lunch and supper, tens of millions of French people decide to gather round a table at the same time in order to share a meal, [**A**] some invisible director had given a signal to mark the start of festivities. This ritual is so [**ア**] that the French find it quite usual. For foreigners, on the other hand, it is like something from outer space. "When the American sociologist David Lerner visited France in 1956, he was surprised by the inflexibility of the French regarding food," says fellow sociologist Claude Fischler, head of research at the French National Center for Scientific Research. "He couldn't understand why they all ate at a fixed time, like at the zoo."

❷ French eating habits are indeed exceptional. "Everyday life in France is marked by three traditional meals," says Thibaut de Saint Pol, a sociologist at the Ecole Normale Supérieure in Cachan. "At 1 pm half the population are at table and at 8:15 pm this activity concerns more than a third of the population. Meals play a large part in organizing social life." This major collective ritual is specific [**(1)**] the French. A graph plotting meal times produced by Eurostat, the statistical office of the European Union, is almost flat for Sweden, Finland, Slovenia and Britain; all the way through the day people feed on various snacks, at no particular time. **(B) The same graph for France** rises to three spectacular spikes, morning, noon and night.

❸ But this is not the only unusual feature of meals in France. French people also spend more time eating than their fellow Europeans: two hours, 22 minutes a day in 2010, 13 minutes longer than in 1986! "If you add the hours of domestic labor directly related to eating — cooking, washing up and so on — this is one of the day's main activities," Saint Pol wrote in the journal *Economie et Statistique* in 2006. The French are also very [イ] on eating together. About 80% of meals are taken with other people. "In France meals are strongly associated with good company and sharing, which is undoubtedly less so in other countries," says Loïc Bienassis, a researcher at the European Institute of Food History and Culture.

④ Americans take a radically different approach. There is nothing [ウ] about meals: everyone eats at their own speed, depending on their appetite, outside constraints and timetable. As long ago as 1937, French writer Paul Morand was shocked to see New Yorkers lunching alone, in the street, "like in a stable". US practice is so different from French ritual that it sometimes requires explanation. "There's a secondary school in Toulouse which sends its students on study tours in America," says social anthropologist Jean-Pierre Poulain. "To avoid any misunderstandings, teachers warn families before their children leave that [C], unlike in France. When the students arrive in America [D]."

⑤ The British are very fond of snacking too. Saint Pol can see no evidence [(2)] "food synchronism". According to Poulain, food consumption is spread out over the day, resulting [(3)] a "loss of social atmosphere". "Many British people eat at the wheel or [(4)] one eye on their PC, which is sacrilege* for the French, who regard meals as a 'full-time' activity. In France meals are one of the best bits of the day," Saint Pol adds. In a survey of how French people spend their time the National Institute of Statistics and Economic Studies found that eating gives almost as much pleasure as reading or listening to music. Eating alone, at work or at home, is often seen as a trial.

⑥ Social practice varies so much from one community to another because eating food can be so [E]: each country's eating habits are marked by cultural values, symbols and identities, what the French anthropologist Marcel Mauss called a "total social fact".

⑦ "In the US the dominant conception of food is [エ]," Fischler explains. "Feeding oneself is above all a matter of making rational decisions to satisfy bodily needs. In contrast, the French have a gourmet conception of food, putting the emphasis [(5)] flavor and pleasure. In our surveys we asked French and American people to say what they associated with various words. When we suggested 'chocolate cake', the Americans thought of 'guilt', the French, 'birthdays'."

＊sacrilege：神聖なものを汚すこと

01 空所[A]に入る最も適切な語句を，次のa～dの中から1つ選べ。
a. as if　　b. as long as　　c. even if　　d. even though

02 空所[ア]～[エ]に入る最も適切な語を，次のa～eの中からそれぞれ1つ選べ。ただし，各選択肢は重複して使用しないこと。
a. deep-rooted　　b. invisible　　c. keen
d. nutritional　　e. sacred

03 空所[(1)]～[(5)]に入る最も適切な語を，次のa～gの中からそれぞれ1つ選べ。ただし，各選択肢は重複して使用しないこと。
a. at　　b. by　　c. in　　d. of　　e. on　　f. to　　g. with

04 下線部 **(B) The same graph for France** として最も適切なものを，次の a
〜d の中から１つ選べ。なお，縦軸は人口に対する比率，横軸は時間を
表している。

a.
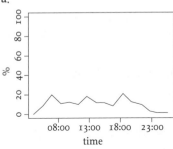

b.
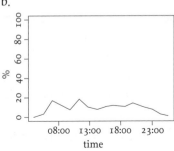

c.
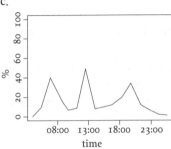

d.
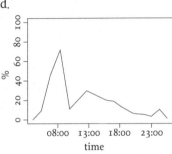

05 空所 [**C**] と [**D**] に入る組み合わせとして最も適切なものを，次の a〜d
の中から１つ選べ。

a.
　[**C**] the start of their stay will be marked by an evening meal
　[**D**] they are told they are expected to have breakfast and supper
　　　with the host family

b.
　[**C**] the start of their stay will not be marked by an evening meal
　[**D**] they are shown the fridge and told they can help themselves
　　　whenever they like

c.
　[**C**] the start of their stay will be marked by an evening meal
　[**D**] they are asked whether they are in the habit of taking breakfast

d.
　　[C] the start of their stay will not be marked by an evening meal
　　[D] they are told they should avoid eating between meals

06 空所[E]に入れて意味が通るように，次のa〜gの語を並べ替え，3番目
と5番目に来る語の記号をそれぞれ書け。ただし，各選択肢は重複して
使用しないこと。

a. a　　　　b. activity　c. functional　　d. just
e. more　　f. much　　g. than

07 本文の内容と合致**しない**ものを，次のa〜eの中から1つ選べ。

a. Irregular eating habits are widespread not only in America but also
in the northern part of Europe.
b. Not many French people feel a need to rush through meals.
c. British people do not find it difficult to eat while they are doing
something else.
d. French people's eating habits are mostly guided by the belief that
regular eating is the best for their health.
e. Americans tend not to think of eating as a matter of pleasure.

英語長文
SUPREMACY Day 7
≫解答・解説は本冊 p.094

制限時間 20分　単語数 747words
CEFR レベル C1　レベル 標準　音声 TRACK 07
得点：1回目　　/30　2回目　　/30

次の文を読んで，問いに答えなさい。

❶ What do Sherlock Holmes and Albert Einstein have in common? Both were extraordinary thinkers, one a fictional genius, the other a real genius — curious, original, and brilliant. And both were amateur violinists. The link between these aspects is significant. When either man got really stuck in his problem solving, he would turn to the same solution: playing the violin.

❷ A typical scene in the detective novel finds Dr. Watson, the loyal assistant, walking up the stairs — knowing, from the wild violin sounds he hears, that the great Sherlock Holmes's powers to solve problems are being severely tested by the case he is working on. Holmes apparently trusted the process of logical deduction*, but he trusted another process, too — the act of music making. The two processes worked together somehow, each helping the other in a way that the author of the stories hints at but doesn't attempt to define.

❸ Einstein also found a way to aid his thinking through violin playing. He may not have been an especially skilled violinist, but that is clearly not important. "Whenever he felt that he had come to the end of the road or into a difficult situation in his work," his elder son has said, "he would engage in music, and that would usually resolve all his difficulties."

❹ Musical forms, beauty, and patterns took both these geniuses' minds beyond conventional thinking into an advanced type of thought. In both cases their result-focused minds relaxed somehow, allowing their subconscious* minds to guide them — and playing music provided this link between conscious and subconscious. In short, they solved real-world problems by losing themselves in music, specifically* in the violin.

I would guess that Einstein was not a cautious player, either. He attributed* his scientific creativity directly to this quality of childlike curiosity. Einstein often said that his most famous theory was also inspired by music, its forms and relationships.

⑤ It seems that certain physical actions stimulate the brain, create connections, and speed up thought. We have all had the experience of being literally unable to sit still when we are trying to resolve something in our minds. We pace up and down or shake a leg, almost as if such involuntary* motions were needed to move our thoughts forward. Sometimes the mind-body relationship works a bit differently: while taking a long walk or rowing a boat across the lake, just letting our thoughts drift, we suddenly receive from the subconscious, without effort, the solution to a problem that had been troubling us for weeks. I personally know that playing the piano has this effect; maybe it has something to do with both sides of the brain being stimulated by the independent movements of both hands. In any case, I have to keep a notebook handy while practicing, because I tend to get the answers to all kinds of questions ranging from the insignificant (where I left the car keys) to the significant (my life goal for the next decade).

⑥ This mind-body unity is only one of the rewards to be found in making music, at any level, as an adult. Ironically*, far too many adults who study music under the general category of "amateurs" are so modest in their expectations of mastering an instrument that these rewards turn out to be much less than what they might have been.

⑦ The paradox is that adult music learners, while they often have the lowest expectations, are in a uniquely excellent position to succeed. Many take up an instrument with warmhearted desire, love of music, leisure time and extra money to support the lessons. Even more importantly, they approach music with more maturity and intelligence. But how much can adults learn if they are constantly comparing themselves negatively to others (children, no less) and feeling guilty about every unmusical wrong note? Add to this the mistaken notion of practice as boring discipline, acceptance of the traditional "no-mistakes" approach to learning, and uncertainty that they have any real talent for music, and they soon find themselves in a state of semi-paralysis* of body and mind.

⑧ Even the word *amateur* has conflicts of meaning. While it literally means "lover" in French, it can also carry the connotation* of dabbler, a person who is somehow fated never to be very good. To describe someone's work as amateurish usually is not a compliment*. But amateur status can be joyous — embracing free choice, pure love of what one is doing, and endless possibilities for discovery.

＊logical deduction: 論理的推論
＊subconscious: 潜在意識の
＊specifically: 特に
＊attribute: …のせいにする
＊involuntary: 無意識の
＊ironically: 皮肉なことに
＊state of semi-paralysis: 麻痺に近い状態
＊connotation: 言外の意味
＊compliment: ほめ言葉

01 本文の意味，内容にかかわる問い(A)〜(D)それぞれの答えとして，最も適当なものを(1)〜(4)から1つ選びなさい。

(A) What did Sherlock Holmes and Albert Einstein have in common in regard to playing the violin?
　(1) Playing the violin had no connection to their achievements.
　(2) Playing the violin was a hobby that they both were very good at.
　(3) Playing the violin required severe practice even though they were skilled musicians.
　(4) Playing the violin helped them find solutions to problems unrelated to music.

(B) According to the author, what do we do when we are trying to resolve something in our minds?
  (1) We ask others for help.
  (2) We sit still and concentrate.
  (3) We repeat certain physical motions.
  (4) We take up a musical instrument, such as the violin or piano.
(C) What is the experience of many adult music learners?
  (1) They are held back by incorrect notions.
  (2) They improve much faster than children.
  (3) They have high expectations when they study.
  (4) They are determined to master an instrument.
(D) What is the author's view about being an amateur?
  (1) It can be a rewarding and happy experience.
  (2) It can be a waste of leisure time and money.
  (3) It can be a sign that you have no real talent for music.
  (4) It can help you become a genius, like Sherlock Holmes and Albert Einstein.

02 次の(1)〜(5)の文の中で，本文の内容と一致するものには1の番号を，一致しないものには2の番号を，また本文の内容からだけではどちらとも判断しかねるものには3の番号を書きなさい。
  (1) Dr. Watson understood that Sherlock Holmes played the violin in times of difficulties.
  (2) The subconscious mind cannot provide solutions to our problems.
  (3) The author writes down the answers to his questions when playing the piano.
  (4) Music learners should feel bad whenever they play a wrong note.
  (5) Amateur musicians are often better than professionals.

03 本文の内容を最もよく表しているものを(1)〜(5)から1つ選びなさい。
  (1) Advice for playing the violin
  (2) Mind-body unity in modern life
  (3) Parallels between music and Einstein's theory
  (4) How playing music can help us solve problems
  (5) Advantages of playing the piano rather than the violin

英語長文
SUPREMACY Day 8

≫解答・解説は本冊p.108

制限時間 20分　単語数 859words
CEFR レベル C1　レベル やや難　音声 TRACK 08

得点：1回目　　　/45　2回目　　　/45

❶ Off the coast of Western Australia, three big buoys floating beneath the ocean's surface look like giant jellyfish **(a)tethered** to the seafloor. The steel machines, 36 feet wide, are buffeted by the powerful waves of the Indian Ocean. By **(b)harnessing** the constant motion of the waves, the buoys generate about 5 percent of the electricity used at a nearby military base on Garden Island. The buoys are a **(c)pilot** project of Carnegie Wave Energy, a company based in Perth. In late February, the buoys started supplying 240 kilowatts each to the electricity grid at Australia's largest naval base. They also help run a desalination plant that transforms seawater into about one-third of the base's fresh water supply.

❷ Renewable energy is not an urgent matter in Australia, given the country's plentiful supplies of fossil fuels, particularly coal. But Carnegie's demonstration project is ultimately aimed at island nations that must import expensive fuel for electricity, as well as military bases looking to **(d)bolster** energy and water security. "Island nations are all looking to be sustainable," said Michael Ottaviano, chief executive of Carnegie. Wave energy could be a good fit, especially for islands where tropical clouds **(e)impede** solar power or where wind turbines disturb the aesthetics of tourist destinations.

❸ **(A)Given the ocean's power, wave energy seems a promising source of renewable energy.** Over the last two decades, companies have developed various designs, including a snakelike apparatus with hinged joints from Pelamis Wave Power; a tubelike device from Ocean Power Technologies of New Jersey and bobbing buoys from AWS Ocean Energy of Scotland. But wave energy remains largely experimental. The equipment is easily damaged by **(f)relentless** waves and strong storms.

And there is a **(g)scarcity** of large investments needed to refine and test designs. In a blow to the industry, Pelamis collapsed late last year after it failed to secure **(h)adequate** financing. "The biggest challenge is funding," said Mr. Ottaviano. "Any power generation product is capital-intensive. Anytime you want to test an idea, it costs millions of dollars." "Energy technologies that are mainstream today, like nuclear power, were developed for commercial use with government research and support," he said.

④ Carnegie's pilot project, named Ceto 5 after the Greek sea goddess Ceto, began with more than $30 million in financing from investors and the Australian government, including $13.1 million from the Australian Renewable Energy Agency and $7.3 million from the Low Emissions Energy Development Program. Carnegie has been working on its Ceto technology since 1999, with cumulative investment of more than $100 million. To battle the elements that make wave energy so difficult to produce, this technology differs from most other wave energy designs. Its buoys sit three to six feet underwater, rather than float on the surface. This helps **(i)shield** the equipment from pounding waves. Mr. Ottaviano, who grew up in Perth, near the ocean, said, "**(B)Everyone knows when you see a wave the intuitive reaction is to dive underneath.**"

⑤ The constant rocking of the ocean drives hydraulic pumps that push seawater and other liquids through a pipe to a power plant nearly two miles away on Garden Island. There, the high-pressure water turns standard hydroelectric turbines, which power a generator. Wave energy from the buoys also pumps high-pressure water through the desalination plant, without using fossil fuels. In contrast, many desalination plants use diesel fuel or electricity to pump saltwater at high pressure through membranes to yield fresh water.

⑥ Carnegie is already planning to start using larger, better-designed buoys in 2017 that could each generate one megawatt of electricity. The new technology, called Ceto 6, would use buoys 65 feet wide that could produce four times the energy of the current prototype. The new technology would generate electricity inside the buoy instead of at an onshore power plant. The electricity would be carried to shore by underwater cables, rather than by pumping water through a pipe. These larger buoys would also sit in deeper water, more than seven miles from shore, where waves are larger and have more energy. The newer buoys would be easier to maintain because they would be **(j) self-contained** units that could be towed back to shore. Ceto 5 uses heavy machinery on the sea floor next to each pump to smooth the flow of the piped water. Because no water is pumped with the newer buoys, this equipment is not needed. Ceto 6 is expected to generate 30 to 40 percent of the naval base's electricity at a cheaper rate.

⑦ Carnegie estimates that using the improved buoys in large wave farms of 100 megawatts would reduce rates to 12 to 15 cents a kilowatt-hour — a price comparable to commercial electricity in the state of Western Australia. But on a small scale, wave energy is still costly. Carnegie's current design generates electricity at a cost of about 40 cents a kilowatt-hour. "This is competitive with electricity from diesel. Said Mr. Ottaviano, "hence Carnegie's focus on island nations that rely on diesel." "What is needed is a well-thought-out wave energy strategy by governments, but which no country has yet formulated. The Scottish government has come closest," said Tom Thorpe, founder of Oxford Oceanics in Britain.

01 下線部**(A)**を日本語に訳しなさい。

02 下線部**(B)**を日本語に訳しなさい。

03 下線部**(a)**〜**(j)**の意味に最も近い単語を下の①〜④の中からそれぞれ１つずつ選びなさい。

(a) tethered
　① fastened　　② assigned　　③ rushed　　④ compared
(b) harnessing
　① tracing　　② lighting　　③ eliminating　　④ capturing
(c) pilot
　① gravity　　② driver　　③ pretense　　④ test
(d) bolster
　① damage　　② strengthen　　③ shelter　　④ delay
(e) impede
　① support　　② improve　　③ block　　④ manufacture
(f) relentless
　① persistent　　② gentle　　③ agreeable　　④ robust
(g) scarcity
　① excess　　② shortage　　③ outbreak　　④ alarm
(h) adequate
　① moderate　　② generous　　③ brutal　　④ sufficient
(i) shield
　① protect　　② control　　③ terminate　　④ exchange
(j) self-contained
　① content　　② noisy　　③ independent　　④ enormous

 04 次の 1)〜10)の各文について，本文の内容と一致するものには①を，一致しないものには②を選びなさい。

1) The sixth version of Ceto technology does away with pipes and relies on satellites to carry electrical currents to shore.
2) Technologies such as nuclear power cannot be developed in the private sector without any aid from governments.
3) Korean companies such as *Haechon* are leaders in wave energy design systems.
4) Machinery used in wave energy systems can be harmed by waves.
5) Australia isn't currently under pressure to find renewable energy sources.
6) The Ceto project was named after **C e p t u n o,** the Roman god of the water kingdom.
7) Wave energy programs provide the majority of Australia's energy

needs.
8) Desalination is the process of removing salt from seawater.
9) Wave energy technology is currently among the cheapest forms of power.
10) Clouds over tropical islands can obstruct sunrays from reaching solar panels.

英語長文
SUPREMACY Day 9

制限時間 20分　単語数 799words
CEFR レベル C1　レベル 標準　音声 TRACK 09

≫解答・解説は本冊p.124
得点：1回目　　/37　2回目　　/37

廃熱 (waste heat) の利用に関する以下の英文を読み，01 ～ 04 の設問に答えなさい。

❶ Deep in the tunnels of the London Underground, as in many subway systems around the world, it's so hot it feels like hell. And yet in a basement only a few meters away, a boiler is firing to heat water for someone's shower.

❷ Rather than stewing in our excess heat, what if we could make it work for us? There is no shortage of waste heat, after all. Throughout our energy system — from electricity generation in a power plant to boiling a kettle, using boilers to warm houses to powering a car — more than 50 percent of the energy we use leaks into the surroundings as wasted heat.

❸ Recapturing it wouldn't just benefit our wallets. It would reverse some of the damaging effects that waste heat from our towns and cities is having on the climate.

❹ The good news is that several cities have found a way to hunt down their waste heat in some unexpected places. These cities are building systems that deliver heat in much the same way that networks handle electricity and water. Could they point the way to the next energy revolution?

❺ Waste heat is an enormous problem. A report in 2008 by the US Department of Energy found that the energy lost as heat each year by US industry is equal to the annual energy use of 5 million Americans. Power generation is a major culprit*; the heat lost from that sector alone is in considerable excess of the total energy use of Japan. The situation in other industrialized countries isn't much better.

❻ The report also estimated that given the right technologies, we could reclaim nearly half of that energy, but that's easier said than done. "We often talk about the quantity of waste heat," says David MacKay, chief scientific adviser to the UK Department of Energy and Climate Change, "but not the quality." Most of what we think of as "waste heat" isn't actually all that hot; about 60 percent is below 230°C. While that may sound pretty hot, it is too cold to turn a turbine to generate electricity.

⑦ The alternative is to just move the heat directly to where it is needed. That is what "cogeneration* plants" do. These are power plants that capture some or all of their waste heat and send it — as steam or hot water — through a network of pipes to nearby cities. There, buildings tap into the network to warm their water supplies or air for central heating.

⑧ Many countries are encouraging cogeneration. A US cogeneration initiative, for example, might save the country $10 billion a year. And cogeneration allows power plants to bump up their efficiencies from 30 percent to almost 90 percent.

⑨ Yet waste heat from power plants is just a drop in the ocean compared with the heat lost from our homes, offices, road vehicles and trains. Waste heat from these numerous sources is much more difficult to harness than the waste heat from single, concentrated sources like power plants because it leaks out slowly. What's more, it is barely warm enough to earn its name. Reclaiming that is much trickier.

⑩ As it happens, there is a technology that can siphon energy from slightly warm temperatures, and we have long had access to it. Ground source heat pumps* have been helping homeowners save on heating bills since the 1940s, when US inventor Robert Webber realized he could invert the refrigeration process to extract heat from the ground.

⑪ The system takes advantage of the fact that the ground is a terrible conductor of heat; in temperate regions — regardless of surface temperature — a few meters underground, the soil always remains around 10°C. Ground source heat pumps can tap into that stable temperature to heat a house in the winter.

⑫ The mechanism is simple. A network of pipes makes a circuit between the inside of the home and a coil buried underground. These pipes contain a mix of water and fluid refrigerant*. As the fluid mixture travels through the pipes buried underground, it absorbs the heat from that 10°C soil. **(A) While this is not what you might consider hot, it nonetheless causes the refrigerant in the fluid to evaporate into a gas**. When this gas circulates back into the house, it is fed through a compressor, which vastly intensifies the heat. That heat can then be used by a heat exchanger to warm up your hot water or air ducts.

⑬ This mechanism is powerful enough to efficiently provide heat even in places as cold as Norway and Alaska. It is also cheap. In the UK, the best systems lowered heating bills by 30 percent because compressing a gas to heat your home requires far less energy than traditional gas or electric methods of heating.

＊culprit: 元凶
＊cogeneration: コジェネレーション（熱電併給）
＊ground source heat pumps: 地熱ヒートポンプ
＊refrigerant: 冷却剤

（1）第 1 段落から第 3 段落までの内容に照らして最も適切なものを 1〜5 の中から 1 つ選びなさい。

1 The temperatures in the tunnels of the London subway system are too high to make people feel like they are in hell.
2 People living near the tunnels of the London Underground make good use of waste heat when taking showers.
3 Our energy system functions so efficiently that currently there is a lack of waste heat.
4 At present we waste more than half of the energy that we use.
5 Recapturing waste heat never pays off because it costs a lot of money.

02 (2) 第4段落から第6段落までの内容に照らして最も適切なものを1〜5 の中から1つ選びなさい。

1 There are still no cities that have begun building systems to utilize waste heat.

2 Waste heat is a problem trivial enough to be ignored.

3 The heat lost from power generation in the US is greater than the entire energy use of Japan.

4 With regard to energy loss due to waste heat, the situation in most developed countries is surprisingly good.

5 We can easily recapture nearly half of the energy lost as heat thanks to new technologies that have recently been developed.

03 以下の(3)〜(8)について，第7段落から第13段落までの内容と一致する 場合は1を，一致しない場合は2を書きなさい。

(3) コジェネレーションでは，パイプを通して近隣の都市から送られて くる廃熱をどのように貯蔵するかが，問題の焦点になっている。

(4) アメリカがコジェネレーション推進に必要とする費用は，100億ド ル程度と思われる。

(5) 一般家庭や会社，車などからの廃熱の総量は，発電所からの廃熱量 をはるかに上回るが，再利用は非常に難しい。

(6) 冷却技術を逆用する地熱ヒートポンプが考案されたのは1940年代だ が，実用化はごく最近のことである。

(7) 温帯地方では，地表の温度にかかわらず地下数メートルの地温は約 10℃で，ほぼ一定である。

(8) イギリスの場合，地熱ヒートポンプ・システムは，ガスや電気によ る伝統的な暖房より費用がかなりかかるため，普及の見通しは立っ ていない。

04 (9) 下線部(A)を和訳しなさい。

英語長文
SUPREMACY Day 10

制限時間 15分　単語数 806words
CEFR レベル B2　レベル 簡易　音声 TRACK 10

≫解答・解説は本冊p.138

得点：1回目　　/51　2回目　　/51

（A）次の英文の下線部①〜⑩について，後の設問に対する答えとして最も適当なものを
それぞれA〜Cから1つずつ選びなさい。

❶ Sometimes we arrive at a decision without knowing how we have arrived at the decision. The part of our brain that does this is called the "adaptive unconscious," and the study of this kind of decision-making is one of the most important new fields in psychology. The adaptive unconscious is not to be confused with the unconscious described by the Austrian psychologist Sigmund Freud, which was a dark place filled with desires, memories and fantasies that were ①**too disturbing for us to think about consciously**. In contrast, ②**the adaptive unconscious is thought of as a kind of giant computer that quickly and quietly processes a lot of the data we need in order to keep functioning as human beings**.

❷ If you walk out into the street and suddenly realize that a truck is rushing towards you, do you have time to think through all your options? ③**Of course not**. The only reason that human beings have survived as a species is that they have developed a kind of decision-making mechanism, one that's capable of making very quick judgments based on very little information. As the psychologist Timothy Wilson writes in his book *Strangers to Ourselves*: "The mind operates most efficiently by ④**leaving a good deal of high-level, sophisticated thinking to the unconscious**, just as a modern plane is able to fly on automatic pilot with little or no input from the human pilot." The adaptive unconscious, he says, does an excellent job of assessing the world, warning people of danger, setting goals, and starting action in a sophisticated and efficient manner.

❸ Wilson says that we ⑤**switch back and forth** between our conscious and unconscious modes of thinking, depending on the situation. A decision to invite a co-worker to dinner is conscious. You think it over. You decide it will be fun. You ask him or her. The sudden decision to argue with that same co-worker is made unconsciously — by a different part of the brain and motivated by a different part of your personality.

④ Whenever we meet someone for the first time, whenever we interview someone for a job, whenever we react to a new idea, or whenever we're faced with making a decision quickly and under stress, we use that ⑥**second part of our brain**. How long, for example, did it take you, when you were in college, to decide how good at teaching your professor was? A week? Two weeks? A semester? The psychologist Nalini Ambady once gave students three ten-second videos of a teacher — with the sound turned off — and found they had no difficulty at all coming up with a rating of the teacher's effectiveness.

⑤ Then Ambady cut the video back to five seconds, and the ratings were the same. They were remarkably consistent even when she showed the students just two seconds of videotape. Then Ambady compared ⑦**those snap judgments** of teacher effectiveness with evaluations of those same professors made by their students after a full semester of classes. She found that they were essentially the same. A person watching a silent two-second video of a teacher he or she has never met will reach conclusions about how good that teacher is that are very similar to those of a student who has sat in the teacher's class for an entire semester. That's the power of our adaptive unconscious.

⑥ You often do the same thing, ⑧**whether you realize it or not**, when you are choosing a book in a library, for instance. How long do you look at a book after you pick it up? Two seconds? And yet in that short space of time, the design of the cover, ⑨**whatever associations you may have with the author's name**, and the first few sentences all generate an impression — a rush of thoughts and images and speculations. You decide, in two seconds, that you don't want to read it. Aren't you curious about what happened in those two seconds?

⑦ I think we are naturally suspicious of this kind of rapid decision-making. We live in a world that assumes that ⑩ **the quality of a decision is directly related to the time and effort that went into making it**. When doctors are faced with a difficult medical decision, they order more tests, and when we are uncertain about what we hear, we ask for a second opinion. And what do we tell our children? "Haste makes waste." "Look before you leap." "Stop and think." "Don't judge a book by its cover." We believe that we are always better off gathering as much information as possible and spending as much time as possible considering what to do. We really only trust conscious decision-making. But there are moments, particularly in times of stress, when our snap judgments and first impressions can offer a much better means of making sense of the world.

01 下線部①が意味することは具体的に何か。
- A. the idea that the unconscious is like a computer
- B. the author's idea of the adaptive unconscious
- C. the contents of the unconscious in Freud's theory

02 下線部②から読み取れるものはどれか。
- A. The adaptive unconscious's ability to process data is not adequate for humans.
- B. Without the adaptive unconscious, humans would not be able to lead normal lives.
- C. People must learn to understand the dark side of their own adaptive unconscious.

03 下線部③が意味することは具体的に何か。
- A. People must rapidly decide what to do just before an accident.
- B. Human survival depends on carefully examining our choices.
- C. No one should try to decide what car to buy in a great hurry.

04　下線部④から読み取れるものはどれか。

A. The unconscious is clever and essential for modern flight.
B. The unconscious controls much of complex decision-making.
C. The unconscious works best by not being completely automatic.

05　下線部⑤の意味に最も近いものはどれか。

A. alternate　　B. oppose　　C. reverse

06　下線部⑥の指すものはどれか。

A. the effective mind　　B. the conscious mind
C. the unconscious mind

07　下線部⑦の意味に最も近いものはどれか。

A. decisions made after many weeks of classes
B. decisions made within a short period of time
C. decisions made by the teacher to help students

08　下線部⑧の意味に最も近いものはどれか。

A. depending on your point of view
B. in addition to your knowledge
C. regardless of your awareness

09　下線部⑨の意味に最も近いものはどれか。

A. the ideas you connect to the name of the author
B. your relationship with the author of the book
C. the groups that you know the author belongs to

10　下線部⑩の意味に最も近いものはどれか。

A. The time it takes to decide is irrelevant to the quality of the decision.
B. Most people believe that fast decisions are the most useful ones.
C. The best decisions must be thoroughly considered.

（B）本文の内容に照らして最も適当なものをそれぞれA〜Cから1つずつ選びなさい。

01 In the first paragraph, the author
   A. states that the adaptive unconscious is actually a traditional idea.
   B. compares the adaptive unconscious to Sigmund Freud's theory.
   C. defines the adaptive unconscious as including desires and dreams.

02 According to the second paragraph, starting "If you walk," the adaptive unconscious is
   A. like an airplane with neither an automatic nor a human pilot.
   B. an idea that was originally invented by Timothy Wilson.
   C. capable of complex decision-making and does not need much time.

03 According to the third paragraph, starting "Wilson says that," an example of
   A. a conscious decision would be when someone makes plans to share a meal at their home.
   B. a conscious decision would be starting to argue with a colleague.
   C. a conscious decision would be a decision that we make without realizing.

04 According to the fourth paragraph, starting "Whenever we meet," a researcher found that students could
   A. pass the class by making more accurate judgments.
   B. quickly and accurately judge the quality of a teacher.
   C. judge their learning skills by talking to a teacher.

05 According to the fifth paragraph, starting "Then Ambady cut," Ambady's experiments show that
   A. once people have made a judgment about something they rarely revise it.
   B. decisions made quickly can be as accurate as decisions reached more slowly.
   C. the adaptive unconscious will often lead us to make evaluations too quickly.

06

In the sixth paragraph, starting "You often do," the author uses the example of choosing a book to

A. suggest reasons why many people don't like reading.

B. promote the habit of being curious and asking questions.

C. illustrate what happens when making such a decision.

The purpose of this passage is to

A. describe what the adaptive unconscious does.

B. compare two kinds of adaptive unconscious.

C. reject newer ideas about the adaptive unconscious.

英語長文
SUPREMACY Day 11

≫解答・解説は本冊p.152

制限時間 20分　単語数 800words
CEFR レベル C2　レベル 標準　音声 TRACK 11

得点：1回目　　　/54　2回目　　　/54

次の英文を読み，下記の設問に答えなさい。

❶ Coffee's stimulating effect had been known about for some time in the Arab world, (1) coffee originated. There are several romantic stories of its discovery. One tells of an Ethiopian goat-keeper who noticed (2) his flock became vigorous after (3) the brownish purple cherries from a particular tree. He then tried eating them himself, noted their stimulating powers, and passed his discovery on to a local imam*. The imam, in turn, devised a new way (4) the berries, drying them and then boiling them in water to produce a hot drink, (5) he used to keep himself awake during overnight religious ceremonies. Another story tells of a man named Omar who was (6) to die of starvation in the desert outside Mocha, a city in Yemen, on the southwestern corner of the Arabian Peninsula. A vision guided him to a coffee tree, whereupon he ate some of its berries. This gave him sufficient strength to return to Mocha, where his survival was taken as a sign that God had spared him in order to pass along to humankind knowledge of coffee, which then became a popular drink in Mocha.

❷ As with the legends associated with the discovery of beer, **(ア)these tales may contain a grain of truth**, for the custom of drinking coffee seems to have first become popular in Yemen in the mid-fifteenth century. While coffee berries may have been chewed for their invigorating effects before this date, the **(イ)practice** of making them into a drink seems to be an innovation by people in Yemen, often attributed to Muhammad al-Dhabhani, an Islamic scholar who died around 1470. By this time, coffee (known in Arabic as *qahwah*) had undoubtedly been adopted by Sufis*, who used it to prevent themselves from falling asleep during nocturnal religious ceremonies in which the participants reached out to God through repetitive chanting and swaying.

③ As coffee came to be popular throughout the Arab world — it had reached Mecca and Cairo by 1510 — the exact nature of its physical effects became the subject of much (ウ)controversy. Coffee (エ)shook off its original religious associations and became a social drink, sold by the cup on the street, in the market square, and then in dedicated coffee houses. It was welcomed as a legal alternative to alcohol by many Muslims. Coffee houses, unlike the unauthorized bars that sold alcohol, were places where respectable people could afford to be seen. But coffee's legal status was (オ)ambiguous. Some Muslim scholars objected that it was intoxicating — having similar effects on people's minds when they have alcohol and become drunk — and therefore subject to the same religious prohibition as wine and other alcoholic drinks, which the prophet Muhammad had prohibited.

④ Religious leaders invoked this rule in Mecca in June 1511, the earliest known of several attempts to ban the consumption of coffee. The local governor, a man named Kha'ir Beg, who was responsible for maintaining public morality, literally put coffee on trial. He summoned a council of legal experts and placed the accused — a large container of coffee — before them. After a discussion of its intoxicating effects, the council agreed with Kha'ir Beg that the sale and consumption of coffee should be prohibited. The decision was proclaimed throughout Mecca, coffee was seized and burned in the streets, and coffee vendors and some of their customers were beaten as a punishment. Within a few months, however, higher authorities in Cairo overturned Kha'ir Beg's decision, and coffee was soon being openly consumed again. His authority undermined, Kha'ir Beg was replaced as governor the following year.

⑤ But was coffee really an intoxicant? Muslim scholars had already spent much effort debating whether the prophet had meant to ban intoxicating drinks altogether or merely the act of drinking to intoxication. Everyone agreed on the need for a legal definition of intoxication, and several such definitions were appropriately devised. An intoxicated person was variously defined as someone who "becomes absent-minded and confused," "departs from whatever he has in the way of mild virtue and calmness into foolishness and ignorance," or "comprehends absolutely nothing at all, and who **(カ)does not know a man from a woman**." These definitions, devised as part of the scholarly argument about alcoholic drinks, were then applied to coffee.

⑥ Yet coffee clearly failed to produce any such effects in the drinker, even when consumed in large quantities. In fact, it did quite the opposite. "One drinks coffee with the name of the Lord on his lips and stays awake," noted one coffee advocate. Coffee's opponents tried to argue that any change in the drinker's physical or mental state was grounds on which to ban coffee. The drink's defenders successfully dealt with this argument too, noting that spicy foods, garlic, and onions also produced physical effects, such as watering eyes, but that their consumption was perfectly legal.

＊imam: モスクにおける集団礼拝の指導者，イスラム教社会における指導者
＊Sufis: イスラム教の一宗派スーフィ教の信徒

□
□　01　本文中の空所(1〜6)に入れるのに最も適当なものを，それぞれ下記（a 〜d）の中から１つ選びなさい。

　(1)
　　a. which　　b. when　　c. where　　d. that
　(2)
　　a. which　　b. what　　c. where　　d. that
　(3)
　　a. to consume　　b. consuming　　c. consumed
　　d. consumption

(4)
  a. to prepare   b. preparing   c. prepared   d. preparation

(5)
  a. which   b. why   c. where   d. who

(6)
  a. to condemn   b. condemning   c. condemned
  d. having condemned

02 本文中の下線部(ア〜カ)の文中での意味に最も近いものを，それぞれ下記（a〜d）の中から１つ選びなさい。

(ア) these tales may contain a grain of truth
  a. these tales may be completely made up
  b. a small part of these tales may be true
  c. these tales may be about a tiny coffee bean
  d. a small portion of coffee may make people feel like talking about these tales

(イ) practice
  a. custom   b. maintenance   c. training   d. rehearsal

(ウ) controversy
  a. policy   b. theory   c. convenience   d. dispute

(エ) shook off
  a. got rid of   b. succeeded in   c. absorbed into
  d. recovered from

(オ) ambiguous
  a. indifferent   b. strict   c. unclear   d. decided

(カ) does not know a man from a woman
  a. does not choose between a man and a woman
  b. does not have a chance to meet a man or a woman
  c. does not distinguish between a man and a woman
  d. does not avoid troubles between a man and a woman

次の英文（a～i）の中から本文の内容と一致するものを３つ選びなさい。
ただし，その順序は問いません。

a. According to a legend about the origin of coffee, God had a man find a coffee tree in a desert in order to give knowledge of coffee to human beings.

b. A story of the origin of coffee tells us that a man discovered coffee berries and planted them in a desert, and these were made into a popular drink in Mocha.

c. One man's tale says that people brought coffee trees to the desert from a city in the Arabian Peninsula.

d. In the early 1500s, the local government banned the consumption of coffee, and higher authorities also approved their decision.

e. In the early 1500s, the local government decided to prohibit selling coffee on the street, and higher authorities obviously agreed with their decision.

f. In the early 1500s, the local government prohibited the consumption of coffee, but higher authorities changed the law and permitted the consumption of coffee.

g. In early days people legally defined intoxication and found the definition could perfectly explain the effects coffee gave to its drinkers; hence, some people argued that the consumption of coffee should be banned.

h. In early days people defined intoxication and applied the definition to coffee, but coffee was found to have the opposite effect — keeping its drinkers awake. Still, some people disagreed with the consumption of coffee.

i. In early days people made the legal definition of intoxication but found that the effects of coffee on its drinkers was opposite to the definition. Thus, it was revised later in order to explain the effects of coffee.

英語長文
SUPREMACY Day 12

>> 解答・解説は本冊 p.168

制限時間 15分　単語数 664words
CEFR レベル B2　レベル 標準　音声 TRACK 12

得点：1回目　　/33　2回目　　/33

次の英文を読み，下の問いに答えなさい。

❶ When Tim started a new job as a manager, one of his top priorities was communicating to his office team that he valued each member's contribution. So at team meetings, as each member spoke up about whatever project they were working (**X**), Tim made sure he put on his "active-listening face" to signal that he cared about what each person was saying.

❷ But after meeting with him a few times, Tim's team got a very different message from **(1) the one he intended to send**. After a few weeks of meetings, one team member was finally brave enough to ask him the question that had been on everyone's mind. That question was: "Tim, are you angry with us right now?" When Tim explained that he wasn't at all angry — that he was just putting on his "active-listening face" — his colleague gently explained that his active-listening face looked a lot like his angry face.

❸ According to Heidi Grant Halvorson, a social psychologist at Columbia Business School who has extensively researched how people perceive* one another, Tim's story captures one of the primary problems of being a human being: although you might wish to (**Y**) in a certain way to others, people often perceive you in an altogether different way.

❹ One person may think, for example, that by offering help to a colleague, others will see her as generous. But **(2) her colleague may interpret her offer as a lack of trust in his abilities**. Just as he misunderstands her, she misunderstands him: she offered him help because she thought he was overworked and stressed. He has, after all, been showing up early to work and going home late every day. But that's not why he's **(3) keeping strange hours**; he just works best when the office is less crowded.

⑤ These kinds of misunderstandings lead to conflict and resentment not just at work, but at home too. How many fights between couples have started with one person not understanding what another says and does? He stares at his plate at dinner while she's telling a story and she **(Z_1)** he doesn't care about what she's saying, when really he is admiring the beautiful meal she made. She goes to bed early rather than watching their favorite television show together like they usually do, and he **(Z_2)** she's not interested in spending time with him, when really she's just exhausted after a tough day at work.

⑥ Most of the time, Halvorson says, people don't realize they are not seen by others the way they think they are. "If I ask you," Halvorson told me, "about how you see yourself — what traits* you would say describe you — and I ask someone who knows you well to list your traits, there will not be much correlation* between what you say and what your friend says. There's a big gap between how other people see us and how we see ourselves."

⑦ **(4) This gap** arises, Halvorson explains, from some quirks* of human psychology. First, most people suffer from what psychologists call "**(5) the transparency illusion**" — the belief that what they feel, desire, and intend is very clear to others, even though they have done very little to communicate clearly what is going on inside their minds. Because people presume they are transparent, they might not spend the time or effort to be as clear about their intentions or emotional states as they could be, giving people around them very little information with which to make an accurate judgment.

⑧ "It's quite possible," Halvorson writes, "that how you look when you are slightly frustrated isn't all that different from how you look when you are a little concerned, confused, disappointed, or nervous. Your 'I'm kind of hurt by what you just said' face probably looks a lot like your 'I'm not at all hurt by what you just said' face. And the majority of times that you've said to yourself, 'I made my intentions clear,' or 'He knows what I meant,' you didn't, and **(6) he doesn't**."

＊perceive：認識する　　＊trait：特徴
＊correlation：相関関係　＊quirk：特異な行動

01 空所(**X**)に入る語として最も適切なものを次の(イ)〜(ニ)の中から1つ選びなさい。

(イ) about 　　　(ロ) in 　　　(ハ) on 　　　(ニ) with

02 下線部**(1)**が指している箇所を見つけ，句読点を含め30字以内の日本語に訳しなさい。

03 空所(**Y**)に入る語として最も適切なものを次の(イ)〜(ニ)の中から1つ選びなさい。

(イ) appear 　　(ロ) exist 　　(ハ) reflect 　　(ニ) speak

04 下線部**(2)**を，与えられた語句に続けて，句読点を含め35字以内の日本語に訳しなさい。

彼女の同僚は，………

05 下線部**(3)**と同じ意味になるように置き換えられる部分の最初と最後の単語を書きなさい。
最初の単語（　　　　　　　　）　　最後の単語（　　　　　　　　）

06 空所(Z_1)と(Z_2)に共通して当てはまる語として最も適切なものを次の(イ)〜(ニ)の中から1つ選びなさい。

(イ) assumes 　　(ロ) hears 　　(ハ) looks 　　(ニ) seems

☐☐ 07 下線部**(4)**の内容に当てはまるものを次の(イ)〜(ニ)の中から1つ選び
なさい。

（イ）the gap between how you see yourself and how others actually see you

（ロ）the gap between how you try to act and what you actually do

（ハ）the gap between the way you see yourself and the way others see themselves

（ニ）the gap between the way you think others should behave and the way others think they should behave

☐☐ 08 下線部**(5)**の例として最も適切なものを次の(イ)〜(ニ)の中から1つ選
びなさい。

（イ）I believe all of my friends knew how exhausted I was after I finished that job.

（ロ）I believe everyone was deceived by what the boss said yesterday.

（ハ）I believe the way I see things may be different from the way others see them.

（ニ）I believe it is very hard to recognize if something is almost transparent.

☐☐ 09 下線部**(6)**のあとに省略されている**4語**を書きなさい。

he doesn't ………

☐☐ 10 本文の内容と一致するものを次の(イ)〜(ト)の中から**2つ**選びなさい。
ただし，3つ以上選んだ場合は得点を認めません。

（イ）When Tim started working as a manager, he wanted to encourage every team member to speak up.

（ロ）Tim tried so hard to communicate with the members of his team that they were too scared to share their ideas with him.

（ハ）Halvorson's study reveals that though you may try to make yourself understood, there is always room for misunderstanding.

（ニ）Examples of misunderstanding are found everywhere except at home.

（ホ）People are very happy if others see them almost the same way as they see themselves.

（ヘ）People often have the false belief that they can see the truth hidden behind other people's behavior.

（ト）It does not matter that your intentions may be misunderstood when you say something to others.

英語長文
SUPREMACY Day 13
≫解答・解説は本冊 p.182

制限時間 20分　単語数 630words
CEFR レベル B2　レベル 難　音声 TRACK 13
得点：1回目　　/30　2回目　　/30

次の文章を読んで，以下の各問に答えなさい。

❶ When my nephew graduated from high school, he decided not to enroll in college. The family thought, well, he'll mature. Then he'll want to get serious. But he has taken a sharp turn that we didn't expect. He qualified as a home health aide, fell in love and is raising two boys. When I see him, he shows me his artwork and talks about making money "selling stuff online." This choice — to slow way down in one's 20s instead of **(1)speeding onto the career highway** — is foreign to me. But I thought, maybe he's an exception.

❷ Then I spoke to a friend, an aspiring filmmaker in her early 30s who just went on "sabbatical" for a month in Mexico. She worked on a farm by day and edited film during her off hours. I thought, that must be nice, as I turned back to my two-income, two-car household, a home loan and college savings plans for two teenagers. But I wonder whether my nephew and my friend **(2)are on to something**: savoring life without all the expense. Studies say people under 35 are coming to terms with being the first generation to do worse economically than their parents. Secure careers, pensions and even rising wages seem to be things of the past, while the cost of a university degree continues to climb. So, owning a home or a car isn't a priority or even a long-term goal for many.

❸ This trend goes by different names: living simpler, slower, smaller. But lowered expectations don't entirely explain the shift — which I **(3)observe** in individuals of every generation. For many, the prolonged Great Recession cut monthly incomes drastically, and people have had to live with less. Too, daily news about terrorism here and abroad reminds us how short life can be.

④ Slower living has puzzled economists. Consumers — the term that economists use for human beings — didn't increase spending in January, even though low gasoline prices were making things easier for people financially. Analysts at Visa Inc. found that we're mostly saving that unspent money or using it to pay debts. With job growth in 2014 the strongest it's been since 1999, you would think people would feel confident to spend. But January sales fell more than expected at many clothing stores, department stores and furniture outlets. Some people seem to be **(4) resetting their priorities**. As we learn about what makes a human happy, we're valuing experiences over things. If you want to feel really good, go someplace beautiful with people you love. It will give you more happiness than a designer jacket or an expensive watch.

⑤ **(5) Unnecessary consumption**, in places, is giving way to minimalism. Consider the tiny-house movement, where people live in single-room dwellings of less than 200 square feet — some of them on wheels. I found a virtual tour of one home on YouTube, built for about $33,000 in four months to accommodate two people. What comes with a tiny house is freedom. Owners can do a lot more in terms of both cash and time. And the environmental impact is far smaller. Lovers of tiny houses are still a small minority — about 1 percent of home buyers — and I expect they'll remain so. The average size of new homes has nearly doubled since 1970, despite a decrease in family sizes.

⑥ My grandmother was one of 17 kids. When her parents gave the family home to her brother instead of her, she got angry and never spoke to her brothers and sisters again — even though they all lived close to each other. To lose dear relationships in this way is an expensive price to pay for material wealth. The Great Recession has warned us how **(6) hurtful it can be** to look for happiness in possessions.

01 下線部**(1)**の意味に最も近いものを次から選びなさい。

A. driving fast and professionally
B. quickly going through the usual job application process
C. hurrying to get to work in the usual rush hour traffic
D. rushing, as most do, to get a job with a high salary and secure future

02 下線部**(2)**の意味に最も近いものを次から選びなさい。

A. have discovered something important
B. are very trendy
C. have noticed that material things matter
D. have finally set their priorities

03 下線部**(3)**の意味に最も近いものを次から選びなさい。

A. am watching for
B. have noticed
C. find obvious
D. am seen

04 下線部**(4)**の意味に最も近いものを次から選びなさい。

A. better understanding the priorities of their parents' generation
B. restoring traditional values in their lives
C. correctly prioritizing their business goals
D. adjusting their sense of what is important in life

05 下線部**(5)**の意味に最も近いものを次から選びなさい。

A. An obvious dislike of consuming things
B. Careful use of resources
C. Owning and spending too much
D. Irresponsible selling

06 下線部**(6)**を置き換えるものとして最も適切なものを次から選びなさい。

A. we can hurt ourselves deeply if we
B. heartless it is to
C. emotional pain is avoidable if we
D. emotional pain is not to

07

(Paragraph 1) The writer and her family

    A. expected her nephew to eventually get a college education.

    B. tried to prevent her nephew from doing what he wanted to do.

    C. were extremely worried when her nephew did not go on to college from high school.

    D. encouraged her nephew to explore alternative lifestyles.

(Paragraph 2) Choose the one answer that is **not** true. The writer mentions her filmmaker friend

    A. because her friend's example has caused the writer to think about her own lifestyle.

    B. as an example of a young person who has chosen to do what she really wants to do, whether it brings her a lot of money or not.

    C. because she herself is very dissatisfied with her own lifestyle.

    D. because she wants her readers to think about whether or not we need our current expensive lifestyle.

09

(Paragraph 2) According to the writer, insights from social research show that

    A. young people are currently rejecting pensions and secure careers.

    B. rising wages are a phenomenon that we will not see again.

    C. every generation until now has been economically better off than that of its parents.

    D. young people are finding it hard to adjust to the new realities.

(Paragraph 3) The writer thinks that

    A. people are becoming more interested in owning things.

    B. people in the future will never give up owning a home or a car.

    C. young people are less happy than the generation of the Great Recession.

    D. people have been forced to find new ways to live without needing so much money.

11 (Paragraph 4) Choose the one that is **not** true. The writer suggests that
A. economics does not place enough emphasis on human beings.
B. economists predicted the trend toward simplicity and slower living.
C. people are spending less money.
D. there is a trend for people to want to pay off their credit card debt.

12 (Paragraph 4) Choose the sentence that is true, according to the writer.
A. People are purchasing less, despite the fact that unemployment is falling.
B. The number of jobs fell in 2014.
C. Economists have created confusion about the current situation.
D. Consumer spending has been increasing.

13 (Paragraph 5) Choose the one that is **not** true. The writer's personal views are that
A. tiny houses are going to become more and more popular.
B. economic difficulties have led to something good.
C. small houses do not damage the environment as much as large houses.
D. minimalism is evidence of a positive social trend.

14 (Paragraph 6) The writer mentions her grandmother's experience as
A. an example for future generations to follow.
B. an example of worthwhile ideals.
C. a tragic lesson in what is important.
D. something that was unavoidable.

15 本文のタイトルとして最も適切なものを次から選びなさい。
A. The Importance of Knowing How to Live without Possessions
B. Unchanging Social Values
C. The New Political Movement of the Younger Generation
D. Lessons That Can Be Learned from the Great Recession

次の文を読み，下記の 01 ～ 10 それぞれに続くものとして，本文の内容と最もよく合致するものを，各イ～ニから１つずつ選べ。

❶ One of the most striking — and unsettling — experiences I've ever had is to travel to a place I've never visited before, then travel back along the same route. The trip out always seems to take longer than the trip back — not just a little longer, but much, much longer. I vividly remember traveling by car a few summers ago to a town in Eastern Ontario that I had never been to before, expecting that each twist and turn of the lakeside road I was following would be the one to finally reveal my destination, hoping that the top of every hill should provide a glimpse of a church tower, yet I drove and drove and drove with nothing but farmers' fields on one side and docks and beaches on the other. By contrast, the trip back the next day was a very different story, a brisk little drive completely free of tension or insecurity.

❷ The effect is most striking when you're driving, but it will work if you're riding a bicycle or even walking; speed isn't as crucial as having a destination. It's too awkward to call this the "time there / time back difference," so I've named it the "tourist illusion" — it works when the outgoing trip is a first-time excursion to a place an uncertain distance away and the return trip must retrace your steps. As long as the speed you travel remains more or less the same, the effect is profound, even shocking, and represents a dramatic disruption of the human ability to keep time.

❸ Unfortunately, explaining exactly why the trip back seems so much speedier is a little tricky. For one thing, unlike visual illusions, where you can revisit the experience whenever you want, this illusion is different every time you experience it, and by definition, can't be exactly repeated. Second, the psychology lab doesn't provide a lot of help in interpretation, at least partly because the experience usually lasts hours, an uncomfortably long time to run an experiment.

④ However, there is some research that suggests what might be going on. First, a crucial part of the tourist illusion seems to be ignorance of exactly where and how far the destination is. It doesn't have to be complete ignorance — you usually know roughly where you're going and when you're likely to get there — but it doesn't work nearly as well if you have detailed knowledge, like a map or a set of landmarks. The voyage must be somewhat mysterious, which demands that you pay close attention to every feature of the landscape along the way.

⑤ From my own experience, I'd say that anticipation, expectation, and attention all might have played a role in the **dilation** of time during the outgoing trip. When you're thinking of nothing other than time, it expands, as captured by the proverb, "A watched pot never boils." We know that this phenomenon works over long periods of time as well. Children waiting for Christmas, with all their mental resources focused on the slow approach of the big day, are the perfect example — time drags endlessly. Yet the hours of Christmas morning flash by.

⑥ Richard Block at the University of Montana is an acknowledged expert in this area. In his research Block has focused on how context, including the physical setting and emotional state of the person, influence the perception of time. For instance, Block has run many experiments over the years that have convinced him that if you perform two tasks that are pretty much identical, you will, at some later point, judge the first of the two to have taken longer. Block has pointed out that it's a little surprising that the first of two experiences should in retrospect seem to have lasted longer, because as memory fades, events should drop out of the earlier version first, making it seem shorter. But because the first experience introduces a new context and the second simply continues it, the first experience seems longer.

⑦ In other studies Block has shown that if the context of a task is changed but the amount of information stays the same, estimates of time spent change accordingly. One such study involved two tasks, one of which was simple (identifying which of a series of words are capitalized), and the other harder (picking out those words that described a part of the human body). Those students who did just one task, either the simple or the hard, judged less time to have passed than those who had to switch back and forth between tasks. Block has found the same effect when he temporarily moves students out of the room and into the hall between tests, or into a different room altogether. The more changes, the longer the estimated time. By changing the surroundings or the way information is presented, Block has been able to eliminate the illusion that the first of two experiences always seems the longer.

⑧ These experimental results make it easier to **fathom** the tourist illusion. Whether driver or passenger, it's easy to imagine the situation: you know you're heading toward a goal, but you have no idea exactly when you will reach it or, indeed, what it looks like — it's a name of a place and not much more. As the experience unfolds, you're devoting most of your attention to the changing landscape, your own fatigue and anticipation, each new street sign, the impatience of the children in the back seat, or your explanations to your partner as to why it's taking so long. There are numerous sights, sounds, and feelings, each of which comes with a context automatically attached. All of these contexts will become part of your memory of the outgoing trip. While it seems like your attention to ongoing events should make time go by unnoticed, the fact is that your attention is all about time: "When do we get there?"

⑨ The return trip is an entirely different story. You've been there before, and as a result it will be more difficult for each scene or event to qualify as a new memory. The old oak tree on the hill is already stored as a memory of the outgoing trip, and although you will recognize it, it won't qualify as a new memory. You don't even bother reading the same road signs that preoccupied you on the way out. Attention is focused on other things, now that the crucial part of the trip is over. Although the return trip takes just as much time as the outgoing trip, the perception of that time is completely different.

01 The author refers to his trip to a town in Eastern Ontario (first paragraph) to illustrate
イ. differences in perception.
ロ. his love of the countryside.
ハ. the difficulties of taking road trips.
ニ. his own style of facing challenges.

02 All of the following conditions are necessary for the tourist illusion to occur EXCEPT that
イ. the trip is the first time to visit a particular destination.
ロ. the traveler doesn't know the precise location of the destination.
ハ. the trip must be taken by car.
ニ. the traveler must return home by the same route.

03 The underlined word "**dilation**" (paragraph 5) is closest in meaning to
イ. advantage.
ロ. expansion.
ハ. measurement.
ニ. reduction.

04 Richard Block's experiments suggest that
イ. context has little influence on memory.
ロ. anticipation makes time appear to go faster.
ハ. older memories always fade faster than newer ones.
ニ. the novelty of a task makes it seem longer.

05 In Block's experiment with a simple and hard task, the group that judged more time to have passed

イ. did the simple task only.
ロ. did the hard task only.
ハ. did both tasks.
ニ. did neither task.

06 Block would probably agree that the tourist illusion occurs because the return trip

イ. involves fewer new contexts than the outgoing trip.
ロ. takes less time than the outgoing trip.
ハ. involves more new contexts than the outgoing trip.
ニ. takes more time than the outgoing trip.

07 The underlined word "**fathom**" (paragraph 8) is closest in meaning to

イ. abandon.   ロ. comprehend.
ハ. experience.   ニ. question.

08 The passage suggests that the tourist illusion

イ. shows that the sense of time is subjective.
ロ. is less common among experienced travelers.
ハ. shows that clocks are not always reliable.
ニ. is easy to study experimentally.

09 The main purpose of this passage is

イ. to explain how emotions influence perception.
ロ. to encourage people to take trips more often.
ハ. to explain why the tourist illusion occurs.
ニ. to encourage people to overcome their illusions.

The most appropriate title for this passage is

イ．Recent Research on Everyday Illusions.
ロ．Why Car Trips Take So Much Time.
ハ．Time Perception and Modern Tourism.
ニ．How Journeys Affect the Sense of Time.

英語長文
SUPREMACY Day 15

制限時間 15分　単語数 614words
CEFR レベル B2　レベル 標準　音声 TRACK 15

》解答・解説は本冊 p.214

得点：1回目　　/33　2回目　　/33

次の文章を読んで，以下の問に答えなさい。

❶ When I was in my early twenties, it was surprisingly difficult for me to separate what I wanted for myself and what others wanted for me. I know this is true for many of my students as well. They tell me they're getting so much "guidance" from others that they have a tough time figuring out what they want to do. I remember clearly that I sometimes had the urge to quit or to avoid things that others strongly encouraged me to do, just so I would have the space to figure out what I wanted, independent of what they wanted for me. For example, I started graduate school at the University of Virginia right after I graduated from the University of Rochester. My parents were **(ア)thrilled**. They were so proud of me and were comforted that my path for the next few years was set. But after only one semester of graduate school I decided to take a break and go to California. The hardest part of the entire process was telling my parents I was taking a leave of absence. My decision was extremely hard for them. I appreciated their support and encouragement, but it made it difficult for me to truly know if being in school was the right decision for me. I drove across the country to Santa Cruz with no idea of what I was going to do next.

❷ In retrospect, taking a break from school turned out to be a great choice. My time in Santa Cruz was completely unstructured. I felt like a leaf in the wind, **(イ)ready for any eventuality**. It was exciting and scary. It was the first time I didn't have a specific assignment, a focused goal, or a clear plan. Although often stressful, it was the perfect way to figure out what I really wanted to do. I took odd jobs so I could support myself and spent a lot of time thinking at the beach. After a while I started going to the University of California at Santa Cruz's biology library to keep up on neuroscience* literature. At first it was monthly, then weekly, then daily.

❸ After about nine months in Santa Cruz, I was ready to get back into the lab, but not ready to go back to graduate school. With that objective, I tracked down a list of the neuroscience faculty at Stanford University, which was not far away, and wrote each one a letter. I told them about my background and asked if they had a research job for me. Over the next few weeks, I got letters back from all of them, but no one had an open position. However, one faculty member passed my letter on, and I received a call from a professor in the anesthesia department*. He asked if I would like to work in the operating room testing new medical equipment on high-risk patients. This seemed interesting, so I jumped at the chance.

❹ Within days I was at Stanford, getting up at the crack of dawn, wearing scrubs*, and monitoring surgical patients. This experience was fascinating **(ウ)in a million unexpected ways**. Once the project was over, I managed to negotiate a job as a research assistant in a neuroscience lab* and eventually applied to graduate school at Stanford. I took detours* that might look to others like a waste of time. But this wasn't the case at all. Not only did the twists in my path give me a **(エ)fresh perspective** on my goals, they also gave me time to experiment with options that helped confirm what I wanted to do. Also, this time I was going to graduate school for (A), not for others.

＊neuroscience: 神経科学
＊anesthesia department: 麻酔科
＊scrubs: 手術着
＊lab: laboratoryの省略形
＊detour: 回り道

01 下線部**(ア)(イ)(ウ)(エ)**の内容に最も近いものをそれぞれ1つ選びなさい。

(ア)thrilled

1. anxious   2. confused   3. excited   4. scared

(イ)ready for any eventuality

1. hoping for a good outcome
2. hoping to satisfy my parents
3. prepared to accept whatever happens
4. prepared to attend graduate school

(ウ)in a million unexpected ways

1. in countless ways I could hardly imagine
2. in numerous ways which caused me stress
3. in so many pleasant ways
4. in various ways which raised my expectations

(エ)fresh perspective

1. complete acceptance   2. confused viewpoint
3. new way to view things   4. profound meaning

02 本文中の内容に基づいて，次の(A)(B)(C)(D)の英文を完成させるのに最も適切な選択肢をそれぞれ1つ選びなさい。

(A) I simply followed the advice of others

1. although I knew what I wanted to do.
2. although it seemed unreasonable to me.
3. because I didn't know what I wanted to do.
4. because I was certain I was doing the right thing.

(B) My parents were happy when I was accepted at the University of Virginia because

1. I had found what I wanted to study.
2. the graduate school was quite famous.
3. they wanted me to move out.
4. my near future was established.

(C) My parents
1. accepted my decision to quit school without hesitation.
2. found it difficult to accept my decision to quit school.
3. supported my decision to become a research assistant.
4. were confident I would be able to find a suitable job.

(D) After living in Santa Cruz for nine months
1. I decided to take the advice of others.
2. I found I wanted to go back to the University of Virginia.
3. I started to look for work in research.
4. I was eager to go back to graduate school.

03 以下の(A)(B)について，本文の内容に最も近いものをそれぞれ1つ選び
なさい。

(A)
1. I thought I knew from the very beginning that my life would turn out successfully.
2. I regretted that I did not continue graduate school at the University of Virginia.
3. People gave me much time to think over the advice they had given me.
4. Quite a few of my students find themselves in the same situation I was in when I was a student.

(B)
1. I went to California with the intention of entering graduate school.
2. In the end, my decision to take a break turned out favorably for me.
3. It was not so difficult for me to tell my parents I would leave school.
4. My parents were quite happy when I was accepted at the University of Rochester.

04 空欄(A)に入れるのに最も適切な単語を本文中から抜き出しなさい。

Also, this time I was going to graduate school for (A), not for others.

英語長文
SUPREMACY Day 16

≫解答・解説は本冊 p.226

制限時間 20分　単語数 789words
CEFR レベル C1　レベル 標準　音声 TRACK 16

得点：1回目　　/67　2回目　　/67

次の英文を読んで設問に答えなさい。[＊印のついた語は注を参照しなさい。]

❶ The Swiss student of child behavior, Jean Piaget, worked on many aspects of child development, but his most well-known writings concern cognition — the ways in which children learn to think about themselves and their environment. Piaget placed great emphasis on the child's active capability to make sense of the world. Children do not passively **(a)soak up** information, but instead select and interpret what they see, hear and feel in the world around them. Piaget described several **(b)distinct** stages of cognitive development during which children learn to think about themselves and their environment. Each stage involves the acquisition of new skills and depends on **(ア)the successful completion of the preceding one**.

❷ Piaget called the first stage, which lasts from birth up to about the age of 2, the sensorimotor stage, because infants learn mainly by touching objects, manipulating them and physically exploring their environment. Until the age of about four months or so, infants cannot differentiate themselves from their environment. For example, a child will not realize that her own movements cause the sides of her crib* to rattle*. Objects are not differentiated from persons, and the infant is unaware that anything exists outside her range of vision. Infants gradually learn to distinguish people from objects, coming to see that both have an existence independent of their immediate perceptions. The main accomplishment of this stage is that, **(イ)by its close**, children understand their environment to have distinct and stable **(c)properties**.

❸ The next phase, called the pre-operational stage, is the one **(Y)** which Piaget devoted the bulk of his research. This stage lasts from the ages of 2 to 7. During the course of it, children acquire a mastery of language and become able to use words to represent objects and images in a symbolic **(d) fashion**. A 4-year-old might use a sweeping hand, for example, to represent the concept "airplane." Piaget termed the stage "pre-operational" because children are not yet able to use their developing mental capabilities systematically. Children in this stage are egocentric. **(ウ) As Piaget used it**, this concept does not refer to selfishness, but to the tendency of the child to interpret the world exclusively in terms of his own position. A child during this period does not understand, for instance, that others see objects from a different perspective from his own. Holding a book **(e) upright**, the child may ask about a picture in it, not realizing that the other person sitting opposite can only see the back of the book.

④ Children at the pre-operational stage are not able to hold connected conversations with another. In egocentric speech, what each child says is more or less unrelated to what the other speaker said. Children talk together, but not to one another in the same sense as adults. During this phase of development, **children have no general understanding of categories of thoughts that adults (あ) (い) (う) (え) (お)**: concepts such as causality, speed, weight or number. Even if the child sees water poured from a tall, thin container into a shorter, wider one, she will not understand that the volume of water remains the same — and concludes rather that there is less water because the water level is lower.

⑤ A third period, the concrete operational stage, lasts from the ages of 7 to 11. During this phase, children master abstract, logical notions. They are able to **(f) handle** ideas such as causality without much difficulty. A child at this stage of development will recognize the false reasoning involved in the idea that the wide container holds less water than the thin, narrow one, even though the water levels are different. She becomes capable of carrying out the mathematical operations of multiplying, dividing and subtracting. Children by this stage are (Z) egocentric. In the pre-operational stage, if a girl is asked, "How many sisters do you have?" she may correctly answer "one." But if asked, "How many sisters does your sister have?" she will probably answer "none," because she cannot see herself from the point of view of her sister. The concrete operational child is able to answer such a question with ease.

⑥ The years from 11 to 15 cover what Piaget called the formal operational stage. During adolescence, the developing child becomes able to grasp highly abstract and **(g)hypothetical** ideas. When faced with a problem, children at this stage are able **(エ)to review all the possible ways of solving it** and go through them theoretically in order to reach a solution. The young person at the formal operational stage is able to understand why some questions are trick ones. To the question, "What creatures are both poodles and dogs?" the individual might not be able to give the correct reply but will understand why the answer "poodles" is right and appreciate the humor in it.

＊crib: ベビーベッド　　＊rattle: がたがた音がする

▢ 01 空所**(Y)**および**(Z)**に入る最も適当なものを次の1〜4の中からそれぞれ1つ選びなさい。

(Y)

   1 at　　　　　2 of　　　　　3 to　　　　　4 with

(Z)

   1 fairly　　　　2 largely　　　3 much less　　4 much more

▢ 02 下線部**(a)**〜**(g)**の意味・内容に最も近いものを次の1〜4の中からそれぞれ1つ選びなさい。

(a)soak up

   1 absorb　　　2 classify　　　3 leak　　　　4 suppress

(b)distinct

   1 emergent　　2 forming　　　3 rebellious　　4 separate

(c) properties

   1 characteristics   2 occupations

   3 propositions   4 residences

(d) fashion

   1 device   2 manner   3 matter   4 trend

(e) upright

   1 firmly   2 positively   3 readily   4 vertically

(f) handle

   1 cast aside   2 deal with   3 hand on   4 set forth

(g) hypothetical

   1 creative   2 exaggerated   3 refined   4 provisional

03 波線部**(ア)〜(エ)**の意味・内容に最も近いものを次の1〜4の中からそれぞれ1つ選びなさい。

(ア) the successful completion of the preceding one

   1 completing the process to modify the environment

   2 finishing the previous stage satisfactorily

   3 making a success in a stage competition

   4 proceeding easily to the acquisition of new skills

(イ) by its close

   1 at the end of the sensorimotor stage

   2 because of their intimate attachment to the environment

   3 just after the pre-operational stage

   4 just next to their own existence

(ウ) As Piaget used it

   1 According to Piaget's definition of the sensorimotor stage

   2 According to Piaget's interpretation of the word "egocentric"

   3 As Piaget demonstrated a sweeping hand to represent the concept "airplane"

   4 As Piaget was able to develop his mental capability systematically

(エ)to review all the possible ways of solving it
   1 to enhance the chances to solve the problem
   2 to examine every alternative to solve the problem
   3 to recall that every solution of the problem is plausible
   4 to reject every idea for solving the problem

04 二重下線部の空所(あ)〜(お)に次の1〜6の語を入れて文を完成させたとき，(い)と(え)に入る語の番号を記入しなさい。同じ語を二度使ってはいけません。選択肢の中には使われないものが1つ含まれています。

children have no general understanding of categories of thoughts that adults (あ)(い)(う)(え)(お)

   1 for   2 granted   3 it   4 take   5 tend   6 to

05 本文の内容に合致するものを次の1〜8の中から3つ選びなさい。

   1 Piaget was a Swiss scholar who was most famous for his studies on children's mental processes of recognizing themselves in relation to their environment.
   2 Even children younger than four months can see the difference between themselves and other existences.
   3 Before the pre-operational stage, children might use a sweeping hand to represent the concept "airplane" because they are not mature enough to acquire language.
   4 Children at the pre-operational stage understand their environment from their own perspective, so that they are unaware of the fact that others may see things differently.
   5 Children at the pre-operational stage acquire a mastery of language to hold a connected conversation despite their egocentric way of thinking.
   6 Children at the concrete operational stage can understand that even though the water level of the thin, narrow container is higher than that of the wide container, the latter does not always hold less water than the former.
   7 A girl at the concrete operational stage is incapable of figuring out how many sisters her sister has.
   8 Not all young people at the formal operation stage can recognize

poodles as a kind of dog because they are not intellectual enough to be interested in the natural world.

英語長文
SUPREMACY Day 17

>解答・解説は本冊p.240

制限時間 20分　単語数 1,181words
CEFR レベル C1　レベル 標準　音声 TRACK 17

得点：1回目　　/30　2回目　　/30

次の文を読み，下記の 01 ～ 10 それぞれに続くものとして，本文の内容と最もよく合致するものを，各イ～ニから１つずつ選べ。

❶ Most psychologists agree that play provides benefits that last through adulthood, but they do not always agree on the extent to which a lack of play harms kids — particularly because, in the past, few children grew up without adequate playtime. But today free play may be losing its standing as a basic feature of youth. According to research published in 2005, children's free-play time dropped by a quarter between 1981 and 1997. Concerned about getting their kids into the right colleges, parents are sacrificing playtime for more organized, structured activities. As early as preschool, youngsters' after-school hours are now being filled with music lessons and sports — reducing time for the type of imaginative and active play that fosters creativity and cooperation.

❷ But kids *play* soccer, chess, and the violin — so why are experts concerned that these activities are eating into free play? Certainly games with rules are fun and are sources of learning experiences — they may indeed foster better social skills and group unity, for instance, says Anthony Pellegrini, an educational psychologist at the University of Minnesota. But, Pellegrini explains, "games have rules — set up in advance and followed. Play, on the other hand, does not have predetermined rules, so it allows more creative responses."

❸ This creative aspect is key because it challenges the developing brain more than following predetermined rules does. In free play, kids initiate and create new activities and roles. It might involve fantasies — such as pretending to be doctors or princesses — or it might include mock fighting, as when kids (primarily boys) wrestle with one another for fun, switching roles periodically so that neither of them always wins.

④ How do such activities benefit kids? Perhaps most crucially, play appears to help us develop strong social skills. "You don't become socially competent via teachers telling you how to behave," Pellegrini says. "You learn those skills by interacting with your peers, learning what's acceptable, what's not acceptable." Children learn to be fair and take turns — they cannot always demand to be the fairy queen, or soon they will have no playmates. "They want this thing to keep going, so they're willing to go the extra mile" to accommodate each other's desires, he notes. Because kids enjoy the activity, they do not give up as easily in the face of frustration as they might on, say, a math problem — which helps them develop persistence.

⑤ Keeping things friendly requires a fair bit of communication — arguably the most valuable social skill of all. Play that happens among peers is the most important in this regard. Studies show that children use more sophisticated language when playing with other children than when playing with adults. In pretend play, for instance, "they have to communicate about something that's not physically present, so they have to use complicated language in such a way that they can communicate to their peer what it is that they're trying to say," Pellegrini says. For example, kids can't get away with just asking, "Vanilla or chocolate?" as they hand a friend an imaginary ice cream cone. They have to provide contextual signals: "Vanilla or chocolate ice cream: Which one would you like?" Adults, on the other hand, fill in the blanks themselves, making the task of communication easier for kids.

⑥ If play helps children become socialized, then lack of play should limit social development — and studies suggest that it does. According to a 1997 study of children living in poverty and at high risk of school failure, kids who enrolled in play-oriented preschools are more socially adjusted later in life than are kids who attended preschools where they were constantly instructed by teachers. By age 23, more than one third of the kids who had attended instruction-oriented preschools had been arrested for a crime as compared with fewer than one tenth of the kids who had been in play-oriented preschools. And as adults, fewer than 7 percent of the play-oriented preschool attendees had ever been suspended from work, but more than a quarter of the directly instructed kids had.

⑦ Research also suggests that play is critical for emotional health, possibly because it helps kids work through anxiety and stress. In a 1984 study published in the *Journal of Child Psychology and Psychiatry*, researchers assessed the anxiety levels of 74 three- and four-year-old children on their first day of preschool as indicated by their behavior — whether or not they pleaded, cried, and begged their parents to stay — and how much their palms were sweating. Based on the researchers' observations, they labeled each child as either anxious or not anxious. They then randomly split the 74 kids into four groups. Half of the kids were escorted to rooms full of toys, where they played either alone or with peers for 15 minutes; the other half were told to sit at a small table either alone or with peers and listen to a teacher tell a story for 15 minutes.

⑧ Afterward, the kids' levels of distress were assessed again. The anxiety levels of the anxious kids who had played had dropped by more than twice as much as compared with the anxious kids who had listened to the story. (The kids who were not anxious to begin with stayed about the same.) Interestingly, those who played alone calmed down more than the ones who played with peers. The researchers speculate that through imaginative play, which is most easily initiated alone, children build fantasies that help them cope with difficult situations.

⑨ Relieving stress and building social skills may seem to be obvious benefits of play. But research hints at a third, somewhat surprising area of influence: play actually appears to make kids smarter. In a classic study published in *Developmental Psychology* in 1973, researchers divided 90 preschool children into three groups. One group was told to play freely with four common objects — among the choices were a pile of paper towels, a screwdriver, a wooden board, and a pile of paper clips. A second set was asked to imitate an experimenter using the four objects in common ways. The last group was told to sit at a table and draw whatever they wanted, without ever seeing the objects. Each activity lasted 10 minutes. Immediately afterward, the researchers asked the children to come up with ideas for how one of the objects could be used. The kids who had played with the objects named, on average, three times as many nonstandard, creative uses for the objects than the youths in either of the other two groups did, suggesting that play does foster creative thinking.

⑩ Of course, many parents today believe that they are acting in their kids' best interests when they exchange free play for what they see as valuable learning activities. But parents should let children be children — not just because it should be fun to be a child but because denying youth's **unfettered** joys keeps kids from developing into inquisitive, creative people. Play needs to be seen not as an opposite to work, but rather as a complement.

01 The first paragraph suggests that psychologists have different opinions about
　イ. how much children are affected by not playing.
　ロ. what kind of play is best for children.
　ハ. how much time children should spend playing.
　ニ. why children need to play as well as study.

02 According to Anthony Pellegrini, the best way to learn social skills is by
　イ. playing competitive games with clear rules.
　ロ. attending class and listening to the teacher.
　ハ. interacting with peers in free play.
　ニ. learning many words and using complex language.

03 Paragraph 5 suggests that adults are better than children at
   イ. explaining their ideas clearly.
   ロ. guessing what others are trying to say.
   ハ. teaching social rules.
   ニ. pretending to know what they don't.

04 According to the 1997 study of children living in poverty, of the children who attended play-oriented preschools,
   イ. one in three had committed a crime by age 23.
   ロ. more than 7% were unemployed as adults.
   ハ. 25% had trouble at work in adulthood.
   ニ. more than 90% had never been arrested by age 23.

05 The 1984 study of anxiety levels in children found that the most effective activity for relieving stress among anxious children was
   イ. playing freely with friends.
   ロ. listening to a story with friends.
   ハ. playing freely by themselves.
   ニ. listening to a story by themselves.

06 In the 1973 study published in *Developmental Psychology*, children who thought up the most uses for a common object were the ones who had
   イ. played with the object freely.
   ロ. watched an adult use the object.
   ハ. never seen the object before.
   ニ. drawn pictures of the object.

07 One theme of the passage is that, in order to provide the best possible stimulation for the growing child, play should
   イ. occur outdoors rather than indoors.
   ロ. not have predetermined rules.
   ハ. occur in groups rather than in solitude.
   ニ. not have any time limits.

08 The passage suggests that free play helps children learn all of the following EXCEPT how to

イ. obey the wishes of grown-ups.

ロ. deal with frustrating situations.

ハ. find creative solutions to problems.

ニ. communicate one's thoughts.

09 The underlined word "**unfettered**" (last paragraph) is closest in meaning to

イ. uneducated.

ロ. unnecessary.

ハ. unprepared.

ニ. unrestricted.

10 The most appropriate title for this passage is

イ. How to Raise Healthy Children.

ロ. The Benefits of Free Play.

ハ. Child Development and Human Creativity.

ニ. Patterns of Play in Childhood.

英語長文
SUPREMACY Day 18

≫解答・解説は本冊 p.256

制限時間 20分　単語数 752words
CEFR レベル C2　レベル 標準　音声 TRACK 18

得点：1回目　　/30　2回目　　/30

次の文章を読んで，以下の問に答えなさい。[＊のついた語句については，文末に注があります。]

❶ Astronomers have been struggling for nearly 80 years to figure out what makes up the mysterious dark matter* that (ア)pervades the universe. They came up with the idea of it to explain why, judging from the motions of galaxies, the universe seems to have so much more mass than the visible stars and galaxies can account for. They strongly suspect it's some sort of exotic subatomic particle*, created in the Big Bang in mind-blowing quantities and (イ)not visible by any means except by the pull exerted by its gravity. The particle notion is still mostly theoretical; astronomers have not yet discovered one of these particles directly.

❷ But a new set of observations by the Hubble Space Telescope and by the Very Large Telescope, based in Chile, may have just come up with a crucial clue about what the dark matter actually is. A new paper appearing in *Monthly Notices of the Royal Astronomical Society* argues that dark matter particles within a galaxy cluster* known as Abell 3827, about 1.4 billion light-years from Earth, are responding to a force other than gravity.

❸ What the paper's authors actually found out was an unusual (ウ)arrangement of dark matter. Normally, dark matter forms a huge *halo around a galaxy. Our own Milky Way's* halo is part of what keeps us together: The galaxy is spinning so fast it would fly apart without the extra gravity of dark matter to hold it together. For one of the galaxies in this cluster, the center point of the dark-matter halo is offset* by about 5,000 light-years from the center point of the galaxy itself.

④ In space, that's not very far. But **(エ)it** should be zero if dark-matter particles are subject to gravity alone, as some theories suggest.

⑤ But other theories predict that another force should be involved. For at least a couple of decades now, theorists have leaned toward something called "weakly interacting massive particles" (WIMPs), as the best explanation for what dark matter is made of. Such particles would **(オ)feel** not just gravity, but another, relatively weak force — something similar to the so-called weak nuclear force.

⑥ This could be the first experimental evidence that dark matter is indeed made of WIMPs. The best explanation for the dark-matter cloud's offset, says Richard Massey, lead author of the paper, is that it's passing through other dark-matter clouds in the core of Abell 3827. Friction between the clouds, caused by this extra force, is forcing the one Massey observed to lag behind* its galaxy — although Massey and his colleagues have no idea yet what the force is. An extra force besides gravity wouldn't make dark matter **(カ)less dark** in the sense of being easier to see directly, but rather in the sense of casting some light on its nature.

⑦ They're also open to the possibility that something much more mundane* is going on. A burst of star formation on one side of the visible galaxy, for example, could create a bright spot that could skew* the astronomers' estimate of where the galaxy's center is. Or perhaps the gravity of nearby galaxies might be distorting the visible galaxy's shape, again making its center hard to pinpoint. "It's tough to think of a convincing alternative explanation," Massey says, "but this is such an exciting discovery that I'm being extra super cautious rather than **(キ)shouting from the rooftops**."

⑧ The idea that dark-matter particles are slowing each other down through some unknown force "does seem like the most likely explanation at this point," says Jason Rhodes, a dark-matter expert at NASA's Jet Propulsion Laboratory*. "But we clearly need more evidence." The search for that evidence is already under way, with a set of new observations of other galaxies planned.

⑨ Even if more examples of offset dark matter are eventually found, it won't necessarily **(ク)nail down** the nature of the particles in question. Even if they do feel some force in addition to gravity, it will be hard to calculate the strength of that force, and thus to narrow down the candidate list of possible particles even further.

⑩ Ideally, particle physicists at Europe's Large Hadron Collider, the world's biggest particle accelerator*, will manufacture some dark-matter particles here on Earth, where their properties will be easier to measure. Or maybe one of several underground detectors, designed to snag* a particle as it passes through the Earth, will let us know with an electronic signal.

⑪ One way or another, physicists and their astronomical brothers are convinced that the mystery of dark matter can't remain dark forever.

＊dark matter: 暗黒物質（銀河内や銀河間に存在し，光を発しないため，その正体が まだ不明な仮説上の物質。天体に重力を及ぼしていると言われている。）
＊exotic subatomic particle: まだ確認されていない形態をした原子以下のサイズの 粒子
＊galaxy cluster: 銀河団
＊halo: ハロー（星などから成る円盤状の光）
＊our own Milky Way: 我々の住む銀河系
＊offset: 中心からずれて（いること）
＊force *A* to lag behind *B*: *B*に対して*A*の遅れを生じさせる
＊mundane: ありふれた
＊skew: ゆがめる
＊NASA's Jet Propulsion Laboratory: アメリカ航空宇宙局ジェット推進研究所
＊particle accelerator: 粒子加速器
＊snag: 捕まえる

01 下線部**(ア)(ウ)(オ)(ク)**の内容に近いものをそれぞれ 1 つ選びなさい。

(ア)pervades

1. absorbs
2. explains
3. fills
4. introduces

(ウ)arrangement

1. appearance
2. color
3. distribution
4. temperature

(オ)feel

1. destroy the effects of
2. examine by touching
3. have an impression of
4. react to

(ク)nail down

1. change
2. determine
3. disturb
4. preserve

02 下線部**(エ)(カ)(キ)**の内容に最も近いものをそれぞれ 1 つ選びなさい。

(エ)it

1. the center point of the dark-matter halo
2. the cluster of WIMPs
3. the distance between the two center points
4. the mass of dark matter

(カ)less dark

1. heavier
2. more distant
3. more perceptible
4. smaller

(キ)shouting from the rooftops
  1. announcing the discovery
  2. considering the matter very seriously
  3. looking up at the stars
  4. warning the world

03 下線部**(イ)**を以下のように言い換えるとき，空欄(A)(B)に入れるの
に最も適切な語をそれぞれ１つ選びなさい。

(イ)not visible by any means except by the pull exerted by its gravity
→(A) by the attracting force (B) by its gravity

(A) 1. clearly viewable
    2. completely invisible
    3. hardly acceptable
    4. noticeable only

(B) 1. cancelled
    2. caused
    3. confused
    4. wasted

04 本文の内容に基づいて，(A)～(F)の質問の答えとして最も適切なものを
それぞれ１つ選びなさい。

(A) What makes the astronomers think that the universe seems to have
    more mass than the visible stars and galaxies can account for?
  1. They came up with an idea that the Big Bang created it.
  2. They observed the motions of galaxies and judged from them.
  3. They were not able to explain why galaxies expand.
  4. The particle notion is mostly theoretical.

(B) What would happen if it were not for the dark matter?
  1. Astronomers would lose their jobs.
  2. Galaxies would come apart.
  3. Scientists would not be able to explain the Big Bang.
  4. The universe would be brighter.

(C) Which could be the first evidence that dark matter is made of
  WIMPs?
  1. The Big Bang.
  2. The dark matter cloud's offset.
  3. The Hubble Space Telescope.
  4. The huge halo.

(D) What does Massey think about his new theory?
  1. He does not have confidence in it.
  2. It is just one of many other explanations.
  3. It is necessary to announce it as soon as possible.
  4. It is the best that scientists have come up with.

(E) What does Jason Rhodes think about dark matter?
  1. He is holding back his own judgment.
  2. He is suspicious about its existence.
  3. He shares the same opinion with Massey.
  4. His idea is very different from Massey's.

(F) What would happen if particle physicists at Europe's Large Hadron
  Collider could produce dark-matter particles on Earth?
  1. Electronic signals to outer space could be sent more effectively.
  2. Scientists could strengthen the force brought by something other
     than gravity.
  3. The Hubble Space Telescope would not be necessary any more.
  4. The properties of dark-matter particles could be observed more
     easily.

英語長文
SUPREMACY Day 19

制限時間 20分　単語数 622words
CEFR レベル C1　レベル 標準　音声 TRACK 19

≫解答・解説は本冊p.272

得点：1回目　　　/44　2回目　　　/44

以下の英文を読み，01，02，03，04 に答えなさい。

❶ Environmentalists have warned that a growing trend to lay artificial lawns* instead of real grass threatens the natural landscape across Britain. From local governments who purchase **(ア)in bulk** for use in urban settings, to primary schools for children's play areas, and in the gardens of ordinary suburban family homes, green artificial grass is becoming a familiar sight. But specialists and green groups say the easy fix of a fake lawn is threatening wildlife, including butterflies, bees and garden birds as well as creating waste which will last forever.

❷ Mathew Firth, director of conservation at the London Wildlife Trust, said: "You are using fossil fuels to make artificial grass, so there is a carbon impact there, you have to remove a significant amount of soil to lay it so you (イ) the natural properties of the soil, you are destroying an environment which a wide range of species are dependent on, and **(ウ)at the end of its life** this is a product which ultimately goes into the garbage dump. So yes, we are concerned about its popularity."

❸ But the demand for the perfect green carpet, which needs little or no maintenance and does not need cutting, is growing. Some landscape gardeners are dropping their traditional gardening work (エ) spending 100% of their time installing fake lawns. Paul Wackett, a landscape gardener, said: "It has gone absolutely crazy this year. Ninety-nine percent of it is for private homes — from small houses up to large houses with big gardens which have it around their swimming pools."

❹ He also said, "everyone is living in a very busy world now, no one has time to do anything (オ) work. They work hard and they play hard so they are having artificial lawns (カ) if they have children or dogs and they want to enjoy the garden but don't want to maintain it. There is no need to cut or water the lawn."

⑤ Eamon Sheridan, managing director of Artificial Grass London, said there had been an increase in demand **(キ)across the board**. "We have seen a 63% increase in sales in our case, but we are part of a group of companies, one of which, Artificial Grass Direct, has been established a lot longer, and so far they have seen a 220% increase in sales this year from last year."

⑥ Paul de Zylva, senior nature campaigner for Friends of the Earth, said: "I think the negative impacts of artificial grass are **(ク)substantial**. For the sake of convenience and not wanting the children to get muddy, what is it we are losing here? You will find bees resting on lawns which contain a mix of grass seeds. Other insects and worms will be in there too, which are incredibly important in terms of the ability of the soil to absorb minerals and keep soil **(ケ)**, so that when you have heavy rain or drought you have soil which can cope. By using artificial grass, you lose all this. You are creating a 'Don't come here sign,' for wildlife."

⑦ Even those who have benefited from the boom in fake grass are finding that high demand does not always mean an easy life. Robert Redcliffe, managing director of Nam Grass, which has been in the UK for six years, said the demand was now so great that his high-quality European-made product was increasingly being **(コ)undercut** by cheaper imports. Redcliffe is sympathetic with environmentalists. "I would agree with them; it's not for everyone, and it's not for every bit of the garden. Half of my garden is artificial grass, where the children's play area is, but the rest is natural lawn with a lot of bushes and plants. **(サ)I spend all my time trying to make the lawn look as good as the artificial one**."

＊lawn: 芝生

上記英文の**(イ)**, **(エ)**, **(オ)**, **(カ)**, **(ケ)**を埋めるのに最もふさわしい語句をそれぞれa, b, c, dの中から１つ選びなさい。

(イ)

  a are adding   b are agreeing with

  c are producing   d are reducing

(エ)

  a between   b in favor of   c qualified as   d to stop

(オ)

  a except   b inside   c throughout   d without

(カ)

  a laid   b lay   c lied   d lying

(ケ)

  a from thieves   b healthy   c quiet   d secret

上記英文の下線部**(ア)**, **(ウ)**, **(キ)**, **(ク)**, **(コ)**に最も近い内容のものをそれぞれa, b, c, dの中から１つ選びなさい。

(ア) in bulk

  a in large quantities

  b in the store

  c on credit

  d packed in boxes

(ウ) at the end of its life

  a as long as we live

  b when the owner of the garden dies

  c when we throw away artificial grass

  d when wildlife suffers

(キ) across the board

  a beyond the railway

  b from abroad

  c generally

  d on the black board

(ク) substantial

- a accountable
- b considerable
- c trivial
- d underground

(コ) undercut

- a encouraged
- b overseen
- c undermined
- d understood

03 上記英文の下線部(サ)を日本語に訳しなさい。

(サ) I spend all my time trying to make the lawn look as good as the artificial one.

04 上記英文の内容に合致するものをa〜hの中から3つ選びなさい（順不同）。

- a Both Artificial Grass London and Artificial Grass Direct have seen increases in sales.
- b Fake lawns are often recycled and used many times.
- c Fake lawns have a negative impact on the environment.
- d Insects cannot tell the difference between real and fake lawns.
- e Mathew Firth has tried to promote fake lawns in television commercials.
- f One reason for the popularity of fake lawns is that they do not need daily maintenance.
- g Soil prevents heavy rain and drought.
- h The balance between artificial and natural lawns is now being well kept in the UK.

英語長文
SUPREMACY Day 20

制限時間 15分　単語数 792words
CEFR レベル B2　レベル 標準　音声 TRACK 20

≫解答・解説は本冊p.286

得点：1回目　　　/30　2回目　　　/30

次の英文を読んで，あとの 01 〜 10 に答えなさい。

❶ Human beings are deeply social beings. We are constantly influencing each other. In your next few meetings, try watching people's body language more carefully. **(ア)People really do follow each other.** If someone leans back and puts their hands behind their head, it's likely that someone else will do the same, especially if the person who moves first is more dominant or in a senior position. We are genuinely influenced by each other. These social habits spread through entire organizations and even nations. If you want to understand human behavior, you have to understand this web of influence that perpetually connects us.

❷ An everyday example of the power of social influence is littering, dropping garbage in public. Imagine you are walking along the street and someone hands you a flyer*. Do you keep it to throw away later or, if there is no garbage can in sight, do you drop it on the ground?

❸ Picture the scene. You probably think, like most people, that you wouldn't throw it on the ground. But then you look around the street and see that **(イ)**. So what do you do? You probably drop yours as well.

❹ Experimental studies into such situations as this by Robert Cialdini and others have found that people are around eight times more likely to drop their flyer when other flyers are already littering the ground. We may not like or approve of littering, but when it seems that many others around us are doing it we follow the crowd.

❺ **(ウ)This powerful form of social influence** comes from what Cialdini calls a "descriptive" social norm: what we see others doing or what the evidence indicates that they are doing. Such descriptive social norms need to be distinguished from "injunctive" social norms: what we're *supposed* to be doing or what others approve of. It's a key distinction. Lawyers, politicians and managers are generally in the business of constructing and enforcing injunctive social norms. Cialdini's work shows that if you run into a situation where an injunctive norm is running against a descriptive one, it's the descriptive norm — what others are actually doing — that tends to win out.

⑥ We can see why it makes sense to follow the behavior of others. If everyone is running away and screaming, it's probably a good idea to do the same, (エ) you know exactly what's going on. Maybe it's a tiger or an attack by an invading army; but whatever, it may be best to examine the details later. Similarly, when visiting a new place, it is probably a good idea (オ) **to choose the restaurant that is busy, especially with knowledgeable locals, rather than the one that's empty**.

⑦ A key point to note is that often we don't directly see the behavior of others, but infer what they have done. For example, in the case of litter it is not that we actually see everyone dropping it, but the fact that it is lying on the ground tells us that (カ). Similarly, when out walking, well-worn paths and trails tell us that many people have passed over them, (キ) we haven't actually seen them. The worn pathway is still a useful clue that we're probably heading in the right direction to the nearby river or town that we are seeking, and that the path we are on is a safe route to take.

⑧ In the modern world this pattern of social inference is as powerful as ever, and perhaps even more so. The recommendations of online shopping sites that show us what other people bought or looked at strongly influence behavior. They are also (ク). Buying a camera? Many people also bought this protective case. Buying that DVD? Many people also viewed this box set, which costs almost the same but has all three series, not just one. Clearly, other people's behavior contains lots of useful information, particularly when we're not quite sure what to do.

⑨ Systematic studies of consumer choice confirm that these social influences are very powerful and tend to be self-reinforcing. When students choosing music on an online site are given information about what others liked, this leads to dramatic changes in purchasing behavior, compared with choices that are not informed in this way. Even low-level feedback about what others liked increases the popularity of some songs and suppresses that of others. **(ケ)Quality does play a role**: songs that are independently rated as very good tend to do better, and those that are independently rated as very bad tend to do less well. Nonetheless, in repeat experiments, which songs become popular (コ) heavily on whichever song first gets recommended. The feedback creates a "winner takes all" dynamic, at least in these experimental conditions, with that winner strongly depending on whatever got recommended in the first round of feedback.

＊flyer: チラシ

01 下線部**(ア)**の意味として最も適切なものを(a)〜(d)から１つ選びなさい。
   (a) People actually copy the postures and motions of one another.
   (b) People are sure to approve of each other's actions.
   (c) People fully understand the meaning as the discussion develops.
   (d) People show with gestures that they listen carefully to what others say.

02 空所(イ)に入れるのに最も適切なものを(a)〜(d)から１つ選びなさい。
   (a) there are dozens of such flyers already on the ground
   (b) there are no such flyers scattered on the ground
   (c) there is no one around who is watching you
   (d) there is no one around who might be influenced by your behavior

03 下線部**(ウ)**で始まる段落の内容に最も合致するものを(a)〜(d)から1つ選びなさい。

(a) "descriptive" social norms とは，人からよく思われるような行動をとらせる社会規範である。

(b) 人の行動に倣おうという力が働くのは，他人の行動が有益だという証拠のあるときである。

(c) 法律家や政治家たちは一般的に "injunctive" social norms に基づいて行動するものである。

(d) "injunctive" social norm と "descriptive" social norm が相反する状況では，人間は後者に従いがちだという研究結果がある。

04 空所**(エ)**に入れるのに最も適切なものを(a)〜(d)から1つ選びなさい。

(a) as soon as　　(b) because　　(c) even before　　(d) if

05 下線部**(オ)**の意味として最も適切なものを(a)〜(d)から1つ選びなさい。

(a) 静かな店よりも，地元の人が忙しく働いている店を選ぶこと

(b) 地元の人に同行してもらって，すいている店よりも混んでいる店を選ぶこと

(c) すいている店よりも混んでいる店，特に地元の人で混んでいる店を選ぶこと

(d) よその人よりも地元の人に手伝ってもらって，混んでいる店を選ぶこと

06 空所**(カ)**に入れるのに最も適切なものを(a)〜(d)から1つ選びなさい。

(a) they are supposed to do it　　(b) they cannot have done it

(c) they must have done it　　(d) they must not do it

07 空所**(キ)**に入れるのに最も適切なものを(a)〜(d)から1つ選びなさい。

(a) because　　(b) before　　(c) even so　　(d) even though

08 空所**(ク)**に入れるのに最も適切なものを(a)〜(d)から1つ選びなさい。

(a) generally useful　　(b) hardly helpful

(c) seldom practical　　(d) usually misleading

09 下線部**(ケ)**の内容に最も合致するものを(a)〜(d)から1つ選びなさい。

(a) It is true that music of poor quality happens to be popular.

(b) There is no denying that excellent music tends to be more popular.

(c) There is no doubt that the quality of music is the most important factor in popularity.

(d) We must admit that the quality of music has little to do with its popularity.

10 空所**(コ)**に入れるのに最も適切なものを(a)〜(d)から1つ選びなさい。

(a) decides　　(b) depends　　(c) influences　　(d) weighs

英文出典一覧

竹岡の

英語長文

SUPREMACY

至高の20題

学研プライムゼミ特任講師

── 竹岡広信 著 ──

解説編 もくじ

Contents

本書の表記について

S＝主語
V＝動詞
To (V)＝to不定詞
(V)ing＝現在分詞, 動名詞
(V)p.p.＝過去分詞
O＝目的語
IO＝間接目的語
DO＝直接目的語
C＝補語
M＝修飾語(句), 副詞(句)

〈構文解析で使用する記号〉
真S＝真主語
仮S＝仮主語
接＝接続詞
関代＝関係代名詞
関副＝関係副詞
分構＝分詞構文
名詞句・節＝[　　]
形容詞句・節＝(　　)
副詞句・節＝〈　　〉
φ＝関係詞節内などの目的語の
　　元位置を示す
it ～ that ...＝「強調構文」を示す

〈語彙リストで使用
する主な記号〉
名＝名詞
動＝動詞
形＝形容詞
副＝副詞
接＝接続詞
前＝前置詞
間＝間投詞
熟＝熟語

解説ページについて

各Dayの冒頭には答え合わせができる「解答一覧」を掲載しています。
答え合わせだけで終わらせるのではなく，解説も読み，
解答の根拠の確認や補足事項のインプットを行いましょう。
ここでは解説ページを構成するコーナーを紹介します。

解説

正解に至るプロセスがわかる竹岡流のくわしい解説を掲載しています。

モニター受験者が正解の選択肢を選んだ割合をパーセンテージで示した正答率を掲載。
正答率がとくに低かった問題についてはCheer Up!のコーナーを設け，誤答の「なぜ」や正解を選ぶための心構えなどをまとめています。
各設問の正答率は，大学が発表したものではなく，著者が独自に実施した試験の結果です。
問題毎の母集団は同じではなく，結果にはばらつきがありますが，「およその目安」と考えて参考にしてください。

竹岡の生徒答案メッタ斬り

英文和訳の生徒の答案に竹岡先生が採点，コメントを加えるコーナー。厳しい中にもやさしさがあるコメントを読むことで，解答のポイントがつかめます。

[4/5] などの表示は答案の点数を示します。
これであれば，「5点満点中の4点」であることを示しています。

構文解析，日本語訳，語注

英文の構造を分析した構文解析と日本語訳，英文中の重要表現をまとめた語注を掲載しています。

語注の単語や熟語などには「使用頻度レベル」を A，B，C の表記を付しています。使用頻度は A が最も高く，その次に B，使用頻度は低いものの重要であるものには C を付しています。この指標はCEFR-JのWordlistやEnglish Profileなどの英語の使用頻度やレベル指標を参照しながら，編集部が独自に設定したものです。

Road to Supremacy

設問解答や英文理解のカギになっている知識，関連表現などをコンパクトに凝縮した「まとめ」のコーナーです。

Oh my ...

解説では言い足りなかった竹岡先生のコメントをまとめたコラムのコーナーです。

Day 1

解答・解説

≫問題は別冊 p.008

テーマ：人生

ミニマリスト
の利点

[出題校]学習院大学

[モニターの平均点] **22.7** / 40点

（問2，問5，問7，問11は各4点，それ以外は
各3点で採点）

＼竹岡の一言／

最近はやりの「ミニマリスト」
の著者が「物をもたないことに
よる解放感」を述べた文章。英
文の全体像をつかんだ上で，
個々の設問を慎重に解く姿勢が
求められている。

Answers：解答

番号	正解
1	（イ）
2	「ますます，常にもっとお金を稼ごうとする不安な気持ちで暮らすことになった」
3	（ニ）
4	（ニ）
5	loss
6	（イ）
7	「所有物によって所有される運命」
8	（ニ）
9	（ロ）
10	（ニ），（ト）
11	（イ）

Lecture：設問解説

1　正解　（イ）

空所補充問題　正答率 55.6%

解説　空所を含む文の意味は「マイク，（　　）だが，警告しておく必要がある」である。逆接を示す「だが」の後ろにはマイナスの内容があるので，空所にはプラスイメージの言葉が入る。さらに，この上司の発言は昇給についてのコメントなので（イ）Congratulations「おめでとう」が最適。残りの選択肢（ロ）Don't worry「心配するな」，（ハ）Not at all「全然」，（ニ）Take it easy「気楽にいこう」はいずれも文脈に合わない。

慣用表現は「使う場面」を意識して覚えること！
およそ30%の人が（ハ）Take it easyを選んでいる。これは通例，無理をしている人や思い詰めている人を励まして「（無理しないで）がんばれよ」という意味で使う。会話表現は，訳で覚えるのではなく，どのような場面で使われるのかもあわせて覚えるようにすること。

2　正解　「ますます，常にもっとお金を稼ごうとする不安な気持ちで暮らすことになった」（35字）

英文和訳問題　正答率 87.5%

解説　下線を含む文全体の構造は，《The 比較級 1〜，the比較級 2 ... and the比較級 3 ...》「比較級 1すればするほど，ますます，比較級 2で比較級 3になる」という形である。最初のThe比較級 1〜が条件節を表し，後のandで並列された2つの文が主節となっている。The more money I had（元の文は I had more money）「私がより多くのお金を持てばそれだけ」が条件節。the more I spent（元の文は I spent more）「より多くのお金を使った」と下線部の the more I lived in an anxious mood of always trying to make more（元の文は I lived more in an anxious mood of always trying to make more）「ますます，常にもっと稼ごうとする不安な気持ちで暮らすことになった」が主節。make more の後ろには money が省かれていることに注意。訳出に際しては the more の部分「ますます，一層（不安な気持ちで暮らすようになった）」を忘れないようにすること。

竹岡の生徒答案メッタ斬り！

[生徒答案例1] [0/4]
より多くのお金を稼ごうとして，いつも不安におびえて暮らしていた。
※alwaysは直後のtrying to makeを修飾するので，「いつも」は「より多くのお金を稼ごうとする」を修飾しなければならない。また，of以下がmoodを修飾していることがわかっていない。さらにthe moreの訳を入れて「ますます不安におびえて…」とする。

[生徒答案例2] [1/4]
いつももっとお金を稼ごうと不安になる気持ちが一層強くなる。
※livedの訳が抜けている。「不安になる気持ちを抱いて暮らすことが一層多くなった」と変更する。またmoreはlivedを修飾していることがわかっていない。

005

3　正解（ニ）

用法識別問題 正答率　83.3%

解説　下線を含む文の意味は「お金に安心はなく，いつか，何かのはずみでお金がすべて消えてしまうかもしれないという恐怖心が強くなるだけだ」である。このcouldは，canの過去形ではなく1つの独立した助動詞として「〜かもしれない」という推量の意味を持つ（→p.018 **Supremacy 001**）。選択肢を順に検討する。（イ）「私があなたにお話しした問題に関して助けにきて頂けませんか？」で，Could you ...?は，丁寧な依頼をするときに使われる慣用表現。（ロ）「その店はとても騒々しく，自分たちが話す声を聞くのもやっとのことだった」で，これはcanの過去形としてのcould。hardlyという否定語があるので **Supremacy 001** のcouldが使える特殊条件1.に相当する。（ハ）「彼らに私の見解を理解させることができればなあ」は，《If only S could V》「SがVできればいいのに」という仮定法で使われた能力を示すcouldである。（ニ）「君が適切なことをやらないと困ったことになるかもしれないよ」のcouldは推量のcouldである。厳密な文法分類は専門家によっては意見が分かれる可能性があるが，「本文の用法に最も近いもの」を選べばいいので（ニ）ということになる。（ハ）にした人が多いが，（ハ）は推量の意味ではなく能力の意味である。

4　正解（ニ）

空所補充問題 正答率　8.3%

解説　空所の直前には「大きな邸宅も抗しがたいほど魅力的だ」とある。大邸宅をプラスイメージとして捉えた発言である。また空所の直後には「いったん巨大な邸宅を持ってしまうと，そのローンを払うために，稼ぎのよい仕事を確実に得られるようにしなければならない」とあり，大邸宅をマイナスイメージとして捉えているのがわかる。つまり「大邸宅は手に入れたいと思うが，手に入れると大変な苦労が必要だ」という文脈である。よって逆接の接続詞（ニ）Yet「（驚きの気持ちを含み）だが」が正解となる。それ以外の選択肢は（イ）For example「たとえば（例示）」，（ロ）Moreover「さらに（追加）」，（ハ）On the other hand「一方（対比）」で，いずれも逆接ではない。

語源からのアプローチもできるようにすること！
なんと75%の人が（イ）For exampleを選んでいる。　おそらくirresistible「（resistできないほど）魅力的など」の意味がわからず，難しい表現の後には具体的な表現がくるはずだと決めつけてしまったのであろう。irresistibleは，ir-［（=in-）否定］＋resist［抵抗する］＋-ible［できる］と分解すれば「抵抗できない」→「（我慢できないほどの）魅力がある」と推測できるはず。regular「規則的な」の反意語irregular「不規則の」も一緒に覚えておこう。何事も「突破口を探す」ための努力を惜しんではいけない。

5　正解　loss

書き換え問題 正答率　16.7%

解説　下線部の構造はfearing（V）＋losing them（O）で，文意は「それらを失うことを恐れること」。これをfear their（　　）と書き換えるためには，上

記のlosing themをtheir（　　　）と置き換える必要がある。つまり「それを失うこと」＝「それらの喪失」となり，空所にはloseの名詞形のlossを入れればよいとわかる。一般に《one's＋動詞の名詞形》には2つの意味がある。(1) one's＋自動詞の名詞形 [例] his arrival「彼の到着（彼**が**到着すること）」，(2) one's＋他動詞の名詞形 [例] her protection「彼女の保護（彼女**を**保護すること）」。本文では他動詞のloseの名詞形で(2)のパターンである。

空所補充は，まずは品詞に注目すること！
間違えた人の多くは，品詞を無視してlost（loseの過去，過去分詞形），あるいはdisappearance「消失」としていた。おそらく問題の意図（lose＋themをloseの名詞形を用いて書き換えよ）が理解できなかったからであろう。英語では動詞の名詞形を用いた表現が数多く出てくるから，「動詞の名詞形を見たら元の動詞に戻して考える」ということを覚えておこう。

6 **正解** （イ）

| 内容一致問題 |　正答率　66.7%

解説 まず下線部の意味を確認する。Make a list of the things ... は命令文で「物のリストを作れ／物を挙げよ」の意味。the thingsの直後に，you have sacrificed ... というS＋Vが接続詞もないのに続いていることから，youの前には本来あった目的格の関係代名詞which / thatが省かれていることがわかる。一般に《名詞の直後のSVの連続》は関係代名詞の省略を考えるのが鉄則。そして，次に，本来関係代名詞が存在すべき場所（＝名詞の欠落箇所）を確認すること。

[例] This is the tool (which) I used [名詞の欠落] yesterday.
「これが道具だ／（それを）私は昨日使った」
※I used which yesterday からwhichが文頭に移動し，さらに省略された形。
（→p.019 **Supremacy 002** ）

本文も，まず [名詞の欠落] がいったいどこにあるのか確認してみよう。you have sacrificed so much of your time and energy「あなたは，あなたの時間と労力のそれほど多くを犠牲にしてきた」は1つの意味の通る完全な文なので [名詞の欠落] はない。その後のto不定詞の副詞的用法であるto acquire「〜を獲得するために」のacquireの目的語が欠落していることがわかる。よって文意は「獲得するために時間と労力の多くを犠牲にしてきたものを挙げてみてください」となる。選択肢を順に検討する。（イ）「多くの時間と労力を使うことによって得てきたものを挙げてみなさい」は，まさに正解。残りの選択肢の意味は（ロ）「あなたのすべてのお金を代償にしてあなたが得た所有物を挙げることになっている」，（ハ）「より高い地位を獲得するためにあなたが諦めたものをリストに書いてください」，（二）「必要とするものを挙げるのに，時間とお金をとてもたくさん使った」。すべて下線部(4)の意味とは異なるので不可である。

7 **正解** 「所有物によって所有される運命」(14字) | 指示語問題 | **正答率** 41.7%

解説 下線部を含む文の直前の文には「自分の所有物に所有されてしまうという，自然で悲しくも逃れられない傾向がある」とあり，「私は，その運命を回避する唯一の確実な方法を見つけたのだ」と書かれている。よって「その運命」とは「自分の所有物に所有されてしまうこと」であることがわかる。解答にあたっては，下線部に合わせて「～な運命」で締めくくること。なお，「所有物に所有される」とは，たとえば第2段落の第2文に書かれているような「いったん巨大な邸宅と稼ぎのよい仕事を手に入れると，それらを失うことを恐れるだけでなく，自分が得てきたすべての所有物がなくても生き続けられるのだろうかと思い悩み，夜に眠れなくなってしまうのだ」というような「所有物に振り回される状態」を指すと推察できる。

Cheer Up!

「何を指すか？」という設問には素直な態度で答えること！
「～の指すものは何か」と尋ねられると，設問に悪意を感じて「私たちにはすぐにわからないとんでもない箇所を指しているに違いない」と考える人がいる。それは間違い。筆者は読者に「わかりやすく伝えるように書いている」のである。だから，素直に文脈を追えば正解は見つかるのだ。

8 **正解** (ニ) | 空所補充問題 | **正答率** 63.9%

解説 文全体から「筆者はミニマリスト（物を最小限しかもたない主義の人）」であることが推察できる。空所を含む文意は「それから私たちは，私が住む，高級な家具とかいった物 [Z] 小さなアパートに帰ってきた」となる。so ～ stuff が my little apartment を後置修飾していることに注意すること。文脈から空所には「ない，存在しない」という意味の語が入るはず。選択肢は（イ）absent「（本来あるべきところに）存在しない」，（ロ）empty「（家，容器などが）空の」，（ハ）failing（形容詞）「衰えて」（前置詞）「～がないので」，（ニ）lacking「欠けている，乏しい」である。この中で空所直後の in と結びつくのは lacking であり，これが正解となる。また内容面でも，第5段落の第2文（When I ...）に「プラスチックの家具がある」とあるので，「ものがまったく何もない」という意味の absent / empty は不適切だとわかる。20％を超える人が（ロ）empty にしている。

9 **正解** (ロ) | 語彙問題 | **正答率** 91.7%

解説 下線部を含む文の意味は，「私は多くの荷物を持ち運ぶことなしに人生を過ごすことがどんなに楽しいものか気がついたのだ」となる。さらに直前の文を見ると「私はそうしたすべてのものを運ぶ際の，文字通りの重さも比喩的な重荷からも解放されていると感じているのだ」とあり，筆者が言う「荷物」とは「家具などの文字通りの荷物」と「それによって生じる精神的な負担」を表していることがわかる。選択肢は（イ）burdens「重荷」，（ロ）lessons「授業，教訓」，（ハ）possessions「所有物」，（ニ）stuff「（漠然と）もの」で，この中で不適切なものは（ロ）である。

正解 （ニ）

（ト）

解説　選択肢を順に検討する。

（イ）「J・ウォルター・トンプソンによる筆者のための忠告は，より金持ちになれば，所有物を失うことを恐れるようになるかもしれないというものだった」は，一見正解に見える。しかし本文第1段落第1文にはJ. Walter Thompson, an advertising agency「J・ウォルター・トンプソンという広告代理店」とあり，J・ウォルター・トンプソンは人名ではなく会社名だとわかる。よって（イ）は間違いだが，これを選んだ人が半数を超える。

（ロ）「家を買う前に十分なお金を稼ぐと，家のローンを払うことを心配しなくなる」は偽。第2段落第3文（Yet once you ...）と第4文（Once you 空）に「いったん巨大な邸宅を持ってしまうと，そのローンを払うために，稼ぎのよい仕事が確実に得られるようにしなければならない。いったん巨大な邸宅と立派な仕事を手に入れると，それらを失うことを恐れる」とあり，この選択肢の間違いが確認できる。

（ハ）「家族や愛を持っていれば，食べ物も住む家も必要ない」は偽。常識的に考えて間違っているとわかるが，本文第4段落第1文（As humans ...）に「人間として，私たちが必要としているのは卓上の食物と，頭上の屋根だ」とあり，「卓上の食物」＝「食べ物」，「頭上の屋根」＝「住む家」だと考えれば，この選択肢の間違いが確認できる。

（ニ）「所有物を持っていると，しばらくは幸せを感じるかもしれないが，それらを失うことを恐れるようになるだろう」は真。これは，本文の趣旨を反映しているので正しい。第4段落の最終文（While many of ...）に「私たちの所有物の多くは，私たちにつかの間の心地良さをもたらすかもしれないが，それらは必然的に，種々の重荷をもたらす」とあり，この選択肢の正しさを確認できる。

（ホ）「筆者がアパートの中に持っている唯一の高価な家具はソファーである」は偽。第10段落の第1〜2文（No, I don't. No sofa.）から筆者がソファーを持っていないことは明らかである。

（ヘ）「彼の前の家にはソファーさえないことに記者は驚いた」は偽。ソファーがないのは現在のアパートであって，「前の家」に関する記述は第6段落第2文（First we ...）に「王様に似つかわしい荘重な様式で建てられた25室からなる大邸宅だ」とある。

（ト）「物質的な所有物を失うことは，しばしば新たな種類の自由をもたらし，結果的に精神衛生上よいということになりうる」は真。本文の趣旨に合致している。ちなみに第10段落の第3〜5文（My life is ...）「私の生活は，物の喪失が新たな解放感をもたらし得るという1つの教訓なのだ。私は物を失う恐怖から解放されたという，まったく新しい感覚を味わっている。また，私はそうしたすべての物を持ち運ぶ際の，文字通りの重さも比喩的な重荷からも解放されていると感じているのだ」からも，この選択肢が正しいことが読み取れる。

11　正解　（イ）

内容一致問題　　正答率　72.2%

解説　本文の趣旨は「所有物を減らすことで，それらを守ろうとする重圧から解放される」というもの。これに合致するのは（イ）**Less Is More**「少ない方がよい（諺：過ぎたるは及ばざるがごとし）」。他の選択肢は（ロ）More Haste, More Waste「急げば浪費が増える」，これが諺であるかどうかは不明だが，More Haste, Less Speed「急げばスピードが落ちる（諺：急がば回れ）」という慣用句は存在する。（ハ）More or Less「およそ」，（ニ）More than Enough「必要以上に，あり余るほどで［の］」でいずれも本文の趣旨に合わない。（ニ）を選んだ人が18.1％いるが，たとえばMore than Enough is too much などのように「あり余ること」に対するよくない評価が必要。

Oh my ...

厳密な構造分析の難しさ

　この本では，利用者の利便性を考慮して，英文の構造分析を掲載している。しかし，厳密なことを言い始めるとこれは極めて厄介なことになる。

　たとえば I want to be a doctor. は I が主語，want が動詞，to be a doctor は want の目的語になっているので［to be a doctor］というように，名詞（句・節）を示す記号でくくる。しかし manage to (V)「何とか V する」や hesitate to (V)「V をためらう」や fail to (V)「V できない」は，want to (V) とは構造が異なる。この to (V) は文法分類上副詞句となる。

　また，I allowed him to go there. の to 不定詞が何用法かは悩ましいところだが，本書では形容詞句と分類している。しかし，I asked him to go there, の to go there は名詞句と分類するのが一般的である（ask は ask ＋ IO ＋ DO の形だと分類されるからである）。

　He is in danger. は SVC「彼は危険な状態にある」あるいは SVM「彼は危険の中にいる」のいずれの分類も可能であろうし，専門家の間でも意見が分かれるかもしれない。

　しかし，このような構造分析を間違えたとしても，英語学者ではない一般学習者には実害はない。だから，あまり構造分析に神経質になることなく，あくまでも「読解のための手がかり」と考えてもらいたい。

Translations & Notes：全訳と語句注

1 ❶I remember ［(接 that省略) my first boss (at J. Walter Thompson, an advertising
S V O　　　　S′　　　　　　　　　　　　　　　　　同格

agency), gave me a big piece of advice 〈with my first raise〉]. ❷He said," [Congratulations,
　　　　　V′ O′₁　　O′₂　　　　　　　　　　　　　　　　　　　S V O

Mike, but I have to warn you. ❸〈The richer you get〉, the more you worry 〈about being
接 S′ V′　　O′　　　　C′　S′ V′　M　S V　　　　　V′

poor〉.]" ❹He spoke the truth. ❺〈The more money I had〉, the more I spent and the more I
C′　　　S V O　　　　　O′　　S′ V′　O　S V　接　M S

lived 〈in an anxious mood (of always trying [to make more])〉. ❻I have known billionaires
V　　　　　　　　　　　　V′　　　　O′　　　　　S V　　　O

(who wake up 〈each morning〉 〈with a kind of deep-rooted anxiety〉). ❼They are afraid
関代S′ V′　　　　　　　　　　　　　　　　　　　　　　　S V C

［(接 that省略) their good fortune cannot last]. ❽There is no security 〈in money〉,
　　　　　　S′　　　　　　V′　　M V　S

only greater fear [that somehow it could all disappear someday]. ❾〈The more money you
S└─同格─┘接　M′　S′　　V′　　M′　　　　　O′　　S′

have〉, the more you have to lose, and so the sick fear grows.
V′　　O　S　V　　接 M　S　V

1 ❶ J・ウォルター・トンプソンという広告代理店で働きはじめて，初めて昇給した時に，その会社の最初の上司から貴重な忠告を受けたこと思い出す。❷彼は「［ X ］（おめでとう），マイク。だが，君に一言警告しておかねばならない。❸金持ちになればなるほど，貧乏にならないかと心配になるんだ」と言った。❹その上司が話したことは本当だった。❺収入が多くなればそれだけ支出も多くなり，(1)常にもっと稼ごうとする不安な気持ちを募らせつつ暮らすようになっていたのだ。❻毎朝，ある種の根深い不安にとらわれながら目覚める億万長者を私は何人も知っている。❼彼らは，自分たちの幸運が長続きし得ないかもと恐れているのだ。❽お金で心が安らぐことはなく，いつか，何かのはずみでお金がすべて消えてしまう(2)かもしれないという恐怖心が強くなるだけだ。❾所有しているお金が多ければ，それだけ失うお金も多くなり，そしてそれによって病的な恐怖も増大するのだ。

↳ **第1段落の要旨** お金を稼げば稼ぐほど，喪失の恐怖感が増す。

□ an advertising agency 名「広告代理店」※ agency は「何かを行う場所」。…**A**
□ my first raise 名「私の初の昇給」※ raise/reiz/ の発音に注意すること。**B**
□ speak the truth 熟「真実を話す」※ speak は本来自動詞なのでこれは特殊用法。**A**
□ an anxious mood of ～ 熟「～という不安な気分」※ of は，その前後が「同格関係」であることを示す働き。**A**
□ billionaire 名「億万長者」※ billion「10億」。**C**
□ deep-rooted 形「深く根付いた」※「簡単には払拭できない」の意味。**B**

011

□ good fortune 　　　　　名「幸運」‥‥‥‥‥‥‥‥‥‥‥‥‥‥‥‥‥‥‥‥‥A
□ somehow 　　　　　　　副「何かの方法で」※「よくわからない方法で」の意味。
　　　　　　　　　　　　‥‥‥‥‥‥‥‥‥‥‥‥‥‥‥‥‥‥‥‥‥‥‥‥‥‥‥B

② ❶Money is the easiest drug 〈in a material culture〉 (to get addicted to). ❷A big house is
　　　S　V　　C
also irresistible. ❸Yet 〈once you have a huge house〉 you have to make sure [（接 that 省略）
　M　　C　　　　接　接　S′　V′　　O′　　　S　　V　　　O
you have a big job 〈to pay the loan〉]. ❹〈Once you have a huge house and a big job〉 you
　S′　V′　O′　　　　V′　　O′　　　　接　S′　V′　　　　O′　　　　　　　S₁
not only fear [losing them], （but 省略）you lie awake 〈at night〉〈wondering [whether you
　M　　V₁　O₁　　　　　　　　　　S₂ V₂　C　　　　　　分構　V′　　O′　接　S″
can survive 〈without all the possessions （関代 that 省略）（you have gained φ 〉）]〉.
V″　　　　　　　　　　　　O‴　　　　　　　　　　S‴　　V‴

② ❶お金は物質的文化の中では最も中毒になりやすい麻薬である。❷大きな邸宅も
抗しがたいほど魅力的だ。❸[Y]しかし，いったん巨大な邸宅を手に入れてしま
うと，そのローンを払うために，稼ぎのよい仕事を確実に手にしていなければなら
ない。❹いったん巨大な邸宅と稼ぎのよい仕事を手に入れると，(3)それらを失う
ことを恐れるだけでなく，自分が獲得してきたすべての所有物がなくても生き続け
られるのだろうかと思い悩み，夜に眠れなくなってしまうのだ。

↳ 第2段落の要旨 立派な邸宅も稼ぎのよい仕事も手に入れると，それが悩みの種になる。

□ material culture 　　名「物質文化」‥‥‥‥‥‥‥‥‥‥‥‥‥‥‥‥‥‥‥‥A
□ get addicted to ～ 　熟「～に中毒になる」※本文では to get addicted to が
　　　　　　　　　　　drug を修飾する形容詞句になっている。‥‥‥‥‥‥‥B
□ irresistible 　　　　形「抗しがたい，とても魅力的な」‥‥‥‥‥‥‥‥‥‥B
□ once SV 　　　　　接「いったん SV すれば」※この once は接続詞。‥‥‥‥A
□ make sure that SV 　熟「必ず SV するようにする」※ that 節内は未来のこ
　　　　　　　　　　　とでも will を入れない。‥‥‥‥‥‥‥‥‥‥‥‥‥‥A
□ not only ～, (but) … 　熟「～だけでなく…も」‥‥‥‥‥‥‥‥‥‥‥‥‥‥‥A
□ lie awake 　　　　　熟「目を覚ましたまま横になる」※ awake は形容詞。
　　　　　　　　　　　‥‥‥‥‥‥‥‥‥‥‥‥‥‥‥‥‥‥‥‥‥‥‥‥‥‥A
□ wondering whether ～ 　熟「～かどうかと考えて」※文末に置かれた分詞構文
　　　　　　　　　　　である。‥‥‥‥‥‥‥‥‥‥‥‥‥‥‥‥‥‥‥‥‥B
□ all the possessions you have gained
　　　　　　　　　　「獲得してきたすべての所有物」※ possessions の直後
　　　　　　　　　　に，目的格の関係代名詞 which が省略されている。
　　　　　　　　　　（→ p.019 Supremacy 002）‥‥‥‥‥‥‥‥‥‥‥‥‥B

③ ❶Make a list of the things （（which 省略）you have sacrificed so much （of your time and
　　V　　O　　　　　　　　　　　　　　S′　V′　　O′
energy〉 〈to acquire φ〉. ❷Then list the things （（which 省略）you actually need φ 〈to
　　　　　　V′　　O′　　　M　V　　O　　　　　　　O′　S′　　M′　V′
survive〉. ❸（List 省略）The bare necessities. ❹You will discover [that you don't need
　V′　　　　　　　　　　　　　　　　　　　　　S₁　V₁　　O₁接　S′　V′
most （of the things （（which 省略）you have φ〉）], and you can live easily and often are even
O′　　　　　O″　　　　　　S″　V″　　　　接　S₂　V₂　　M₂　接　M₃　V₃　M

012

better off ⟨without them⟩].
　　C₃

❸ **①**(4) 獲得するために時間と労力の多くを犠牲にしてきたものを挙げてください。**②**次に、生きていくために実際に必要なものの一覧を作ってみてください。**❸**必要最低限のもの（の一覧を作ってみてください）。**④**自分が持っている物の大半が必要なく、それらなしでも容易に（そしてしばしば、さらに豊かに）暮らしていけることがわかるでしょう。

↳ 第3段落の要旨 最低限の必需品で暮らしていける。

- □ make a list of ～ 熟「～のリストを作る、～を挙げる」※make use of ～「～を利用する」と同じ構造でof は「目的語を示す働き」。 **B**
- □ sacrifice ～ 動「～を犠牲にする」※sac-[清める] で sacred「神聖な」, sanction「制裁」などが同系語。 **C**
- □ so much 熟「(それほど) 多くのもの」※much は副詞 so のあとにあるので、形容詞か副詞。しかし同時に他動詞 sacrifice の目的語になっているので名詞の働きでもある。このように much は文中で2つの働きを兼ねることがある。これを「二重品詞」ということがある。 **A**
- □ bare necessities 名「必需品」※bare は「むき出しの」から「余計なものを取り除いた」の意味に発展する。 **B**
- □ most of the things you have = most of the things which you have
  (→p.019 **Supremacy 002**)
- □ be better off (> be well off)
  熟「暮らし向きがよりよい」 **A**
- □ without them = without most of the things you have

4 **❶**⟨As humans⟩, we need food ⟨on the table⟩ and a roof ⟨over our heads⟩. **❷**But equally,
　　　　　　S　V　O₁　　　　　　　接　O₂　　　　　　　　　　接　M

we need family and love. **❸**We need [to appreciate the world ((which 省略) we live in φ)
S　V　　O　　　　　　S　　V'₁　　　　O'₁　　　　O"　　　　　　S"　V"

and respect those ⟨around us⟩]. **④**We don't need fancy clothes, or the fastest car, or the most
接　V'₂　O'₂　　　　　　　　　S　V　　O₁　接　　O₂　　接　O₃

up-to-date anything. **❺**There is a natural and sadly inevitable tendency (to become
　　　　　　　　　　M　V　　　　　　S　　　　　　　　　　　　　V'

possessed ⟨by our possessions⟩). **❻**I have discovered the only sure way (to avoid that fate):
C'　　　　　　　　　　　　　S　V　　　　O　　　　　　V'　O'

Don't buy more stuff! **❼**And get rid of all the stuff ((which 省略) you can (get rid of φ省略)).
V　　O　　　　接　V　　　　O　　　　　　O'　S'　V'

❽⟨As we eagerly fill our lives full ⟨to overflowing⟩⟩, I have come to understand a basic fact:
接 S' M'　V'　O'　C'　　　　　　　　S　　　V　　　　　O

Any fool can complicate their lives. **❾**It takes a genius [to simplify]. **❿**The best way (to
S　　V　　　O　　　　仮S V　O　　真S　　　　S

simplify): (is to 省略) Free yourself ⟨from stuff⟩! **⓫**⟨While many (of our possessions)
　　　　　　　　　　V　O　　　　　　　接　S'

may bring us temporary comfort⟩, they inevitably bring burdens ⟨as well⟩ —the burden
V'　IO'　DO'　　　　　　S　M　V　O　　　　　　同格

$(\text{of} \underline{\text{paying}} \langle\text{for them}\rangle), (\text{of} \underline{\text{maintaining}} \underline{\text{them}}), (\text{of} \underline{\text{them}} \underline{\text{getting}} \langle\text{in the way} \langle\text{of our}$

　① 　 V_1 　 　 ② 　 V'_2 　 O'_2 　 ③ 　 S'_3 　 V'_3

$\text{thoughts and our time}\rangle\rangle).$

④ ❶人間として，私たちが必要としているのは卓上の食物と，頭上の屋根だ。❷しかし同様に，家族と愛も必要としている。❸私たちは，私たちが暮らしている世界に感謝し，周りの人々に敬意を払う必要がある。❹私たちには，高級な衣服や最高速の車や，最新の物は何も必要ない。❺自分の所有物に所有されてしまうという，自然で悲しくも逃れられない傾向がある。❻私は，(5)その運命を回避する唯一の確実な方法を見つけたのだ。これ以上，物を買わないこと。❼そして，処分できる物はすべて処分してしまうことだ。❽私たちが人生を溢れるほどの物で満たすことに執心しているとき，私は根本的な事実を理解するに至った。それは，自分たちの生活を複雑にすることなら，どんな愚か者にだってできる。❾シンプルにするには才能が必要なのだ。❿シンプルにする最善の方法は，自分自身を物から解放することだ！⓫私たちの所有物の多くは，私たちにつかの間の心地良さをもたらすかもしれないが，それらは必然的に，種々の重荷ももたらす。つまり，それらの代金を払う重荷，それらを維持していく重荷，それらが自分たちの思索や時間の妨げとなる重荷である。

↳ 第4段落の要旨 所有物によって振り回されないようにする唯一の方法は，それらを持たないということだ。

□ appreciate ～　　　　　動「～に感謝する，～の良さを理解する」…………A
□ the world we live in ＝ the world which we live in （→p.019 Supremacy 002）
□ those around us　　　熟「私たちの周りの人々」………………………………A
□ fancy cloths　　　　　名「高級な服」※fancy は形容詞で「(値段が) 法外な」
　　　　　　　　　　　　　の意味。……………………………………………A
□ inevitable　　　　　　形「避けられない」……………………………………B
□ tendency to (V)　　　熟「Vする傾向」※tend to (V) の名詞形。…………B
□ fate　　　　　　　　　名「運命」※「神の声」が原義。[類] infant「幼児（←
　　　　　　　　　　　　　モノが言えない者）」，confess「～を白状する（←す
　　　　　　　　　　　　　べて言う）」。…………………………………………B
□ stuff　　　　　　　　名「もの」※「重いモノを持ち上げる」などの，具体的
　　　　　　　　　　　　　に何を示さない場合の「もの」のこと。staff「(集合
　　　　　　　　　　　　　的に) 職員」と区別すること。……………………A
□ get rid of ～　　　　 熟「(不要品など) を処分する」……………………B
□ all the stuff you can ＝ all the stuff which you can get rid of
　（→p.019 Supremacy 002）
□ eagerly　　　　　　　副「熱心に」……………………………………………B
□ fill our lives full to overflowing
　　　　　　　　　　　　熟「溢れるまでに私たちの生活をいっぱいにする」……B
□ complicate ～　　　　動「～を複雑にする」※com-[強調] ＋ -pli-[折る]→「ぐ
　　　　　　　　　　　　　ちゃぐちゃになるまで折る」……………………………B
□ simplify ～　　　　　動「～を単純化する」……………………………………B
□ free yourself from ～　熟「自らを～から解放する」……………………………B
□ While ～, …　　　　 接「～だが…」……………………………………………A
□ temporary comfort　名「一時的な快適さ」……………………………………B
□ inevitably　　　　　　副「必ずや」……………………………………………B
□ burden　　　　　　　名「重荷」※cannot bear ～「～に耐えられない」の名

詞形。※本文では burdens の内容をダッシュ以下で
具体化している。……………………………… B

□ of them getting in the way of 〜

熟「それらが〜の邪魔になる」※them は動名詞で
getting ... の意味上の主語の働き。動名詞の意味上の
主語は所有格あるいは目的格が用いられる。……… A

[例] Many people complain about *prices* being too high.
「物価が高すぎると不平を言う人が多い」

⑤ ❶Today 〈as I climb the stairs (to my little apartment)〉 I look forward to [what we used
　　　M　　接S′ V′　　O′　　　　　　　　　　　　　S　　V　　O関代O′S′

to call ∅ 〈in advertising〉 "white space]." ❷〈When I open the door (to my apartment)〉 I see
　V′　　　　　　　　　　C′　　　　　　　　　接 S′ V′　　O′　　　　　　　　S V

white walls and white plastic furniture. ❸There's a lot of welcome white space.
　O₁　　接　　　　O₂　　　　　　　　　M　V　　　　S

⑥ ❶A reporter came 〈to interview me and see the way 〈(how 省略) I lived〉〉. ❷First we
　　　S　　　V　　V′₁　　O′₁　接　V′₂　O′₂　　　　　　S″ V″　　M　S

went 〈to see the home 〈where I had grown up〉: a twenty-five-room mansion (built 〈in a
　V　　V′　　O′　関副 S′　　V′　　　　同格

grand style 〈that seemed fit 〈for a king〉〉〉〉. ❸Then we came back 〈to my little apartment
　　　　関代S′　V′　C′　　　　　　　　M　S　　V

〈so lacking 〈in expensive furniture or any other stuff〉〉〉.

⑦ ❶["I have to say something,"] the reporter told me 〈with a frown〉, ["but not 〈as a
　　DO S′　V′　　　O′　　　　S′　　　V IO

reporter〉. ❷This is not (about my newspaper story) — this is (about the way 〈(how 省略)
　　　　　S′　V′　　　　C′　　　　　　　S′ V′　　　C′

you live〉〉."]
S″ V″

⑧ ❶"Okay," I said, 〈(being 省略) ready 〈for some profound observation about my life〉〉.
　　　　O　S V　　　分構

⑨ ❶["You have to get a sofa!"] she announced.
　　　O S′　　V′　　O′　　S　　V

⑩ ❶No, I don't. ❷No sofa. ❸My life is a lesson [that the loss (of stuff) can bring a new
　　　M S V　　　　　　　　S　V C　同格 接　S′　　　　　V′　　O′

sense (of liberty)]. ❹I feel a whole new sense (of freedom (from the fear (of losing stuff))).
　　　　　　　　　　S V　　　　　　O

❺I also feel free 〈of the literal and figurative weight (of carrying all that stuff)〉. ❻I have
　S　M　V　C　　　　　　　　　　　　　　　　　V′　　O′　　　　S　V

found [how much fun it can be [to travel 〈through life〉 〈without carrying a lot of
　　　O　　C′　仮S′ V′　　真S′　　　　　　　　　V″

luggage〉]].
　O″

⑤ ❶今日では，自分の小さなアパートに通じる階段を上りながら，かつて広告で「白い空間」と呼ばれていたものに出会えることを楽しみにしている。❷アパートのドアを開けたとき目に入るのは，白い壁と白いプラスチック製の家具だ。❸歓迎すべき白い空間がたくさんある。

⑥ ❶1人の記者が，私にインタビューをするために，また私の暮らしぶりを見るためにやって来た。❷私たちはまず，私が育った家を見に行った。王様に似つかわしい荘重な様式で建てられた25室からなる大邸宅だ。❸それから私たちは，私が住む，高級な家具とかいった物が［ Z ］ない小さなアパートに帰ってきた。

⑦ ❶「言わせて頂きたいことがあるのですが」と，記者は難しい顔で私に話しかけた。「でも記者としてはありません。❷私が新聞に書く話についてではなく ── あなたの暮らし方についてなのですが」

⑧ ❶「いいですよ」と，私の暮らしについての何らかの奥深い見解を期待して私は答えた。

⑨ ❶「ソファーを買うべきです！」と彼女はきっぱりと言った。

⑩ ❶いいえ。❷ソファーなんて。❸私の生活は，物の喪失が新たな解放感をもたらし得るという一つの教訓なのだ。❹私は物を失う恐怖から解放されたという，まったく新しい感覚を味わっている。❺また，私はそうしたすべての物を持ち運ぶ際の，文字通りの重さも比喩的な重荷からも解放されていると感じているのだ。❻私は多くの(6)荷物を持ち運ぶことなしに人生を過ごすことがどんなに楽しいものになりうるかということに気がついたのだ。

↳ **第5〜10段落の要旨** 物の喪失が新たな解放感をもたらす。

□ look forward to 〜　　　　**熟**「〜を楽しみにする」※to は前置詞なので，〜に動詞を置く場合には動名詞とする。………………**A**

□ what we used to call in 〜 ...
　　　　　　　「かつて〜の中で…と呼んでいたもの」…………**A**

□ white space　　　　　　**名**「真っ白な空間」※筆者は「モノがない空間」という意味と広告を効果的に見せる「余白」の意味を掛けて "white space" としている。………………**A**

□ the way I lived = the way that I lived　※that は関係副詞。

□ mansion　　　　　　　　**名**「大邸宅」※日本で言う「マンション」は condominium か apartment と表現する。……**B**

□ with a frown　　　　　　**熟**「しかめっ面をして」※「frog『カエル』のように鼻を鳴らして嫌な顔をする」が原義。…………**C**

□ profound observations　**名**「深遠な見解」……………………………………**B**

□ lesson that SV　　　　　**熟**「SV という教訓」※that は文を名詞にまとめる接続詞で，lesson と that 節が同格の関係にある。……**A**

□ a new sense of liberty　**熟**「新しい自由という感覚」※of は「同格関係を示す of」で，sense と liberty が同格の関係にある。…**A**

□ the literal and figurative weight of 〜
　　　　　　　熟「〜の文字通りの重さと比喩的な重さ」※figure は「形づくられたもの」が原義。よって figure of speech で「比喩（＝あるものを別の形にして表したもの）」へと発展する。……………………**B**

⑪ ❶Somehow 〈in recent years〉 we have let the American Dream become defined 〈as an
    M   S   V   O   C

aspiration 〈for possessions〉〉. ❷Life, liberty, and the pursuit 〈of happiness〉 do not mean
                                                        S   V

the greedy desire 〈for more stuff〉.
     O

⑫ ❶Tonight my sleep is not weighed down 〈by my fear 〈of losing my possessions〉〉.
      M   S   V   V′   O′

❷〈When I wake〉 I know [（接 that 省略）I'll be free 〈of the burden 〈of all that stuff〉〉].
    接 S′ V′   S   V O   S′ V′   C′

⑪ ❶どういうわけか，近年私たちは，アメリカン・ドリームというものが，所有物
に対する強い願望と定義されるようになったことに甘んじてしまっている。❷命，
自由，それに幸福の追求は，より多くの物に対する貪欲なまでの欲望を意味するも
のではない。

⑫ ❶今夜，私の眠りは，自分の所有物を失う恐怖に押しつぶされることなどない。
❷目が覚めたとき，私はそんなもののすべての重荷から解放されていることを知
っているからだ。

↳ 第11〜12段落の要旨 幸福は物に対する欲求を満たすことにあるのではない。

□ let O（V）   熟「OがVするのを許す，OがVするのを甘んじて
                   受け入れる」……………………………… A
□ aspiration for 〜 熟「〜に対する強い願望」※a-[＝ ad-方向]＋-spire
                   [息をする]→「に向かって大きく息を吸う」… B
□ the pursuit of happiness 熟「幸福の追求」…………………………………… B
□ greedy desire   名「貪欲な欲望」…………………………………… B
□ weigh 〜 down / weigh down 〜
                   熟「〜を押しつぶす」……………………… A

辞書でswamを引くと，たった1行「swimの過去形」とだけ書かれている。ではcouldはどうだろうか？「canの過去形」と書かれているだろうか。答えはNo!。これはcanとcouldが違う助動詞であると分類されていることを示している。

shouldも，元々shallの過去形であったが，現在では独立した助動詞になった。おそらく「shouldはshallの過去形だ」という認識を持っている人は少ないだろう。下の例は，仮定法でshallがshouldに変化した例。

> ［例］If I had a billion dollars, I should take a long holiday.
> 「10億ドルあれば，長い休暇を取るだろう」

shouldを見たときの正しい反応は，「これ自体が現在時制で『〜すべきだ』の意味。もしその意味で合わなければ『〜のはずだ』の意味か『感情のshould』。まれにshallの過去形になりうる」。

これと同じようなことがcouldにも言える。もし「couldはcanの過去だよ」と習った経験のある人は今すぐ「頭をリセット」すること。その説明は極めて不適切。

couldは，次のように整理しておくこと。普通は次の意味。

1.「〜かもしれない」
2. Could you 〜?で「〜してくれませんか」

そして特殊な条件が整えばcanの過去形としての役目を果たす。その特殊な条件というのは，

> 1. 過去であることを示す語句があり，否定文であること。
>   ［例］I could not catch the last train yesterday.
>   「昨日は最終電車に乗れなかった」
> 2. 過去の一定期間を示す語句があり，「能力」を示す。
>   ［例］When I was young, I could eat far more than now.
>   「若い時は，今よりはるかにたくさん食べることができた」
> 3. 過去であることを示す語句があり，see / hearと共に用いる。
>   ※ see, hearは原則的に進行形にしないので，canをつけて進行形の代用とする。could see 〜は「〜が（実際）見えていた」，could hear 〜は「〜が（実際）聞こえていた」の意味である。
>   ［例］At that time, I could see the mountain in the distance.
>   「その時遠くに山が見えていた」
> 4. 時制の一致によるもの。
>   ［例］He said that he could get there by two.
>   「彼は2時までにはそこへ着けると言った」
>   ※ saidが過去形なので，それに合わせてcouldが用いられている。

日本語では「私は昨日彼に会った」＋「男」のように、「文＋名詞」という形は許されない。なぜなら、代名詞（上記の文では『彼』）が、被修飾語（上記の文では『男』）より先行してしまうからである。よって、代名詞を省いて「私が昨日会った」という形に変換する。

　英語でも the man ＋ I met him yesterday. のままではダメだが、日本語と違って、人称代名詞を省くのではなく、人称代名詞を関係代名詞に変換すれば大丈夫。つまり、まず him を whom で置き換え、the man ＋ I met whom yesterday として、さらに旧情報である whom を文頭に置いて the man ＋ whom I met yesterday とする。英語では、このように「名詞＋文」の形が許されている。

　日本語と英語を対応させて、the man whom I met yesterday ＝「私が昨日会った男」と考え whom I met yesterday を「私が昨日会った」と考えるのは間違いである。なぜなら英文は代名詞を含む一つの完全な文になっているのに、和文には代名詞がない。従来の日本の英文法では、このような無理な対応をさせたため「関係代名詞節は形容詞だ」ということになってしまった。英語には日本語にない「名詞＋文」という構造があることを認識すべきである。またその方が英文がずいぶんと読みやすくなる。

　「関係代名詞節は形容詞節」という認識を植え付けられると、まるで関係代名詞には意味がないような錯覚に陥る。予備校の授業で以下の文を訳させてみると、ほとんどの人が誤訳する。

> 問：The woman behind whom I was sitting spoke French.

　誤訳の典型は「私の後ろに座っていた女性はフランス語を話した」というものである。正しくは、「女性」＋「彼女の後ろに私が座っていた」＋「フランス語を話した」。普段英文を読むときにはこれで十分だが、もし整った日本語にするなら「私が座っていた場所の前にいた女性はフランス語を話した」となる。
英文を読む時には、関係代名詞を人称代名詞に変換して、左から右へと読めばよい。
（答）「私が座っていた場所の前にいた女性はフランス語を話した」

　次の英文が読めるだろうか？

> 問：Stars are property on the strength of whose name money can be raised to make a film.

　この文の関係代名詞節の元の文は money can be raised to make a film *on the strength of its name* である。on the strength of its name「その名前の力に基づいて」が意味上のカタマリなので、それ全体が文頭に置かれた形になっていることに注意。
（答）「スターは資産であり、その名前の力に基づいて、映画制作のためのお金を集めることができる」

Day 2

解答・解説

≫問題は別冊 p.014

テーマ：生活

乱雑な部屋
の利点

[出題校]立教大学

[モニターの平均点] **21.9** / 30点

（各3点で採点）
※全体的に正答率は高い。
問8, 問10で正解できたかどうかがポイントとなろう。

＼竹岡の一言／

この本に掲載されている学習院
大学の「ミニマリストがよい」
という話と真逆の話。机の上が
ぐちゃぐちゃな人には朗報であ
ろう。

Answers：解答

番号	正解
1	（イ）
2	（ロ）
3	（ニ）
4	（ハ）
5	（ロ）
6	（ニ）
7	（イ）
8	（ハ）
9	（ロ）
10	（ニ）

1 **正解** （イ）

解説 「第1段落に含まれている1つの考えは『　　　』である」

第1段落の要旨は「一般的に整然とした状態はプラスイメージで，雑然とした状態はマイナスイメージだとされているが，雑然とした状態は本当に悪いことなのか」である。これを念頭に置き，選択肢を順に検討する。（イ）「雑然と整然は人々に異なる意味がある」は真。この選択肢は第1段落の「全体的な要旨」とは言えないが，問題文には「第1段落に含まれている1つの考え」とあるので問題ない。（ロ）「人類学者と心理学者は異なることを研究している」は不適。本文から，人類学者も心理学者も「整然が人間に与える影響」を研究していることがうかがえる。（ハ）「荒廃は多くの人にとって清潔さを連想させるものだ」は，不適。第1段落第6文（Conversely, in ...）に「人は無秩序な荒廃から死を連想することがわかった」とある。（ニ）「心理学者は清潔さの意味をまだ探求してない」は不適。第1段落の第5文（More recently, ...）および第6文（Conversely, ...）から，心理学者が「整然あるいは雑然とした状態が，人間の心理にどのような影響を及ぼすか」をテーマに研究したことがわかる。

2 **正解** （ロ）

解説 「清潔さは『　　　』を除く次のもののすべてと関連があることを，この文は示している」

（イ）「道徳性」は清潔さと関わっている。第1段落第4文（The anthropologist ...）に，清潔さと「道徳的公正さ（moral righteousness）」との関連が述べられている。（ロ）「富」は本文にこのような記述はない。よってこれが正解となる。（ハ）「社会順応性」は清潔さと関わっている。第2段落第2文に，整然と「社会的基準」との関連が述べられている。「社会的順応性」とは「社会的基準に基づく行動性」だから等しいと言える。（ニ）「信頼」も清潔さと関わっているので不適。第1段落第5文（More recently ...）に，整然さと信頼（trust）との関連が述べられている。

3 **正解** （ニ）

解説 「最初の実験では，188人の被験者は『　　　』」

一般に実験，調査報告の文章では，実験方法，調査方法が問われることが多い。実験，調査結果だけに注目することなくしっかり読みたい。第3〜4段落の実験の内容が読み取れているかを確認する問題。選択肢を順に検討する。（イ）「実験の目的を事前に知っていた」は偽。第3段落第3文（Then we ...）の後半に「表向きには消費者の選択調査のためとして」とあるので，実験の本当の目的は知らされていなかったことがわかる。（ロ）「整頓された部屋と散らかった部屋の両方を訪れた」は偽。第3段落の第4文（Each subject ...）に「各被験者は，散らかった部屋か整頓された部屋のどちらかを割り当てられ」とあり，2つの部屋のどちらか一方だけに通されたことがわかる。この選択肢を選んでしまった人が15.7％いる。（ハ）「他の被験者と一緒に同じテーブルで着席した」は偽。第3段落第3

文（Then we …）の前半に「188人の大人を個別に研究所に招いた」とあるので，被験者同士の接触はないと判断するのが適切。おそらくこの文にあるindividually「個人的に」を見落としたか，その意味がつかめなかったことが原因であろう。（ニ）「3種類のフルーツスムージーの中から1つを選んだ」が正解。第3段落最終文（The smoothies …）に「スムージーには『ブースト』（追加の材料）がつき，3つの選択肢 ── 『ヘルス』，『ウェルネス』，『ビタミン』のブーストから選べると書かれていた」とある。

4 　正解 （ハ）　　　　　　　　　　　| 英文完成問題 |　正答率　88.2%

解説 「最初の実験の結果により，散らかった部屋の被験者は『　　』であることが示された」
第5段落の実験の結果が読み取れているかを確認する問題。実験結果は「整頓された部屋の被験者」→「慣習的な，『昔ながらの』の表示のもの」を選び，「散らかった部屋の被験者」→「斬新な，『新しい』と表示されたものを選ぶ」というもの。これに合致するのは（ハ）「何か新しいものに挑戦したいと思った」。他の選択肢の意味は（イ）「何か伝統的なものに挑戦しようと思った」，（ロ）「いくつかの選択肢がついたメニューの方を好んだ」，（ニ）「昔ながらのメニューの方を好んだ」である。

5 　正解 （ロ）　　　　　　　　　　　| 英文完成問題 |　正答率　70.6%

解説 「下線を施した"divergence"（第6段落）に意味が最も近いものは『　　』」
第3〜5段落までの実験結果から，第2段落第3文（We also predicted …）の仮説「乱雑さの中にいると人々は慣習から遠ざかり，新たな方向性を好むようになる」が真であることがわかった。つまり，「乱雑」が「新しさへの志向」へと結びつくことが実証されている。これを受けて，下線部を含む第6段落では，「現状からの（divergence）が創造性の本質であるとするならば，乱雑さが創造性へと結びつくか」という新たな仮説を検証する2度目の実験を行っている。以上をまとめると，次のようになる。

[第2〜5段落]　仮　　　説　「乱雑さ」→「新しさへの志向」と言えるか※真と実証

[第6段落]　新たな仮説　「現状からの"divergence"」＝「創造性」だと仮定すれば，「乱雑さ」→「創造性」と言えるか

よってここでは「新しさへの志向」，「現状からの"divergence"」，「創造性」が同じ意味を持つものとして使われていることがわかるので，divergenceは「分離，否定」などの意味だと推測できる。選択肢を順に検討すると，（イ）criticism「批判」，（ロ）difference「違い」，（ハ）encouragement「奨励」，（ニ）recognition「認識」とあり，意味の上から（イ）と（ロ）に絞れるが，本文の下線部直後のfromに注目し，（ロ）differenceに決まる。間違えた人の大半が（ハ）か（ニ）を選んでいる。たとえ未知の語であっても諦めずに，文脈から把握しようとする姿勢が大切。

6　正解　（ニ）

解説　「最初の実験とは対照的に，2回目の実験の被験者は『　　』」
第6段落第3文（This time, we ...）に「今回は被験者たちに伝えたのは，ピンポン玉工場がピンポン玉の新しい使い道を考える必要があるという状況を想像して，できるだけ多くのアイディアを書き出すことであった」とある。これに合致する選択肢は（ニ）「アイディアを考え出すように頼まれた」である。他の選択肢（イ）「研究室に個別に行く」は偽。1日目の実験でも同じ記述がある。（ロ）「ピンポンをすることを許された」は偽。本文にこのような記述はない。（ハ）「研究室に2回以上訪れた」は偽。本文からはわからない。なお more than once は「1以上」ではなく「2以上」であることに注意。

7　正解　（イ）

解説　「2回目の実験の結果は『　　』ことを示した」
第7段落第2文（Nonetheless, the messy ...）に「しかしながら，我々の予想通り，乱雑な部屋の被験者たちの方が創造性に富んでいた。アイディアが平均で28%だけ創造性が高かったというだけではなく，判定員たちが『非常に創造性が高い』と採点したアイディアを分析してみると，乱雑な部屋にいることによって，創造性が著しく上昇していることがわかった」とある。以上より（イ）「部屋の種類が被験者の創造性に大きな影響力を及ぼした」が正解。（ロ）「研究室で創造力を使うのは難しい」は第7段落の内容と矛盾。（ハ）「部屋の種類がアイディアの数に大きな影響を及ぼした」は第8段落第1文（When we analyzed ...）に「得られた回答を分析すると，どちらの部屋の被験者たちもほぼ同数のアイディアを考えついていたことがわかった」とあり，不適。（ニ）「研究室で創造性を評価するのは難しい」は実際に評価結果が出ているので不適。

8　正解　（ハ）

解説　「下線を施した"hampered"（最終段落）に意味が最も近いものは『　　』」
下線部を含む第9段落第1文（At the same time, ...）では，cultivating innovation and creativity「革新と創造性を育むこと」と endeavors「試み」が，コンマを挟んだ同格の関係にある。この「試み」について，続く関係詞節で「ミニマリスト的活動によって（　　）されるかもしれないと，我々の調査結果が示唆する（試み）」と述べている。ミニマリストの活動とは，第8段落にあるように「物やスペースを最小限にする運動」を指す。本文では第6～8段落までの実験で，「乱雑さが創造性を促す」ことが実証されているので，散らかす場所をなくすミニマリスト的活動は，逆に創造性を妨げるものであると言える。よって「革新と創造性を育む試み」と「最小主義者の活動」は互いに矛盾するものであると考えられるので，空所には「妨害，破綻」などを表す語が入ると推測できる。選択肢（イ）cancelled「白紙に戻される」，（ロ）「説明される」，（ハ）「制限される」，（ニ）「強化される」の中で最も近いのは（ハ）である。なお hamper は「～を邪魔する，阻止する」の意。ham- は現代英語の hem「（服などの）縁」の意味で，-er は「反復を表す接尾辞」。そこから「縁を何度も縫って，ほころびないように阻

止する」からきた語。英検１級レベルでは頻出語なので是非覚えておきたい。

語の意味の推測問題は，まず「プラスかマイナスか」を特定すること！
「下線が施された単語の意味の推測問題」は，それが簡単な単語の場合は「意外な意味」を問われることが多い。一方で，難しい単語の場合は，まず「プラスかマイナスか」の方向性がわかれば解けることが多い。いずれにしても，まず文脈をしっかり捉え単語の方向性（たとえばプラスかマイナスか）をまず確認することが大切。この問題を間違えた人で（ロ）を選択した人が13.7%，（ニ）を選択した人が25.5%もいたが，いずれの単語も「マイナスではない」というだけで消去すべきもの。

---

9 **正解** （ロ）　｜英文完成問題｜ **正答率** 66.7%

解説 「筆者は『　　　』ということに賛成する可能性が一番高いだろう」
筆者の主張は「従来は整然とした状態がよいとされ，雑然とした状態はよくないとされてきたが，雑然とした状態の方が創造性が高まることが実験で確認された」というもの。
選択肢を順に検討する。(イ)「家やオフィスをできるだけきちんとすることが重要だ」は主張と真逆で不可。(ロ)「直接的な環境が考え方に影響しうる」は「直接的な環境」がよくわからないのでいったん保留しておこう。(ハ)「ミニマリストによるオフィスの設計は創造性を刺激するのに役立つ」は不適。「ミニマリスト」は「整然を好む人たち」なので主張と真逆の意味になる。(ニ)「心理学実験は私たちに現実世界についてほとんど何も教えてくれない」は不適。第8段落の第1文にOur findings have practical meaningsとあり，著者は2回の心理学実験が現実的な意味を持つ」と主張している。以上から消去法で(ロ)を選ぶ。「直接的環境」が「人がいる部屋の環境」を示唆していると考えれば納得できる。

---

10 **正解** （ニ）　｜英文完成問題｜ **正答率** 56.9%

解説 「この文章の最も適切な題名は『　　　』である」
上記の通り，筆者の主張は「従来は整然とした状態がよいとされ，雑然とした状態はよくないとされてきたが，雑然とした状態の方が創造性が高まることが実験で確認された」というもの。これに合致したものを選ぶ。選択肢を順に検討する。(イ)「清潔さの心理学的影響」は不十分。本文は「清潔さ」に重点があるのではなく「乱雑さ」の影響を中心に論じたもの。(ロ)「オフィス環境の改善」も不十分。「オフィス」の話題は本文第8段落だけで述べられているにすぎない。(ハ)「人間の創造性の最近の理論」は不適。本文は「乱雑さが創造性を高める」と書いてあるだけで，「創造性についての理論」を述べたものではない。(ニ)「乱雑な部屋の恩恵」は筆者の主張に合致するので，これが正解だとわかる。

1 ❶Messy or tidy — which is better? ❷Historically, the evidence has favored the tidy
　　　　　　　 S　V　 C　　　　　　　　　 M　　　　　　S　　　　　V　　　　 O

camp. ❸Cleanliness, ⟨as the proverb says⟩, is next to godliness. ❹The anthropologist
　　　　 S　　　　　　　　　　　　　　　 V　　 C　　　　　　　　 S

Mary Douglas noted ⟨almost 50 years ago⟩ a connection (between clean, open
　　　　　　　 V　　　　　　　　　　　　　 O　　　　　 ①

spaces and moral righteousness). ❺More recently, psychologists have shown [that
　　　②　　　　　　　　　　　　　　　　　 M　　　　　　 S　　　　　 V　　 O 接

the scent (of citrus cleaning products) is enough ⟨to raise people's ethical
　 S′　　　　　　　　　　　　　　　　　 V′　 C′　　 V″₁　 O″₁

standards and promote trust⟩]. ❻Conversely, ⟨in another study⟩, people were found
　　　　　 接　 V″₂　 O″₂　　　　　　 M　　　　　　　　　　　 S　　 V

⟨to associate disorderly wilderness with death⟩. ❼But ⟨if messiness is so bad⟩, why do
　　　　　　　　　 C　　　　　　　　　　　　　　　 接　接　 S′　 V′　 C′　 M

so many people tolerate, and even embrace, it?
　　 S　　　 V₁　　 接　 M　 V₂　　 O

1 ❶雑然としているのと整然としているのは，どちらの方が良いのだろう。❷歴史的に言えば，証拠が支持してきたのは「整然とした陣営」である。❸諺にもあるように，清潔にすることは，神を敬うことと言ってもよい。❹人類学者のメアリー・ダグラスが約50年前に着目したのは，清潔で開放的な空間と道徳的公正さの関連性であった。❺さらに最近では，心理学者たちは，シトラス系の洗浄剤の香りが人の倫理基準を高め，信頼を深めるのに十分な効果があることを示した。❻逆に，別の研究では，人は無秩序な荒廃から死を連想することがわかった。❼しかし，乱雑さがそれほど悪いことなら，どうしてこれほど多くの人がそれを容認し，さらにそれを受け入れさえするのだろうか。

⤷ **第1段落の要旨** 乱雑にするのは本当にダメなのだろうか。

□ messy　　　　　　　　 形「雑然とした」※ mess「雑然としていること」も重要。
　　　　　　　　　　　　　　　　　　　　　　　　　　　　　　　　　　 B

□ tidy　　　　　　　　　 形「整然としている」※ keep ～ tidy「～を整頓した状
　　　　　　　　　　　　　態に保つ」。　　　　　　　　　　　　　　　　 A

□ ～ camp　　　　　　　 名「～陣営」　　　　　　　　　　　　　　　　 A
□ as the proverb says　 熟「諺にあるように」(→ p.033 Supremacy 003) ⋯⋯ B
□ godliness　　　　　　　 名「神を敬うこと」　　　　　　　　　　　　　 B
□ anthropologist　　　　 名「人類学者」※ anthropo-[人類の]＋ -logist[論理的に
　　　　　　　　　　　　　考える人]。　　　　　　　　　　　　　　　　 C
□ moral righteousness　 名「道徳的な正しさ」　　　　　　　　　　　　 B
□ scent　　　　　　　　　 名「香り」　　　　　　　　　　　　　　　　 B
□ citrus　　　　　　　　 名「シトラス，柑橘類」　　　　　　　　　　　 B
□ cleaning product　　　 名「洗浄剤」※ product for cleaning の変形。⋯⋯ A
□ ethical standard　　　 名「倫理基準」　　　　　　　　　　　　　　　 C
□ trust　　　　　　　　　 名「信頼」　　　　　　　　　　　　　　　　 B
□ conversely　　　　　　 副「逆に」　　　　　　　　　　　　　　　　 B

□ be found to (V) 熟「Vすると判明する」……………………………A
□ associate *A* with *B* 熟「*A*と*B*を結びつける，*A*から*B*を連想する」………B
□ disorderly 形「無秩序の」※名詞＋-ly は形容詞になることが多い。

□ wilderness 名「荒廃，荒野」※ /wil-/ の発音に注意すること。……B
□ tolerate ～ 動「～に対して寛容な態度をとる」………………B
□ embrace ～ 動「～を受け入れる」※em-[＝in]＋brac-[腕] から「腕
　　　　　　　　　の中へ入れる」が原義。[類] bracelet「腕輪」……C
□ tolerate, and even embrace, it ※ *A*, and *B*, *C* は，*A* と *B* が and でつながれ，*C*
が共通関係であることを示す。本文では tolerate が *A*，embrace が *B*，it が *C* とな
っている。(→ p.034 **Supremacy 004**)

② ❶〈Not long ago〉, two 〈of my colleagues〉 and I speculated [that messiness, 〈like
　　　　　　　　　　　　S　　　　　　　　　　　V　　　　O接　　S'
tidiness〉, might serve a purpose]. ❷〈Since tidiness has been associated 〈with social
　　　　　　V'　　　　O'　　　　　　接　　S'　　　　　　V'
standards〉〉, we predicted [that [just being around tidiness] would raise a desire 〈for
　　　　　　　S　V　　O接　　　　　　　S'　　　　　　V'　　　O'
convention〉]. ❸ We also predicted the opposite: [that [being around messiness] would
　　　　　　　S　M　　V　　　　O↑同格↑接　　　　　　　S'
lead people 〈away from convention〉, 〈in favor of new directions〉].
V'　　O'

② ❶少し前，私と同僚2人は，雑然としていることには，整然としていることと同
じように，ある目的を果たしているかもしれないと推測した。❷「整然としている
こと」はさまざまな社会的基準と結びつけられてきたので，整然さの中にいるだけ
で，慣習を求める気持ちが強くなるのではないかと予測した。❸そしてその逆の
予測も立てた。雑然さの中にいると，人は慣習から遠のき新たな方向性を好むので
はないか，と。

　↳ **第2段落の要旨** 「整然」は慣習と結びつけられる。では「雑然」は？

□ speculate ～ 動「～を推測する」※spec-[見る]→「未来を見る」。……C
□ serve a purpose 熟「目的を果たす，役に立つ，意味をなす」…………A
□ predict that SV 熟「SVと予測する」…………………………………A
□ be around ～ 前「～のまわりにいること，～の中にいること」………A
□ desire for ～ 熟「～に対する欲望」……………………………………B
□ convention 名「慣習，従来からやっていること」※con-[皆]＋
　　　　　　　　　-ven-[来る]→「(皆がくる) 集会」→「(集会で決ま
　　　　　　　　　った) 慣習」。……………………………………………B
□ the opposite 名「真逆のこと」…………………………………………B
□ lead ～ away from … 熟「～を…から逸らせる」………………………B

③ ❶ We conducted some experiments 〈to test these intuitions〉, and 〈as we reported
　　　S　　V　　　　　O　　　　　　V'　　　O'　　　　接　S'　V'
〈in last month's issue 〈of the journal *Psychological Science*〉〉〉, our guesses were
　　　　　　　　　　　　　　　　　　　　　　　　　　　　　　　S　　　V
right. ❷〈For our first study〉, we arranged rooms 〈in our laboratory〉 〈to look either
C　　　　　　　　　　　　　S　　V　　　O　　　　　　　　　C V'　M

tidy, (with books and papers (being 省略) stacked and orderly), or messy, (with papers
C″₁　分構　　　　　S″₁　　　　　　　V″₁　　　　　　　　C″₁　　　　接　C″₂　分構
and books (being 省略) spread around)). ❸Then we invited 188 adults (to visit our
S″₂　　　　　　V″₂　　　　　　C″₂　　　　　　M　S　　V　　　O　　　C
laboratory individually), 〈seemingly for a consumer-choice study〉. ❹Each subject was
　　　　　　M　　　　　　　　　　　　　　　　　　　　　　　　　　　　　　S　　　V
assigned 〈to either a messy or a tidy room, (where he or she was shown a menu (from a deli
　　M　　　　　　　　　　　　　　　　　　　関副　　S′　　　V′　　O″
(that made fruit smoothies)))〉. ❺The smoothies were said to come 〈with a "boost"
関代S″V″　　O″　　　　　　　　S　　　　　　V
(added ingredients) (〈from which〉 there were three options (to choose)
　　　　　　　　　　　関代　　　　M′　V′　　S′　←————同格————
— a health, wellness or vitamin boost)〉.
　↑

❸ ❶我々はこうした直感を調べるために，いくつかの実験を行った。そして，我々の推測は，『心理学』誌の先月号で報告した通り，正しかった。❷我々の最初の研究では，研究室の部屋を整然か雑然のどちらかに見えるように設定した。つまり，本や書類がきれいに積み重ねられた整頓された，整然と見える部屋と，本と書類が散らかった雑然と見える部屋を研究所の中に用意したのだ。❸それから表向きには消費者の選択調査のためとして，188人の大人を個別に研究所に招いた。❹各被験者は，乱雑な部屋か整頓された部屋のどちらかを割り当てられ，そこで果物のスムージーを作るデリカテッセンのメニューを見せられた。❺スムージーには「ブースト」（追加の材料）がつき，3つの選択肢 ——「ヘルス」，「ウェルネス」，「ビタミン」のブーストから選べると書かれていた。

↳ **第3段落の要旨**　「雑然」はどのような影響を及ぼすかの実験。

- □ conduct an experiment　熟「実験を行う」‥‥‥‥‥‥‥‥‥‥‥‥‥B
- □ intuition　名「直感」※本文の「こうした直感」とは「整然さの中にいると社会的基準，慣習を好む傾向がある一方で，雑然さの中にいると，慣習から遠のき，新たな方向性を好む傾向にある」という直感のこと。‥‥‥‥‥‥‥‥‥‥‥‥‥‥‥‥‥‥‥‥‥‥‥‥‥‥C
- □ last month's issue of ～　熟「～の先月号」※issue は「出るもの」が原義。‥A
- □ arrange ～　動「～を手配する」‥‥‥‥‥‥‥‥‥‥‥‥‥B
- □ with books and papers stacked and orderly　「本や書類がきれいに積み重ねられた，整頓された」※付帯状況の with。次の with papers and books spread around「書類や本が周囲に広げられた」も同じ。‥‥‥‥‥‥‥B
- □ individually　副「個別に」‥‥‥‥‥‥‥‥‥‥‥‥‥C
- □ seemingly　副「一見すると，外見としては」‥‥‥‥‥‥‥C
- □ subject　名「被験者」‥‥‥‥‥‥‥‥‥‥‥‥‥A
- □ deli（= delicatessen）　名「デリカテッセン（欧風の調理済み食品）」‥‥‥C
- □ ingredient　名「材料」‥‥‥‥‥‥‥‥‥‥‥‥‥B
- □ wellness　名「（適切なダイエット・運動の効果としての）心身の健康状態」‥‥‥‥‥‥‥‥‥‥‥‥‥B

④ **❶**We created two versions (of the menu). **❷**Half (of the subjects) saw a menu (that
　　　S　　V　　　　O　　　　　　　　　　　　　　S　　　　　　　　　V　　O　　関代S'

had the word "classic" (highlighting the health boost option)), 〈whereas the other
V'　　O'　　　　　　　　　V"　　　　　　O"　　　　　　　　接　　　　S'

half saw the health boost (highlighted 〈by the word "new"〉)〉." **❸**Then our subjects made
V'　O'　　　　　　　　　　　　　　　　　　　　　　　　　　　　　M　　S　　　V

their choices.
O

④ **❶**我々は2通りのメニューを用意していた。**❷**被験者の半数が見たのは，ヘルス
ブーストを強調する「昔ながらの」という言葉が書かれたメニューだった。一方残
りの半分の被験者は「新しい」という言葉で強調されたヘルスブーストを目にした。
❸それから被験者たちは自らの選択をした。

↳ 第4段落の要旨 実験の手法。

□ classic 形 「伝統的な，昔ながらの，由緒正しい」 ················· Ⓐ
□ highlight ～ 動 「～を強調する」 ··································· Ⓑ
□ whereas 接 「一方で」 ·· Ⓑ

⑤ **❶**〈As predicted〉, 〈when the subjects were 〈in the tidy room〉〉, they chose the health
　　　　　　　　　　　　接　　S'　　　V'　　　　　　　　　　　S　　V　　　O

boost more often — 〈almost twice as often〉 — 〈when it had the "classic" label: 〈that
　　　M　　　　　　　　　　　　　　　　　接　S' V'　　O'

is〉, 〈when it was associated 〈with convention〉〉. **❷**〈Also as predicted〉, 〈when the subjects
　　　接　S'　　V'　　　　　　　　　　　　　　　　　　　　　　　　　　接　　　S'

were 〈in the messy room〉〉, they chose the health boost more often — 〈more than
V'　　　　　　　　　　　　　S　V　　　O　　　　M

twice as often〉 — 〈when it was said to be "new"〉: 〈that is〉, 〈when it was associated
　　　　　　　　接　S'　　V'　　　C'　　　　　　接　S'　　V'

〈with novelty〉〉. **❸**Thus, people greatly preferred convention 〈in the tidy room〉 and
　　　　　　　　　　M　　S　　M　　　V　　　O₁　　　　　　　　　接

novelty 〈in the messy room〉.
O₂

⑤ **❶**予想通り，被験者たちは整頓された部屋にいて，ヘルスブーストに「昔ながらの」
の表示があるとき（つまり慣習を連想させるようなとき），より頻繁に，ほぼ2倍
の頻度でヘルスブーストを選んだ。**❷**同じく予想通り，被験者たちは乱雑な部屋に
いて，ヘルスブーストに「新しい」という表示が書かれているとき（つまり目新し
さを連想させるようなとき），より頻繁に，2倍以上の頻度でヘルスブーストを
選んだ。**❸**このように，人は整頓された部屋では慣習を，乱雑な部屋では目新し
さを好む傾向が顕著だった。

↳ 第5段落の要旨 実験の結果。乱雑な部屋の被験者は「昔ながらの」より「新しい」という表
示の方を選ぶ傾向にあった。

□ as predicted 熟 「予想された通り」（→ p.033 Supremacy 003 ） ················· Ⓐ

028

□ almost twice as often = almost twice as often as the subjects in the messy
room more than twice as often = more than twice as often as the subjects in
the tidy room
□ that is　　　　　熟「すなわち」……………………………………………………………Ａ
□ novelty　　　　　名「斬新さ，目新しさ」…………………………………………………Ｂ

❻ ❶〈Given [that divergence 〈from the status quo〉 is the essence 〈of creativeness〉]〉,
接　　S′　　　　　　　　　　　　　V′　　C′

we conducted a second experiment 〈to test [whether messiness fostered creativity]〉.
S　　V　　　　　O　　　　　　　　V′　O′　　　S″　　　V″　　　O″

❷Forty-eight research subjects came individually 〈to our laboratory〉, again 〈(being省略)
S　　　　　　　　V　　　M　　　　　　　　　　　M　　分構

assigned 〈to messy or tidy rooms〉〉. ❸〈This time〉, we told subjects [to imagine [that
V′　　　　　　　　　　　　　　　　　　　　S　V　　O　　O₁　V′　　O′接

a ping-pong ball factory needed [to think of new uses 〈for ping-pong balls〉]]], and [to write
S″　　　　　V″　O″　　　　　　　　　　　　　　　　　接 O₂　V′

down as many ideas 〈as they could〉]. ❹We had independent judges rate the subjects'
O′　　　　　S‴　V‴　　　　　S　V　　　　　O　　　　　C

answers 〈for degree of creativity〉. ❺Answers 〈rated low in creativity〉 included
S　　　　　　　　　　　　V

[using ping-pong balls for beer pong 〈a party game 〈that 〈in fact〉 uses ping-pong
O　　　　　　　　　　　　├──同格──┤　関代S′　　V′　　O′

balls, hence the low rating 〈on innovation〉〉〉]. ❻Answers 〈rated high in creativity〉
接　　　　　　　　　　　　　　　　　　S

included [using ping-pong balls 〈as ice cube trays〉], and [attaching them
V　　O₁ V′₁　　O′₁　　　　　　　　接　O₂ V′₂　　O′₂

〈to chair legs〉〈to protect floors〉].

❻ ❶現状からの(5)逸脱が創造性の本質であると仮定して，我々は，雑然としている
ことが創造性を促すかどうかを調べるために 2 度目の実験を行った。❷48人の被
験者たちは個別に我々の研究室にやって来て，再び乱雑な部屋か整頓された部屋の
どちらかを割り当てられた。❸今回は被験者たちに我々が伝えたのは以下のこと
である。あるピンポン玉工場が，ピンポン玉の新しい用途を考え出す必要にかられ
ているという状況を想像して，できるだけ多くのアイディアを書き出す，というこ
とである。❹我々は，外部から招いた判定員たちに，被験者たちの回答をその創
造性の度合いによって判定してもらった。❺創造性が低いと判定された答えの中
には，たとえば，ピンポン玉をビアポン（実際にピンポン玉を使うパーティーゲー
ムなので，目新しさに関する評価は低い）に使うというようなものがあった。❻
創造性が高いと判定された答えの中には，ピンポン玉を製氷皿として使うとか，い
すの脚につけて床を保護するというものなどがあった。

↳ 第6段落の要旨　2 回目の実験。「雑然が創造性を促すのか」の確認。

□ given that SV　熟「SVを考慮して，SVと仮定して」………………………………Ａ
□ status quo　　 熟「現状」※（注）になっているが暗記しておきたい熟語。…Ｃ

□ foster 〜　　　動「〜を促す」‥‥‥‥‥‥‥‥‥‥‥‥‥‥‥‥‥‥‥‥‥B
□ independent　　形「独立した，どこにも属さない」‥‥‥‥‥‥‥‥‥‥‥A
□ judge　　　　　名「判定員」‥‥‥‥‥‥‥‥‥‥‥‥‥‥‥‥‥‥‥‥‥B
□ rate 〜　　　　動「〜を評価する」‥‥‥‥‥‥‥‥‥‥‥‥‥‥‥‥‥B
□ hence　　　　　副「それ故」※後ろには文だけでなく，名詞だけ置かれること
　　　　　　　　　　もある。‥‥‥‥‥‥‥‥‥‥‥‥‥‥‥‥‥‥‥‥‥‥C

⑦ ❶〈When we analyzed the responses〉, we found [that the subjects (in both types
　　　　接　S′　　V′　　　O′　　　　S　　V　　O接　　　S′

(of rooms)) came up with about the same number (of ideas), 〈which meant [(接 that 省略) they
　　　　　　V′　　　　　　　O′　　　　　　　　関代S″　　V″　O″　　　　S‴

put about the same effort 〈into the task〉]〉]. ❷Nonetheless, the messy room subjects
V‴　　O‴　　　　　　　　　　　　　M　　　　　　　　　S

were more creative, 〈as we expected〉. ❸Not only were their ideas 28 percent more
V　　C　　　　　接　S′　V′　　　　　M　　V　　S　　　　　C

creative 〈on average〉, but 〈when we analyzed the ideas (that judges scored ∅ as
C　　　　　　　　　接　接　S′　V′　　　O′　関代O″　S″　V″

"highly creative,")〉 we found a remarkable boost (from being 〈in the messy room〉)
C″　　　　　　　S　V　　O　　　　　　V′

— these subjects came up with almost five times the number (of highly creative
S　　　　　V　　　　　O

responses) 〈as did their tidy-room counterparts〉. ❹These results have been confirmed
接　V′　　　S′　　　　　　　　　　S　　　　　V

〈by independent researchers (at Northwestern University), 〈who found [that
　　　　　　　　　　　　　　　　　　　　　　　　関代S′ V′　　O′接

subjects (in a messy room) drew more creative pictures and were quicker 〈to solve
S″₁　　　　　　　　　　V′₁　　　O″　　　　接　V′₂　C″　　　V‴

a challenging puzzle〉〈than subjects (in a tidy room)〉]〉].
O‴　　　　　　　　　　　S″₂

⑦ ❶得られた回答を分析すると，どちらの部屋の被験者たちもほぼ同数のアイディ
アを考えついていたことがわかった。これが意味することは，彼らがほぼ同じ努力
をその課題に費やしたということであった。❷しかしながら，我々の予想通り，乱
雑な部屋の被験者たちの方が創造性に富んでいた。❸彼らのアイディアが平均し
て28％創造性が高かったというだけではなく，判定員たちが「非常に創造性が高い」
と採点したアイディアを分析してみると，乱雑な部屋にいることによって，創造性
が著しく上昇していることがわかった。── これらの被験者たちは，整頓された部
屋の被験者たちの５倍の数の非常に創造性の高い回答を思いついた。❹（これらの
調査結果はノースウエスタン大学の独立した研究者によって裏付けられた。散らか
った部屋の被験者たちは，整頓された部屋の被験者たちより創造的な絵を描き，難
しいパズルを早く解いたことがわかったのだ）

↳ 第7段落の要旨　2回目の実験の結果。「雑然が創造性を促すのか」は立証された。

□ come up with 〜　　　　　　　熟「（考えなど）を思いつく」‥‥‥‥‥‥A
□ put about the same effort into 〜　熟「同じ労力を〜に注ぐ」‥‥‥‥‥‥A

□ nonetheless　　　　　　　　　副 「にもかかわらず」‥‥‥‥‥‥‥‥‥‥‥‥B

□ Not only were their ideas 28 percent more creative on average は否定の副詞句
not only が文頭に出たため their ideas were が疑問文の形式の倒置形になってい
る。(→ p.034 **Supremacy 004**)

□ almost five times the number of ～　熟 「～の数の５倍近く」‥‥‥‥‥‥A

□ as did their tidy-room counterparts は，as their tidy room counterparts came
up with ～の，came up with ～を did に代え，さらに their tidy room
counterparts を強調するために文末に倒置した形。(→ p.033 **Supremacy 003**)

□ confirm ～　　　　　　　　　動 「～を裏付ける」※con-[強意] + firm
　　　　　　　　　　　　　　　　[しっかりした]。‥‥‥‥‥‥‥‥‥‥‥B

□ be quick to (V)　　　　　　　熟 「Vするのが速い」‥‥‥‥‥‥‥‥‥‥A

□ challenging　　　　　　　　　形 「やりがいのある，困難な」‥‥‥‥‥B

⑧ ❶Our findings have practical meanings. ❷There is, 〈for instance〉, a minimalist
　　　S　　　V　　　O　　　　　　　　　　　　M　V

design trend 〈taking hold 〈in contemporary office spaces 〈where less means
　　　S　　　　　　V′　　O′　　　　　　　　　　　　　　　　　関副　S″　　V″

more〉〉〉. ❸Private walled-in offices and even private cubicles are out of favor. ❹Today's
O″　　　　　　　S₁　　　　　　　接　M　　S₂　　　V　　C

office environments often involve desk sharing and have minimal "footprints"
　　　S　　　　　M　　V₁　　O₁　　接　V₂　　O₂　↑

(smaller office space per worker), 〈which means less room 〈to make a mess〉〉.
同格━━━↑　　　　　　　　　関代S′　V′　　O′　　　V″　　O″

⑧ ❶我々の調査結果には，現実的な意味合いがある。❷たとえば，物は少ないほう
がより重要であるという現代のオフィス空間では，ミニマリスト的設計傾向が主流
になりつつある。❸壁に囲まれた個人用オフィスや，間仕切りで区切った個人用
の空間さえも好まれない。❹現在のオフィス環境は，デスクの共有と最小限の「設
置面積」(従業員１人あたりのより狭いオフィス空間)を伴うことが多いが，それ
は散らかすことが可能な空間がより少ないことを意味する。

↳ **第8段落の要旨** 現代のオフィスは整然としている。

□ practical　　　　　　　　形 「現実的な，実用面の」‥‥‥‥‥‥‥‥‥‥‥B

□ take hold　　　　　　　　熟 「確立する，主流となる」※このhold は名詞。‥‥A

□ There is ～ a minimalist design trend taking hold ～. は A minimalist design
trend is taking hold ～を変形したもの。

□ contemporary　　　　　　形 「現代の」‥‥‥‥‥‥‥‥‥‥‥‥‥‥‥‥B

□ less means more　　　　　熟 「より少ないことがより重要である」‥‥‥‥B

□ walled-in　　　　　　　　形 「壁に囲まれた」‥‥‥‥‥‥‥‥‥‥‥‥‥B

□ cubicle　　　　　　　　　名 「オフィスの個人用作業区画」※-cle は[小さい]。‥‥B

□ out of favor　　　　　　　熟 「好まれなくなって」‥‥‥‥‥‥‥‥‥‥‥A

□ footprint　　　　　　　　名 「設置面積」※元の意味は「足跡」。‥‥‥‥‥‥B

□ make a mess　　　　　　　熟 「散らかす」‥‥‥‥‥‥‥‥‥‥‥‥‥‥‥B

⑨ ❶〈At the same time〉, the working world is busy 〈with cultivating innovation and
　　　　　　　　　　　　　　S　　　　　V　　C　　　　　V′　　O′₁　　接

creativity〉, (and this is省略) endeavors (that our findings suggest (接 that 省略)
O′₂　　　　　　　　　　　　　　　　　関代S″　S′　　V′

might be hampered 〈by the minimalist movement〉. ❷〈Although cleaning up certainly has
　　　　V″　　　　　　　　　　　　　　　　　　　　　　　　接　　　　　S′　　　　M　　V′

its benefits〉, clean spaces might be too conventional 〈to let inspiration flow〉.
　　　O′　　　　　　S　　　　　V　　　　　C　　　　　　　V′　　　O′　　　C′

⑨　❶同時に，実社会は革新と創造性を育むことに忙しいが，そうしたことは，我々
の調査結果の示唆するところでは，ミニマリスト的活動によって<u>(8) 妨げられる</u>か
もしれない試みなのだ。❷きちんと掃除することにはそれなりの利益があること
は確かだが，片付いた空間はあまりにも月並みなので，ひらめきをもたらすことは
ないかもしれない。

　↳ **第9段落の要旨** 現代のオフィスでは「ひらめき」は生まれづらいかもしれない。

□ the working world　**名**「実社会」………………………………………………A
□ be busy with 〜　　**熟**「〜で忙しい」……………………………………………A
□ cultivate　　　　　**動**「〜を育む」………………………………………………B
□ endeavor　　　　　**名**「試み」※ innovation and creativity と同格の関係にあ
　　　　　　　　　　　　る。……………………………………………………………B
□ that our findings suggest might be hampered by 〜　※いわゆる連鎖関係名
　詞節。our findings suggest ... might be hampered by 〜の ... が関係代名詞 that
　になり文頭に移された形である。

言葉には流行があり，時代とともに変化する。英語も例外ではない。as という語は「だいたい等しい」ということを示す「とてもいい加減な語」。品詞分類することも意味がないように思えるときがある。たとえばas for me「私に関しては」のasの品詞は何だろう？　asは，その利便性からか，ある時期に爆発的に流行した語である。for meだけでも「私に関しては」の意味になるのだが，「なんとなくカッコいい」という理由でasが前に付けられた。as for meをあえて訳せば「私に関してみたいな～」だろうか。

　使われ出した当時は「若者が使うゆる～い語」だったはずだが，若者とて歳をとる。よってas for meも年を取り，現在では比較的硬い語の仲間入りを果たしたようだ。

　As you know, I am from Texas.「ご存じのように私はテキサス出身です」は，元々はYou know that I am from Texas.だったのが，you knowの部分にasをつけてas you knowとして，これを副詞節としてthat節から切り離しできたものであろう。その当時のイメージで訳すと「あなたが知っているみたいに～，私テキサスから来たの～」だろうか。この「SVをthat節から切り離すas」は爆発的にその用途を広げていった。

［例1］The proverb says that time is money.
　　→ As the proverb says, time is money.
　　「諺によると『時は金なり』だ」

［例2］It happened that he was not at home.
　　→ As it happened, he was not at home.
　　「たまたま（あいにく）彼は家にいなかった」
　さらに，この表現に省略が加わることがある。

［例3］It is often the case that he is late today.
　　→ As it is often the case, he is late today.
　　→ As is often the case, he is late today.
　　「よくあることだが，彼は今日遅刻した」

　発音のしやすさでitが脱落したと思われるが，このasのことを「疑似関係代名詞」などと書いてあるのを見ると，昔の若者は吹き出すのではないだろうか。もしこのasが関係代名詞というのなら，上記のas it happensはどのように説明するのだろうか？

　省略はさらに進むこともある。

［例4］It was predicted that they chose the former.
　　→ As it was predicted, they chose the former.
　　→ As predicted, they chose the former.
　　「予測されたように，彼らは前者を選んだ」

　本文には，このasが多数登場するので再確認しておいてもらいたい。

　否定的な意味を持つ副詞（句・節）が文頭に出ると，義務的に（例外なく）倒置が起こる。そしてその倒置は疑問文と同じ形式であると覚えておくこと。これは文頭に強く読む副詞を置き，そのあとを英語的なリズム（強・弱・強）にするために倒置が起こると考えればよいだろう。

A. 1語で副詞をつくるもの ＋ 疑問文の形式

(1) little, hardly, scarcely	「ほとんど～ない」	※hardlyは「熱心に」ではない。
(2) rarely, seldom	「めったに～ない」	※seldomは硬い語。
(3) nowhere	「どこも～ない」	※in no placeと考えてもよい。
(4) never	「決して～ない」	
(5) nor	「…もまた～ない」	※訳出において「～もまた」となる。
(6) neither	「…もまた～ない」	※norより口語的。

［例1］ Little did I expect to see you here.
　　　「ここであなたに会うなんて思ってもみなかった」

［例2］ She hadn't known much about life, <u>nor</u> had he (known much about life).
　　　「彼女は人生のことが大してわかっていなかった，彼<u>も</u>また知らなかった」

B. 前置詞 ＋ no ＋ 名詞 の形の副詞句＋疑問文の形式

(1) on no account	「(どんな理由であれ) 決して～ない」	※主に忠告文で用いられる。
(2) under no circumstances	「(どんな状況であれ) 決して～ない」	
(3) (in) no way	「(どんな点でも) 決して～ない」	※口語では in は省略。
(4) at no time	「(どんな時でも) 決して～ない」	※neverと置き換え可能。

［例3］ Under no circumstances must you mention this subject again.
　　　「どんな状況であろうと，この話題を再び口にしてはならない」

C. only ＋ 副詞／副詞句／副詞節 ＋ 疑問文の形式

(1) only + lately / recently	「最近になってはじめて／ようやく」
(2) Not only + 疑問文の形式, but also SV	「～だけでなく，SVでもある」

［例4］ Only recently have I realized he was right.
　　　「彼が正しかったことが最近になってようやく理解できた」

［例5］ Not only did he protest, but he also refused to pay taxes.
　　　「彼は抗議しただけでなく，税金の支払いを拒んだ」
　　　本文の第7段落第3文（Not only were their ideas ...）が該当する。

Oh my ...

構造分析の取り決め

1. 英文字記号について

1. S 主語 （Subject）
2. V 動詞 （Verb）
3. O 目的語 （Object）
4. C 補語 （Complement）
5. M 修飾語句 （Modifier）

[注1] M（modifier）は，「形容詞・副詞およびそれらの相当語句」の意味だが，本書では，副詞（句）の意味で用いている。

[注2] When I was young, I lived in Japan. などのように副詞節（ここでは when I was young）を伴う場合，あるいは I believe that he is honest のように名詞節（ここでは that he is honest）を伴う場合，副詞節内や名詞節内の要素には S′, V′, C′ のようにダッシュをつけることとする。

[注3] He stayed there but I left. のように等位接続詞でつながれている場合には，等位接続詞の前の文では S₁V₁，等位接続詞の後の文では S₂V₂ などと表記することとする。

2. カッコによる記号について

1. [　] 名詞句・名詞節
　　　　※動名詞，to (V) の名詞的用法，that 節などのカタマリに対して使用。

2. (　) 形容詞句・形容詞節
　　　　※分詞，名詞の後に置かれる前置詞＋名詞，to (V) の形容詞的用法などのカタマリに対して使用。
　　　　※関係代名詞節や関係副詞節も便宜上この記号を用いることとする。
　　　　※ただし（×× 省略）の場合は，×× が省略されていることを示す。

3. 〈　〉 副詞句・副詞節
　　　　※分詞構文，前置詞＋名詞，to 不定詞の副詞的用法，従属接続詞＋SV などのカタマリに対して使用。

3. その他

1. 分構 「分詞構文」であることを示す。
2. 接 「接続詞」であることを示す。
3. 同格 矢印でつながれた 2 つの語句が同格の関係にあることを示す。
4. 関代 「関係代名詞」であることを示す。
5. 関副 「関係副詞」であることを示す。

Day 3
解答・解説

≫問題は別冊 p.020

≫問題は別冊 p.020

テーマ：文化
子どものほめ方

[出題校]法政大学

[モニターの平均点] **20.1** / **27点**
（各3点で採点：問3は3×2）

＼竹岡の一言／

高得点勝負の問題。少なくともミスは2つまでに抑えたい。空所の前後だけを見れば解ける問題だけではなく，全体を俯瞰してから解くべき問題もあるので，まずは全体の趣旨を捉えるために，段落ごとの要旨を簡単にメモしながら読むこと。

Answers：解答

番号	正解
1	(b)
2	(d)
3	[D] (e)　[E] (a)
4	(c)
5	(d)
6	(a)
7	(c)
8	(b)

1 **正解** (b)

解説 「[A] と [B] に入る最も適した組み合わせを選べ」

第1段落第1～3文（We know ... parents.）では「良い成績がとれることが最優先事項ではない」と書かれており，さらに最終文（That is to say, ...）では「私たちがより強い関心を持っているのは，子どもが親切で思いやりがあり，人の役に立つようになることなのだ」とある。空所を含む文の意味は「親が [B] よりも [A] をはるかに重要視していることである」であり，[B] には「良い成績をとること」，[A] には「思いやりがあり，人に役立つこと」が入ると推測できる。この条件を満たす選択肢は (b) [A] caring「思いやり」，[B] achievement「達成」である。他の選択肢の意味は，(a) [A] action「行為」，[B] character「性格」，(c) [A] effort「努力」，[B] inheritance「相続」，(d) [A] results「結果」，[B] process「過程」。

2 **正解** (d)

解説 「[C] に最も適切なものを選べ」

第3段落の空所 [C] を含む文の直後の文（Rewards ...）に「褒美は，子どもが何かが与えられるときだけ親切にするように仕向ける恐れがあるが，一方で，ほめることは分かち合いそれ自体に本質的価値があるということを伝える」とあり，「褒美よりほめることの方が継続的な効果が見込める」ことがわかる。これに対応する選択肢は (d)「ほめることは褒美より効果がある」しかない。他の選択肢の意味は (a)「ほめることも褒美もどちらも不可欠だ」，(b)「ほめることも褒美もどちらも適切ではない」，(c)「褒美はほめることより教育的だ」。(a) を選んだ人が 5.9%，(b) を選んだ人が 3.9% であった。

3 **正解** [D] (e)

[E] (a)

解説 「研究者たちは，子どもたちに何を言ったか？ [D][E] のそれぞれに入る最も適切なものを選べ」

[D] の直前には「行動をほめた」とあり，それに対応する発言を選ぶ。(e)「君はおもちゃをチャリティーに出したね。それは素晴らしい行為なんだよ」が「行動」をほめているので適切。(d)「君はそのゲームが得意だったんだね。それは本当に感動的だったね」は偽。「ゲーム」は「行為」には違いないが，「他者を思いやること」を身につけさせるためにほめる，という文脈を考えると「ゲームが上手い」はそのような行為にはならないとわかる。この選択肢を選んだ人が 20% 近くいる。同様に (c)「勤勉でいることはいつもいいね。君はそのおもちゃを手に入れるために本当に頑張ったね」も「他人に対する思いやりを示す行動」ではないので偽。[E] の直前には「性格をほめた」とあるので，(a)「多くのおもちゃを提供したんだね。君は親切で人の役に立つ人間だね」が適切。(b)「君と遊ぶのはい

つも楽しいよ。君は本当に賢くて陽気だね」は，前述通り前半が不可。
(c)「勤勉でいることはいつもいいね。君はそのおもちゃを手に入れるために本当に頑張ったね」も前半が不可で偽。

4 正解 (c)

解説 「[F] に入る最も適切なものを選べ」
空所[F]を含む文の意味は「こうした感情は事実上同じであると一般的には考えられている[F]，それらはまったく異なる原因でありまったく異なる結果をもたらす」とある。「同じだと考えられているが，実はまったく異なる」という逆接の関係をつかむ。空所の後ろには名詞が置かれているので，空所には前置詞が入る。よって，選択肢の中で逆接の意味を持つ前置詞を選ぶことになるが，それは (c) Despite 「〜にもかかわらず」だけである。他の選択肢は，(a) According to 「〜によれば」，(b) Because of 「〜が理由で」，(d) Including 「〜を含めて」で，すべて前置詞である。

5 正解 (d)

解説 「[G] に入る最も適切なものを選べ」
第7〜8段落の要旨は「羞恥心は自分が悪い人間であるという感情であり，ダメージが大きいが，罪悪感は悪いことをしてしまったという感情なので，良い行いをすることによって修復可能である」ということ。つまり「子どもには羞恥心ではなく罪悪感を持たせるように教育すべきである」という趣旨。この内容を踏まえて第9段落が展開されていることに注意すること。空所を含む文の意味は「子どもたちが他者に思いやりを持つように望むならば，かれらが悪い行いをしたときに[G]を持つように教える必要がある」というもの。よって，(d)「羞恥心ではなく罪悪感」が正解。他の選択肢は (a)「罪悪感のみならず羞恥心」，(b)「罪悪感でも羞恥心でもない」，(c)「罪悪感ではなく羞恥心」であり，どれも不適切である。

6 正解 (a)

解説 「"Fearing this effect" に最も意味が近いものを選べ」
下線部の直後には，some parents fail to exercise discipline at all 「一部の親はしつけをまったくしない」という1つの完全な文がきているので，下線部は副詞句，つまり分詞構文であることがわかる。分詞構文の主語は，原則として主文の主語に一致することを考慮して主語を探せばsome parents とわかる。よって下線部を含む文の意味は「親の中にはこの結果を恐れて，まったくしつけをしない者がいる」となる。次に，「しつけをしない」原因となる「この結果」が何を意味するのかを確認する。下線部直前の文（A psychologist ...）には，「心理学者によれば，親が怒りを表現したり，愛することをやめたり，お仕置きをするぞと脅して自らの権力を振りかざそうとしたりすると羞恥心が生まれるということだ」とある。ここから「この結果」とは「親が子どもに何か間違ったしつけをすると，子どもが羞恥心を持つこと」だとわかる。以上から下線部を含む文の意味は「親が子どもに間違ったしつけをすると，子どもが羞恥心を持ってしまうかもしれないと一部の親は恐れて，まったくしつけをしない者がいる」だ

とわかる。選択肢、(a)「彼らは、子どもたちが自らを悪いと思ってしまうことを心配しているので」、(b)「彼らは、子どものしつけがなっていないことを恐れているが」、(c)「子どもたちが、悪い行為に対して罰を受けることを恐れているので」、(d)「子どもたちが、それが自分の精神の発達にダメージを与えるかもしれないと自覚している一方で」の中で、最も適切なものは(a)だとわかる。選択肢(a)にある「自らが悪いと思ってしまう」とは「羞恥心を持つ」と同意である。

英文和訳問題でも文全体の方向性を把握してからやること！
「下線部説明問題」は、純粋に下線部の文構造を尋ねている問題もあるが、その前後のみならず段落全体、ひいては文全体の趣旨が把握できていないと解けないものもある。本問は「子どもに羞恥心を抱かせてはいけない」「親の対応次第で子どもが羞恥心を抱いてしまう」「しつけそのものをやめてしまう親がいる」という流れをつかめたかどうかがポイント。「さっと解く」のではなく「丹念に文脈を追って解く」という姿勢が肝心。

---

7 **正解** (c) | 空所補充問題 | 正答率 76.5%

解説 **[[I][J] に入る最も適切な組み合わせを選べ]**
この段落の趣旨は第1文（The most ...）から「悪い行為に対する最も効果的な対応は、失望を表すことである」だとわかる。下線部を含む文意は「[I]を表すことの優れた点は、悪い行為を承認しないという事実とともに、大きな期待と[J]の可能性を伝えられることである」で最初の空所は、この段落の趣旨から「失望（disappointment）」であることは容易にわかる。空所を含む文のあとには「悪いことをしたが、お前はいい人間。もっとよいことができると私は知っている」とある。よって2番目の空所には「もっとよいことができる」＝「改善（improvement）」が適切。以上から(c)失望，改善を選ぶ。それ以外の選択肢の意味は(a)怒り，愛情，(b)批判，友情，(d)不満，評価。

---

8 **正解** (b) | 内容一致問題 | 正答率 76.3%

解説 「**この文は主に何について述べられているか。最も適切なものを選べ**」
第1～5段落の要旨は「親は子どもに人間的な優しさを期待しているが、それを実現するには子どもの行為ではなく性格をほめることだ」、第6～10段落の要旨は「子どもが悪い行為をした場合には、子どもに羞恥心ではなく罪悪感を持たせるために、失望を表すことが大切だ」。以上から、この文の要旨は「子どもを人間的に優しい人間にするには、性格をほめたり、悪い行いをした場合に失望を表したりすることが大切だ」ということになる。この趣旨に合致するのは(b)「それは子どもに他人を思いやるように促す方法についてである」である。それ以外の選択肢は(a)「それは子どもが感情を抑制できるようになる方法についてである」、(c)「それは子どもが親の性格にどのように似ているのかについてである」、(d)「それは子どもが独立心を育てるのに役立つ方法についてである」で、いずれも不適切である。

① ❶We know some 〈of the tricks 〈for teaching kids to become high achievers〉〉.
　　S　　V　　O

❷〈For example〉, research suggests [that 〈when parents praise effort 〈rather than
　　　　　　　　　　　S　　V　　O接　接　　S″　　V″　　O″

ability〉〉, children develop a stronger work ethic and become more motivated]. ❸Yet
　　　　　　　S′　　V′₁　　　　O′　　　　接　V′₂　　　C′　　　接

success is not the No.1 priority 〈for most parents〉. ❹Surveys reveal [that 〈in the
　S　　V　　　C　　　　　　　　　　　　　　　　　S　　V　O接

United States〉, parents generally place far greater importance 〈on caring than
　　　　　　　　S′　　M′　　V′　　　　O′

achievement〉]. ❺〈That is to say〉, we're much more concerned 〈about our children
　　　　　　　　　　　　　　　　　S　　V　　M　　V　　　　S′

becoming kind, sympathetic and helpful〉.
　V′　　C′₁　　　C′₂　　接　C′₃

① ❶私たちは子どもに良い成績を取れる人間になるように教えるためのコツのいくつかを知っている。❷たとえば，親が才能ではなくて努力をほめると，子どもは勤勉をよしとする，より強い倫理観をもち，一層やる気になることを研究は示唆している。❸しかし，成功は大半の親にとって最優先事項ではない。❹調査で示すところによると，アメリカでは，一般に，親が[B]成績よりも[A]思いやりをはるかに重要視していることである。❺すなわち，私たちがより強い関心を持っているのは，子どもが親切で思いやりがあり，人の役に立つようになることなのだ。

↳ **第1段落の要旨** アメリカの親は子どもに成績より人間的な優しさを期待している。

□ trick　　　　　　　　　名「うまいやり方，コツ」※日本語の「トリック」との違いに注意。……………………………………A
□ teach 〜 to (V)　　　　熟「〜にVすることを教える」……………………………A
□ high achiever　　　　名「高いレベルに達する人，成績上位者」(→p.050 **Supremacy 006**)……………………………B
□ research　　　　　　名「研究」※通例不可算名詞。……………………………A
□ suggest 〜　　　　　動「(ものが)を示唆する」……………………………A
□ that は，「後続の文を名詞にまとめる接続詞」。ここでは直後に副詞節 (when ... ability) が挿入されていることに注意。この副詞節は，後続の文 (children ...) を修飾している。(→p.049 **Supremacy 005**)
□ praise 〜　　　　　　動「〜をほめる」※raise「〜を上げる」とセットで覚えよう。……………………………B
□ A rather than B　　　熟「Bではなく(むしろ)A」……………………………A
□ develop 〜　　　　　動「〜を育む，発達させる」……………………………A
□ stronger が比較級になっているのは「才能をほめた場合よりも努力をほめた場合の方が『より強い』」の意味。
□ work ethic　　　　　名「労働倫理」※「仕事の結果として得られる収入や昇進などに無関係に，仕事や頑張ること自体に価値を置く道徳的な考え」……………………………B
□ motivate 〜　　　　　動「〜のやる気を起こさせる」……………………………B
□ yet　　　　　　　　接「(意外性を示し)それでもしかし」※ここでは，

040

前の文で「親は子どもに良い成績をとって欲しいと願う」と言っておきながら「それでも成功が一番大切だというわけではない」という意外なことを言うために使われている。…………………… A

☐ the No.1 priority for 〜　熟「〜にとっての最優先事項」……………… B
☐ most 〜　形「大半の〜」……………………………………………………… A
☐ place far greater importance on 〜　熟「〜の方をはるかに重要視する」…… B
☐ that is to say　熟「すなわち」※直訳は「それは〜ということである」。しばしば to say が省かれて that is となる。…… A
☐ we 「私たち」※この語は，they「彼ら」を想定した文脈で，they と対比的に使われる。ここでは they は子どもたちで，we は親のこと。
☐ much ＋比較級　熟「ずっと〜」※比較級を強調する副詞。………… A
☐ be concerned about 〜　熟「〜に対して関心を向ける」※-cern- は「ふるいにかける」の意味なので，関心が1点に向かっているイメージ。…………… B
☐ our children becoming 〜 ※our children は動名詞 becoming 〜の意味上の主語。
☐ sympathetic　形「思いやりのある，困っている人に寄り添える」… B

② ❶⟨In spite of the significance (that it holds φ ⟨in our lives⟩)⟩, [teaching children to care about others] is no simple task. ❷A certain study shows [(接 that 省略) parents (who valued kindness and sympathy) frequently failed to raise children (who shared those values)]. ❸Are some children simply good-natured — or not? ❹How do kind and generous tendencies develop? ❺Genetic twin studies suggest [that anywhere (from a quarter to more than half (of our tendency (to be giving and caring))) is inherited].

❻⟨In other words⟩, there is still much room (for education and environment).

② ❶他者を思いやることを子どもに教えることは，それが私たちの人生において占めている重要性にもかかわらず，決して簡単な仕事ではない。❷ある研究によると，親切や思いやりを重んじる親が，そうした価値観を共有する子どもを育てられなかったということも多い。❸一部の子どもが単に生まれつきよい性格を持って生まれてくるのだろうか —— あるいはそうではないのだろうか。❹親切で寛容な性質はどのように発達するのだろうか。❺双子の遺伝子の研究が示しているのは，優しく思いやりのある性質は，その4分の1から半分以上ぐらいが遺伝的に受け継がれるということだ。❻言い換えれば，教育と環境が関わる余地がまだ多く残っているということなのだ。

第2段落の要旨 思いやりを子どもに教えるのは簡単ではないが，教育や環境でもそうしたことを教える可能性は十分にある。

☐ in spite of 〜　熟「〜にもかかわらず」…………………………………… B
☐ the significance「意義」※後ろの関係代名詞節によって限定され the がついて

041

いる。that は significance を指す目的格の関係代名詞で holds の目的語になっている。

- □ it holds の it は，あとから出てくる「子どもに他人を思いやることを教えること」を指す。このように代名詞が先行することは決して珍しいことではない。
  ［類］ Whether you like it or not, you have to drink this medicine.
  「好きでも嫌いでも，この薬を飲まなければいけません」
- □ no simple task 熟「決して簡単な仕事ではない」※ not a simple task の強調形。 ……………………………………………………………………………………A
- □ a certain 〜 熟「ある〜」※具体的名前をあえて伏せて言う場合に使われる。 ……………………………………………………………………………………A
- □ value 〜 動「〜に価値を置く」…………………………………………B
- □ frequently 副「しばしば」…………………………………………………B
- □ fail to (V) 熟「V できない」…………………………………………A
- □ raise 〜 動「（子ども）を育てる」…………………………………A
- □ values 名「価値観」※複数形で「価値の集合」＝「価値観」…………A
- □ good-natured 形「生まれつき性質がよい」……………………………B
- □ generous 形「寛容な」※「お金を惜しまない」という意味で使われることが多いが，ここでは「寛容な」の意味。………………………………B
- □ anywhere が that 節内の文の主語，is inherited が述部。※ anywhere は，普通は副詞だが，ここでは主語になっており名詞。anywhere from A to B で，「はっきりしないが A から B までのどこか」の意味。
- □ giving 形「思いやりのある」※「モノをあげる」から発展してできた形容詞。………………………………………………………………………C
- □ inherit 〜 動「〜を受け継ぐ」……………………………………B
- □ in other words 熟「言い換えれば」…………………………………A
- □ there is still 〜 熟「いまだに〜がある」※この構文の there には意味がない。 ……………………………………………………………………………A
- □ room for 〜 熟「〜の余地」※ room はこの意味では不可算名詞。………A

❸ **❶**〈By age 2〉, children experience some moral emotions — feelings (triggered 〈by right and wrong〉). **❷**〈To support caring 〈as the right behavior〉〉, research indicates, [praise is more effective 〈than rewards〉]. **❸**Rewards run the risk (of [leading children (to be kind 〈only when something is offered〉)]), 〈whereas praise communicates [that sharing is essentially valuable 〈for its own sake〉]〉. **❹**But what sort (of praise) should we give 〈when our children show early signs (of generosity)〉?

❸ **❶**2 歳までに，子どもは何らかの道徳的な感情，つまり善悪によって誘発される感情，を経験する。**❷**研究が示すところでは，思いやりを正しい行動として定着させるためには，[C]褒美よりもほめることのほうが効果がある。**❸**褒美は子どもが何かが与えられるときだけ親切になるように仕向ける恐れがあるが，一方で，ほめることは分かち合いそれ自体に本質的価値があるということを伝える。**❹**しかし，子どもが寛大さの初期の兆しを示したときに，私たちはどのようにほめればいいの

であろうか。

↳ **第3段落の要旨** 思いやりを正しい行動として定着させるには，褒美ではなくほめることが大切だが，どのようなほめ言葉が適切なのであろうか。

- □ by ～　　　　　　　　**前**「～までには」※ until ～「～までずっと」とは区別すること。…………………………………**A**
- □ some ～　　　　　　**形**「何らかの～」※ some は「存在はするがはっきりとはしない」が原義。…………**A**
- □ moral emotions　　**名**「道徳的な感情」…………………………**B**
- □ feeling は直前の moral emotions と同格の関係。「何らかの道徳な感情」と言われてもピンと来ないので，すぐに補足説明がなされている。
- □ triggered by ～　　**熟**「～によって誘発される」※ feeling を修飾する過去分詞。……………………**B**
- □ right and wrong　　**名**「善と悪」………………………………**A**
- □ run the risk of ～　　**熟**「～という危険を冒す」……………………**B**
- □ lead A to (V)　　　**熟**「A に V するように仕向ける」……………**B**
- □ whereas ～　　　　**接**「一方で，それに対して」…………………**B**
- □ for its own sake　　**熟**「それ（＝分かち合うという行為）自体に」……**A**
- □ early signs of generosity　**熟**「寛大さの早期兆し」…………………**A**

④ ❶〈In an experiment〉, researchers investigated [what happens 〈when we praise
　　　　　　　　　　　　　　S　　　　　　V　　　　　O　　S'　　V'　　接　S"　V"

generous behavior 〈versus generous character〉〉]. ❷〈After 8-year-old children won some
　O"　　　　　　　　　　　　　　　　　　　　　　　接　　　S'　　　　　　V'₁

plastic toys (in a game) and gave some (to charity)〉, the researchers granted different
O'₁　　　　　　　　接　V'₂　O'₂　　　　　　　　S　　　　　V

types (of praise) 〈to different children〉. ❸〈For some〉, they praised the action: "You gave
O　　　　　　　　　　　　　　　　　　　　　　　　　S　V　　O　　　　S　V

your toys 〈to charity〉. That was such a nice thing (to do)." ❹〈For others〉, they
O　　　　　　　　S　V　　C　　　　　　　　　　　　　　　　　　S

praised the character (behind the action): "You offered a lot of your toys, didn't you?
V　　　O　　　　　　　　　　　　　　S　V　　　　O　　　　V　S

You are a nice and helpful person."
S　V　　　　　C

④ ❶ある実験で，寛大な行為をほめた場合と，寛大な性格をほめた場合とを比較して何が起こるかを研究者が調査した。❷8歳の子どもが，あるゲームでプラスチックのおもちゃを何個か獲得して，そのいくつかをチャリティーに出したあとに，研究者は異なる子どもに異なった種類のほめ方をしてみた。❸ある子どもたちには，その行動をほめて，「[D]君はおもちゃをチャリティーに出したね。それは素晴らしい行為なんだよ。」と言った。❹また別の子どもには行為の背後にある性格をほめて「[E]多くのおもちゃを提供したんだね。君は親切で人の役に立つ人間だね」と言った。

↳ **第4段落の要旨** 行為をほめた場合と，性格をほめた場合とではどのような差が出るかの実験。

- □ investigate ～　　**動**「～を（大がかりに）調査する」…………………………**B**
- □ A versus B　　　　**熟**「A と B を比較して」…………………………………**B**

☐ win ～　　　　　　**動**「～を勝ち取る」……………………………………………**A**
☐ grant ～　　　　　 **動**「（金品など）を与える」……………………………………**B**

⑤ **❶**〈A couple of weeks later〉, 〈when (they are省略) faced 〈with more opportunities (to give
　　　　　　　　　　　　　　　　　　接　 S′　　　 V′
and share)〉〉, the children were much more generous 〈after their character had been
　　　　　　　　　　S　　　 V　　　　　 C　　　　　接　　　 S′　　　 V′
praised〉〈than 〈after their actions had been (praised省略)〉. **❷**[Tying generosity to
　　　　 接　 接　　 S′　　　 V′　　　　　　　　　　　　　　S
character] appears (to matter most 〈around age 8, 〈when children may be starting [to form
　　　　　 V　　 C　　　　　　　　　　　 関副　　 S′　　　 V′　　　 O′ V″
notions (of identity)〉〉)]. **❸**Children learn [who they are] 〈from observing their own
 O″　　　　　　　　　　　　　　 S　　 V　　 O₁ C′ S′ V′　　　　　 V′　　　 O′
actions〉: [(接 that省略) I am a helpful person].
　　　　　　　　　　　　　　 O₂　　　　　 S′ V′　　 C′

⑤ **❶**数週間後，物を与え分かち合うさらなる機会に直面した時，行為をほめられて
いた子どもより，性格をほめられていた子どもの方がはるかに寛大であった。
❷寛容な行為を性格と結びつけることが最も重要であるように思われるのは 8 歳
頃，つまり子どもがアイデンティティという概念を形成し始めるかもしれない頃だ。
❸子どもは自身の行動を観察することで自分が何者であるかを，つまり自分は役
立つ人間であることを学ぶのである。

↳ **第5段落の要旨** 行為をほめた場合より，性格をほめた場合の方が，寛容な行為をとるように
なった。こうしたほめ方は 8 歳ぐらいが最も大切だ。

☐ a couple of weeks later　**熟**「数週間後に」…………………………………………**A**
☐ when faced with ～　　　 **熟**「～に直面した時に」= when they are faced with ～
　　　　　　　　　　　　　　　　　　　　　　　　　　　　　　　　　　　　A
☐ tie A to B　　　　　　　 **熟**「A を B に結びつける」※ tie ＋ -ing = tying ……**B**
☐ appear to (V)　　　　　　**熟**「V するように思える」…………………………………**A**
☐ matter　　　　　　　　　 **動**「重要である」………………………………………………**A**
☐ form notions of ～　　　 **熟**「～という概念を形成する」…………………………………**B**
☐ who they are　　　　　　**熟**「自分は何者か」参 identity…………………………………**A**

⑥ **❶**Praise (in response (to good behavior)) is important, but our responses (to
　　　 S₁　　　　　　　　　　　　　　　　 V₁　　 C₁　　 接　　 S₂
bad behavior) have consequences, too. **❷**〈When children cause harm〉, they typically feel
　　　　　　　 V₂　　 O₂　　　　 M₂　　 接　　 S′　　 V′　 O′　 S　　 M　　 V
one (of two moral emotions): shame or guilt. **❸**〈Despite the common belief
⌐―――――同格―――――⌐　　　　　　　　　　　　　　　　 ⌐―――同格――
[that these emotions are practically the same]〉, they have very different causes and
⌐接　　　 S′　　　　 V′　　 M′　　　　 C′　　　　 S　 V　　　 O₁　　　 接
consequences.
　 O₂

⑥ **❶**良い行為に対してほめることは重要であるが，悪い行為に対する私たちの対応

もまた重要な結果をもたらす。❷子どもが悪さをすると，彼らはふつう 2 つの道徳的な感情の 1 つ，つまり羞恥心か罪悪感かのうちいずれか 1 つを持つ。❸こうした感情は事実上同じであると一般的には考えられている[F]がそれらはまったく異なる原因でありまったく異なる結果をもたらす。

↳ 第6段落の要旨 子どもが悪い行為をした場合，羞恥心か罪悪感を感じるが，これらはまったく異なる結果をもたらす。

- ☐ response to 〜　　熟 「〜への対応」……………………………… A
- ☐ consequence　　名 「(しばしば重大な) 結果」…………………… A
- ☐ typically　　　　副 「ふつう」……………………………………… B
- ☐ shame　　　　　名 「羞恥心」……………………………………… B
- ☐ guilt　　　　　　名 「罪悪感」……………………………………… B
- ☐ practically the same　熟 「事実上同じ」※ same には原則的に the がつく。… B

⑦ ❶Shame is the feeling [that I am a bad person] 〈whereas guilt is the feeling
　　　S　V　　C↑同格↑ 接 S′ V′　　C′　　　　接　　S′　V′　　C′↑同格—

[that I have done a bad thing]〉. ❷Shame is a negative judgment 〈about the core self〉,
↑接 S″　V″　　　O″　　　　　S　V　　　　C

〈which is highly damaging〉. ❸Shame makes children feel small and worthless, and
関代S′V′　M′　　　C′　　　　S₁　V₁　　O₁　　　　　C₁　　　　　接

they respond either 〈by expressing anger 〈toward the target〉 or escaping the
S₂　V₂　　M₂　　　V′₁　　O′　　　　　　　接　V′₂

situation altogether〉. ❹〈In contrast〉, guilt is a negative judgment 〈about an action〉,
O′₂　　　M′　　　　　　　　　　　　　S　V　　　C

〈which can be repaired 〈by good behavior〉〉. ❺〈When children feel guilt〉, they tend to
関代S′　　V′　　　　　　　　　　　　　　接　　S′　V′　O′　　S

experience deep regret, sympathize 〈with the person 〈(whom 省略) they have harmed φ〉〉,
V₁　　　O₁　　　V₂　　　　　　　O′　　　　　　　S′　　V′

and aim [to make it right].
接　V₃　　　O₃

⑦ ❶羞恥心は，自分が悪い人間であるという感情なのに対して，罪悪感は悪いことをしてしまったという感情である。❷羞恥心は自分自身の中核に関わる否定的な判断であり，それは大きなダメージを与える。❸羞恥心は子どもに対して，自分は取るに足らない価値のない人間であると感じさせ，対象に怒りを表したり，置かれた状況から完全に逃げたりすることによって対応することになる。❹これとは対照的に，罪悪感は行為に対する否定的な判断であり，良い行為によって修復可能である。❺子どもたちが罪悪感を持つとき，深い後悔を経験し，自分が傷つけた人を気の毒に思い，そうしたことを正そうと努める傾向にある。

↳ 第7段落の要旨 羞恥心は子どもに悪い人間だと思わせダメージを与えるが，罪悪感は行為に対しての否定的な判断なので修復可能である。

- ☐ make it right　　熟 「(状況などを) 正す」……………………… B

045

8 ❶〈In one study〉, young children received a doll and the leg fell off 〈while they were playing 〈with it〉 〈all by themselves〉〉. ❷The kids (who tend to feel shame) avoided the researcher and did not volunteer [that they broke the doll]. ❸The kids (who tend to feel guilt) were more likely 〈to fix the doll, approach the researcher, and explain [what happened]〉. ❹The children (who felt ashamed) were avoiders; the children (who felt guilty) were amenders.

8 ❶ある研究では，幼い子どもが人形を受け取り，たった1人でその人形と遊んでいる時に，その脚が抜けるという設定がなされた。❷羞恥心を持つ傾向にある子どもは，研究者を避け，自分が人形を壊したことを進んで報告することはなかった。❸罪悪感を持つ子どもは，その人形を修繕し，研究者の元にやって来て，何が起きたかを説明する可能性が高かった。❹羞恥心を持つ子どもは回避をする人間であり，罪悪感を持つ子どもは修正する人間である。

↳ **第8段落の要旨** 羞恥心を持つ子どもは回避する者となり，罪悪感を持つ子どもは自らの行為を修正する者となった。

- □ fall off ……熟「とれて落ちる，抜ける」…………………………A
- □ all by oneself ……熟「たった1人で」※allは強調の副詞。…………A
- □ avoid 〜 ……動「〜を避ける」…………………………………A
- □ volunteer that SV ……熟「進んでSVと言う」(→p.049 **Supremacy 005**) ……B
- □ be more likely to (V) ……熟「Vする可能性が高い」…………………A
- □ amender ……名「修復する人」…………………………………C

9 ❶〈If we want our children (to care 〈about others〉)〉, we need [to teach them [to feel guilt 〈rather than shame〉〈when they behave badly〉]]. ❷A psychologist suggests [that shame emerges 〈when parents express anger, withdraw their love, or try [to assert their power 〈through threats (of punishment)〉]〉]: Children may begin [to believe [that they are bad]]. ❸〈Fearing this effect〉, some parents fail to exercise discipline 〈at all〉, (which can harm the development (of strong moral standards)).

9 ❶私たちが子どもたちに他者に思いやりを持つことを望むならば，彼らが悪い行いをしたときに[G]羞恥心ではなく罪悪感を持つように教える必要がある。❷心理学者によれば，親が怒りを表現したり，愛することをやめたり，お仕置きをするぞ

と脅して自らの権力を振りかざしたりすると，羞恥心が生まれるということだ。子どもは自分が悪い人間だと信じるようになるかもしれない。❸[H]こうした結果を恐れて，親の中にはまったくしつけをしない者もいるが，それでは強い道徳的基準の発達に害を及ぼす可能性がある。

↳ **第9段落の要旨** 親が怒りを示したり，愛することをやめたり，権力を振りかざしたりすると，子どもは羞恥心を抱くようになる。こうしたことを恐れてしつけをしないことは，道徳的な基準の形成に害をもたらしうる。

- ☐ psychologist **名**「心理学者」⋯⋯⋯⋯⋯⋯⋯⋯⋯⋯⋯⋯⋯⋯⋯⋯ A
- ☐ emerge **動**「出現する」※e-［＝ ex 外］＋ -merge［水の中］→「水の中から出てくる」⋯⋯⋯⋯⋯⋯⋯⋯⋯⋯⋯⋯⋯⋯⋯⋯ B
- ☐ withdraw one's love **熟**「自らの愛を引っ込める，愛さないようになる」⋯ B
- ☐ assert one's power **熟**「自らの権力を主張する」⋯⋯⋯⋯⋯⋯⋯⋯⋯ B
- ☐ threats of punishment **熟**「お仕置きするという脅し」⋯⋯⋯⋯⋯⋯⋯ B
- ☐ fail to (V) **熟**「V しない」⋯⋯⋯⋯⋯⋯⋯⋯⋯⋯⋯⋯⋯⋯⋯⋯⋯ A
- ☐ exercise discipline **熟**「しつけをする」⋯⋯⋯⋯⋯⋯⋯⋯⋯⋯⋯⋯ B

⑩ ❶The most effective response (to bad behavior) is [to express disappointment].

❷Parents raise caring children ⟨by [showing disappointment] and [explaining [why the behavior was wrong], [how it affected others], and [how they can correct the situation]]⟩. ❸This enables children (to develop standards (for judging their actions), feelings (of sympathy) and responsibility (for others), and a sense (of moral identity), (which lead them (to become a helpful person)))). ❹The beauty (of expressing disappointment) is [that it communicates the fact [that you do not approve ⟨of the bad behavior⟩], ⟨together with high expectations and the potential for improvement⟩: "You're a good person, ⟨even if you did a bad thing⟩, and I know [(接 that 省略) you can do better]."

⑩ ❶悪い行為に対する最も効果的な対応は，失望を表すことである。❷失望を表し，なぜその行為が悪くて，その行為がどのように他者に影響し，どのようにその状況を修正できるかを説明することで，親は思いやりのある子どもを育てられる。❸これによって，子どもは自らの行為を判断するための基準，同情心，他者への責任，それに彼らを役立つ人間にする道徳的なアイデンティティの感覚を育むことができる。❹[I]失望を表すことの優れた点は，それが，悪い行為を承認しないという事実とともに，大きな期待と[J]改善の可能性を伝えられることである。たとえ

ば「悪いことをしたが，お前はいい人間だ。もっとよいことができると私は知っている」と言えばいいのである。

↳ **第10段落の要旨** 子どもが悪い行為をした場合は失望を示し，大きな期待と改善できる可能性を伝えるとよい。

☐ disappointment	名「失望」	B
☐ affect ～	動「～に影響を及ぼす」	B
☐ correct ～	動「～を修正する」	B
☐ responsibility for ～	熟「～に対する責任」	B
☐ the beauty of ～	熟「～のすぐれた点」	A
☐ approve of ～	熟「～を承認する」	B
☐ potential for ～	熟「～に対する可能性」	B

Oh my ...

過去問は志望校と自分との距離を測る好材料

「過去問は実力がついてからやる」という人がいるが，それは間違っている。過去問は自分と志望校との距離を測るのに使うべきだ。過去問をやるときはまずは制限時間を守ってやってみよう。ただし，その時点で答え合わせをしてはいけない。時間を測って解いた場合は「現在の力」が出るだけである。だからここで答え合わせをしても力が伸びない。だから次にもう一度，こんどは時間無制限で解き直してみる。あやふやな単語は手持ちの単語集で調べればよい。2000語レベルの単語集に載っていない単語は「知らなくてもしかたない」が，もしそうした単語集に載っているのに覚えていないものがあれば，それは失点の原因になりうる。このようにして時間の許す限り吟味を重ね「これが正解だ」と思えるまで考え抜こう。「これかな？」ぐらいのレベルではダメ。解答速報を作るつもりで答えを出すこと。このようにじっくり「考える」過程で力はつくものなのだ。素材は国公立・私立・共通テストなど何でも構わない。そもそも時間無制限でやって80％もとれない人が，時間を測って80％もとれるわけがない。まずは時間が無制限ならば合格ラインに達するというレベルに自分を引き上げることが大切である。

> 戦略1：過去問はまず時間を計り，次に時間を計らず解く
> 戦略2：単語集を使って単語を調べ，必要な語句を覚える
> 戦略3：「これが正解だ！」という確信がもてるまで考える

「thatは接続詞だ」と言われて「何か腑に落ちない」と思った経験はない
だろうか？　普通，接続詞というと２種類ある。まずは，等位接続詞（and /
but / or / so / forなど）といって，ある語（文・句・節）とある語（文・句・節）
を対等につなぐものだ。

> ［ 例 ］ I go *to* and *from* school by bike.
> 「私は学校の行き帰りは自転車を用いている」

　次に従属接続詞（when / if / because）のように，副詞節をつくる接続詞。
つまり「主従関係」と同じで，When S´V´, SV. は，S´V´とSVが対等な関係
にはなく，when S´V´が「従節（家来の方）」でSVが「主節（殿様の方）」
になっているものである。

> ［ 例 ］ <u>When</u> *I was young, I did not like carrots.*
> 「若い頃は人参が好きではなかった」

　ではthatは何だろう？　実は，昔は単なる代名詞にすぎなかったのだ。

> ［ 例 ］ I know that; he is honest.
> 「私はそれを知っている。つまり彼が正直だということを」
> →I know that he is honest.
> 「私は彼が正直だということを知っている」

　１つめの文の；（セミコロン）が省かれて２つめの文のような現在の形
になったわけだ。よって，元々は接続詞でも何でもなかったのだが，文法
分類上どうしても「名前」が必要となったために「接続詞」ということに
なった。だから，上記のthatは「後続の文を名詞節にまとめる特殊接続詞」
と覚えておけばよい。

> ［ 例 ］ I was so happy <u>that</u> I felt like singing.
> 「私はとても幸せな気分だったので歌を歌いたかった」

　この例では，that節はso「それくらい」を修飾して，「どれくらいか」
を具体的に述べていると見なすのが適切。よって，soという副詞を修飾
するのは副詞なので，thatは「後続の文を副詞節にまとめる特殊接続詞」
ということになる。

　では次の例はどうだろうか？

> ［ 例 ］ I had a feeling <u>that</u> I was being followed.
> 「私はつけられているという感じがした」

　このthatも，「後続の文を名詞節にまとめる特殊接続詞」だ。そして「a

feelingとthat節が同格の関係にある」わけだ。そもそも同格という用語は「ある名詞のあとに名詞が続いて，最初の名詞を後ろの名詞が具体化している場合に，その2つの名詞が同格の関係にある」というように使われる。「同格のthat」などと言う人がいるが，文法用語が本当にわかって言っているのか疑問だ。「名詞とthat節が同格の関係にある」と言うのが正しい。

> ［例］The reason **that** he works so hard is that he has so many
> children to support.

　　　「彼があんなにがんばって働く理由は，養うべき子どもが多いからだ」
　このthatは関係副詞の分類である。一般に関係副詞（why, how, when）はthatで置き換え可能である。ただしwhereは置き換えできないことが多い。上例ではwhyの代わりにthatが用いられている。よって接続詞ではない。

Road to Supremacy 006　「二項対立」が英語の基本的な発想

> ［例1］*We* should not waste food.
> 　　　「私たちは食べ物を粗末にしてはいけない」

　英語は「対比・比較」が大好きである。英作文で「weとyouはどう違いますか」と尋ねられることがよくあるが，両者はまったく違う。youは，「一般論を示す主語」に用いられる（学術論文などではoneを用いる）のに対して，weは，筆者（話者）がtheyを想定した上で発言する時に用いられる語である。よってWe should not waste food.と書けば，They waste food, so we should not waste food.の可能性が高い。つまり，ある集団を代表してweと述べ，そのとき，脳裏には「我々ではない集団」であるtheyがある。

> ［例2］Bring *your own bag* to our store.
> 　　　「当店にはご自身のバッグを持ってきてください」

　one's own～も同様である。your bagは文字通りの意味だが，your own bagとなると事情が異なる。この場合にはそうではないバッグとしてplastic shopping bags「レジ袋」を念頭においた発言となる。
　　　［例］pursue knowledge for its own sake
　　　　　「知識そのものを目的とした知識を追求する」
　上例では「知識そのもの」＝「純粋な知識」と書かれているので，「純粋でない知識（たとえば何かに応用するための知識）」と対比されていることがわかる。本文では同じような表現が第3段落第3文（Reward run

...）に見られる。sharing is essentially valuable for its own sake「人に物をあげるのは，（ほうびなどもらわなくても）それ自体で本質的に価値がある」という意味である。

> ［例3］The mountain was covered with *snow*.
> 「その山は白い雪に覆われた」

日本語で「白い雪」と言っても，それほど問題にはならない気がするが，英語でwhite snowと言うと，多くの英米人は「？？？」となるだろう。なぜならわざわざwhiteと言うからには，たとえばblack snowであったりyellow snowであったりが念頭にあると見なされるからだ。本文第1段落第1文にあるhigh achieversという表現は，筆者の念頭にはlow achievers「成績不良者」があることを示唆している。

> ［例4］These cosmetics will make you more *beautiful*.
> 「この化粧品できれいになります」

この例のmore beautifulは，beautifulとの対比語で，「今も美しいがさらに美しい」という含みを感じる。日本語では，いちいち「さらに」とは言わないことが多いので，上記の日本語を英作する場合，多くの日本人はmore beautifulをbeautifulとしてしまう。beautifulとした場合は，筆者（話者）はbeautifulとの対比語であるugly「醜い」を前提としていることになる。つまり「今のあなた（がた）は醜いが，この化粧品をつければきれいになるよ」という皮肉な意味になってしまう。

本文にも比較級が散見されるが，特にthan〜のないものに注目する。第5段落第1文（A couple of ...）のmore opportunitiesとは「第1回目の実験よりさらに多くの機会」が与えられたという意味である。第8段落第3文（The kids who ...）のThe kids who tend to feel guilt were more likely to fix ... とは，「the kids who tend to feel shameよりも」ということである。第10段落最終文（The beauty ...）のcan do betterとは「今よりも」を含有している。

Day 4
解答・解説

≫問題は別冊 p.026

≫問題は別冊 p.026

テーマ：科学

脳を健康に
保つためには

[出題校]中央大学

[モニターの平均点] **18.1** / 26点
（記号問題は各3点，記述問題は5点で採点）

＼竹岡の一言／

なぜ脳にとって危険なボクシングがなくならないのか？　一説によると，禁止しても地下組織がボクシングを続けるので，かえって危険なことになる，ということらしい。脳へのダメージは後年現れる。この英文はサッカー界への警鐘かもしれない。

Answers：解答

番号	正解
1	(1) (a) 2　(2) (b) 3 (3) (c) 1　(4) (d) 4
2	(5) 3　(6) 2　(7) 1
3	(8) 心臓と頭脳を若く保つためには, 血流を制限する要因を理解し, そうした要因を取り除くことが必要不可欠である

1-(1)(a)　正解 2　｜空所補充問題｜　正答率 62.3%

解説　空所を含む文の意味は「脳は体重のたった約2パーセントを占めるにすぎない（　　），消費カロリーの約25パーセントを使用する」となる。よって空所には逆接を意味する接続詞が入る。1 Therefore「それ故」は副詞であり，意味も品詞も合わない。3 As though「まるで～のように」は接続詞だが，意味が合わない。[例] She talked as though [＝as if] she knew him.「彼女はまるで彼と知り合いであるかのように話した」　4 Unless「～の場合を除いて」も接続詞だが，意味が合わない。よって 2 Even though「たとえ～でも」を選ぶ。35.8％の人が3を選んでいる。これは，as though と though の区別ができていないからであろう。

1-(2)(b)　正解 3　｜空所補充問題｜　正答率 35.8%

解説　空所を含む文の意味は「ボクシングやフットボール，モトクロスのようなスポーツは，そうした危険性（　　）が全くない」となる。空所を含む文の次の文（The brain loves ...）には「テニスや卓球，…，バスケットボールなどの，より安全なスポーツを考えた方がよい」とあり，脳にとって「より安全」なスポーツが紹介されている。よって空所を含む文では，脳にとって「安全性が劣る」スポーツが挙げられていると考えられる。空所に 3 worth「…に見合う価値がある」を入れれば，are simply not worth the risk「そうした危険性に見合う価値が全くない（＝安全性が劣るから避けたほうがよい）」となり，文脈に合う。

1 paid や 2 given については，pay / give ＋ O ＋ the risk というコロケーションは通常ないので，その受動態も不可。名詞の 4 value を入れると，be 動詞の後ろに名詞が2つ並ぶ形になり，文法的に不可。

Cheer Up!

基本的な単語は，その用法をしっかり調べておくこと！
be worth は，be worth (V) ing「(V) する価値がある」で覚えてしまうことが多いが，be worth ＋ 名詞「～の価値がある」の形の方が頻度が高い。さらに空所直前の simply not「まったく～ない」は頻度の高い成句。以上のことを知らないためか，1，2 を選んだ人が半数を超える。

1-(3)(c)　正解 1　｜空所補充問題｜　正答率 86.8%

解説　空所を含む文の意味は「不可欠な栄養素（　　），喫煙者の体は老けて見えるし，脳の思考力は理想的な状態に比べ遅くなるだろう」となる。空所には「がない，が奪われる」という意味の語句が入るであろうと予想できる。選択肢の中でこの意味を持つのは 1 Deprived「奪われた」のみ。deprive A of B「A から B を奪う」を受動態（be deprived of B）として，さらに分詞構文にした形（文頭の Being は通例省略される）が，本文である。　他の選択肢は 2 Full「いっぱいで」，3 Ignorant「無知で」，4 Consisting「（参照用から）成って」である。3 を選んだ人が10％ほどい

るが，そもそも ignorant の主語は人間だが，本文の主語は a smoker's body「喫煙者の身体」なので，そのことからだけでも不可となる。

1-(4)(d) **正解 4** | 空所補充問題 | 正答率 98.5%

解説 空所を含む文の意味は「おそらく最も重要な行為は，どんなものであれ有害な老廃物を（　　）こと，そしてほぼ毎日運動することである」である。選択肢 1 remain「～のままである」，2 repair「～を修復する」，3 recover「～を取り戻す」，**4 remove「～を除去する」**の中で適切なのは 4 しかない。基本語の確認問題である。

2-(5) **正解 3** | 内容一致問題 | 正答率 92.5%

解説 選択肢を順に検討する。1「ヘディングをすることは脳にとって危険なものではない」は偽。第 2 段落の趣旨（脳は衝撃に弱い）に反している。2「テニスや棒高跳びやバスケットボールはヘルメットを必要としないので脳にとって安全だ」。第 2 段落第 4 文（The brain ...）で筆者は「陸上競技はまだ安全だとしながらも棒高跳びは含めない」と書いているので不可。**3「サッカーをすればするほど，将来記憶障害になる可能性が高まる」は真**。第 3 段落 1 文（A 2007 study ...）「サッカーのヘディングは長期に及ぶ脳への損傷および，後半の記憶障害と関連があるということだ」に合致。4「サッカー選手である男子学生の脳は，サッカー経験のない若い男性の脳よりずっと健康だ」は偽。第 3 段落第 2 文（Researchers found ...）「研究者たちは，サッカーをしている男子大学生の場合，サッカー経験のない青年男子と比べて，脳の灰白質が減少しているという証拠を見つけた」と合致しない。以上より 3 が正解となる。

2-(6) **正解 2** | 内容一致問題 | 正答率 61.5%

解説 選択肢を順に検討する。1「私たちは毎年脳を新たに損傷した報告を 200 万受け取るが，他の何百万の事例は無視することを選ぶ」は偽。第 4 段落最終文（There are ...）に「毎年 200 万件の脳外傷の新しい事例が報告されるが，気づかれないままの事例は何百万とある」とある。この文では new brain injury cases となっており，new は cases を修飾しているが，選択肢では new brain injuries なので new は injury を修飾している。このことだけでも，この選択肢が間違っていることがわかる。さらに本文では「気づかれないままになっている」とあるのに，選択肢では「無視することを選ぶ」とあり合致しない。**2「情緒，行動あるいは記憶に関する障害を持つ人の脳に，損傷がないか調べることが提案されている」は真**。第 4 段落第 3 文（If you ...）「脳を見ないならば，多くの研究者が無言の流行病と呼ぶものを見過ごすことになるだろう」に合致。3「脳画像ではなく行動を見ることが脳障害の発見につながる可能性が高くなる」は偽。同様の第 4 段落第 3 文（If you ...）を参照のこと。4「筆者は患者の脳の物理的状態を見ることの価値を信じていない」は偽。第 5 段落の趣旨は「脳への損傷は，患者の自覚がなくても，スキャンによって発見されうる」である。「物理的状態を見ること」＝「脳をスキャンすること」である。

<u>2</u>-(7)　**正解**　**1**

内容一致問題 | 正答率 **90.6%**

解説　各選択肢の共通部分は「第5段落で述べられている『ああ』は（　　）の表現である」である。"aha" は患者が自分の頭部損傷の原因となった事件を思い出した瞬間に発せられた言葉である。よって選択肢1「理解」，2「後悔」，3「謝罪」，4「喜び」の中で適切なのは1である。

<u>3</u>-(8)　**正解**　「心臓と頭脳を若く保つためには，血流を制限する要因を理解し，そうした要因を取り除くことが必要不可欠である」

英文和訳問題 | 正答率 **42.0%**

解説　◆ **To keep your heart and mind young**「心臓と頭脳を若く保つために は」

・この to 不定詞は，後半の文を修飾する「目的」の意味の副詞的用法。
・keep 〜 young は「〜を若い状態に保つ」の意味。
・your は「一般論を示す代名詞」なので「あなた（の）」とは訳さないこと。
・本文では血流の話をしているので，heart は「心」ではなく「心臓」。また，ここでの mind は the brain を示唆するので，「精神」ではなく「頭，頭脳」が適切。

◆ **it is essential to understand the factors that limit blood flow and eliminate them**「血流を制限する要因を理解し，そうした要因を取り除くことが必要不可欠である」

・it は形式上の主語で，to 以下が真の主語。
・and がつないでいるのは understand ... と eliminate them。
・that は，the factors を先行詞とする主格の関係代名詞。
・them は the factors that limit blood flow を指す代名詞。よって，「そうした要因」のように訳せばよい。

竹岡の
生徒答案
メッタ
斬り!

[生徒答案例1][3/5]
心臓と頭を若く保つには，血液の流れを制限する要因を理解して [ヌケ→その要因を] 取り除くことが極めて重要だ。
※「them の指す内容を明確にして」という指示を無視してはいけない。
[生徒答案例2][0/5]
×気持ち [→心臓] や×精神 [→頭脳] を若々しいまま保つには，血流を制限×したりそれらを排除する要素を理解×する [ヌケ→し，その要素を除去する] ことが必要不可欠だ。
※ heart, mind の訳が不適切。また and の並列関係を間違えている。
※英文の and がつないでいるものを limit ... と eliminate them とすると「血流を制限しそれらを取り除く要因」となるが，これでは意味不明であり，them が指すものもないのでおかしい。

Cheer Up!

and を見たら警戒態勢！
とにかく and を見たら「警戒態勢」に入ること。竹岡でも気が緩むと，and の結ぶものを間違うことがある。とにかく and を見たら「and キター」と叫んでみよう。とにかく「何と何をつなぐのかな？」ということに意識を集中させよう。

1 ❶The brain is the most complicated organ ⟨in the known universe⟩. ❷It is estimated
   S V   C   仮S V

[that the brain has one hundred billion nerve cells and more connections ⟨in it⟩
真S接 S′   V   O′₁   接   O′₂

⟨than there are stars ⟨in the universe⟩⟩]. ❸⟨Even though the brain consists ⟨of only about
    M″ V″ S″   接   S   V

two percent (of your body's weight)⟩⟩, it uses about 25 percent (of the calories ((which 省略)
                            S V   O   O′

you consume ϕ)). ❹⟨If you take a piece (of brain tissue) ((of 省略) the size (of a grain of
S′ V′   接 S′ V′ O′

sand)⟩⟩, it contains a hundred thousand nerve cells and a billion connections ⟨all
       S V   O₁   接   O₂   分構 S′

communicating ⟨with one another⟩⟩. ❺⟨If you are not mentally active⟩, the brain loses
   V′   接 S′ V′   M′   C′   S V

an average (of 85,000 brain cells a day, or one per second). ❻Information (in the brain)
   O   ←————同格————→   S

travels ⟨at the speed (of 268 miles per hour)⟩, ⟨unless ⟨of course⟩ you are drunk,
 V   接   S′ V′ C′

⟨which really slows things down⟩⟩. ❼The brain is the organ (of loving, learning,
関代 S′ M′   V′   O′   M′   S   V   C   ①   ②

behaving, intelligence, personality, character, belief, and knowing).
  ③   ④   ⑤   ⑥   ⑦   ⑧

1 ❶脳は現在知られている宇宙に存在する最も複雑な器官である。❷脳には１千億の神経細胞があり，脳内部の結合部の数は宇宙の中の星の数より多い。❸脳は体重の約２パーセントを占めるにすぎない(a)が，その消費カロリーは約25パーセントにも達する。❹もし砂粒の大きさの脳組織の断片を取れば，そこには10万の神経細胞と，接合部が10億あり，そのすべてが互いにやりとりをしている。❺もし精神が活発に活動していないと，脳は平均して一日に85,000個，つまり１秒に１個の割合で脳細胞を失う。❻脳内の情報は時速268マイルの速さで伝わる。もちろん酔っ払っていなければだが。飲酒は脳のペースを確実に鈍化させるからだ。❼脳は，愛情，学習，行動，知能，人柄，個性，信念，そして知識を司る器官なのである。

⤷ **第１段落の要旨** 脳は，人間のさまざまなものを支配する極めて複雑な器官である。

□ organ   名「器官」 ……………………………………………… B
□ It is estimated that SV   熟「SV と見積もられている」 ……………………… B
□ nerve cell   名「神経細胞」………………………………………… B
□ brain tissue   名「脳組織」※ tissue とは cell の集合体である。… B
□ the size of a grain of sand   熟「砂粒の大きさの」※ the size の前に of が省略されている。(→p.064 **Supremacy 008**) ………… B
□ contain ～   動「～を含有している」………………………………… B

□ unless 〜　　　　　接「〜の場合を除いて」……………………………… **B**
□ personality　　　名「人柄，個性」……………………………………… **A**

② **❶**Neurosurgeon Katrina Firlik describes the brain as being like tofu, the soft
　　　　　　 S　　　　　　　　　　 V　　　　 O　　 C　　　 ┌──同格──┐
kind. **❷**Your soft tofu-like brain is contained 〈in a really hard skull 〈that has many
　　　　　 S　　　　　　　　　　　 V　　　　　　　　　　　　　 関代S′ V′　 O′
ridges〉〉. **❸**These ridges can damage the brain 〈during trauma〉, so why would you
　　　　　　　 S　　　　　 V　　　　　 O　　　　　　　　　　　 接 M　　　 S
ever let children hit soccer balls 〈with their heads〉, play tackle football even
　 M　 V　　 O　　 C₁　　　　　　　　　　　　　　 C₂
〈with helmets〉, skateboard, or snowboard or ski 〈without helmets〉? **❹**Sports 〈like
　　 C₃　　　 接　 C₄₋₁　　 接　 C₄₋₂　　　　　　　　　　　　　　　 S
boxing, football and motocross〉 are simply not worth the risk. **❺**The brain loves
　 ①　　　② 　　　 ③　　　　 V　　 M　　　 C　　　　　　 S₁　　 V₁
physical activity, and it is better [to think about safer sports 〈such as tennis, table
　 O₁　　　　 接 仮S₂V₂ C₂　 真S　　　　　　　　　　　　　　 ①　　　②
tennis, track and field 〈although not pole vaulting〉, and basketball)].
　　　③　　　　　　　　　　　　　　　　　　　　　 ④

② **❶**神経外科医のカトリーナ・ファーリックは，脳を豆腐，言わば柔らかい絹ごし
豆腐のようなものだと説明する。**❷**絹ごし豆腐のような脳は，多くの隆起を持つ
極めて硬い頭蓋骨の中に収められている。**❸**この隆起は外傷性障害の際に脳に損
傷を与えることがある。であるならば，一体なぜサッカーで子どもたちにヘディン
グすることを許すのか，（ヘルメットをしているにせよ）タックルフットボール，
スケートボード，ヘルメットを着用することなしにスノーボードやスキーをするこ
とを許すのか？ **❹**ボクシングやフットボール，モトクロスのようなスポーツは，
まったくもってその危険性に(b)見合うだけの価値をもたない。**❺**脳は身体活動を
好むが，テニスや卓球，陸上競技（ただし棒高跳びは除いて），バスケットボール
などの，より安全なスポーツを考えたほうがよい。

　↳ **第2段落の要旨** 頭蓋骨の隆起が脳に損傷をもたらすことがあるので，頭に衝撃を与えうるス
　　　　　　　　　　 ポーツを子どもにやらせてはいけない。

□ describe A as B　　熟「A を B と説明する」………………………………… **A**
□ skull　　　　　　 名「頭蓋骨」(→ p.064 **Supremacy 008**)……………… **C**
□ trauma　　　　　 名「外傷」※心的なものとは限らない。………………… **C**
□ simply not　　　　熟「まったく〜ない」(→ p.064 **Supremacy 008**)…… **B**

③ **❶**A 2007 study 〈by John Adams and colleagues 〈at the University of Cincinnati
　　　　　 S
College of Medicine〉〉 found [that [hitting a soccer ball with one's head] is linked
　　　　　　　　　　　　　 V　 O接　　　　　　 S′　　　　　　　　　 V′
〈to long-term brain injury and memory problems 〈later in life〉〉]. **❷**Researchers found
　①　　　　　　　　　　　　 ②　　　　　　　　　　　　　　　　　　 S　　　 V
evidence 〈of reduced gray matter 〈in the brains 〈of male college soccer players〉〉〉,
　 O

057

〈（being 省略）compared with young men 〈who had never played〉〉.
分構　　　　　　　　　　　　　　　　　　　関代S′　　　　V′

③　❶シンシナティ大学医学部のジョン・アダムズとその同僚による2007年の研究結果によれば，サッカーのヘディングは長期に及ぶ脳への損傷および，後年の記憶障害と関連があるということだ。❷研究者たちは，サッカーをしている男子大学生の場合，サッカー経験のない青年男性と比べて，脳の灰白質が減少しているという証拠を見つけた。

↳ 第3段落の要旨 サッカーのヘディングは脳の灰白質の減少を引き起こし，脳の損傷や後年の記憶障害を引き起こすことが判明。

- □ colleague 名「同僚」………………………………………………………… B
- □ be linked to 〜 熟「〜と関連がある」………………………………… B
- □ gray matter 名「灰白質」※脳または脊髄の中で神経細胞の集まった灰白色の部分。………………………………………………………… B

④　❶A person 〈with a brain injury〉 often suffers later 〈from emotional, behavioral,
　　 S　　　　　　　　　　　　　M　　V　　M　　　　　①　　　　②

or memory problems 〈that may lead him 〈to a psychiatrist or psychologist, 〈who
　　③　　　　　　　　　関代S′　V′　O′

typically never looks 〈at the brain〉〉〉〉. ❷〈As a result〉, problems 〈that are physically
　　M″　　　V″　　　　　　　　　　　　　　　　　　　　　　S　　関代S′ V′　　M′

based〉 are often considered psychological. ❸〈If you never look 〈at the brain〉, you will
C′　　　M　　V　　　　　C　　　　　　接 S′　　　V′　　　　　　　S

likely miss ［what many researchers have called φ the silent epidemic］. ❹There are two
M　V　　O 関代O′　　S′　　　　　V′　　　　　C′　　　　　　　　　M　V

million reported new brain injury cases every year, and millions of others 〈that go
　　　　S₁　　　　　　　　　　　　M　　接　　　S₂　　　　関代S′ V′

unnoticed〉.
C′

④　❶脳に損傷のある人は，多くの場合，あとになって情緒，行動あるいは記憶に関する障害に悩まされることになり，そのため精神科医と臨床心理士のもとを訪れることになるかもしれない。しかし，そうした精神科医と臨床心理士は，脳を見ることなど決してしないのが普通だ。❷その結果，身体にその原因がある問題が，しばしば心理的な問題とみなされる。❸脳を見ることがなければ，多くの研究者が「無言の流行病」と呼ぶものを見過ごすことになるだろう。❹毎年200万件の脳外傷の新しい事例が報告されるが，その他にも気づかれないままの事例は何百万とある。

↳ 第4段落の要旨 脳外傷によって引き起こされる問題は，脳の外傷が原因であることを見落とされがちである。

- □ suffer 〜 動「（悪いこと）を経験する，〜に苦しむ」………………… B
- □ lead A to B 熟「AをBへと導く」※lead；led；led の活用変化。……… B
- □ psychiatrist 名「精神科医」（→p.064 **Supremacy 008**）………… C
- □ psychologist 名「臨床心理士，心理学者」………………………… A
- □ typically 副「普通」………………………………………………… B

□ psychological 形「心理的な」..**B**
□ epidemic 名「流行病」(→ p.064 **Supremacy 008**) ....**B**
□ go unnoticed 熟「気がつかれないままである」...........................**C**

⑤ ❶〈When I first started imaging work〉, I saw a lot of brain injury patterns 〈on scans〉.
　　　接　S´ M´　　V　　　　O´　　　　S　V　　　　　　　O

❷〈When I asked patients 〈about a history 〈of head injuries〉〉〉, they denied them. ❸〈When
　接　S´ V´　O´　　　　　　　　　　　　　　　　　　　S　　V　　O　　　接

I pressed〉, a whole new world opened up. ❹ I had to ask them 〈three, four, even ten
S´ V´　　　　S　　　　　　　V　　　　S　V　　　O

times〉. ❺ Many people forgot, or they did not realize, [that they had had a serious brain
　　　　　S　　　V₁　接　S　　　V₂　　　O 接　S´　　V´　　　O´

injury]. ❻ You would be amazed 〈by [how many people, 〈after repeatedly saying "no"
　　　　　S　　　V　　　　　　　　　　　　S´

〈to this question〉〉], suddenly got an "aha" look 〈on their face〉 and said, ["Why
　　　　　　　　　　　　M´　　V´₁　　O´　　　　　　　　接　V´₂ O´

yes, I fell 〈out of a second-story window〉 〈at age seven〉."]〉 ❼ Or they told us
　　　　　　　　　　　　　　　　　　　　　　　　　　　　接　S　V　IO

[that they had gone through the windshield 〈of a car〉 〈in an accident〉, had had
DO 接　S´　　V´₁　　　　　　　O´₁　　　　　　　　　　　　　　　V´₂

concussions 〈playing football or soccer〉, or had fallen 〈down a flight of stairs〉].
　O´₂　　　　V″　　　　O″　　　　接　V´₃

❽ Not all brain injuries, even serious ones, will cause damage — it depends 〈on one's
　　S　　　⎣——同格——⎦　　　　　V　　　O　　S　V

genes〉. ❾ Moreover, the brain is protected 〈by the cerebrospinal fluid 〈that bathes it〉〉.
　　　　　M　　　S　　　V　　　　　　　　　　　　　　　関代S´　V´ O´

❿ Still, damage can occur more 〈than most know〉.
　M　　S　　V　　M　　　S´　V´

⑤ ❶私が初めて画像検査の仕事を始めたとき，スキャン中にいくつもの脳損傷パタ
ーンを見た。❷患者に対して，頭部の外傷歴について尋ねると，彼らはそのよう
なものはないと答えた。❸さらに問い詰めると，まったく新しい世界が開けた。❹
私は，3回，4回，さらには10回も尋ねなければならなかった。❺多くの人は，
深刻な脳外傷を経験したことを忘れていたか，あるいは気がついていなかったのだ。
❻驚くかもしれないが，こうした質問に対して，かなり多くの人が繰り返し繰り
返し「いいえ」と言ったあとで突然「ああ，そうだ」というような表情を浮かべ，
次のように言うのである。「ええそうです。7歳のときに二階の窓から落ちました」
❼あるいは，「事故に遭って車のフロントガラスを突き破ったことがある」とか，「フ
ットボールやサッカーをしている最中に脳しんとうを起こした」とか，「階段から
落ちた」と。❽たとえそれが重篤なものであろうと，すべての脳外傷が損傷を引
き起こすわけではない — それは遺伝子によるのである。❾さらに，脳は，脳を
浸す脳脊髄液に守られている。❿それでもなお，大部分の人たちが認識している
以上に損傷が起こりうるのである。

↳ **第5段落の要旨** 多くの人は，昔，脳に損傷を受けたことを覚えていない。脳外傷が損傷を引

き起こすかどうかは，遺伝によるところが大きい。

□ imaging	名	「画像化，造影」	B
□ on scans	熟	「スキャン中に」	B
□ a history of ～	熟	「～の履歴」	A
□ press	動	「問い詰める」	B
□ why	間	「(意外な発見などを表して)まあ，おや」	A
□ a flight of stairs	名	「(ひと続きの)階段」	B
□ bathe ～	名	「(体の部分)を水などに浸す」	B

6 ❶Blood is also important 〈to the brain〉. ❷〈Although the brain accounts for only two
     S V M   C   接   S′   V′   O′

percent (of the body's weight), it uses 20 percent (of the body's blood flow and
                              S V   O

oxygen supply). ❸Blood flow (to the brain) is rarely thought of as important 〈by
                S   M   V   C

the general public〉, 〈unless a disaster strikes, (such as a stroke or any other serious
                接   S′   V′

condition)〉. ❹Yet good blood flow is absolutely essential 〈to the brain's health〉. ❺This
          接   S   V   M   C   S

is one reason ((why省略) I favor brain SPECT 〈as our primary imaging method〉). ❻It
V   C   S′ V′   O′   S

specifically looks 〈at blood flow patterns (in the brain)〉.
    M   V

6 ❶血液も脳にとって重要である。❷脳は体重のわずか2パーセントの割合を占め
るにすぎないが，身体の血流と酸素供給の20パーセントを使用する。❸一般の人
が脳への血流を重要視することなど，脳卒中や他の何らかの深刻な状況に陥るよう
な災厄に見舞われない限り，滅多にない。❹しかし，良好な血流は脳の健康にと
って絶対的に重要である。❺このことが，私がSPECT（単一光子放射形コンピュ
ータ断層撮影法）を第一の画像検査法として好む理由の一つである。❻この検査
法により，脳内の血流パターンを明確に見ることができる。

↳ **第6段落の要旨** 正常な血流は脳の健康にとって欠かさないものである。

□ account for ～	熟	「～を占める」	B
□ oxygen supply	名	「酸素供給」	B
□ think of A as B	熟	「A を B と考える」	A
□ one reason (why) S V	熟	「S V の理由の一つ」	A
□ blood flow pattern	熟	「血流のパターン」	B

7 ❶Blood brings oxygen, sugar, vitamins, and other nutrients 〈to the brain〉 and
      S   V₁   O₁   O₂   O₃ 接   O₄   接

takes away carbon dioxide and other toxic waste products. ❷Anything (that limits
V₂   O₂₋₁   接   O₂₋₂   S   関代S′ V′

blood flow) makes all (of your body's organs) older prematurely. ❸Consider the skin
  O′   V   O   C   M   V   O

(of smokers). ❹Most people can tell [if someone is a smoker] ⟨by looking ⟨at his or her
　　　　　　　　　　S　　　　　V　　O接　S′　V′　C′　　　　　　　V′

skin⟩⟩. ❺A smoker's skin is more likely ⟨to be deeply wrinkled and even perhaps tinged
　　　　　　S　　　　　V　M　　C

⟨with a yellow or gray color⟩⟩. ❻Why? ❼Nicotine (in cigarettes) restricts blood flow (to
　　　　　　　　　　　　　　　　　　　　　　　S　　　　　　　　　V　　　　O

every organ (in the body), (including the skin and the brain)). ❽⟨(Being省略) Deprived
　　　　　　　　　　　　　　　　　　　　　　　　　　　　　　　　　　　分構　V′

⟨of vital nutrients⟩⟩, a smoker's body will look older and the brain will think slower ⟨than
　　　　　　　　　　　　S₁　　　　　V₁　　C　接　　S₂　　　　V₂　　　M

it should⟩.
S′

⑦　❶血液は，酸素，糖質，ビタミンその他の栄養素を脳に運び，二酸化炭素などの
有害な老廃物を持ち去る。❷血流を制限するものは何であろうと，あらゆる身体
器官の老化を早める。❸喫煙者の皮膚を考えてみればよい。❹ある人が喫煙者で
あるかどうかはその人の皮膚を見れば大半の人にはわかる。❺喫煙者は，非喫煙
者に比べて，その皮膚には深い皺があることが多いし，さらに黄色や灰色っぽくな
っていることも多い。❻なぜか？　❼タバコに含まれるニコチンが皮膚や脳も含
めて全身体組織への血流を制限するからである。❽不可欠な栄養素(c)を奪われて
いるので，喫煙者の体は老けて見えるし，脳の思考力は理想的な状態に比べ遅くな
るだろう。

　↳ 第7段落の要旨　喫煙などで血流が悪くなると皮膚が汚くなり脳の働きも悪くなる。

□ nutrient　　　　　　名「栄養分」※同系語の nurse は「乳母」が原義。……B
□ toxic waste product　熟「老廃物」※(注)になっているが要暗記。…………B
□ prematurely　　　　副「早すぎて，成熟する前に」………………………C
□ can tell if S V　　　熟「S V かどうかがわかる」………………………A
□ wrinkled　　　　　形「皺がある」(→p.064 Supremacy 008) …………B
□ be tinged with ～　熟「(色・感情・質などが) ～気味である」………B
□ restrict ～　　　　動「～を制限する」…………………………………B
□ vital　　　　　　　形「不可欠な」※vi-[命]。vitamin は同系語。………B

⑧　❶⟨Unless you actively do something ⟨to change it⟩⟩, blood flow (throughout your
　　　　接　S′　M′　V′　　O′　　　　　　V′　　　O′　　　　　S　　①

body) decreases ⟨over time⟩, especially (to the brain). ❷Blood vessels become weak and
　　　　　V　　　　　M　　　　M　　　②　　　　　　S₁　　　　V₁　　C₁　接

blood pressure rises, ⟨limiting blood supply⟩. ❸⟨To keep your heart and mind young⟩,
　　S₂　　　　V₂　　分構　V′　　O′　　　　　　　　V′　　　O′　　　　　C′

it is essential [to understand the factors (that limit blood flow) and eliminate
仮S V　　C　　真S　V′₁　　　O′₁　　　関代S″V″　　O″　　　　V′₂

them]. ❹[Improving blood flow] is the fountain (of youth).
O′₂　　　　　S　　　　　V　　C

⑧　❶それを変えるために積極的に何かをしない限り，身体中を巡る血流，特に脳へ

の血流は年齢とともに衰える。❷血管は弱くなり血圧は上がり，血液の供給は制限される。❸(A)心臓と頭脳を若く保つためには，血流を制限する要因を理解し，そうした要因を取り除くことが必要不可欠である。❹血流を改善することが若さの泉なのである。

↳ 第8段落の要旨 血流の改善が若さの源である。

□ change it　　it は後続の文（blood flow ... time）を指す。
□ over time　　熟「時とともに，年齢とともに」‥‥‥‥‥‥‥‥‥‥‥‥‥‥Ａ
□ blood vessel　名「血管」※ves- は vase 同様「花瓶」が原義。‥‥‥‥‥Ｂ
□ factor　　　　名「要因」‥‥‥‥‥‥‥‥‥‥‥‥‥‥‥‥‥‥‥‥‥‥‥‥Ｂ
□ eliminate 〜　動「〜を除去する」※e-[＝ ex]‥‥‥‥‥‥‥‥‥‥‥‥‥Ｂ
□ fountain　　　名「泉」※a fountain pen は「万年筆」。‥‥‥‥‥‥‥‥‥Ｂ

9　❶〈To increase healthy blood flow（throughout your body and brain）〉, you need
　　　　　　V′　　　O′　　　　　　　　　　　　　　　　　　　　　S　　V
[to get enough sleep; drink plenty of water; stop any medications or bad habits（like
O　V′₁　O′₁　　　V′₂　　O′₂　　　V′₃　　　O′₃-₁　　接　O′₃-₂
smoking）（that may be limiting blood flow）; and consider [taking supplements
　　　　　　　　関代S″　　V″　　　　O″　　接　V′₄　　　O′₄
（such as fish oil, gingko, ginseng, and L-arginine）（that increase blood flow）].
　　　　　　　　　　　　　　　　　　　　　　　　関代S′　V′　　O′

❷Probably the most important thing（to do）is [to remove any toxic waste products]
　M　　　　　　　S　　　　　　　　　　　V C₁　V′₁　　　O′₁
and [to exercise〈almost every day〉].
接　C₂　V′₂

9　❶身体や脳内全体への健康な血流を増進させるために必要なのは，十分な睡眠をとること，水分をたっぷりと摂り，血流の妨げになっているかもしれないいかなる薬物や（喫煙などの）悪習慣も絶つこと，そして，魚油，ぎんなん，朝鮮人参，Ｌ－アルギニンなどの血流を増すサプリメントを摂取することも考慮しておくことである。❷おそらくもっとも重要な行為は，どんなものであれ有害な老廃物(d)を除去すること，そしてほぼ毎日運動することである。

↳ 第9段落の要旨 血流をよくするために必要なこと。

□ get enough sleep　熟「十分に睡眠をとる」‥‥‥‥‥‥‥‥‥‥‥‥‥‥‥Ａ
□ medication　　　　名「薬物」※主に病院で出される定期的に飲む薬。‥‥Ｂ

英文解釈で一番ミスをしやすいのは and, but, or の並列関係である。「ついうっかり」間違えることがある。かならず│and│のように四角でくくって考える癖をつけたい。

> 問：Our picture of the people and the way of life of other
> 　　countries is often a distorted one.

「他の国の人々や生活様式に対する見方は歪んでいることが多い」

Our picture of │ the people ───── │ of other countries is often a distorted one.
　　　　　　　│ │and│
　　　　　　　│ the way of life │

動詞が is なので、主語は単数形の名詞になることに注意。

特に注意すべきパターンを挙げておこう。

> 1.（1）to V₁ and V₂ は、V₁ と V₂ に密接な関係がある。
> 　　　［例］I want to relax and listen to music.
> 　　　　　　「リラックスして音楽を聴きたい」
> 　（2）to V₁ and to V₂ は、V₁ と V₂ がそれぞれ独立している。
> 　　　［例］I like to listen to music and to play tennis.
> 　　　　　　「音楽を聴くこととテニスをすることが好きだ」

本文の下線部（A）は上記の（1）のパターンで書かれている。つまり
it is essential to │ understand the factors that limit blood flow
　　　　　　　　　│ │and│
　　　　　　　　　│ eliminate them
これは、筆者が「血流を制限する要因を理解する」＋「それらの要因を除去すること」を一連の動作だと考えているからである。「理解」だけではなく、「理解＋除去」が大切であることを伝えたいのである。

> 2. A, and B, C のコンマは、and がつなぐのは A と B であることを
> 　　明示している。
> 　［例］Jim *is*, and will *be*, our hero.
> 　　　　　A　　　　　 B　　　 C
> 　　　　「ジムは今もこれからも私たちの英雄だ」

この例では、and の前後のコンマの直前に、それぞれ be 動詞が置かれていることに注目。そして、どちらの be 動詞も後ろの our hero を保護にとる構造を押さえよう。
本文第5段落5文目では、Aが肯定文、Bが否定文になっている。

Many people forgot, or they did not realize,
　　　A　　　　　　　 B

that they had had a serious brain injury.
　　　　　　　C

1. of ～ size / of ～ age は，しばしば of が脱落する。

　　McDonald's の主力商品の Fille-o-fish は，元は fille of fish「魚の切り身」。of は発音する場合，f が脱落することが多い。さらに早口で読めば of 全体が脱落しがちである。よって，このような事態が起きるのである。

　[例1] He is of the same age. 「彼は同い年だ」

　[例2] a class of this size 「この大きさのクラス」

本文では，第 1 段落第 4 文にある brain tissue ~~of~~ the size of the grain of a sand「砂粒の大きさの脳の組織」に見られる。

2. skull「頭蓋骨」

　　sk- は「覆う」イメージの語が多い。たとえば sky は「空（←地球を覆うもの）」，skin は「皮膚（身体を覆うもの）」。skull は「頭蓋骨（←脳を覆うもの）」。なお the flag of the skull and crossbones「頭蓋骨と交差した骨の旗」は海賊のシンボル。

3. simply not「まったく～ない」

　　absolutely not や simply not は，not の強調語。特に simply not はよく出題されているので覚えておくこと。なお，not simply の語順だと not only「～のみならず」の意味になってしまうので注意が必要。

　[例] This work is simply not easy.「この仕事は簡単なんてもんじゃない」

4. psychiatrist「精神科医」

　　psych- は psychology「心理（学）（←心＋学問）」，psychic「心霊（現象）の」，psychoanalysis「精神分析学」などにもみられる接頭辞。また -iatry は「治す」の意味。よって psychology の原義は「心を治す人」となる。psychiatry なら「精神医学」の意味。

5. epidemic「流行病」

　　「エポケー（epoche）」という倫理の用語がある。これは「判断中止の意味で，事実についての判断を差し控え，事実をあるがままに受け入れること（倫理用語集：山川出版社）。このエポケーは古代ギリシャ語に由来し，ep-（＝ epi-上に）＋ -och（握る）→「抑えること，停止」の意味。epoch「時代」も「時の流れの阻止」→「時代」となった同系語の単語。epicenter「震源地」は epi-「上」＋ -center「中心」から「中心の上に位置した」が原義。episode「挿話，（一つの）出来事」は epi-「上」＋ -sode「入れること」が原義。epidemic「流行病」は，epi-「上」＋ -dem-「民衆」→「民衆の上にやってくるもの」。-dem- は democracy「民主主義（←民衆の統治）」などにも見られる。

6. wrinkled「皺くちゃの」

　　wr- は多くの場合「ねじれ」を表す。たとえば wrist「手首」は，「ねじれる関節」が原義。また wrestling「レスリング」も同系語で，-le が反復動作を示し「何度もねじれる」が原義。wrap「ラップ，包む」も同系語。

Oh my ...

竹岡を苦しめ，成長させた K 君の質問

　その昔，K君という生徒を教えたことがある。とにかく，質問，質問，質問。授業中はもちろん，授業が終わってからも彼からの質問は続いた。しかも「質問ノート」まで作っていて，その中には質問がぎっしり詰まっている。おまけに1つ1つの質問が，とにかく細かい。たとえば，4者択一式の会話問題を授業で扱うとすると，正解に至る根拠となる部分であろうがなかろうが，少しでも「難しい」と彼が感じたものについて，とにかく質問してくる。授業後の質問は，いつも30分ぐらい続いた印象がある。

　彼の質問のおかげで，僕は教師として成長した。とにかく「そこは聞かないで」という所をピンポイントで「攻めて」くる。たとえば，「without failなんですけど。fail の名詞形はfailureだから，without failureになると思うのですけど，なぜwithout failなんですか？」僕自身も疑問を抱いたことはあったが，「まあええか」と放っておいたところを見事にヒット。「ほんまやー。不思議や。俺も知らん。調べておくから時間ちょうだい」。教師として誤魔化すわけにはいかない。「知らんもんは知らん」としか言えない。今ではネット検索という素晴らしい手段があるから，そのような質問の答えは，ネット上のどこかに転がっているかもしれない。しかし，その当時，そんな便利なものはなかった。とにかく辞書との格闘の始まり，始まり。最後は必ず『オックスフォード英英大辞典』のお世話になった。

　調べた末に，「failは，昔，動詞形も名詞形もfailだったんだけど，時間の経過とともに名詞形はfailureと発音されるようになった。without failは，この変化が起きる前から存在した熟語で，failが動詞と名詞で同形だった時代にできたかららしい」とK君に自慢げに伝えたことを鮮明に覚えている。

　しかし彼の質問はやまない。「せんせ，せんせ，triumpは『勝利』という意味やけど，なんでtri-『3』なんですか？」。その当時の僕の授業では，すでにある程度，語源を教えることが定着していた。しかし，まだまだ「知らないことだらけ」。triumpもその1つだった。語源辞典を見ても「ギリシャ語：酒神バッカスに捧げる歌」としか書かれていない。よって，この質問のために語源辞典や語源系の参考書を数多く購入して，1カ月くらい格闘した。その結果，日本語の「万歳三唱」と同様に，英語圏でも勝利の時にHip, hip, Hurray!ということがあること，-umphは，phoneと同様「音」を意味する可能性のあることがわかった。

　その後，K君は駿台予備学校の「京都大学実戦模試」という試験で英語で全国トップをとった。就職した会社でアメリカ留学をさせてもらい，現地で弁護士資格も取得した。その後オーストラリアのパースに勤務地を移した後，今では海外勤務を終えて，日本で働いておられる。

1
2
3
4
5
6
7
8
9
10
11
12
13
14
15
16
17
18
19
20

065

テーマ：文化

走る距離は人種によって
有利不利があるのか

[出題校]青山学院大学

[モニターの平均点] **12.5** / 20点
(問1のみ5点，残りは3点で採点)

╲竹岡の一言╱

「語彙の用法についての識別問題」を苦手とする人は多いが，「品詞・意味の両面から冷静に考えれば決して難問ではない」ということを覚えておきたい。

Answers：解答

番号	正解
1	いかなる活動の場合でも，何であれある１つの人種が別の人種より優れていると主張することは危険である
2	(3)
3	イ(4)　ロ(2)
4	(2), (5)

1

正解 いかなる活動の場合でも，何であれ
ある1つの人種が別の人種より優れて
いると主張することは危険である

|英文和訳問題| 正答率 **59.4%**

解説 ▶ **It is dangerous to claim that SV「SVと主張するのは危険だ」**
itは形式上の主語でto claim以下が真の主語。この部分の正答率はほぼ
100パーセント。

▶ **any one race is better than another「何であれある1つの人種が別の
人種より優れている」** 直後の文に，any one raceの例として西アフリカ人
と東アフリカ人が挙げられていることから，このraceは「人種，種族」
であることがわかる。それがわからないと意味不明な訳文ができあがる。
第5段落第1文でraceは「競技」の意味で登場するため，それに引きず
られて間違えてしまった人が多かったようである。日本語で「しょうかき」
と言えば，消火器を思い浮かべる人が多いと思われるが，消化器，小火器
などもあり得る。1つの単語を1義で覚えたり，1つのコロケーションで
覚えることの危険性を自覚しておく必要がある。

▶ **at any activity「いかなる活動においても」** この部分のミスは皆無

**竹岡の
生徒答案
メッタ
斬り！**

[生徒答案例1] [5/5]
どんな活動でも，ある人種が他より優れていると主張するのは危険であ
る。
※よくできている。
[生徒答案例2] [0/5]
どんなレースであっても，他のどんな活動と比べて，より良いと主張す
るのは危険である。
※raceの誤読によって全体が崩壊した訳。比較対象となるものもおか
しい。

2

正解 (3)

|内容一致問題| 正答率 **79.7%**

解説 第4段落（Genes are important ...）の要旨は「現役の選手から筋肉のサ
ンプルを採ることなど不可能であり，また筋肉繊維は身体全体に均等に分
布しているわけではないので一部分のサンプルだけの研究だけでは不十分
である。よって断言はできないまでも，短距離走では遺伝子が重要であり，
速く走るための筋肉繊維に恵まれた短距離ランナーは人種と無関係に，訓
練しないでも速く走ることができる」というもの。選択肢を順に検討する。
(1)「研究のため筋肉繊維を提供している世界レベルのランナー」は偽。
同段落には「提供している」とは書いていない。(2)「短距離走者のさまざ
まな筋肉繊維の均等な分布」は偽。本文には「均等に分布しているわけな
どない」とあるので誤り。(3)「短距離走者にとって，速く走るための筋肉
繊維の割合が高いことの重要性」は真。(4)「本当に才能のある短距離走者
が実行可能な筋肉繊維の訓練方法」は本文に述べられていないし，そもそ
も第4段落最終文に，「速筋繊維は，どのような訓練をしても鍛えられる」
と書かれている。以上から(3)が正解となる。

3-ｲ **正解** （4）

|用法識別問題| 正答率 46.4%

解説 「文法上異なる用法」に注意。この類の問題は「品詞」と「意味」の両面から見ていくことになる。onceのあとには1つの文が置かれていることから，イ）のonceは「いったん〜すれば」という意味の接続詞であることがわかる。本文の下線部を含む文の意味は「興味深いことに，100メートルのランナーは，いったん十分に成長すると，どのレースでも同じ歩数を必要とする」である。選択肢を順に検討する。(1)接続詞「いったん〜すれば」「ポテトが温まってきたら小さじ2杯の塩を忘れずに加えてください」，(2)接続詞「いったん〜すれば」「彼の医療改革の計画が決まったので安堵の大きなため息がもれた」，(3)接続詞「いったん〜すれば」「その手品のトリックは不可能に見えたが，いったん説明されれば実際にはかなり単純なものであった」，(4)副詞「一度」「ジェレミーは少なくとも一度怒ってドアを強く蹴ったため足の指を骨折した」以上から(4)が正解となる。

and / but / orの直後の副詞（句・節）の挿入に注意すること！
およそ25％の人が(3)を選んでいる。おそらくand / but / orの後ろに副詞（句・節）の挿入が入ることを意識していないためだと思われる。つまりこの選択肢がS_1V_1 but〈once S′ V′〉S_2V_2. という構造になっていることを見抜けないとonceが接続詞だとはわからなかったかもしれない。まずは文構造をしっかりチェックしよう。

3-ﾛ **正解** （2）

|用法識別問題| 正答率 47.8%

解説 本文のyetは「（否定文あるいは疑問文で）まだ」の意味の副詞。本文の下線部を含む文の意味は「この分野における研究はまだ十分ではない」ということ。insufficient（＝not sufficient）が否定の働きをしていることに注意すること。選択肢を順に検討する。(1)副詞「（other / anotherと共に用いて）さらに」「その工場労働者は，さらにもう1つの交渉による解決がなされることが可能かもしれないという希望を抱いている」，(2)等位接続詞「しかし」「そのイタリア人チェロ奏者は彼女の観衆に刺激的だが繊細な演奏を披露した」，(3)副詞「（have yet toで）まだ（〜していない）」「その二人の大臣はまだ会っていないが二人が東京にいる間に会うかもしれない」，(4)「（最上級＋yet〜で）それまでに〜した中で一番…」の意味。このyetは副詞の扱い。「警察が大衆に与えたものは今まで出されたことのないような厳しい警告であった」以上から(2)が正解となる。(1)のyetは本文のyetとは意味は異なるが，品詞という範疇では同じとみなされる。

yetには副詞と接続詞の2つの用法がある！
およそ36％の人が(3)を選んでいる。have yet toという形が特殊だと思って選んでしまったと思われるが，(2)のyetが接続詞に見えなかったことの方が問題。

4　**正解**　(2)
　　　　(5)

　正答率(2) 75.4%

正答率(5) 47.8%

解説　選択肢を順に検討する。

(1)「この記事によると，ジャマイカ人は長距離の分野の多くの一流選手を擁し長距離走をとても好む傾向にある」は偽。「長距離」という記述が不適切である。第2段落第2文（the country ...）「人口比率で世界レベルの短距離走者の割合が最も高い国はジャマイカであるが，800メートル以上の競技で世界トップレベルに達しているランナーはこれまで1人も輩出していない」とある。

(2)「1980年代半ば，（800メートルからマラソンまでの）長距離競技の上位20位までの好タイムのおよそ25％はアフリカ人走者によって達成された」は真。本文第7段落の第1文（In 1986 about ...）に「1986年の800メートルからマラソンまでの距離のレースでは上位20位の好記録の約半数がヨーロッパ人の男子で占められ，約4分の1がアフリカ人によって占められた」とある。about a quarter ＝ roughly 25% がポイント。

(3)「ベン・ジョンソンは100メートルを9.83秒で走った場合は50歩で，10.44秒で走った場合は43歩だった」は偽。本文第5段落第3文（The Canadian ...）に「カナダのベン・ジョンソンは，現役時代の異なる時点でタイムが10.44であろうが9.83であろうが，歩数は46.1だった」とある。

(4)「世界レベルの短距離走者の大半は白人でアメリカ南部，カナダ，イギリス出身である」は偽。これについて本文には直接言及された箇所はないが，本文全体の主張「黒人は短距離に強い」に反する。ちなみに第2段落第4文にUSA, Canada and Britainと並んでいるが，これらはジャマイカ人の移住先の例である。

(5)「貧しい経済状態から逃れるため足が速くなったという主張を支持するアフリカ出身の走者もいる」は真。第8段落第1～2文（Have the ... themselves.）に「アフリカ人は貧困から逃げたいので強くなったのだろうか。これは確かに重要な動機であり，アフリカ人自身が挙げている動機である」とある。

(6)「この記事によると，黒人女性は，黒人男性と違って，特に1万メートル走で強い」は偽。第9段落第2文（A black ...）に「1人の（女性の）黒人走者が100メートルと200メートルで記録を保持しているが，5,000メートルは例外として，400メートルから10,000メートルのすべての記録はヨーロッパ人と中国人の手にある」とある。

(7)「速筋繊維を鍛えるためには，非常に専門的な訓練技術を必要とする」は偽。本文第4段落最終文後半（because the fast muscle ...）に「なぜなら，速筋繊維は，そのランナーが何をしているかとは無関係に，たとえトレーニングの方法を間違っていたとしても，鍛えられるからである」とある。

(6)，(7)を選んでしまった人がそれぞれ20％前後いた。

パラメモが長文読解の基本だ！
「パラグラフごとにその大筋を簡潔にメモする（パラメモ）」を，日常的に行っていれば，この手の問題で間違う可能性は低いはず。何となく読んで，「確かこうだったかな？」のレベルでやっていたのでは，進歩はない。「パラメモ」の励行を。

1 ❶Is it an accident [that no white runner has managed ⟨to break the ten-second
V 仮S C 真S接 S' V V'

barrier ⟨in approved wind conditions⟩⟩]? ❷There is definitely a psychological barrier.
O' M V M S

❸The huge bias ⟨in the figures⟩ has fuelled a debate ⟨as to [whether black West
S V O 接 S'

Africans are faster ⟨than the rest ⟨of the world's population⟩⟩]⟩. ❹The statistics suggest
V' C' S'' S V

（接that省略）[they are ⟨faster than that省略⟩]. ❺But it is also likely [that there is
O S' V 接仮S V M C 真S接 M' V

an element ⟨of the self-fulfilling prophecy⟩ ⟨about it⟩]：⟨in the USA⟩, ⟨for instance⟩, ⟨since
S' 接

white boys and girls are always told [that black runners are superior ⟨in sprint events⟩]⟩,
S' M' V' O'接 S'' V'' C''

they go away and choose [to compete ⟨at something else⟩]. ❻And few black runners ⟨in the
S V₁ 接 V₂ O V' 接 S

United States⟩ have distinguished themselves ⟨at distances over 800 metres⟩.
V O

1 ❶風の状態が競技に支障がないと認められた条件で，10秒の壁を何とかして破った白人のランナーがいないのは偶然であろうか。❷心理的な壁があるのは確実だ。❸その数字に関する大きな偏りが，西アフリカの黒人が世界の他の地域の人々より速いかどうかについての議論に拍車をかけた。❹統計は，彼らが実際速いということを示唆している。❺しかし同時に，それに関しては自己完結型の予言の要素がある可能性がある。たとえば，アメリカでは白人の子どもたちは男女とも，黒人のランナーが短距離走で上だと常に言われているので，それを避け，他で競うことを選択するのだ。❻それに，アメリカの黒人ランナーの中で800メートル以上の距離で頭角を現した走者はほとんどいない。

↳ **第1段落の要旨** 短距離で活躍する白人がいないのはなぜか。

□ accident	名	「偶然」	A
□ ten-second barrier	名	「10秒の壁」	B
□ approved	形	「公認の」	B
□ definitely	副	「明確に」	B
□ psychological barrier	名	「心理的な壁」	B
□ bias	名	「偏り」	C
□ fuel ～	動	「（不安や怒りなど）を大きくする，あおる」	B
□ debate	名	「議論」	A
□ as to ～	熟	「～に関して」	B
□ statistics	名	「統計（値）」※この意味では可算名詞。	B
□ self-fulfilling	形	「自己完結型の」	B
□ prophecy	名	「神のお告げ，予言」※-phe-［言う］。	B
□ for instance	熟	「たとえば」	B

② ❶<u>None</u> (of the West African countries) <u>have</u> <u>long-distance runners</u> (of a high
    S   V   O

international standard). ❷<u>The country</u> (with the highest density (of world-class
                                 S_1

sprinters (in proportion to the population))) <u>is</u> <u>Jamaica</u>, but <u>Jamaica</u> <u>has never</u>
                                      V_1 C_1 接 S_2

<u>produced</u> <u>runners</u> (of the highest standard) ⟨at more than 800 metres⟩. ❸<u>Little</u>
  V_2 O_2

<u>Jamaica</u> <u>has</u> <u>a population</u> (of 2.6 million) but <u>almost always</u> <u>has</u> <u>competitors</u> (of
  S V_1 O_1 接   M V_2 O_2

both sexes) ⟨in international sprint finals⟩. ❹⟨In addition to which⟩, <u>many</u>

<u>Jamaicans</u> <u>have emigrated</u> ⟨to the USA, Canada and Britain⟩ and <u>represent</u> <u>those</u>
   S V_1 ①   ②   ③   接 V_2

<u>countries</u> ⟨in sprint events⟩: <u>they</u> <u>train</u> ⟨in different countries and different
  O_2 S_1 V_1

environments⟩ but <u>they</u> <u>still</u> <u>reach</u> <u>the top</u>.
          接 S_2 M_2 V_2 O_2

② ❶西アフリカの国々の中で，高いレベルの世界基準に到達している長距離ランナーはいない。❷人口比率から考えて，世界レベルの短距離走者の割合が最も高い国はジャマイカであるが，800メートル以上の競技で世界トップレベルに達しているランナーをこれまで1人も輩出していない。❸小国ジャマイカは人口は260万だが，男女とも短距離の世界大会の決勝の常連である。❹それに加えて，アメリカ，カナダ，イギリスに移住して，その国々でも短距離走の代表となるジャマイカ人も多い。異なる国の異なる環境で訓練するが，それでもトップへと上り詰めるのである。

↳ **第2段落の要旨** 西アフリカ人やジャマイカ人は長距離を得意とする人は少ないが，短距離走を得意とする者が多い。

③ ❶Only two Jamaicans have ever run 10,000 metres 〈in less than 30 minutes〉, and
　　　S₁　　　　　　　　M₁　V₁　　O₁　　　　　　　　　　　　　　　　　　　　　接

Jamaican women are 〈in a similar position〉. ❷The results show [that long-distance
　　S₂　　　　　V₂　　　　　　　　　　　　　　　　　S　　　V　O接

running neither enthuses nor suits Jamaicans and there may be particular cultural
　S₁　　　M₁　　V₁　　接　V₂　　O　　　接　　M₂　　V₂　　　　S₂

factors 〈that contribute 〈to that〉〉].
　　　　関代S′　　V′

③ ❶今まで10000メートル走で30分を切ったジャマイカ人は２人しかいないし，ジ
ャマイカ人の女性に関しても同じような状況にある。❷その結果が示しているのは，
ジャマイカ人が長距離走に熱意を抱くこともなく，また向いてもいないということ，
そして，それの原因となっている何らかの特定な文化的な要因があるかもしれない
ということだ。

↳ **第3段落の要旨** ジャマイカ人が長距離に向いていないことには何らかの原因がある。

□ neither A nor B　熟「AでもBでもない」……………………………………B
□ enthuse ～　動「～を熱狂させる」※enthusiasm「熱狂」の動詞。……C
□ suit ～　動「～に適している」…………………………………………A
□ contribute to ～　熟「～の原因となっている」……………………………B

④ ❶Genes are important 〈in sprinting〉 and really talented sprinters can run fast
　　S₁　V₁　　C　　　　　　　　　　接　　　　　S₂　　　　　　V₂　　M

〈without training〉, 〈whether they happen to be black or white. ❷A runner 〈who lacks
　　　　　　　　　　　　接　　S′　　V′　　　　C′　　　　　　S₁　関代S′　V′

a high percentage 〈of fast muscle fibre〉〉 stands no chance 〈in a 100 metre sprint〉
　　O′　　　　　　　　　　　　　　　　　　　V　　　O

and the fields 〈of international sprinters〉 are all approaching perfection 〈for the
接　　S₂　　　　　　　　　　　　　　　　　　　│─同格─│V　　　　O

particular event〉. ❸There have been studies 〈to estimate [what percentage 〈of fast
　　　　　　　　　　　M　　V₁　　S₁　　　V′　O′　　　O″

muscle fibre〉 the best sprinters have]〉, but it is not a simple matter. ❹The proportion
　　　　　　　S″　　　　V″　接 S₂ V₂　　C₂　　　　　　S₁

〈of different muscle fibres〉 is not evenly distributed 〈through the muscle〉 and no
　　　　　　　　　　　　　　　　M　　V₁　　　　　　　　　　　接

active world-class runner would donate the whole muscle 〈for research〉. ❺Researchers
　　S₂　　　　　　V₂　　　　　O₂　　　　　　　　　　　　　S

are limited 〈to [taking and testing samples 〈that might reveal tendencies〉]〉. ❻It is
　V　　V′₁　　V′₂　　O′　関代S″　V″　　O″　　仮SV

unlikely [that anyone has only fast muscle fibres], but 〈if the proportion 〈of such fibres〉
　C　真S接　S′　V′M′　　O′　　　接　接　　S′

is particularly high〉 then that individual can more easily improve 〈because the fast
V′　M′　　C′　M　　S　　　M　　V　　　接

muscle fibres will be trained 〈irrespective of [what the runner is doing φ]〉, 〈even if
　S′　　　　V′　　　　　　　　　　関代O′　S′　V′　　　　接

073

the training is wrong⟩⟩.
     S″   V″   C″

④ ❶短距離走では遺伝子が重要であり，本当に才能に恵まれた短距離ランナーは，たまたま黒人であろうが白人であろうが，訓練しなくても速く走ることができる。❷速筋繊維の割合が高くないランナーは100メートル走で芽が出る見込みはなく，国際的な短距離ランナーは皆，この種目の完成の域に到達しつつある。❸速筋繊維の割合が，最も優れた短距離ランナーではどのようなものなのかを推定する研究が行われてきたが，単純なことではない。❹異なる筋肉繊維が筋肉の中に均等に分布しているわけではないし，現役の世界レベルのランナーが研究のために筋肉全体を提供してくれることなどあり得ない。❺研究者は，さまざまな傾向を明らかにするかもしれないサンプルを取りそれを検査するしかないのである。❻誰であれ，有しているのが速筋繊維だけということはあり得ないが，もしこの繊維の比率が特に高ければ，その人はより簡単に記録を伸ばすことができる。なぜなら，速筋繊維は，そのランナーが何をしているかとは無関係に，たとえトレーニング方法が間違っていたとしても，鍛えられるからである。

↳ **第4段落の要旨** 短距離は遺伝が重要で，速筋繊維は訓練しなくても鍛えられる。

☐ gene	名	「遺伝子」	B
☐ talented	形	「(生まれつき) 才能に恵まれた」	B
☐ fast muscle fibre	熟	「速筋繊維」	B
☐ stand no chance	熟	「可能性がない」	A
☐ field	名	「(競技の) 全出場者」	A
☐ the fields of ... all		the fields と all が同格の関係にある。	
☐ the particular event		本文では「100メートル走」の意味。	
☐ approach perfection ~	熟	「完成の域に近づく」※明示されていないが，「トレーニングなどを含め，人為的にできることはほとんど残されていないため，遺伝的な要因が大きくなりつつある」ということであろう。	C
☐ a simple matter	名	「単純なこと」	A
☐ evenly	副	「均等に」	B
☐ be distributed	熟	「分布している」	B
☐ no ... would donate ~	熟	「(たとえ頼んでも) ~を提供する…はいないだろう」※仮定法過去。	B
☐ be limited to ~	熟	「~に制限されている」	B
☐ reveal ~	動	「~を明らかにする」	A
☐ tendency	名	「傾向」	B
☐ if ~, then S V	熟	「もし~なら，(その時は) S V」※then は訳さないことも多い。	A
☐ irrespective of ~	熟	「~とは無関係に」	C

⑤ ❶It is an interesting fact [that a 100-metre runner takes the same number (of
    仮 S V   C   真S 接   S′   V′   O′

strides) ⟨in every race⟩ ⟨once he or she is fully grown⟩]. ❷⟨Among the best runners⟩,
                        接   S″   M″   V″

the number (of strides) is between 43 and 50, ⟨with some slight variation ⟨depending
    S   V   C

on height⟩⟩ but ⟨irrespective of [whether the wind is with them or against them]⟩.
              接   接   S′   V′   C′₁   C′₂

❸The Canadian Ben Johnson took 46.1 strides 〈whether his time was 10.44 or 9.83 〈at
　　　　　　S　　　　　　　V　　　O　　　接　　　　　S′　　V′　　C′

different points 〈in his career〉〉〉. ❹It demonstrates [that progress is achieved 〈through
　　　　　　　　　　　　　　　　　　S　　V　　　　O 接　　　S′　　　V′

faster 〈strides省略〉〉〈rather than 〈by longer strides〉〉].

⑤　❶興味深いことに，100メートル走のランナーは，(イ)いったん十分に成長すると，
どのレースでも同じ歩数を必要とする。❷一流のランナーの中では，身長によっ
て多少のばらつきはあるものの，歩数は43から50で，これは追い風でも向かい風
でも関係ない。❸カナダのベン・ジョンソンは，現役時代の異なる時点でタイム
が10.44であろうが9.83であろうが，歩数は46.1歩だった。❹これが示している
ことは，進歩を遂げるために必要なのは，歩幅を伸ばすことではなく，1歩に要す
る時間を短くすることである，ということだ。

↳ **第5段落の要旨** 成熟した短距離走者はタイムと無関係に歩数は同じ。

☐ take ～　　　　　　　動 「～を必要とする，（時間・労力など）がかかる」‥‥Ａ
☐ stride　　　　　　　　名 「（大股の）一歩」‥‥‥‥‥‥‥‥‥‥‥‥‥‥‥‥‥Ｂ
☐ once S V　　　　　　接 「いったんＳＶすれば」‥‥‥‥‥‥‥‥‥‥‥‥‥‥‥Ｂ
☐ some slight variation　熟 「多少のばらつき」‥‥‥‥‥‥‥‥‥‥‥‥‥‥‥‥Ｂ
☐ depending on ～　　　熟 「～に応じて」‥‥‥‥‥‥‥‥‥‥‥‥‥‥‥‥‥‥Ａ
☐ height　　　　　　　名 「身長」※/hait/の発音注意。‥‥‥‥‥‥‥‥‥‥‥‥Ｂ
☐ whether the wind is with ～ or against ～
　　　　　　　　　　　　熟 「風が～にとって追い風であろうが向かい風であろう
　　　　　　　　　　　　　が」‥‥‥‥‥‥‥‥‥‥‥‥‥‥‥‥‥‥‥‥‥‥‥Ｂ
☐ through faster (strides) rather than by longer strides 「より長い歩幅によって
　ではなくより速い一歩を通して」が直訳。

⑥　❶It is dangerous [to claim [that any one race is better than another 〈at any
　　　仮 S V　　　C　　　真 S　V′ O′接　　　S″　　　V″　　　C″

activity〉]]. ❷〈In men's sprinting and long-distance running〉, however, West Africans
　　　　　　　　　　　　　　　　　　　　　　　　　　　　　　　M　　　　　S

and East Africans respectively are outstandingly the best 〈in 2008〉, 〈though that has
　　　　　　　　　　M　　　　　V　　　　M　　　　C　　　　　　　　接　　S′

not always been the case〉.
　M　　　 V′　　C′

⑥　❶(A)いかなる活動の場合でも，何であれ，ある1つの人種が別の人種より優れて
いると主張することは危険である。❷しかし，男子短距離走と長距離走では，
2008年に西アフリカ人と東アフリカ人がそれぞれ圧倒的な強さを示す結果を残し
ている。もちろん，今までずっとそうであったというわけではないが。

↳ **第6段落の要旨** 男子短距離は西アフリカ人，男子長距離は東アフリカ人が強い。

☐ claim that S V　　　熟 「ＳＶと主張する」‥‥‥‥‥‥‥‥‥‥‥‥‥‥‥‥‥Ａ
☐ race　　　　　　　　名 「人種，種族」‥‥‥‥‥‥‥‥‥‥‥‥‥‥‥‥‥‥‥Ｂ
☐ respectively　　　　　副 「各々」‥‥‥‥‥‥‥‥‥‥‥‥‥‥‥‥‥‥‥‥‥Ｂ
☐ outstandingly　　　　副 「顕著に，著しく」‥‥‥‥‥‥‥‥‥‥‥‥‥‥‥‥Ｂ

□ the case 　　　　　 名「実情」(→ p.079 Supremacy 010) ················· A

7 ❶⟨In 1986⟩ about half (of the twenty best times (at distances between 800
　　　　　　　　　 S₁

metres and the marathon)) were held ⟨by European men⟩ and about a quarter
　　　　　　　　　　　　　　　 V₁　　　　　　　　　　　 接　　 S₂

⟨were held省略⟩⟨by Africans⟩. ❷⟨In 2003⟩ the European element (in the statistics) was
　　　　　　　　　　　　　　　　　　　　　　　　 S　　　　　　　　　　　　　　　 V

11 per cent ⟨whereas 85 per cent (of the best times) were due ⟨to African runners⟩⟩. ❸⟨In
　 C　　　　 接　　 S′　　　　　　　　　　　　 V′　 C′

the same year⟩ all (of the world records (from 100 metres up to the marathon))
　　　　　　 S

were held ⟨by Africans or people (of African origin)⟩.
　 V

7 ❶1986年，800メートル走からフルマラソンまでの距離では，記録上位20位まで
の約半数がヨーロッパ人男子で占められ，約4分の1がアフリカ人によって占めら
れた。❷2003年，その統計値の中のヨーロッパ人の占める割合は11パーセントだ
ったが，上位記録の85パーセントはアフリカ人のランナーによるものであった。
❸同年，100メートル走からマラソンに至るまでの世界記録のすべてがアフリカ人
とアフリカ系のランナーによるものであった。

↳ 第7段落の要旨 陸上の走種目の上位記録においてアフリカ人とアフリカ系ランナーの占める
　　　　　　　　　割合がどんどん上がっている。

□ about a quarter by Africans = about a quarter of the twenty best times ...
　 marathon were held by Africans
□ S₁ V₁ whereas S₂ V₂ 　　接「S₁ V₁ 一方 S₂ V₂」················· B
□ S be due to ～. 　　　　 熟「Sは～が原因である」※ due は本来形容詞なので，
　　　　　　　　　　　　　 この形が正用法である。················· B
□ people of African origin 　名「(祖先がアフリカ出身など)ルーツがアフリカに
　　　　　　　　　　　　　　 ある人々」················· B

8 ❶Have the Africans become stronger ⟨because they want [to run their way (out of
　　　　 S　　　　 V　　　 C　　　 接　 S′　 V′ O′ V″　 O″

poverty)]⟩? ❷That is certainly an important motivation and one ((which 省略) they
　　　　　　 S　 V　 M　　 C₁　　　　　 接　 C₂　　 O′　 関代 S′

put ϕ forward themselves⟩. ❸Physical differences are another reason.
　 V′　　　 (they と同格)　　　 S　　　 V　　　 C

❹Insufficient research has yet been done ⟨in this area⟩ and it may be [that we
　　　 S₁　　　　　 M　　 V₁　　　　　　　　 接 仮 S₂ V₂ 真 S 接　 S′

will never know the answer] ⟨since there are so many factors ⟨at play⟩ even ⟨in something
　 V′　　　 O′　　　 接　 M　 V′　 S′　　　　　　　　　 M

(as simple as running)⟩⟩.

⑧ ❶アフリカ人は貧困から抜け出したくて強くなったのだろうか。❷これは確かに重要な動機であり，アフリカ人自身が挙げている動機である。❸肉体的な違いももう一つの理由である。❹この分野における研究は（ロ）まだ十分ではないし，走るという単純なことでさえ，多数の要因が介在しているため，その答えを知ることは不可能かもしれない。

↳ **第8段落の要旨** アフリカ人ランナーが強いのは経済的理由だとされることがあるが，さまざまな要因が介在しているため本当の理由は謎である。

□ run one's way out of 〜　　🟥熟「〜から逃げ出す」‥‥‥‥‥‥‥‥🅐
□ one they put forward themselves　🟥熟「彼らが挙げている動機」※one（＝a motive）後ろにwhichが省略されている。they と themselves は同格の関係。‥‥‥🅐
□ insufficient research　　🟥名「不十分な研究」‥‥‥‥‥‥‥‥🅑
□ yet　　🟥副「（疑問・否定文で）まだ」‥‥‥‥‥🅐
□ it may be that S V　　🟥熟「S V かもしれない」※it は「漠然とした状況」を示す it で訳さない。（→p.078 **Supremacy 009**）‥‥‥🅐
□ at play　　🟥熟「働いている，介在している」‥‥‥‥🅐

⑨ ❶The picture is a rather different one 〈among the women〉. ❷A black runner holds
    S   V   C S_1 V_1

the records 〈at 100 and 200 metres〉 but, 〈with the exception (of the 5,000 metres)〉,
 O_1 接

all the records (from 400 to 10,000 metres) are 〈in the hands (of white
 S_2 V_2

Europeans or Chinese〉〉. ❸Is this 〈because the African women entered the
                     V S   接   S′   V′

international elite later 〈than their male counterparts〉〉?
   O′   M   S″

⑨ ❶女子では状況がかなり異なる。❷1人の黒人女性が100メートル走と200メートル走で記録を保持しているが，5,000メートル走は例外として，400メートル走から10,000メートル走のすべての記録はヨーロッパ人と中国人の手中にしている。❸これは，アフリカ人女性が世界的な檜舞台に立った時期が，アフリカ人男性より遅かったためだろうか。

↳ **第9段落の要旨** アフリカ人女性の場合は事情が異なる。

□ the picture　　🟥名「状況，事態」‥‥‥‥‥‥‥‥‥‥‥‥‥🅐
□ in the hands of 〜　　🟥熟「〜の手の中に，〜が占めている」‥‥‥‥‥🅐
□ elite　　🟥名「（社会，組織の）中枢，エリート」‥‥‥‥‥‥🅑
□ their male counterparts ＝ male Africans

1. **It is ＋名詞＋ that ＋ 1 つの完全な文→it は形式上の主語**
　　※that節が真の主語で，訳出はthat節から始める。
　　［例］Is it an accident that no white ....　（第 1 段落第 1 文）
　　［例］It is an interesting fact that a 100-metre　（第 5 段落第 1 文）

2. **It is ＋名詞＋ that ＋名詞の欠落した文　→強調構文**
　　※まれに it が代名詞，that が関係代名詞の場合がある。
　　※強調構文の訳出は「〜なのは（名詞）だ」,「（名詞）こそ〜だ」とす
　　　るのが標準的。
　　［例］It is this place that I want you to visit.
　　　　　「あなたに行って欲しいのはこの場所なのです」

3. **It is ＋形容詞＋ that ＋ 1 つの完全な文→it は形式上の主語**
　　※that節が真の主語で，訳出はthat節から始める。
　　［例］It is likely that there is ....　（第 1 段落第 5 文）
　　［例］It is unlikely that anyone ....　（第 4 段落第 6 文）

4. **It is ＋副詞＋ that ＋ 1 つの完全な文　→強調構文**
　　※強調構文の訳出は「〜なのは（副詞）だ」「（副詞）こそ〜だ」とす
　　　るのが標準的。
　　［例］It was at this shop that we first met.
　　　　　「私たちが初めて会ったのはこの店です」
　　※at this shop が副詞句。

5. **It is ＋形容詞＋ to（V）　→it は形式上の主語**
　　※to（V）が真の主語で，訳出は to（V）から始める。
　　［例］It is dangerous to claim ...　（第 6 段落第 1 文）

6. **It is that S V.　→it は状況の it**
　　※it は訳さない。
　　※be動詞の代わりに may be／seem／turn out／happen などが置かれ
　　　ることもある。
　　［例］It may be that we ....　（第 8 段落第 4 文後半）
　　［例］It seems that he lived here decades ago.
　　　　　「何十年か前に彼がここに住んでいたらしい」
　　［例］It is not that we have no time to deal with it.
　　　　　「私たちにそれを処理する時間がないということではない」
　　［例］It turned out that I was right.
　　　　　「私が正しいことが判明した」

1. **still**　(1)〔副詞〕「(動詞を修飾して) まだ」
　　　　　　〔例〕He still lives here. 「彼はまだここに住んでいる」
　　　　　(2)〔副詞〕「(文頭で) しかし」
　　　　　　〔例〕Still he said nothing. 「それでも彼は何も言わなかった」
　　　　　(3)〔副詞〕「(比較級の前後で) さらに」
　　　　　　〔例〕This is bigger still. 「これはさらに大きい」
　　　　　(4)〔形容詞〕「じっとして」
　　　　　　〔例〕The lake is still now. 「湖は今は静かだ」

2. **right**　(1)〔名詞〕「権利」
　　　　　　〔例〕a basic human right 「基本的人権」
　　　　　(2)〔副詞〕「(場所や時を表す副詞 (句) の前で) まさに」
　　　　　　〔例〕right in the middle of the night 「まさに真夜中に」
　　　　　(3)〔形容詞・名詞〕「右 (の)」
　　　　　　〔例〕the house on your right 「右側の家」

3. **turn**　(1)〔名詞〕「順番」
　　　　　　〔例〕It is your turn. 「君の番だ」
　　　　　(2)〔動詞〕「回る, 曲がる」
　　　　　　〔例〕Turn left. 「左へ曲がれ」
　　　　　(3)〔動詞〕「〜になる」
　　　　　　〔例〕when I turned 20 「20歳になったとき」

4. **case**　(1)〔名詞〕「(the 〜) 実情, 真実」
　　　　　　〔例〕This is not the case. 「これは正しくない」
　　　　　(2)〔名詞〕「(法律用語) 事件, 訴訟」
　　　　　　〔例〕win a case 「勝訴する」
　　　　　(3)〔名詞〕「(make a 〜) 主張」
　　　　　　〔例〕make a case 「主張する」

5. **miss**　(1)〔動詞〕「(学校など) を休む, (電車など) に乗れない」
　　　　　　〔例〕I missed school yesterday. 「昨日学校を休んだ」
　　　　　(2)〔動詞〕「〜がいなくて寂しい」
　　　　　　〔例〕We will miss you. 「寂しくなるね」
　　　　　(3)〔形容詞〕「(missing) 行方不明の」
　　　　　　〔例〕The last piece is missing. 「最後のピースがない」

6. **deal**　(1)〔動詞〕「(with 〜) 扱う」
　　　　　　〔例〕We have to deal with this problem. 「この問題を扱わねばならない」
　　　　　(2)〔名詞〕「取引」
　　　　　　〔例〕agree to make a deal. 「取引することに合意する」
　　　　　(3)〔名詞〕「(no big deal) たいしたこと」
　　　　　　〔例〕This is no big deal. 「それはたいしたことではない」
　　　　　(4)〔名詞〕「(a great deal of 〜) 大量」
　　　　　　〔例〕a great deal of water 「大量の水」

テーマ：文化

フランス人の食に対する
こだわり

[出題校]法政大学

[モニターの平均点] **27.2** / 33点

（問2, 問3は各2点，問1, 問4〜問7は各3点で採点）

╲ 竹岡の一言 ╱

美食王国フランスの話は興味深
い。健康なんて考えていたらバ
ターや生クリームたっぷりのフ
レンチは食べられない。

Answers｜解答

番号	正解
1	(a)
2	ア (a)　イ (c)　ウ (e) エ (d)
3	1 (f)　2 (d)　3 (c) 4 (g)　5 (e)
4	(c)
5	(b)
6	(g), (a)
7	(d)

1　正解　(a)

空所補充問題　正答率　70.7%

解説　空所の前の時制は「現在」，空所のあとは「大過去」となっている。このような事態は通例は起こらない。「大過去」は「過去」と共に使い，「過去」より前であることを示すための道具だからである。ところが本文では，「過去」を伴わず「大過去」が使われている。この矛盾を解決するのは仮定法しかない。下記の[例2]のような場合に，現在時制と大過去が同時に用いられることになるのである。

[例1] Tom talks as if he knew me.
　　「トムは私の知り合いであるかのように話す」
[例2] Tom talks as if he had known me for ten years.
　　「トムは私と10年来の知り合いであるかのように話す」

よって (a) as if が正解となる。その他の選択肢を見てみよう。(b) as long as ～「～である限り」。(c) even if ～「たとえ～でも」は仮定法の条件節として使うことができるが，その場合，主節は S would ／ could ／ might V または S would could ／ might ／ have (V) p.p. となるので不適。(d)「（現実を示し）たとえ～でも」。

2-ア　正解　(a)

空所補充問題　正答率　58.5%

解説　空所を含む英文の意味は「この儀式は（　　）ので，フランスはそれをまったく普通のことだと思っている」である。「まったく普通のことだと思っている」ということは，「生活の一部に溶け込んでいる」ということだから (a)「深く根付いた」が適切である。その他の選択肢の意味は (b)「目には見えない」，(c)「熱心な」，(d)「栄養に関わる」，(e)「神聖な」である。25%近くの人が (d) を選んでいるが，これは語の意味を知らずに「なんとなく」選んでしまったためと推察される。

2-イ　正解　(c)

空所補充問題　正答率　58.0%

解説　与えられた選択肢の中で are (　　) on ～の空所に入るのは (c) keen しかない。be keen on ～で「～に熱心である」の意味。on は基本的概念の「接触」から「意識の接触」→「意識の集中」を表す。concentrate on ～「～に集中する」の on も同じである。

2-ウ　正解　(e)

空所補充問題　正答率　26.8%

解説　空所を含む文とその前後の文の意味は「アメリカ人は根本的に異なったやり方をする。食事に関して（　　）ものなどは何もなく，どの人も制約や時間表などに縛られることはなく，自らの食欲に応じて，自分自身のペースで食べる」のである。「フランスは食事を大切に思う」に対して「アメリカ人は食事を大切に思わない」という文意である。よって，空所には「大切に思う」という意味の語が入る。さらに上記の記述からフランスでは「制約があり，時間表に縛られ，食欲のままに食べてはならず，自分のペースで食べることは許されぬ」ことがわかる。これらの「決して犯してはならないルール」を示唆する1語は (e) sacred「神聖な」しかない。

空所のあとにコロン（：）があることに注意すること。コロンは，「前文を具体化した記述が続く」ということを示す目印。よって出題者の意図は，「コロン以下の記述を読み空所にどのような語が入るかを類推しなさい」のはず。空所の前後だけ見て「なんとなく解く」のではなく，しっかりした根拠を持って解きたい。

言葉の意味の広がりを意識すること！
日本語でも「神聖な」と言えば意味が少なくとも２つある。１つは「神様に関わる，不可侵の」という意味。もう１つは「（神様に関することではないが）決して手を加えてはならない」の意味。英語のsacredも同様である。フランス人にとって食事に関わるさまざまなルールは「神聖な」ものであるというのが本文の記述である。「言葉の広がり」を意識することが大切である。

2-エ **正解** (d) | 空所補充問題 | 正答率 **24.4%**

解説 英語では「漠然とした表現」をまず書いたのちに「具体的な記述」を続けるのが一般的である。空所を含む文には「米国では食物に対する主な考え方は（　　　）のことなのです」と書いてある。よって，このあとの記述を読んで空所に何が入るかを考えるだけである。あとの文には「食事をするということはなによりも，肉体的な必要性を満足させるために合理的な決定をするという問題なのです。対照的にフランス人は食物に対して美食的な考え方を持っており，風味と喜びを重視します」とあり，アメリカ人は「食事を肉体にとって不可欠なもの」という考え，フランス人は「食事は楽しみ」という考えであることがわかる。よって空所には「体のためになる」に近い語が入ると予想される。選択肢の中で，その意味に最も近いのは (d) nutritional「栄養となる」である。

「漠然から具体」という英語の基本的流れを意識すること！
Ｂ－ウもＢ－エも「漠然とした記述」→「具体的な記述」という流れをわかっているかどうかを尋ねる問題。このように空所の後半を読んで，「根拠を見つけた上で解く」ということを習慣づけてほしい。

3-1 **正解** (f) | 空所補充問題 | 正答率 **29.3%**

解説 be specific to ～「～に特有である」から (f) to を選ぶ，このtoは，belong to ～「～に所属する」，be married to ～「～と結婚している」などにも見られる「所属を示すto」。

前置詞はその「基本的なイメージ」をつかむこと！
toの基本的概念は「到達点を示す」というもの。さらに，I got to Tokyo.「東京に到達した」→「東京にいる」→「東京に所属している」というぐあいに，「到達点を示す」が発展して「所属を示す」となることがある。keep ～ to oneselfは「～を自分だけの所属に保つ」→「～を秘密にする」，be specific to ～「～に所属した特性で」→「～に特有の」となるわけだ。

3-2 **正解** (d) | 空所補充問題 | 正答率 **58.5%**

解説 空所の直前に evidence がある。よって素直に (d) of を選び「〜の証拠，形跡」とする。

3-3 **正解** (c) | 空所補充問題 | 正答率 **55.2%**

解説 動詞の result のとる前置詞は *A* result in *B*「*A* の結果 *B* になる」，*A* result from *B*「*B* の結果 *A* になる」のいずれかである。本文の「（イギリス人が）食べ物をとることは 1 日にわたって分散している」の結果として，空所の後ろの「人づきあいの雰囲気がない」になっていることを理解すれば答えとして (c) in を選ぶのは難しくないだろう。

3-4 **正解** (g) | 空所補充問題 | 正答率 **34.1%**

解説 空所を含む文の文意は「多くのイギリス人は運転席にいながらであったり，パソコンを片目で見ながら食事します」というもの。よって空所には付帯状況を示す (g) with がはいる。One eye is on their PC を分詞構文にして，その being を省き，その前に with をつけた形である。[類] He was standing with his hand in his pocket. 「彼は片手をポケットにつっこんで立っていた」

《空所＋名詞＋α》の空所にはまず with を考えること！
「付帯状況の with」は，設問に関わることが非常に多い文法事項である。空所があって，後ろに《名詞＋α》があれば，「空所には with が入るのでは？」とまず考えることが大切。α には，主に，(V) ing，(V) p.p.，前置詞＋名詞が置かれる。

3-5 **正解** (e) | 空所補充問題 | 正答率 **36.6%**

解説 put emphasis on 〜「〜を強調する」の成句。よって (e) on が正解。「強調，影響」の意味を持つ名詞は on 〜 を伴うことが多い。たとえば put stress on 〜，have an impact on 〜など。

動詞や形容詞は，それと結びつく前置詞とセットで暗記すること！
動詞や形容詞は，それと結びつく前置詞が問われることが多い。ただ「丸暗記」するのではなく，「なぜこの前置詞と結びつくのか？」という疑問を持って理解した上で暗記してほしい。そうすれば他の単語でも応用が利くはずだ。

4 **正解** (c) | グラフ問題 | 正答率 **87.8%**

解説 第 2 段落の第 2 文と第 3 文の社会学者の発言に「フランスの日常生活は 3 回の伝統的な食事で特徴づけられます」と，高等師範学校カシャン校の社会学者ティボ・ド・サン・ポルは言う。「午後 1 時に人口の半分が食卓につき，午後 8 時 15 分には人口の 3 分の 1 以上がこの行動に関わっている

のです」とある。これから、「1日3回決まった時間に一斉に行動する」と述べていることを踏まえ (c) を選ぶ。

5　正解　(b)　　　　　　　　　　　空所補充問題｜　正答率　46.3%

解説　本文該当箇所は、「食事時間を重視するフランス人」が「食事時間を重視しないアメリカ人」の家庭に出かける前に与えられる注意であることを理解すればよい。[c] の直後には、「フランスと違って」とあるので、[c] には「アメリカの食事の特徴」が入る。よって「食卓をともにすることを大切にしない、食事でのもてなしを期待してはいけない」という文が入ると予想できる。また、[d] の直前には「フランス人の子どもたちがアメリカに到着したときに」とあるので、「アメリカ式の歓迎（＝食事を大切にしない歓迎）を受ける」という内容が入ることが予想できる。これらを満たす選択肢は (b)「c」「滞在の始まりは夕食でお祝いされることはない」、[d]「生徒たちは冷蔵庫のところに案内され、いつでも好きなときに自分で取って食べてもいいよと言われる」が適切である。

カタカナになっている英語は、日本語に惑わされてはいけない！
選択肢にある mark ～は「～を特徴づける」、あるいは「～を記念する、を祝う」といった意味を持つ。「マーク」は日本語になっているが、この日本語からは推測が困難であろう。単語の多義性を意識して、常に「単語は一義一訳ではないよな、文脈で決まるからね」と「ゆったり構えている」のが上級者。

6　正解　(g)，(a)　　　　　　　　　語順整序問題｜　正答率　9.8%

解説　空所を含む文の意味は「社会の習慣が社会によってこれほど多様であるのは、食事が（　　　）からだ；各国の食習慣には、文化的価値観、象徴、アイデンティティ、つまりフランス人の人類学者マルセル・モースが『全体的な社会的事実』と呼んだものが刻み込まれている」とある。これだけでは空所に何が入るかがわからない。選択肢に目を向けると (b) activity「活動」、(c) functional「機能的な」とあるので、これらが「文化的価値観」の対極にあるものだと予想できる。つまり空所のおおよその内容は「食事は単なる機能的な活動ではなく、文化的価値を持つ活動だ」となるはず。よって、more than just a functional activity「単なる機能的な活動以上のもの」とすれば意味が通る。あとは much が余るが、much には比較級を強調する働きがあるので more の前に置いて完成する。よって f － e － g － d － a － c － b（much more than just a functional activity）となる。

「語句整序問題」は、意味を推測すること！
語句の整序問題は意味を考える！　「つながる所からつなげる」なんてナンセンス。意味を推測し、その意味に帰着するように訓練しよう。たとえば、日本語では「働く」は動詞、「労働」は名詞、というように語によって品詞がはっきりしているが、英語の work の品詞は複数にわたる。よって「つながるところから」なんて不可能なのである。

7 **正解** (d)

解説 「本文の内容と合致**しないもの**」を選ぶことに注意する。選択肢を順に検討する。

(a)「不規則な食習慣はアメリカのみならずヨーロッパ北部でも広く一般的である」は真。アメリカにはついては第4段落第2文(As long age ...)「通りで『馬小屋にいるかのように』一人で食事をしている」とある。ヨーロッパの北部については第2段落第6文(スウェーデン, フィンランド, スロベニア, イギリスの場合はほとんど平坦で, 一日を通して人々は特に時間を決めずにさまざまな軽食を食べている)とあり, 本文と合致する。

(b)「食事は慌ててする必要があると感じているフランス人は多くない」は真。第3段落第2文(French people also ...)「フランスの人々はまた, 他のヨーロッパ人より食べることに多くの時間を費やし, 2010年には1日あたり2時間22分で, 1986年より13分長くなっている」と合致する。

(c)「イギリス人は何か他のことをしながら食事することを難しいと考えていない」も真。第5段落第3文前半(Many British ...)「多くのイギリス人は運転席にいながらであったり, パソコンを片目で見ながら食事します」と合致する。

(d)「フランス人の食習慣は, 規則正しい食事は健康に最も良いという信念に主として影響されている」は偽。最終段落の内容からフランス人は「食事は楽しみ」であると考えていることがわかる。

(e)「アメリカ人は食事をすることは喜びの問題と考えない傾向にある」は真。最終段落第1文「アメリカでは食物に対する主な考え方は栄養に関わることなのです」と合致する。

Cheer Up!

具体例を抽象化する訓練も積むこと!
最終段落最終文に, 「私たちが『チョコレートケーキ』と言うと, アメリカ人は『罪悪感』を思い浮かべ, フランス人は『誕生日』を思い浮かべたのです」というところの意味がわかったどうかの問題。アメリカ人は「食事の際には栄養と健康を意識している(効果があるかどうかは別として)」に対して, フランス人は「食事は楽しみのためだと考え, 健康のために食事をするという発想がない」ということがわかればよい。このように具体例を抽象化する作業は非常に重要である。ちなみに, 今でこそ, 「バターをあまり使わないフレンチ」というのが流行りつつあるが, 正統派のフレンチはバターと生クリームの塊からできている。

1 ❶⟨Every day⟩ a small miracle occurs ⟨without anyone paying the slightest
　　　　　　　 S　　　　　　 V　　　　　 S′　　 V′　　　 O′
attention⟩. ❷⟨At breakfast, lunch and supper⟩, tens of millions of French people decide
O
[to gather ⟨round a table⟩ ⟨at the same time⟩ ⟨in order to share a meal⟩, ⟨as if some
O　　　　　　　　　　　　　　　　　　　　　　　　 V′　 O′　 接
invisible director had given a signal ⟨to mark the start ⟨of festivities⟩⟩⟩]. ❸This ritual is
　　　 S″　　　　 V″　　 O″　　　 V‴　 O‴　　　　　　　　　　　　　　 S　　 V
so deep-rooted ⟨that the French find it quite usual⟩. ❹⟨For foreigners⟩, ⟨on the other
M　　 C　　　 接　　 S′　　 V′ O′ M　 C′
hand⟩, it is like something ⟨from outer space⟩. ❺⟨"When the American sociologist
　　　 S V　 C　　　　　　　　　　　 接　　　　　　 S′
David Lerner visited France ⟨in 1956⟩⟩, he was surprised ⟨by the inflexibility
　　　　　 V′　 O′　　　　　　 S　 V
⟨of the French⟩ ⟨regarding food⟩⟩," says fellow sociologist Claude Fischler, head
　　　　　　　　　　　　　　　 V　　 S　　　　　　　　　　　　 └──同格──┘
of research at the French National Center for Scientific Research. ❻"He couldn't
　　　　　　　　　　　　　　　　　　　　　　　　　　　　　　　　 S
understand [why they all ate ⟨at a fixed time⟩, ⟨like at the zoo⟩]."
　　 V　　　 O M′ S′└同格┘ V′

1 ❶毎日小さな奇跡が起きているが，誰一人としてまったく注意を払っていない。❷朝食，昼食，夕食時に，何千万人ものフランス人が，食事を共にするために一斉にテーブルのまわりに集まると決め込んでいる。それは，[A]まるで一人のある透明人間の指揮者が祝宴の開始の合図を出したかのようである。❸この儀式は[ア]深く根付いているので，フランス人はそれをまったく普通のことだと思っている。❹一方，外国人にとって，それはまるで宇宙から来た何かのように見える。❺「アメリカ人社会学者のデヴィッド・ラーナーが1956年にフランスを訪れたとき，彼が驚いたのは，フランス人が食事に関して融通が利かないことでした」と，フランス国立科学研究センターの研究部長である社会学特別研究員のクロード・フィシュラは言う。❻「なぜみんな動物園でのように決まった時間に食べるのかが彼には理解できなかったのです」

> **第1段落の要旨** フランスではみな決まった時間に食事をとる。

□ not slightest ～	接「ほんのわずかな～もない」	B
□ tens of millions of ～	接「何千万の～」	A
□ gather round ～	接「～のまわりに集まる」	A
□ invisible	形「目に見えない，透明な」	B
□ mark ～	動「～を示す」	A
□ ritual	名「儀式」(→ p.092 **Supremacy 011**)	B
□ on the other hand	熟「一方」	A
□ outer space	名「宇宙」※spaceだけでは「空間」の意味。	
□ sociologist	名「社会学者」(→ p.092 **Supremacy 011**)	B

② ❶French eating habits are indeed exceptional. ❷"Everyday life (in France) is
marked 〈by three traditional meals〉," says Thibaut de Saint Pol, a sociologist
(at the Ecole Normale Supérieure in Cachan). ❸"〈At 1 pm〉 half the population are
〈at table〉 and 〈at 8:15 pm〉 this activity concerns more than a third (of the
population). ❹Meals play a large part 〈in organizing social life〉." ❺This major collective
ritual is specific 〈to the French〉. ❻A graph (plotting meal times) (produced 〈by
Eurostat, the statistical office (of the European Union)〉), is almost flat 〈for
Sweden, Finland, Slovenia and Britain〉; 〈all the way through the day〉 people
feed 〈on various snacks〉, 〈at no particular time〉. ❼The same graph (for France) rises
〈to three spectacular spikes, morning, noon and night〉.

② ❶ 実際，フランス人の食習慣は尋常ではない。❷「フランスの日常生活は3回の伝統的な食事で特徴づけられる」と，高等師範学校カシャン校の社会学者ティボ・ド・サン・ポルは言う。❸「午後1時に人口の半分が食卓につき，午後8時15分には人口の3分の1以上がこの行動に関わっているのです。❹食事は社会生活を構成するうえで大きな役割を果たしています」❺ この大規模な集団儀式はフランス人［ (1) ］に特有のものである。❻ 欧州連合統計局であるユーロスタットが出した食事時間を表すグラフをみると，スウェーデン，フィンランド，スロベニア，イギリスの場合はほとんど平坦で，1日を通してずっと人々は特に時間を決めずに，さまざまな種類の食事をとっている。❼ (B) フランスの場合は同じグラフが朝，昼，夜の3回著しく急上昇する。

↳ **第2段落の要旨** 調査からもフランス人の食事の規則性の特異性がわかる。

□ snack　　　　　　　名「(急いで食べる) 軽食，間食」………………………………A
□ spectacular　　　　形「壮観な」……………………………………………………B
□ spike　　　　　　　名「(折れ線グラフで) 山形に折れた部分」…………………B

③ ❶But this is not the only unusual feature (of meal (in France)). ❷French people
　　　接　S　V　　　　　　　C　　　　　　　　　　　　　　　　　　　　S

also spend more time eating ⟨than their fellow Europeans⟩: two hours, 22 minutes
M　V　　O　　M　↑　　　　　　S′
　　　　　　　　　　　　　　　同格

a day (in 2010), 13 minutes longer than (in 1986)! ❸"⟨If you add the hours (of
　　　↑　　　　　　　　　　　　↑　　　　　　　　　　接　S″ V″　　 O″
　　　　同格

domestic labor (directly related to eating — cooking, washing up and so on)⟩
　　　　　　　　　　　　　　同格

— this is one (of the day's main activities)⟩," Saint Pol wrote ⟨in the journal
　 S′ V′ C′　　　　　　　　　　　　　　　　　　　S　　V　　　　　　↑

Economie et Statistique⟩ (in 2006). ❹The French are also very keen ⟨on eating
　　同格↑　　　　　　　　　　　　　　　S　　　V　　M　　　C　　　V′

together⟩. ❺About 80% (of meals) are taken ⟨with other people⟩. ❻"⟨In France⟩ meals
　　　　　　　S　　　　　　　V　　　　　　　　　　　　　　　　　　　　　S

are strongly associated ⟨with good company and sharing⟩, ⟨which is undoubtedly
　M　　　V　　　　　　　　　　　　　　　　　　　　　関代S′ V′　　M′

less so ⟨in other countries⟩⟩," says Loïc Bienassis, a researcher (at the European
C′　　　　　　　　　　　　　　　V　　S　　　　↑　　同格

Institute of Food History and Culture).

③ ❶しかし，フランスの食事の珍しい特徴はこれだけにとどまらない。❷フランスの人々はまた，他のヨーロッパ人より食べることに多くの時間を費やしている。2010年には1日あたり2時間22分で，1986年より13分長くなっている。❸「食べることに直接関わる家事労働 ── 料理，皿洗いなど ── の時間を加えれば，食事は1日の主な活動の1つとなるのです」と，サン・ポルは2006年に専門誌『統計経済学』に記した。❹また，フランス人は誰かと一緒に食べるのが[イ]非常に好きである。❺食事の80%を他の人々と共にとっている。❻「フランスでは食事が，親しい仲間や，人と分かち合うことと強く結びついていますが，その結びつきは他の国々ではフランスほど強くないことは間違いありません」と，食の歴史と文化に関する欧州研究所の研究員，ロイック・ビエナシスは言う。

↳ **第3段落の要旨** フランス人は食事やその支度などにかける時間が長く，誰かと一緒に食事をとることを望む。

□ domestic labor　　　名「家事」………………………………………………………B
□ be related to ～　　熟「～と関連している」※本文ではbeはない。…………B
□ be associated with ～　熟「～と関係している」………………………………B
□ good company　　　名「親しい仲間」………………………………………………A

④ ❶Americans take a radically different approach. ❷There is nothing (sacred)
　　　S　　　V　　　　O　　　　　　　　　　　　　M　　V　　S

〈about meals〉: everyone eats 〈at their own speed〉, 〈depending on their appetite〉,
　　　　　　　　　S　　V

〈outside constraints and timetable〉. ❸〈As long ago as 1937〉, French writer Paul
　　　　　　　　　　　　　　　　　　　　　　　　　　　　　　　　　　S

Morand was shocked 〈to see New Yorkers lunching alone, 〈in the street〉, 〈"like
　　　　　V　　　　　　　V'　　　O'　　　　　　C

in a stable"〉〉. ❹US practice is so different 〈from French ritual〉〈that it sometimes
　　　　　　　　　S　　V M　　C　　　　　　　　　　　接 S'　　M'

requires explanation〉. ❺"There's a secondary school 〈in Toulouse〉〈which sends its
　V'　　　O'　　　　　　　M' V'　　S'　　　　　　　　　　関代S"　V"

students 〈on study tours 〈in America〉〉," says social anthropologist Jean-Pierre
　O"　　　　　　　　　　　　　　　　　　　V　　S

Poulain. ❻"〈To avoid any misunderstandings〉, teachers warn families 〈before their
　　　　　V'　　　　O'　　　　　　　　　S　　V　　IO　　接

children leave〉[that the start 〈of their stay〉 will not be marked 〈by an evening
S'　　V'　　DO 接　S'　　　　　　　　　　　V'

meal〉, 〈unlike in France〉]. ❼〈When the students arrive 〈in America〉〉 they are shown
　　　　　　　　　　　　　　　接　　S'　　V'　　　　　　　S　　V₁

the fridge and told [（接 that 省略）they can help themselves 〈whenever they like〉]."
　O₁　接　V₂ O₂　　　　　　　　S'　　V'　　O'　　接　S"　V"

④ ❶アメリカ人は根本的に異なったやり方をする。❷食事に関して[ウ]神聖なものなどは何もなく，どの人も制約や時間表に縛られることはなく，自らの食欲に応じて，自分自身のペースで食べる。❸さかのぼること1937年に，フランス人作家ポール・モーランは，ニューヨークの人々が，通りで「馬小屋にいるかのように」一人で食事をしているのを見て驚いていた。❹米国の習慣がフランスの儀式とはあまりに異なっているので，時に説明が必要となることもある。❺「修学旅行で生徒をアメリカに行かせる中等学校がトゥールーズにあります」と，社会人類学者ジャンピエール・プーランは言う。❻「先生たちは生徒が出発する前に，生徒たちが誤解しないように，生徒の家族に対して，フランスとは違って[C]生徒の滞在の始まりが夕食でお祝いされることはない，と注意します。❼アメリカに着けば，[D]生徒たちは冷蔵庫のところに案内され，いつでも好きなときに自分で取って食べてもいいよと言われるのです」と。

↳ 第4段落の要旨 米仏の食事に対する考え方は大幅に異なる。

□ there is nothing ～ about A　熟「Aには何も～なことはない」※about ～は「～
　　　　　　　　　　　　　　　　　　を中心としてその周辺に」。………………………A
□ depending on ～　熟「～に応じて」………………………………………B
□ constraint　名「制約」………………………………………………………B
□ as long ago as ～　熟「早くも～前に，～もの昔」…………………A
□ lunch　動「昼食をとる」……………………………………………………A
□ stable　名「馬小屋」（→p.092 **Supremacy 011**）………B
□ require ～　動「～を要求する」……………………………………………B
□ anthropologist　名「人類学者」（→p.092 **Supremacy 011**）………C

⑤ **❶**The British <u>are</u> very <u>fond</u> of <u>snacking</u> <u>too</u>. **❷**<u>Saint Pol</u> <u>can see</u> <u>no evidence</u> (of "food
　　　　　S　　　　M　　V　　　　O　　M　　　　S　　　V　　　　O

synchronism"). **❸**⟨According to Poulain⟩, <u>food consumption</u> <u>is spread out</u> ⟨over the
　　　　　　　　　　　　　　　　　　　　　　　　S　　　　　　　V

day⟩, ⟨resulting in a "loss of social atmosphere"⟩. **❹**"<u>Many British people</u> <u>eat</u> ⟨at
　　　分構　　　　　　　　　　　　　　　　　　　　　　　　　　　　　S　　　V

the wheel⟩ or ⟨with one eye on their PC⟩, ⟨<u>which</u> <u>is</u> <u>sacrilege</u> ⟨for the French,
　　　　　　　　　　　　　　　　　　　　　　関代S′ V′　　C′

⟨<u>who</u> <u>regard</u> <u>meals</u> as a '<u>full-time' activity</u>⟩⟩. **❺**⟨In France⟩ <u>meals</u> <u>are</u> <u>one</u> (of the
関代S″　V″　　O″　　　　　C″　　　　　　　　　　　　　　　　　　S′　V′　C′

best bits (of the day))," <u>Saint Pol</u> <u>adds</u>. **❻**⟨In a survey (of [<u>how</u> <u>French people</u>
　　　　　　　　　　　　　　　　S　　　V　　　　　　　　　　　　　M′　　S′

<u>spend</u> <u>their time</u>])⟩ <u>the National Institute of Statistics and Economic Studies</u> <u>found</u>
　V′　　　O′　　　　　　　　　　　　　　　S　　　　　　　　　　　　　　V

[<u>that</u> <u>eating</u> <u>gives</u> <u>almost as much pleasure</u> ⟨as reading or listening to music⟩].
　O 接　S′　　V′　　M　　　　O′

❼[<u>Eating alone</u>, ⟨at work⟩ or ⟨at home⟩], <u>is</u> often <u>seen</u> as a <u>trial</u>.
　　S　　　　　　　　　　　　　　　　　　　　　　V　　M　　V　　　C

⑤ **❶**イギリス人も軽食を摂るのが大好きである。**❷**サン・ポルが見ても，「食事の同時発生」[（2）]の形跡がまったくない。**❸**プーランによると，（イギリス人が）食べ物をとることは１日にわたって分散しているので，「人づきあいの雰囲気がない」[（3）]という結果になっている。**❹**「多くのイギリス人は運転席にいながらであったり，パソコンを片目で見[（4）]ながら食事しますが，食事を『フルタイム』の活動とみなすフランス人にとって，そうした行為はとんでもないことなのです。**❺**フランスでは，食事が１日の中で最良の部分の１つなのです」とサン・ポルはつけ加える。**❻**国立統計経済研究所は，フランス人の時間の過ごし方に関する調査で，食事が，読書をしたり音楽を聴いたりするのとほとんど同じくらいの喜びを与えることを発見した。**❼**職場でも，家庭でも，一人で食べるのは苦難と見なされることが多いのだ。

┗ **第5段落の要旨** 英仏の食事に対する考え方も大幅に異なる。

□ the British 　　名「イギリス人」‥‥‥‥‥‥‥‥‥‥‥‥‥‥‥‥‥‥‥‥‥‥A
□ synchronism 　名「同時発生」‥‥‥‥‥‥‥‥‥‥‥‥‥‥‥‥‥‥‥‥‥‥‥C
□ result in ～ 　　熟「～という結果に終わる」‥‥‥‥‥‥‥‥‥‥‥‥‥‥‥‥B
□ at the wheel 　熟「運転席に座って」※wheelは「ハンドル」。‥‥‥‥‥‥A
□ sacrilege 　　　名「神聖を汚すこと，非礼」‥‥‥‥‥‥‥‥‥‥‥‥‥‥‥‥C
□ trial 　　　　　名「試練，苦難」※「人を試すもの」。‥‥‥‥‥‥‥‥‥‥B

⑥ **❶**<u>Social practice</u> <u>varies</u> <u>so much</u> ⟨from one community to another⟩ ⟨because [<u>eating</u>
　　　S　　　　　　V　　M　　　　　　　　　　　　　　　　　　　　接　　　S′

<u>food</u>] <u>can be</u> <u>so much more</u> ⟨than just a <u>functional activity</u>⟩⟩: <u>each country's eating</u>
　V′　　　C′　　　　　　　　　　　　　　　S″　　　　　　　　　　S

<u>habits</u> <u>are marked</u> ⟨by cultural values, symbols and identities, [<u>what the French</u>
　　　　　V　　　　　　　　　　　　　　　　　　──同格──　　　　関代 O′

anthropologist Marcel Mauss called φ a "total social fact"]⟩.
　　　　　　　　　　　S′　　　　　V′　　　　　　　　C′

⑥　❶社会の習慣がコミュニティーによってこれほど異なるのは，食事が[E]単に機能上の活動をはるかに越えたものであるからだ。各国の食習慣には，文化的価値観，象徴，アイデンティティ，つまりフランス人の人類学者マルセル・モースが「全体的な社会的事実」と呼んだものが刻み込まれている。

　↳ **第6段落の要旨** 食事に対する考え方は社会ごとに異なる。

　□ practice　　　　　　　　　　名「慣習」……………………………………………A
　□ vary from one ～ to another　熟「～によってさまざまである」……………B

⑦　❶"⟨In the US⟩ the dominant conception ⟨of food⟩ is nutritional," Fischler
　　　　　　　　　　　　　S′　　　　　　　　　　　　　V′　C′　　　　S

explains. ❷"[Feeding oneself] is ⟨above all⟩ a matter ⟨of making rational decisions
V　　　　　　　　　S　　　　　V　　　　　　　　C　　　　　　　V′　　　　O′

⟨to satisfy bodily needs⟩⟩. ❸⟨In contrast⟩, the French have a gourmet conception
　　V″　　　O″　　　　　　　　　　　　　　　　　　　S　　　V　　　　O

⟨of food⟩, ⟨putting the emphasis ⟨on flavor and pleasure⟩⟩. ❹⟨In our surveys⟩ we asked
　　　　　　分構 V′　　O′　　　　　　　　　　　　　　　　　　　　　　　　　S　V

French and American people [to say [what they associated φ ⟨with various words⟩]].
　　　　　IO　　　　　　　　　DO　　関代O′ S′　　V′

❺⟨When we suggested 'chocolate cake'⟩, the Americans thought of 'guilt', the French,
　　接　S′　V′　　　　O′　　　　　　　S₁　　　　V₁　　O₁　　　S₂

⟨thought of省略⟩ 'birthdays'."
　　　　　　　　　O₂

⑦　❶「米国では食事に対する主な考え方は[エ]栄養面に関することなのです」とフィシュラは説明する。❷「食事をするということはなによりも，肉体的な必要性を満足させる，合理的な決定をするという問題なのです。❸対照的にフランス人は食事に対して美食的な考え方を持っており，風味と喜び[(5)]を重視します。❹私たちの調査で，私たちはフランス人とアメリカ人にさまざまな単語を提示し，それで何を連想するか答えるように頼みました。❺私たちが『チョコレートケーキ』と言うと，アメリカ人は『罪悪感』を思い浮かべ，フランス人は『誕生日』を思い浮かべたのです」

　↳ **第7段落の要旨** 米仏の食物に対する考え方の違い。

　□ dominant　　　　　　　　形「有力な，支配的な」…………………………………B
　□ above all　　　　　　　　熟「とりわけ」………………………………………………A
　□ rational　　　　　　　　 形「合理的な」………………………………………………B
　□ in contrast　　　　　　 熟「対照的に」………………………………………………A
　□ gourmet　　　　　　　　形「グルメの，美食の」…………………………………B
　□ associate A with B　　　熟「AをBと結びつける」※通例「AからBを連想する」だが，本文では「BからAを連想する」になっていることに注意。………………………………………………………B

1. ritual   「儀式」→長く続く決まった型のもの
   routine   「日課」→毎日行われる決まった型のもの
   route   「道（筋）」→毎日通る決まった道

2. sacred   「神聖な」→清められた
   sacrilege 「神聖なものを汚すこと」→神聖なものを -lege- [取る]
   saint   「聖人」→清められた人，Saint Valentine の saint
   sacrifice 「を犠牲にする」→清めるために神に捧げる
   sanctuary 「禁猟区」→元は「清められた場所，神聖な場所」

3. appetite   「食欲」→-pet-[懇願]から。「ご飯をくれ」と身体が言う。
   petition   「請願，嘆願」→「権利の請願」the Petition of Right
   repetition 「反復」→何度も請い願うこと
   competition 「競争」→みんなで請い願う
   competent 「有能な」→competition に参加するだけの力がある

4. stable   「馬小屋」「安定した」→じっとしている（所）
   star   「星，恒星」→じっとしているもの
   stare   「じっと見る」→視線が動かない
   stay   「滞在する」→ある場所にじっとしている

5. anthropologist
            「人類学者」→anthropo-[人類]を論理的に研究する人
   Pithecanthropus
            「ピテカントロプス」→Pithec-[サル]と人間の中間の
            もの

6. synchronism 「同時性」→syn-[同じ]＋-chro-[時間]
   synchronized 「同時に起きる」
   chronic   「慢性の」→長く続く
   anachronism 「時代錯誤」→ana-[反対]の時間

7. nutritional 「栄養上の」→栄養に関わる
   nurse   「看護師，乳母」→乳[栄養]を与える人
   nutrition   「栄養」→栄養のあるもの
   nourish   「〜を養う」→栄養を与え育てる

8. domestic   「家の，国内の」→dome「家」
   dominate   「〜を支配する」→「家の主人」
   dominant   「支配的な」

日本語は単語の品詞が特定可能である。たとえば「労働」といえば名詞に決まっているし，「働く」なら動詞となる。「標準」は名詞に分類され，「標準的だ」は形容動詞に分類される。ところが，英語ではworkは動詞と名詞の働きがあり，standardは名詞と形容詞の品詞を兼ねる。よって，英単語の品詞を決めてかかるのは非常に危険なことなのである。本文にもlunch「昼食を食べる」，snack「軽食を食べる」が出てきている。今回は，一般に名詞あるいは形容詞として学習するが，動詞でも使える語を取り上げてみる。

1. book ～	「～を予約する」	※昔は予約のときに「台帳」につけたから。
2. bike	「自転車で行く」	※I bike to school. = I go to school by bike.
3. address ～	「～に取り組む」	※addressの原義は「まっすぐ向き合う」。
4. weather ～	「～を切り抜ける」	※「(悪い天気)を切り抜ける」と暗記。
5. fashion ～	「～を作り出す」	※「ファッション」とは作られたもの。
6. season ～	「～を味付けする」	※原義は「(季節になったので)種をまく」。
7. water ～	「～に水をやる」	※water the lawn「芝生に水をまく」
8. reason	「推論する」	※「理屈の積み上げ」が「理由」になる。
9. free ～	「～を解放する」	※文字通りfreeにする。
10. major in ～	「～を専攻する」	※「主に～を勉強する」から。
11. edge ～ on	「～をけしかける」	※edge「尖ったもの」で突く感じ。
12. coin ～	「(新語など)を作り出す」	※硬貨を大量に作りだすイメージ。
13. spring up	「出現する」	※「春」は生命の爆発だ！
14. head	「向かう」	※Where are you heading for?「どこ行くの？」
15. desert ～	「～を見捨てる」	※「砂漠」とは「人に見離された場所」
16. brief ～	「～を説明する」	※brief「短い」から，元は要旨を述べる。
17. fire ～	「～を解雇する」	※「火をつけて発射させる」イメージ。
18. last	「続く」	※時間の副詞を使う。
19. fine ～	「～に罰金を科する」	※-fin- は「終わり」 お金で決着する。
20. issue ～	「～を発行する」	※「出る」が原意。

テーマ：科学

音楽が思考に
与える影響

[出題校] 立命館大学

[モニターの平均点] **23.8** / 30点

（各3点で採点）

＼竹岡の一言／

導入から一転して「音楽の楽し
み」に発展する論理展開につい
ていけたかどうかがポイント。
面白い文である。

Answers ┊ 解答

番号	正解
1	(A)(4)　(B)(3) (C)(1)　(D)(1)
2	(1)(1)　(2)(2) (3)(1)　(4)(2) (5)(3)
3	(4)

Lecture｜設問解説

1-(A) **正解** **(4)**

内容一致問題 ｜ 正答率 97.4%

解説「バイオリンの演奏に関して，シャーロック・ホームズとアルバート・アインシュタインに共通していたのは何か」

両者の共通点については第2〜3段落の記述を参考にすればよい。第2段落第2文（Holmes apparently ...）に「ホームズは論理的推論の過程を信頼していたように思えるが，また別の過程も信頼していたのである ── 音楽を演奏するという行為だ」とある。また第3段落第1文（Einstein also ...）「アインシュタインもまた，バイオリンの演奏を通して思考を補助する方法を発見した」とある。つまり両者の共通点とは「バイオリン演奏を思考の補助としたこと」である。選択肢を順に検討する。(1)「バイオリンを演奏することは彼らの業績と何の関係もなかった」は明らかに偽。(2)「二人とも大変に得意な趣味であった」は偽。ホームズに関しては，その音色に関する記述は第2段落第1文（A typical scene ...）に「聞こえてくる荒々しいバイオリンの響きから」とあり，おそらく「得意ではなかった」と推察できる。さらに，アインシュタインについては第3段落第2文（He may have ...）に「彼はバイオリンを弾くのが特に優れているというわけではなかった」とある。(3)「熟練の演奏家であったとはいえ，厳しい練習を必要とした」も偽。(2)の根拠と同じ。(4)「バイオリン演奏が音楽に関係のない問題の解決法を発見するのに役立った」が真で，これが正解。

1-(B) **正解** **(3)**

内容一致問題 ｜ 正答率 80.8%

解説「筆者によれば，我々は頭の中の何かを解決しようとするとき，何をするのか」

第5段落第2文（We have all ...）に「我々は皆，心の中で何かを解決しようとしているときに，文字通りじっと座っていられないという経験をしたことがあるものだ。行ったり来たりしたり，貧乏揺すりをしたり，まるでそうした無意識の動きが我々の思考を前に進めるために必要であるかのようだ」とある。「つまり何かを解決しようとするとき，無意識のうちに身体を動かしている」ということ。これを念頭におき，選択肢を順に検討する。(1)「他者に助けを求める」は偽，(2)「じっとして集中する」も偽，(3)「ある種の身体動作を繰り返す」は真。(4)「バイオリンやピアノといった楽器を手にする」は偽。以上から(2)が正解となる。

1-(C) **正解** **(1)**

内容一致問題 ｜ 正答率 65.4%

解説「多くの大人の音楽学習者がする経験とはどれか」

この話題は第7段落第4〜5文（But how... mind.）に「だが，もしも大人たちがいつも自分自身と他者（驚いたことに，子ども）とを比べて後ろ向きになり，調子の外れた間違った音を出すたびごとに罪の意識を感じていたとするならば，大人たちはどれほど学べるのであろうか。これに加え，練習は退屈な修行だという誤った考え，それに従来の『ノーミス』をよしとする学習法への忍従，自分に真の音楽的な才能があるのかという不安を持てば，彼らはすぐに，心身ともにほとんど麻痺に近い状態に陥ってしま

うのである」とある。つまり「ミスすることを恐れるがあまり，心身とも麻痺状態に陥る」ということである。これを念頭におき，選択肢を順に検討する。(1)「彼らは誤った考えによって妨げられる」は真。(2)「彼らは子どもより早く上達する」は上記に合わないため偽。(3)「彼らは学習時に高い期待を抱く」も偽。これは同段落第 1 文（The paradox is …）「大人になって音楽を始める者は，自らに対して最小限の期待しかないことが多い」と矛盾する。(4)「彼らは楽器に熟達しようと固い決心をしている」は偽。「最小限の期待しかしてない」のだから「熟達」など望むわけがない。以上から（1）が正解となる。

1-(D) **正解** **(1)** ｜内容一致問題｜ 正答率 **82.6%**

解説 **「アマチュアであることについての筆者の考えは何か」**

最終段落第 4 文（But amateur …）に「しかし，アマチュアの身分は楽しいものにもなりうる。自由な選択をし，自分のしていることへの純粋な愛，限りない発見の可能性を受け入れることによって」とある。これを念頭におき，選択肢を順に検討する。(1)「それは見返りの多い，楽しい経験でありうる」は上記に合致するので真。「見返りの多い」に関しては第 6 段落第 1 文（This mind-body unity …）に「このような心身の一体感は，大人になってから，どんな水準であろうと，音楽を演奏することで得られる見返りの 1 つにすぎない」とあることから，多くの見返りがあることが暗示されている。(2)「それは余暇とお金の無駄である」は偽。筆者の考えとは真逆の記述である。(3)「それは真の音楽の才能がないということの表れである」も偽。本文にこのような記述はない。(4)「それは，ホームズやアインシュタインのような天才となるのに役立ちうる」も偽。本文によると「ホームズやアインシュタインが自らの天才を発揮したのはアマチュア音楽家であったからだ」ということだが，「アマチュア音楽家だから天才になれる」とは書いていない。

2-(1) **正解** **(1)** ｜内容一致問題｜ 正答率 **80.1%**

解説 「ワトソン医師はシャーロック・ホームズが困難にぶつかったときバイオリンを演奏することを知っていた」は真。第 2 段落第 1 文後半（knowing from …）に「忠実な助手であるワトソン医師が，階段を上ってくると，聞こえてくる荒々しいバイオリンの響きから，あの偉大なシャーロック・ホームズの問題解決の能力が，現在彼が取り組んでいる事件によって厳しく試されていることを知るというものだ」とある。

2-(2) **正解** **(2)** ｜内容一致問題｜ 正答率 **83.3%**

解説 「潜在意識は私たちの抱える問題に対する解決を与えることはできない」は偽。第 4 段落第 2 文（In both cases …）の「両者の場合とも，結果重視の思考が何かしらゆるみ，潜在意識が彼らを導くことが可能になった」と矛盾する。

2-(3) **正解** (1) 　　　　内容一致問題 正答率 51.3%

解説 「筆者はピアノを弾いているときに, 自らの疑問に対する答えを書き留める」は真。第5段落第5文（I personally ...）に「私自身は, ピアノを弾くことに, こうした効果（潜在意識から答えをもらうこと）があるのを知っている」とある。また, 続く第6文の I have to keep a notebook handy while practicing「練習中に手元にノートを置いておく必要がある」から, 浮かんだ答えをメモしているとわかる。

2-(4) **正解** (2) 　　　　内容一致問題 正答率 74.4%

解説 「音楽学習者は間違った音を出すたびに, 辛い思いをすべきである」は偽。第7段落第4文（But how ...）に「だが, もしも大人たちがいつも自分自身と他者（驚いたことに, 子ども）とを比べて後ろ向きになり, 調子の外れた間違った音を出すたびごとに罪の意識を感じていたとするならば, 大人たちはどれほどのことを学べるのであろうか」とある。つまり,「辛い思いをすることはよくない」と書かれている。

2-(5) **正解** (3) 　　　　内容一致問題 正答率 48.7%

解説 「アマチュアの音楽家はしばしばプロよりもうまい」については, 本文にこのような記述はない。

本文からはわからない」と「間違い」との見極めに注意！
「間違ったもの」か「本文に書かれていないものか」の区別で悩む人は多い。この問題も「間違い」とした人が40%を超える。この選択肢は常識的に間違っていると思うだろうが, 本文には「プロ」に関する記述などない。さらに, アマチュアとプロの技術の優劣について述べている箇所もない。つまり, アマチュアの方がしばしばプロよりうまいかどうかを判断する根拠が本文中に一切ないのである。よって「本文からはわからない」とする必要があるのだ。先入観で解いてはいけない。

3 **正解** (4) 　　　　内容一致問題 正答率 55.1%

解説 本文の主張は「（ホームズ, アインシュタイン, 筆者を含めた）アマチュア音楽家が, その腕前とは無関係に, 演奏により得ることが多い」ということ。これを念頭において, 選択肢を順に検討する。(1)「バイオリン演奏のための助言」は不可。本文の内容とはまったく異なる。(2)「現代生活における心身一体」も不可。「心身一体」の意味するところがわからないし, シャーロック・ホームズなどの例は「現代生活」には入らないはず。(3)「音楽とアインシュタインの理論との類似」も不可。アインシュタインの理論についての言及など本文にはない。(4)「音楽の演奏が問題を解決するのにどう役立つか」が正解。(5)「バイオリンよりピアノを演奏する方が勝っている点」は偽。本文でこのような比較は行われていない。以上から (4) を選ぶ。

Translations & Notes : 全訳と語句注

❶ **❶** What do Sherlock Holmes and Albert Einstein have 〈in common〉? **❷** Both were
extraordinary thinkers, 〈one (being 省略) a fictional genius, the other (being 省略) a real
genius〉— curious, original, and brilliant. **❸** And both were amateur violinists. **❹** The link
〈between these aspects〉 is significant. **❺** 〈When either man got really stuck 〈in his problem
solving〉〉, he would turn 〈to the same solution: playing the violin〉.

❶ **❶**シャーロック・ホームズとアルバート・アインシュタインの共通点とは何だろ
う？　**❷**両者とも非凡な思索家だ。1人は架空の天才であり、もう1人は実在の天
才だが ── どちらも好奇心が強く、独創的で、才覚にあふれていた。**❸**さらに両
者ともバイオリンの愛好家であった。**❹**これらの面の結びつきには意味がある。**❺**
ホームズにせよ、アインシュタインにせよ、問題解決に本当に行き詰まると、同じ
解決法 ── バイオリンを弾くこと ── に頼るのが常だったのである。

> **第1段落の要旨** シャーロック・ホームズとアルバート・アインシュタインの共通点の1つは、
> 問題解決に行き詰まるとバイオリンを演奏したことだ。

- □ have 〜 in common **熟**「〜を共通点に持っている」※この熟語では common は名詞扱い。⋯⋯ **A**
- □ extraordinary **形**「非凡な」⋯⋯⋯⋯⋯⋯⋯⋯⋯⋯⋯⋯⋯⋯⋯⋯⋯⋯⋯ **B**
- □ one a fictional genius, the other a real genius　※ one is a fictional genius, the other is a real genius を主語がついた分詞構文(→独立分詞構文)にした形である。
- □ fictional **形**「架空の、フィクションの上での」⋯⋯⋯⋯⋯⋯⋯⋯⋯ **B**
- □ link between 〜 **熟**「〜の間のつながり」⋯⋯⋯⋯⋯⋯⋯⋯⋯⋯ **B**
- □ get stuck in 〜 **熟**「〜の中にはまって動けなくなる」⋯⋯⋯⋯ **B**
- □ would **助**「〜したものだ」※過去の習慣的行為を示す。⋯⋯ **A**
- □ problem solving **名**「問題解決」(→p.105 **Supremacy 013**)⋯⋯⋯⋯ **A**

❷ **❶** A typical scene 〈in the detective novel〉 finds Dr. Watson, the loyal assistant,
walking 〈up the stairs〉─ 〈knowing, 〈from the wild violin sounds ((which 省略) he
hears φ)〉, [that the great Sherlock Holmes's powers (to solve problems) are being
severely tested 〈by the case ((which 省略) he is working on φ)〉]〉. **❷** Holmes apparently
trusted the process (of logical deduction), but he trusted another process, too ─ the act
(of music making). **❸** The two processes worked together somehow, 〈each helping the

098

other ⟨in a way ⟨that the author of the stories hints at ϕ but doesn't attempt to define ϕ ⟩⟩⟩.
O′　　　　　　関代O′　　　　　S″　　　　　V″₁　　接　　　　V″₂

② **❶** ホームズが登場する探偵小説におけるお決まりのシーンに見られるのは，忠実な助手であるワトソン医師が，階段を上っていくと，聞こえてくる荒々しいバイオリンの響きから，あの偉大なシャーロック・ホームズの問題解決の能力が，現在彼が取り組んでいる事件によって厳しく試されていることを知るというものだ。**❷** ホームズは論理的推論の過程を信頼していたように思えるが，また別の過程も信頼していたのである ── つまり，音楽を演奏するという行為だ。**❸** この２つの過程はどういうわけか相伴って働き，それぞれが，この作品の著者がほのめかしはするものの，明確にしようとはしない方法で互いに助け合っているのである。

↳ **第2段落の要旨** ホームズの論理的推論とバイオリン演奏は相互に影響し合い問題解決に役立っている。

- □ the detective novel 　　　　名「その（ホームズが登場する）探偵小説」……**B**
- □ loyal 　　　　　　　　　　　形「忠実な」…………………………………………**B**
- □ knowing, from ～, that S V 　熟「～からSVということを知っている」………**A**
- □ case 　　　　　　　　　　　名「事件」……………………………………………**A**
- □ work on ～ 　　　　　　　　熟「～に取り組む」………………………………**A**
- □ apparently ～ 　　　　　　　副「どうやら～と思える」………………………**A**
- □ the act of ～ 　　　　　　　熟「～という行為」………………………………**A**
- □ somehow 　　　　　　　　　副「どういうわけか」……………………………**B**
- □ each (of them) having ～ 　　熟「（その）それぞれが～を持っている」※主語がついた分詞構文（→独立分詞構文）…………**A**
- □ in a way that S hints at but doesn't attempt to define
　　　　　　　　　　　　　　　熟「Sがほのめかしてはいるが，はっきりさせようとはしていない方法で」
　　　　　　　　　　　　　　　※ that は関係代名詞。…………………………**B**
- □ the auther of the stories 　　英国の作家で，シャーロック・ホームズの作者である Conan Doyle のこと。

③ **❶** Einstein also found a way ⟨to aid his thinking ⟨through violin playing⟩⟩. **❷** He
　　　S　M　V　O　　　V′　O′　　　　　　　　　　　　　　　　　S₁

may not have been an especially skilled violinist, but that is clearly not important.
　　V₁　　　　　　　　　　C₁　　　　　　　接　S₂ V₂　M　　　C₂

❸ "⟨Whenever he felt [that he had come ⟨to the end ⟨of the road or ⟨into a difficult
　　接　　S′ V′ O′接 S″　　V″

situation ⟨in his work⟩⟩⟩⟩]," his elder son has said, "he would engage ⟨in music⟩, and
　　　　　　　　　　　　　　S　　　　　V　　S′₁　　V′₁　　　　接

that would usually resolve all his difficulties."
S′₂　　M′　　V′₂　　O′₂

③ **❶** アインシュタインもまた，バイオリンの演奏を通して思考を補助する方法を発見した。**❷** 彼はバイオリンを弾くのが特に優れているというわけではなかったが，それが大した問題でなかったのは明らかである。**❸** 「父は研究で行き詰まったり，難しい状況に陥ったりしたと感じると，たいてい音楽にいそしみ，それによって大抵，難問をことごとく解決しました」と，長男が語ったことがある。

↳ **第3段落の要旨** アインシュタインもバイオリン演奏を通して難問を解決した。

□ aid ～　　　　　　　**動**「～に役立つ」···**B**
□ violin playing　　　**名**「バイオリン演奏」※bird watching と同じパターン。
　　　　　　　　　　　　　　　　　　　　　　　　　　　　　　　　　A
□ clearly　　　　　　**副**「～なのは明らかだ」※文修飾語。················**A**
□ the end of the road　**熟**「行き詰まり」···**A**
□ resolve ～　　　　　**動**「～を解決する」··**B**

④ ❶ Musical forms, beauty, and patterns took both these geniuses'minds 〈beyond
　　　　　　　　　　S　　　　　　　　　　　　V　　　　O
conventional thinking〉〈into an advanced type of thought〉. ❷〈In both cases〉their

result-focused minds relaxed somehow, 〈allowing their subconscious minds 〈to guide
　　S₁　　　　　　V₁　　　　M　　分構 V'　　　　　　　　O'　　　　　　　C'
them〉〉— and [playing music] provided this link 〈between conscious and
　　　接　　　　S₂　　　　　V₂　　　O₂
subconscious〉. ❸〈In short〉, they solved real-world problems 〈by losing themselves
　　　　　　　　　　　　　　S　　V　　　O　　　　　　V'　　　O'
〈in music〉, specifically 〈in the violin〉〉. ❹ I would guess [that Einstein was not a
　　　　　　　M　　　　　　　　　　　　　　S　　V　　O 接　　　S'　　　V'
cautious player, either]. ❺ He attributed his scientific creativity directly 〈to this quality
　　C　　　　M　　　　S　　V　　　　　　O　　　　　M
〈of childlike curiosity〉〉. ❻ Einstein often said [that his most famous theory was also
　　　　　　　　　　　　　　　S　　M　　V O接　　　S'　　　　　　　M'
inspired 〈by music, its forms and relationships〉].
　V'

④ ❶音楽の形態，美しさ，様式によって，この両天才の知性は従来の考え方を超えて，高度な型の思考へと誘われたのだ。❷両者の場合とも，結果重視の思考が何かしらゆるみ，潜在意識が彼らを導くことを可能にした ── そして音楽演奏が，意識と潜在意識とのこのような結合をもたらしたのだった。❸要するに，彼らは現実世界の問題を，音楽，特にバイオリンに没頭することで解決した。❹アインシュタインも慎重な弾き手ではなかっただろうと私は想像する。❺彼は自分の科学的創造力の源は，まさしくこの子どものような好奇心に富んだ資質だと考えている。❻アインシュタインは，自分の最も有名な理論も，音楽 ── その形態と関係性 ── 閃きを得たものだとよく語っていた。

↳ **第4段落の要旨** 音楽によって意識と無意識が結びついた。

□ take ～ beyond A into B　**名**「～をAを越えてBまで誘う」···············**A**
□ result-focused　　　　　**形**「結果に重点を置いた」···························**B**
□ allowing ～ to (V)　　　**熟**「それによって～がVするのを可能にした」※前
　　　　　　　　　　　　　　　文を主語とする分詞構文。··························**A**
□ in short　　　　　　　　**熟**「手短に言えば」································**A**
□ lose oneself in ～　　　**熟**「～に没頭する」(→p.106 **Supremacy 014**) ·····**A**
□ would guess ～　　　　**熟**「～かなと推測する」······························**A**

100

5 **❶**It seems [that certain physical actions stimulate the brain, create connections,
　　　S　V　C 接　　　　　　　　S′　　　　　V′₁　　O′₁　　V′₂　　O′₂

and speed up thought]. **❷**We have all had the experience ⟨of being literally unable to
接　V′₃　　O′₃　　　S┌─同格─┐M　V　　O　　　　　　　M′

sit still ⟨when we are trying to resolve something ⟨in our minds⟩⟩⟩. **❸**We pace up and
V′ C′　　接　S″　　　V″　　　　　　O″　　　　　　　　　　　　　S　V₁

down or shake a leg, almost ⟨as if such involuntary motions were needed ⟨to move our
　　接　V₂　O₂　M　　接　　　　　S′　　　　　　V′　　　V″

thoughts forward⟩⟩. **❹**Sometimes the mind-body relationship works a bit differently:
　O″　　M″　　　　M　　　　　M　　　　　　　　S　　　　V　M　　M

⟨while (we are省略) taking a long walk or rowing a boat ⟨across the lake⟩, ⟨just letting our
接　　　　　　　　　　V′₁　　O′₁　接　V′₂　O′₂　　　　　　　　　　　　分構　V″

thoughts drift⟩⟩, we suddenly receive ⟨from the subconscious⟩, ⟨without effort⟩, the
　O″　　　C″　　S　M　　　V

solution ⟨to a problem ⟨that had been troubling us ⟨for weeks⟩⟩⟩. **❺**I personally
　O　　　　　　　　関代S′　　V′　　　　　　O′　　　　　　　　　S　M

know [that [playing the piano] has this effect]; maybe it has something ⟨to do
　V　O接　　　S′　　　　V′　　O′　　M　S　V　　O　　　V′

⟨with both sides ⟨of the brain⟩ being stimulated ⟨by the independent movements
　　S″　　　　　　　　　V″

⟨of both hands⟩⟩⟩. **❻**⟨In any case⟩, I have to keep a notebook handy ⟨while (I am省略)
　　　　　　　　　　　　　　　　S　　V　　　O　　　M　接　　S′

practicing⟩, ⟨because I tend to get the answers ⟨to all kinds of questions ⟨ranging
　V′　　　接　S′　V′　　　O′

from the insignificant (question省略) [where I left the car keys] to the significant
　　　　　　　┌──同格──┐S′ V′　　O′

(question省略) (my life goal for the next decade)⟩⟩⟩.

5 **❶**ある種の身体の動きが脳を刺激し，結合を生み出し，思考を速めるように思われる。**❷**我々は皆，心の中で何かを解決しようとしているときに，文字通りじっと座っていられないという経験をしたことがあるものだ。**❸**行ったり来たりしたり，貧乏揺すりをしたり，まるでそうした無意識の動きが我々の思考を前に進めるために必要であるかのようだ。**❹**ときには，心身の関係がちょっと違う働きをすることもある。長々と散歩をしたり，湖を小舟を漕いで渡ったりして，ただ思考を赴くままに巡らせている間に，我々は突然，潜在意識から，何の努力もしていないのに，何週間も我々を困らせていた問題の解決法を得る。**❺**私自身，ピアノを弾くことに，こうした効果があることを知っている ── もしかしたら，それは右手と左手の独立した動きによって右脳と左脳の両方が刺激されることと何らかの関係があるのかも

しれない。❻いずれにしても，私は練習中に手元にノートを置いておく必要がある。なぜなら，取るに足らない疑問（車のかぎはどこに置いたか）から重要な疑問（今後10年間の人生の目標）までの，あらゆる疑問に対する解答が得られることがよくあるからだ。

↳ **第5段落の要旨** 体の動きが思考を速めるのかもしれない。

□ certain ～	形	「ある，特定の」※筆者は知っているが敢えて伏せる場合に用いる。……………………… A
□ physical action	名	「体の動き」…………………………………………… A
□ stimulate ～	動	「～を刺激する」……………………………………… B
□ speed ～ up / speed up ～	動	「～を速める」………………………………………… B
□ we have all ～		※ we と all が同格の関係。
□ literally	副	「文字通り」…………………………………………… B
□ sit still	熟	「じっとすわる」……………………………………… A
□ pace up and down	熟	「行ったり来たりする」※動物園の熊の行動のイメージ。………………………………………… B
□ move ～ forward	熟	「～を前に動かす」…………………………………… A
□ drift	動	「漂流する，漂う」…………………………………… C
□ receive from A, without B, ～	熟	「A から B なしに～を受け取る」………………… A
□ trouble ～	動	「～を悩ます」………………………………………… B
□ have something to do with S′ (V′) ing	熟	「S′V′することと少し関係がある」……………… A
□ keep ～ handy	熟	「～を手元に置いておく」…………………………… B
□ answer to ～	熟	「～に対する答え」…………………………………… A
□ range from A to B	熟	「A から B への範囲に及ぶ」……………………… B

⑥ ❶This mind-body unity is only one (of the rewards (to be found ⟨in making music⟩,
　　　 S　　　　　 V　　 C　　　　　　　　　　　　　　　 V′　　　 V″　 O″

⟨at any level⟩, ⟨as an adult⟩)). ❷Ironically, far too many adults (who study music
　　　　　　　　　　　　　　　　　　　 M　　　　　 S　　　 関代S′ V′　 O′

⟨under the general category of "amateurs"⟩) are so modest ⟨in their expectations
　　　　|←―――同格―――→|　　　　 V　　 C

(of mastering an instrument)⟩ ⟨that these rewards turn out to be much less ⟨than
　　 V′　　　　 O′　　　　 接　　 S″　　　　　 V″　　　　 C″

[what they might have been φ]⟩⟩.
関代 C‴　 S‴　　　 V‴

⑥ ❶このような心身の一体感は，大人になってから，どんな水準であろうと，音楽を演奏することで得られる見返りの１つにすぎない。❷皮肉なことに，「アマチュア」という漠然とした分類の下で音楽に励むあまりにも多くの大人は，楽器に熟達する期待度がひどく控え目なので，これらの見返りが本来得たかもしれない見返りよりもずっと少ないものになる。

↳ **第6段落の要旨** 心身の一体感は音楽演奏の見返りの１つにすぎない。

□ mind-body unity	名	「心身の一体感」……………………………………… B
□ make music	熟	「音楽を演奏する」…………………………………… A
□ be modest in ～	熟	「～が控え目である」………………………………… B

□ turn out to be ～　　熟「結局～になる」‥‥‥‥‥‥‥‥‥‥‥‥‥‥‥‥‥‥‥A

7 ❶The paradox is [that adult music learners, ⟨while they often have the lowest
　　　　　　S　　VC 接　　　　　S′　　　　接　S″　M″　V″　　O″
expectations⟩, are ⟨in a uniquely excellent position (to succeed)⟩]. ❷Many take up
　　　　　　　V′　　　　　　　　　　　　　　　　　　V″　　　S　　V
an instrument ⟨with warmhearted desire, love (of music), leisure time and extra
　　O　　　　　　　　①　　　　　　　②　　　　　　③　　　　　④
money (to support the lessons)⟩. ❸⟨Even more importantly⟩, they approach music
　　　　　V′　　　O′　　　　　　　　　　　　　　　　　　　S　　V　　O
⟨with more maturity and intelligence⟩. ❹But how much can adults learn ⟨if they are
　　　　　　　　　　　　　　　　　　　　　接　　O　　　　S　　V　　接 S′
constantly comparing themselves negatively ⟨to others (children, no less)⟩ and
　M′　　　V′₁　　　　O′₁　　　M′　　　　　　　　　　　　　　　　　　　接
feeling guilty ⟨about every unmusical wrong note⟩⟩? ❺Add ⟨to this⟩ the mistaken
　V′₂　　C′₂　　　　　　　　　　　　　　　　　　　　　V　　　　　　　O₁
notion (of practice as boring discipline), acceptance (of the traditional
　　O₁　　　　　　　　　　　　　　　　　　　O₂
"no-mistakes" approach (to learning)), and uncertainty [that they have any real
　　　　　　　　　　　　　　　　　　　　　　O₃———同格———↑接　S′　V′
talent (for music)], and they soon find themselves (in a state (of semi-paralysis
　O′　　　　　接　S　M　V　　O　　　　C
(of body and mind))).

7 ❶逆説的なことに，大人になって音楽を学ぶ者は，自らに対して最小限の期待し
　　かないことが多いが，成功するうえで比類ないほど望ましい立場にもある。❷多
　　くが心温まる願望，音楽への愛，余暇，それにレッスンを続けるだけの潤沢な資金
　　を備えて楽器を手にとる。❸さらに重要なことに，彼らは高い成熟度と知性を持
　　って音楽に接するのである。❹だが，もしも大人たちがいつも自分自身と他者（驚
　　いたことに，子ども）とを比べて後ろ向きになり，調子の外れた間違った音を出す
　　たびごとに罪の意識を感じていたとするならば，大人たちはどれほどのことを学べ
　　るのであろうか。❺これに加えて，練習は退屈な修行だという誤った考え，それ
　　に従来の「ノーミス」をよしとする学習法への忍従，さらには，自分に真の音楽的
　　才能があるのかという不安を持てば，彼らは気がつけばすぐに，心身ともにほとん
　　ど麻痺に近い状態に陥ってしまう。

　┗→ **第7段落の要旨** 大人の方が楽器を上達させやすい環境にいるのだが，自ら他者と比べて萎縮
　　　　　　　　　　　　すると途端に伸びなくなるだろう。

□ paradox　　　　　　　　名「逆説」‥‥‥‥‥‥‥‥‥‥‥‥‥‥‥‥‥‥‥‥‥B
□ in a ～ position to (V)　熟「Vすることに対して～な立場にいる」‥‥‥‥A
□ take ～ up / take up ～　熟「～を手に取る」‥‥‥‥‥‥‥‥‥‥‥‥‥A
□ extra　　　　　　　　　形「余剰の」‥‥‥‥‥‥‥‥‥‥‥‥‥‥‥‥‥‥A
□ even more importantly　熟「さらに重要なことに」‥‥‥‥‥‥‥‥‥‥A
□ maturity　　　　　　　名「成熟」‥‥‥‥‥‥‥‥‥‥‥‥‥‥‥‥‥‥‥B

1
2
3
4
5
6
7
8
9
10
11
12
13
14
15
16
17
18
19
20

□ compare *A* negatively to *B*　　　熟 「*A*を否定的に*B*と比べる」……………………A
□ ～, no less　　　熟 「驚いたことに～，まさか」※皮肉めいた調子
　　　　　　　　　　　で使われる。………………………………A
□ feel guilty about ～　　　熟 「～について罪の意識を感じる」……………B
□ unmusical wrong note　　　熟 「音楽とは言えない外れた音」………………C
□ Add to this ～, and S V　　　熟 「これに加えて～があり，S V となる」………A
□ discipline　　　名 「訓練」……………………………………………B
□ have any talent for ～　　　熟 「～に対して何らかの才能がある」…………A
□ find oneself ～　　　熟 「気がつけば～」……………………………………A

⑧ ❶Even the word amateur has conflicts (of meaning). ❷〈While it literally means
　　M　S　　同格　　V　O　　　　　　　　　　接　S′　M′　V′
"lover" (in French)〉, it can also carry the connotation (of dabbler, a person (who
O′　　　　　　　S　M　　V　　O　　　　同格　　　　関代S′
is somehow fated (never to be very good))). ❸[To describe someone's work as
M′　V′　　C′　　　　　　　　S　　V′　　　O′
amateurish] usually is not a compliment. ❹But amateur status can be joyous ―
C′　　　　M　　V　　C　　　接　S　V　C
〈embracing free choice, pure love of [what one is doing], and endless possibilities (for
分構 V′　　　O′₁　　　　O′₂　　　　　　　　　O′₃
discovery)〉.

⑧　❶「アマチュア」という言葉さえ，意味が矛盾している。❷それは文字通りにはフ
ランス語で「愛好家」の意味だが，「下手の横好き」 ―― どういうわけか決してあ
まり上手にならない運命にある人 ―― という言外の意味も持ちうるのである。❸
誰かの仕事を「アマチュア的である」と言うとき，それは普通はほめ言葉ではない。
❹しかし，アマチュアの身分は楽しいもの ―― 自由な選択，自分のしていること
への純粋な愛，限りない発見の可能性を持つものになりうる。

↳ 第8段落の要旨　「アマチュア」という言葉にも矛盾した意味があるが，本来アマチュアとは
　　　　　　　　　楽しいもののはずである。

□ conflict　　　名 「対立」………………………………………………B
□ connotation　　　名 「言外の意味」………………………………………C
□ dabbler　　　名 「(物事を) 道楽半分でする人」…………………C
□ be fated to (V)　　　熟 「Vするように運命づけられている」………B
□ somehow　　　副 「どういうわけか」……………………………B
□ compliment　　　名 「ほめ言葉」※相手の言って欲しいことを -pli- [満たす]。…B
□ embrace ～　　　動 「～を受け入れる，～を包含する」※em- [= in]＋brac-[腕]
　　　　　　　　　　　から「腕の中へ入れる」が原義。[類] bracelet「腕輪」。…B

1. watching birds → bird watching の変形

　何でもない変形だが，意識している人は少ない。本文では第2段落第2文に music making「音楽作成（←make music）」，第7段落第1文 music learner「音楽学習者（←learn music）」が登場する。この変形は大きく分けて2つある。いずれにしても最初の名詞は冠詞をつけたり，複数形にしたりすることはない。

①名詞を作る
［例1］solve problems　　　→problem solving　　「問題解決」
［例2］learn English　　　 →English learning　　「英語学習」
［例3］keep goats　　　　　→goat keeping　　　 「ヤギ飼い」
［例4］lift a weight　　　　→weightlifting　　　「重量挙げ」

②形容詞を作る
［例1］Peace-Keeping Operations　　　「平和維持活動（PKO）」
［例2］an award-winning film　　　　　「賞をとった映画」
［例3］a breath-taking discovery　　　 「息を飲むような発見」
［例4］record-breaking heat　　　　　　「記録破りの暑さ」

2. 文末に置かれた分詞構文

　分詞構文の位置は，文頭，主語の直後，文末の3パターンがあるが，英字新聞，論文などの硬い英文では圧倒的に「文末に置かれた分詞構文」が登場する。その意味は，ほとんどが「前文の補足説明，補足理由」となる。よって，文末に置かれた分詞構文を含む文を読む場合には「左から右」へと流していくのがよい。

［例1］Knowing more about others enables us to identify with them, making their joys, sorrows and interests our very own.
　　　「他人をよく知ることによって，彼らと一体化し，彼らの喜び，悲しみ，興味をまさに自分のものにすることができる」
　　　※identify with them「彼らと一体化する」と述べたあと，その部分を具体化して making their joys, sorrows, and interests our very own としている。
　　本文では3カ所に登場する。
［例2］..., knowing, from ..., that ～「そして…から～を知る」（第2段落第1文）
　　　※know の主語は Dr. Watson。
［例3］..., allowing their subconscious ～「それによって潜在意識が～を可能にする」（第4段落第2文）
　　　※allow の主語は前文全体。
［例4］..., embracing ～「そして～を受け入れる」（第8段落第4文）

1. 再帰動詞というもの

　常に目的語として再帰代名詞を必要とする動詞は再帰動詞と呼ばれる。

［例1］enjoy oneself「自らを楽しませる」→「楽しむ」
［例2］devote oneself to 〜「〜に自らを捧げる」→「〜に没頭する」

　本文でも第4段落第2文に lose oneself in 〜がある。これは「〜の中で自らを失う」→「〜に没頭する」という意味になる。

　現在では oneself が脱落し，自動詞化しているものも多い。

［例1］hide oneself「自らを隠す」→ hide「隠れる」
［例2］adjust oneself to 〜「自らを〜に調整する」→ adjust to 〜「〜に順応する」
［例3］worry oneself「自らを心配させる」→ worry「心配する」
［例4］behave oneself「自らを行動させる」→ behave「行動する」
［例5］dress oneself「自らに服を着せる」→ dress「服を着る」
［例6］yield oneself to 〜「〜に自らを与える」→「〜に屈する」
［例7］engage oneself in 〜「〜に自らを従事させる」→「〜に従事する」

2. 熟語的な表現で，目的語が欠落している場合は oneself を補って考えてみる

　"come to"という英熟語を辞書で引くと，to は副詞で「正気づいて」という意味が載っている。よって come to で「正気づく」となる。「to に『正気づく』という意味があるなんて知らなかった！」という人も多いと思うが，では本当に to にそのような意味があるのだろうか？　辞書の使命は「分析」にあります。したがって，come to という表現では，come が自動詞で，to は副詞だと分析するしかない。さらに come to で「正気づく」の意味を持つため，to に「正気づいて」という訳語をあてるしかない。しかし，come to という熟語は come to oneself「自らに戻る」→「正気づく」から oneself が省略された形だと考えれば納得だ。

3. 動詞が連続する特殊な熟語も oneself を補ってみる

　make believe that SV「SVのふりをする」という熟語は，動詞が2つ並んでいる。これは非常にまれな形（help＋原形不定詞などを除いて）。このような場合 make oneself believe that SV「自らに SV を信じ込ませる」から oneself が省かれたと思えば，理解しやすい。make do with 〜「（代用品など）で済ます」も同じ。make oneself do with 〜「自らを〜で済ます」から oneself が脱落した形だと考えれば簡単。let go of 〜「〜から手を放す」も同じ。これは let oneself go of 〜「自らが〜から離れていくのを許す」から，oneself が脱落したと考えれば理解しやすい。

　もちろん厳密に「省略」「脱落」と断定するには，歴史的な検証が必要となる。たとえば，come to が先に使われ始めたのか，それとも come to oneself が先なのか，などである。こうした厳密な議論も大切なことはあるだろうが，一般の学習者は「oneself を補って考えればわかり易い熟語がある」ということだけで十分だ。

ぜったいに譲れない人生の目標を持とう！

　プロ野球選手のイチロー選手は，小学校の文集に「プロ野球の選手になって，お世話になった人を球場に招待したい」と書いている。早くから夢を「プロ野球選手」に定め，さらに「お世話になった人に恩返し」をするというプランは素晴らしい。

　漠然でもいいから，できるだけ早く「人生の目標」を持つことが重要である。そして，「自分が好きなこと」を仕事にするのが一番だろう。「収入がいいから」とか「安定しているから」などの理由で就職した場合，就職後の人生で辛いことが多いかもしれない。「仕事が楽しい！」と言えることが一番ではないだろうか？　もちろん「好きだ」と思う仕事は人によって千差万別だろう。「あんな仕事，どこか楽しいの？」と思えるような仕事を楽しんでいる人は数え切れないほどいる。だから「自分の好きなこと」を見つけることが大切なのである。

　「好きなこと」なら寝食を忘れてでも取り組めるはずだ。もちろん「好きなこと」を見つけることは相当困難である。色々なことにアンテナを張り巡らして，「これは面白い！」ということを見つけることだ。

　よく言われることだが，「受かる大学」に行くのではなく，「行きたい大学」に行く努力を怠らないことだ。ある年，第1志望の早稲田大学法学部に合格した生徒は，高校2年の段階では早稲田大学には到底及ばない成績で，学校の先生からは志望大学のレベルを下げるように言われていた。それにもかかわらず，この生徒は，第1志望を早稲田大学に定め動じることはなかった。結局，見事に彼は第1志望合格の栄冠を勝ち取った。先生から「志望校を変えろ！」と言われてからの彼の努力は並大抵のものではなく，予習・復習は相当しっかりとやり，少しでも疑問が残った場合には，毎回授業が終わるたびに先生に質問しに行っていた。

　「目の色を変えて勉強する」という言葉をよく耳にするが，本当にそれほどの努力ができている人は少ない。「やらなければならないことはよくわかっているけど……」という人ばかりなのである。人間は弱いから，どうしても長続きしないものだ。だから，自分の意思に頼るのではなく，「やるしかない環境」に自分を追い込めばいい。たとえば，英語の勉強をするためにスマホに英語教材を入れても，ついつい音楽を聴いたり，ゲームをしたりしてしまうだろう。それならスマホの使用は諦めたほうがよい。「第1志望合格か，スマホか？」決めるのは君だ。さあ，どうする？

テーマ：科学

波力発電の現状と課題

[出題校]青山学院大学

[モニターの平均点] **30.2** / 45点
（記号問題は各2点，記述問題は5点で採点）

＼竹岡の一言／

難語や専門用語がいくつも登場
するので難しい印象があるが，
設問自体はそこまで難しくない。
「くじけない心」が大切。

Answers：解答

番号	正解
1	海洋の力を考えると，波エネルギーは将来性のある再生可能エネルギー源に思われる。
2	波を見たときの直感的な反応は，水面下に飛び込むことであることなど誰でも知っている。
3	(a) ① (b) ④ (c) ④ (d) ② (e) ③ (f) ① (g) ② (h) ④ (i) ① (j) ③
4	1) ② 2) ① 3) ② 4) ① 5) ① 6) ② 7) ② 8) ① 9) ② 10) ①

1 　正解　海洋の力を考えると，
波エネルギーは将来性のある
再生可能エネルギー源に思われる。

| 英文和訳問題 | 　正答率　63.5%

解説　**Given the ocean's power, wave energy seems a promising source of renewable energy.**
「海洋の力を考えると，波エネルギーは将来性のある再生可能エネルギー源に思われる」
◆**given ～**「～を考慮すると」
◆**promising**「将来有望な」 **a promising sourse of renewable energy** は，日本語を整えて「再生エネルギーの源として期待できる」などと訳すことも可。

竹岡の
生徒答案
メッタ
斬り！

[生徒答案例1][3/5]
海の力を考慮すると，海で作り出されるエネルギーは再生［ヌケ→可能］エネルギーの前途有望な×動力源［→源］のひとつであるように思われる。
※ renewable に注意。source は「源」の意味。
[生徒答案例2][2/5]
海洋の力×があるため［→を考慮すると］，波力は見込みのある再生可能エネルギー資源［ヌケ→の１つ］であるように思われる。
※ given の誤訳は痛い。
[生徒答案例3][1/5]
×特定な海の力，すなわち，［→海の力を考慮すれば］波のエネルギーは，再生可能エネルギーの，将来有望な源であるように思われる。
※ a given ～「ある特定な～」と勘違いしている。その結果，構造も読み誤っている。

2 　正解　波を見たときの直感的な反応は，
水面下に飛び込むことで
あることなど誰でも知っている。

| 英文和訳問題 | 　正答率　62.3%

解説　**Everyone knows when you see a wave the intuitive reaction is to dive underneath.**
「波を見たときの直感的な反応は，水面下に飛び込むことであることなど誰でも知っている」
◆**Everyone knows**（**that**）「～ということを誰でも知っている」
◆**when you see a wave**「波を見れば」you は「一般論を示す you」なので訳さないこと。この副詞節は，後ろの文（the intuitive reaction is ...）を修飾している。
◆**the intuitive reaction is to dive underneath**「直感的な反応は，水の下に飛び込むことだ」to dive ... は to 不定詞の名詞的用法で，この文の補語になっている。

竹岡の
**生徒答案
メッタ
斬り!**

[生徒答案例1] [5/5]
波を見たとき，直感的にとる反応が水面下に潜ることだというのはみんな知っている。
※素晴らしい。

[生徒答案例2] [3/5]
波を見たとき×本能的に [→直感的によることは] 海の下に潜ること [ヌケ→だと] をみんな知っている。
※instinct「本能」と intuition「直感」とは異なる。あと that 節の訳になっていない。

[生徒答案例3] [0/5]
波を見たときに誰もが知っている直感的な反応は海の中に潜るいうことだ。
※単語を適当につなげた訳文。

3-(a) | **正解** ① | 語彙問題 | 正答率 **32.4%**

解説 下線部を含む英文（giant jellyfish tethered to the seafloor）は「海底につながれた巨大なクラゲ」の意味。選択肢それぞれの動詞のもとの意味は ①fasten「〜を留める，固定する」，②assign「〜を割り当てる」，③rush「〜を急がせる」，④compare「〜を比べる」の中で適切なのは①だけである。

Cheer Up!
語の意味の推測問題は，英文全体を読む必要があることもある！
tether は難語なので，その意味は推測によって考えるしかない。しかし，該当箇所付近だけから正解を得るのは困難であろう。この文が「海底に漂うブイの動きを利用して発電する話」であることをおさえた上で，ブイが（V）p.p. to the seafloor「海底に V されている」とあることに注目すれば，「ブイは海底につなぎ止められなければどこかへ行ってしまう」という常識が働くはず。このような一見些末に見える問題でも，「全体を見てから解く」ということを習慣にしたい。

3-(b) | **正解** ④ | 語彙問題 | 正答率 **88.2%**

解説 下線部を含む英文（By harnessing the constant motion of the waves, the buoys generate 〜）の意味は「絶え間ない波の動きを利用することで，ブイは，〜を生み出している」である。harness は比較的難しい語だが，これは前後の文脈だけで十分対処できそうである。選択肢にある動詞の意味は ①trace「〜のあとをたどる」，②light「〜に点火する」，③eliminate「〜を除去する」，④capture「〜を捕らえる」，の中で適切なのは④しかない。なお harness は「（暴れる馬など）に馬具をつける」の意味から「（荒れ狂う自然）を利用する」に転じたもの。

3-(c) | **正解** ④ | 語彙問題 | 正答率 **79.4%**

解説 pilot は，名詞の前で形容詞的に用いて「実験的な」の意味。選択肢① gravity「重力」，②driver「駆動するもの」，③pretense「見せかけ」，④

test「試験」の中で本文の文脈に合うものは④しかない。なお, pilotの原義は「船のかじを取る」。よって「方向性を決める」→「実験的な」となった。

3-(d) **正解** ②

解説 下線部を含む英文（military bases looking to bolster energy and water security）の意味は「エネルギーと水の確保の強化を目指す軍事基地」である。前後を手がかりとして考えれば下線部の意味は特定できるはずだ。選択肢の①damage「～に被害を与える」, ②strengthen「～を強化する」, ③shelter「～を保護する」, ④delay「～を遅らせる」の中でマイナスイメージの①, ④はまず候補から外す。③は「現状維持」を示唆しているが, 本文では「新しい技術を取り入れる」とあるので矛盾する。以上から②が正解だとわかる。

3-(e) **正解** ③

解説 下線部を含む英文（islands where tropical clouds impede solar power or where wind turbines disturb the aesthetics of tourist destinations）の意味は「熱帯雲が太陽光発電を阻害したり, 風力発電のタービンが観光地の美観を損ねたりする島々」である。後半の記述から, 前半もマイナスイメージの記述だと推測できる。よってimpedeはマイナスイメージの語だとわかる。選択肢①support「～を支える」, ②improve「～を改善する」, ③block「～を遮断する」, ④manufacture「～を製造する」の中で, マイナスイメージの単語は③しかない。なおimpedeは「足（-pede-）を中に（im-）入れて邪魔する」が原義。centipede「百足（←100＋足）」, pedestrian「歩行者」, expedition「遠征（←外へ足が向かうこと）」などが同系語。

3-(f) **正解** ①

解説 下線部を含む英文（The equipment is easily damaged by relentless waves and strong storms.）の意味は「設備は容赦なく押し寄せる波と強力な嵐ですぐに損傷する」となる。strong stormsと並列されていることからマイナスイメージの単語を選べばよいとわかる。選択肢①persistent「（好ましくないことが）持続する」, ②gentle「穏やかな」, ③agreeable「快い」, ④robust「頑丈な」の中でマイナスイメージは①しかない。

Cheer Up!

知らない単語に安易に飛びつくな！
およそ40％の人が④robust「たくましい（原義は「オークの木のように強い」）」を選んでいる。robustという単語は知らない可能性があるが, persistentは, persist in ～「～に固執する」の形容詞形だとわかったはずだ。よってpersistentがマイナスイメージなので, 危険を冒して未知の単語に飛びつくのではなく, 堅実路線を行けばよいのである。

3-(g) **正解** ②

解説 下線部を含む英文（a scarcity of large investments needed to refine and test designs）の意味は「構造の改良や検証に必要な多額の投資の<u>不足</u>」である。scarcity は知識として持っている必要のある語。選択肢①excess「過剰」，②**shortage**「不足」，③outbreak「（伝染病，戦争などの）勃発」，④alarm「恐怖，不安」で適切な語は②しかない。

3-(h)　**正解**　④　　　　　　　　　　　　　　　| 語彙問題 |　正答率　82.4%

> **解説**　adequate「十分な」は知識として持っている必要のある語。選択肢①moderate「控えめな」，②generous「気前がよい」，③brutal「残忍な」，④**sufficient**「十分な」の中で適切なのは④のみである。
> なお adequate は，ad-[方向性を示す]＋-equa-[等しい]から，「何かを満たすだけの量がある」が原義。

3-(i)　**正解**　①　　　　　　　　　　　　　　　| 語彙問題 |　正答率　92.4%

> **解説**　shield「～を守る，保護する」は，日本語にもなっている語なので，知識として持っている必要のある語だろう。もちろん <u>shield the equipment from pounding waves</u>「打ち寄せる波からその設備を守る」からも自明であろう。選択肢①**protect**「～を守る」，②control「～を支配する」，③terminate「～を終わらせる」，④exchange「～を交換する」の中で正解は①だ。

3-(j)　**正解**　③　　　　　　　　　　　　　　　| 語彙問題 |　正答率　85.3%

> **解説**　self-contained「自己完結型の」は，「自らを含有した」が直訳。<u>self-contained units that could be towed back to shore</u>「陸まで牽引可能な自己完結型ユニット」の「陸まで牽引可能な」を考慮すれば，他の機械とつながっていないことがわかる。選択肢①content「満足した」，②noisy「騒々しい」，③**independent**「独立した」，④enormous「巨大な」から③を選ぶのは難しくないはずだ。

4-1)　**正解**　②　　　　　　　　　　　　　　　|内容一致問題|　正答率　58.8%

> **解説**　「ケートー技術の第6型はパイプを排除し，電流を陸に運ぶため衛星に依存する」は偽。第6段落第4文（The electricity would ...）には「電気は，パイプを通じて水を送り出すのではなく，海底ケーブルによって陸に運ばれる」とある。

4-2)　**正解**　①　　　　　　　　　　　　　　　|内容一致問題|　正答率　67.6%

> **解説**　「原子力のような技術は，政府からの援助がなければ民間部門で開発することはできない」は真。第3段落最終文（"Energy technologies ...）に「原子力のような今日主流のエネルギー技術は，政府の研究と支援を受けて商業利用のために開発されたのです」とある。

4-3)　**正解**　②　　　　　　　　　　　　　　　|内容一致問題|　正答率　82.8%

> **解説**　「Haechon のような韓国企業は，波エネルギー設計システムで指導的役割を果たしている」は偽。本文にこのような記述はない。

4-4) 正解 ① | 内容一致問題 | 正答率 85.3%

解説 「波エネルギーシステムで用いられる機械は波の被害を受けることがある」は真。第3段落第4文（The equipment is ...）に「設備は容赦なく押し寄せる波と強力な嵐ですぐに損傷する」とある。

4-5) 正解 ① | 内容一致問題 | 正答率 64.7%

解説 「オーストラリアは現在，再生可能エネルギー源を探す必要に迫られていない」は真。
第2段落第1文（Renewable energy is ...）に，「オーストラリアにおいては，国内の化石燃料，中でも石炭の潤沢な供給を考えると，再生可能なエネルギーは差し迫った問題ではない」とある。

4-6) 正解 ② | 内容一致問題 | 正答率 76.5%

解説 「ケートー・プロジェクトはローマの水の王国の神Ceptunoにちなんで名付けられた」は偽。第4段落第1文（Carnegie's pilot project ...）に「カーネギー社の実験プロジェクトは，ギリシャの海の女神ケートーにちなんで『ケートー5』と名付けられ」とある。

4-7) 正解 ② | 内容一致問題 | 正答率 82.4%

解説 「波エネルギーはオーストラリアのエネルギー需要の大多数を供給している」は偽。第3段落第3文（But wave energy ...）に「しかし，波エネルギーの大半はまだ実験段階のものである」とある。

4-8) 正解 ① | 内容一致問題 | 正答率 70.6%

解説 「淡水化（desalination）は海水から塩分を除去するプロセスである」は真。第1段落最終文（They also help ...）に「それらは，海水を淡水化して，同基地の淡水供給量のおよそ3分の1を賄う，淡水化プラントの稼働にも貢献している」の後半から「淡水化」だとわかる。もしde-[否定]-sal-[塩]から[塩を取り除く]と推測できた人は簡単に正解を得たであろう。

4-9) 正解 ② | 内容一致問題 | 正答率 70.6%

解説 「波エネルギー技術は現在最もコストのかからない発電形態のひとつである」は偽。最終段落第2文（But on a small ...）に「しかし，小規模なものであれば，波エネルギーは依然として高くつく」とある。

4-10) 正解 ① | 内容一致問題 | 正答率 76.5%

解説 「熱帯の島の上空の雲が日光が太陽光パネルに届くのを阻害することがある」は真。第2段落最終文（Wave energy ...）に「熱帯雲が太陽光発電を阻害したり，風力発電のタービンが観光地の美観を損ねたりするような島々」とある。

① ❶ ⟨Off the coast ⟨of Western Australia⟩⟩, three big buoys ⟨floating beneath the
　　　　　　　　　　　　　　　　　　　　S

ocean's surface⟩ look ⟨like giant jellyfish ⟨tethered to the seafloor⟩⟩. ❷ The steel
　　　　　　　　　V　　　　　　　　　　　　　C

machines, ⟨36 feet wide⟩, are buffeted ⟨by the powerful waves ⟨of the Indian
　　S　　　　　　　　　　　V

Ocean⟩⟩. ❸ ⟨By harnessing the constant motion ⟨of the waves⟩⟩, the buoys generate about
　　　　　　　　V'　　　　　　　O'　　　　　　　　　　　S　　　V

5 percent of the electricity ⟨used ⟨at a nearby military base ⟨on Garden Island⟩⟩⟩.
　　　　　　O

❹ The buoys are a pilot project ⟨of Carnegie Wave Energy, a company ⟨based in
　　　S　　V　　　C　　　　　　　　　　↑─────同格─────↑

Perth⟩⟩. ❺ ⟨In late February⟩, the buoys started [supplying 240 kilowatts each ⟨to
　　　　　　　　　　　　　S　　　V　　　　O　　V'　　　O'
　　　　　　　　　　　　　　　　　　　　　　　　　　　　(the buoysと同格)

the electricity grid ⟨at Australia's largest naval base⟩⟩]. ❻ They also help [(to省略) run a
　　　　　　　　　　　　　　　　　　　　　　　　　　　　　　S　　M　V　O　　　　V'

desalination plant ⟨that transforms seawater ⟨into about one-third ⟨of the
　　　O'　　　　　関代S"　　V"　　　O"

base's fresh water supply⟩⟩⟩].

① ❶西オーストラリア州沖の海面下に漂う３個の大型ブイは，海底に(a)ロープでつながれた巨大なクラゲのように見える。❷幅36フィートのこの鋼鉄製の機械はインド洋の大波にもまれている。❸ブイは，絶え間ない波の動き(b)を利用することで，ガーデン島にある近くの軍事基地で使用される電力のおよそ５パーセントを生み出している。❹これらのブイは，パースを拠点とする会社であるカーネギー・ウェイブ・エネルギー社の(c)実験プロジェクトである。❺２月下旬に，ブイはそれぞれ240キロワットをオーストラリア最大の海軍基地の電力網に供給を開始した。❻それらは，また，海水を淡水化して，同基地の淡水供給量のおよそ３分の１を賄う，淡水化プラントの稼働にも貢献している。

⤷ **第１段落の要旨** オーストラリアにある波力発電の設備

□ off the coast of ～	熟	「～沖に」	A
□ buoy	名	「ブイ」	C
□ beneath ～	前	「～の下に」	B
□ jellyfish	名	「クラゲ」	B
□ tether ～	動	「～をつなぎ留める」	C
□ seafloor	名	「海底」	A
□ buffet ～	動	「(風，波などが) を激しく揺さぶる」	C
		※難語。blow「一撃」と同系語。	
□ harness ～	動	「(自然の力など) を利用する」	C
□ generate ～	動	「～を生み出す」	B
□ military base	名	「軍事基地」	A

☐ pilot	名「(名詞の前で形容詞的に) 試験的な」	B
☐ the buoys ... each	熟「そのブイはそれぞれ〜」	C
☐ electricity grid	名「電力供給網」	B
☐ naval base	名「海軍基地」	B
☐ desalination plant	名「淡水化プラント」 ※de-[なくす]＋sal-[塩]。	C
☐ transform A into B	熟「A を B に変換する」	B

② ❶Renewable energy is not an urgent matter 〈in Australia〉, 〈given the country's
　　　　　S　　　　　　　V　　　C

plentiful supplies 〈of fossil fuels, particularly coal〉〉. ❷But Carnegie's demonstration
　　　　　　　　　　　　　　　　　　　　　　　　　接　　　　　　S

project is ultimately aimed 〈at island nations 〈that must import expensive fuel
S　　　M　　V　　①　　　　　　関代S'　　V'　　　　O'

〈for electricity〉〉, as well as military bases 〈looking [to bolster energy and water
　　　　　　　　　②　　　　　　　　　　　　　V'　　　　O'

security]〉〉. ❸"Island nations are all looking [to be sustainable]," said Michael Ottaviano,
　　　　　　　S'　┌同格┐　V'　　　O'　　　V　　S　┌同格

chief executive of Carnegie. ❹Wave energy could be a good fit, especially 〈for
┌↑　　　　　　　　　　　　　　S　　　V　　　C　　　M

islands 〈where tropical clouds impede solar power〉 or 〈where wind turbines
　　　　　関副　　S'　　　V'　　O'　　　　接　関副　　S'

disturb the aesthetics 〈of tourist destinations〉〉〉.
V'　　　O'

② ❶オーストラリアにおいては，国内の化石燃料，中でも石炭，の潤沢な供給を考えると，再生可能なエネルギーは差し迫った問題ではない。❷しかし，カーネギー社の実証プロジェクトが最終的なターゲットにしているのは，エネルギーと水の確保(d)を強化することを目指す軍事基地だけでなく，発電のために高額な燃料を輸入しなければならない島国である。❸「島国はどこも持続可能性を目指しています」とカーネギー社の最高経営責任者であるマイケル・オッタビアーノ氏は述べた。❹熱帯雲が太陽光発電(e)を阻害したり，風力発電のタービンが観光地の美観を損ねたりするような島々にとっては特に，波エネルギーは適しているのかもしれない。

↳ 第2段落の要旨 波力発電は特に島々での発電に適している。

☐ renewable energy	名「再生可能なエネルギー」	C
☐ urgent matter	名「差し迫った問題」	B
☐ given 〜	形「〜を考えれば」 ※前置詞的働き。	B
☐ fossil fuel	名「化石燃料」	B
☐ demonstration project	名「実証プロジェクト」	B
☐ be ultimately aimed at 〜	熟「最終的には〜を目標としている」	B
☐ bolster 〜	動「〜を強化する (←〜を枕で支える)」 ※難語。「長枕」が原義。	C
☐ island nations are all	※island nations と all が同格の関係。	
☐ look to (V)	熟「V することを期待している」	A
☐ sustainable	形「持続可能な」 ※流行語。	C
☐ chief executive	名「最高責任者」	B
☐ could 〜	助「〜かもしれない」	A

□ good fit	熟「ぴったり合うもの」	B
□ impede ~	動「~を阻害する」	C
	※im-[中へ]＋-ped-[足] → 「足かせをはめる」	
	［例］［類］pedal	
□ disturb ~	動「(平和・静けさなど) を乱す」	A
□ aesthetics	名「美観」	C

3 ❶⟨Given the ocean's power⟩, <u>wave energy</u> <u>seems</u> <u>a promising source</u> (of renewable
　　　　　　　　　　　　　　　S　　　　　　　V　　　　C

energy). ❷⟨Over the last two decades⟩, <u>companies</u> <u>have developed</u> <u>various designs</u>,
　　　　　　　　　　　　　　　　　　S　　　　　V　　　　　O

(including a snakelike apparatus (with hinged joints) (from Pelamis Wave Power));
　　　　①

a tubelike device (from Ocean Power Technologies of New Jersey) and
②

bobbing buoys (from AWS Ocean Energy of Scotland)). ❸But <u>wave energy</u> <u>remains</u>
③　　　　　　　　　　　　　　　　　　　　　　　　　接　　S　　　　　V

<u>largely</u> <u>experimental</u>. ❹<u>The equipment</u> <u>is</u> <u>easily</u> <u>damaged</u> ⟨by relentless waves and
M　　　　C　　　　　　S　　　V　　M　　V

strong storms⟩. ❺And <u>there</u> <u>is</u> <u>a scarcity</u> (of large investments (needed ⟨to refine and
　　　　　　　接　　M　V　　S

test designs⟩)). ❻⟨In a blow (to the industry)⟩, <u>Pelamis</u> <u>collapsed</u> <u>late</u> <u>last year</u> ⟨after <u>it</u>
　　　　　　　　　　　　　　　　　　　　　　S　　　V　　　M　　M　　接　S′

<u>failed to secure</u> <u>adequate financing</u>⟩. ❼"<u>The biggest challenge</u> <u>is</u> <u>funding</u>," <u>said</u> <u>Mr.</u>
V′　　　　　O′　　　　　　　　　S′　　　　V′　C′　　V

<u>Ottaviano</u>. ❽"<u>Any power generation product</u> <u>is</u> <u>capital-intensive</u>. ❾⟨<u>Anytime</u> <u>you</u> <u>want</u> [to
S　　　　　　　　S　　　　　　　V　　　C　　　　　　接　S′　V′　O′

<u>test</u> <u>an idea</u>]⟩, <u>it</u> <u>costs</u> <u>millions of dollars</u>." ❿"<u>Energy technologies</u> (<u>that</u> <u>are</u>
V″　O″　　S　V　　　O　　　　　　　S′　　　　　関代S″ V″

<u>mainstream</u> <u>today</u>), (like nuclear power), <u>were developed</u> ⟨for commercial use⟩
C″　　　M″　　　　　　　　　　　V′

⟨with government research and support⟩," <u>he</u> <u>said</u>.
　　　　　　　　　　　　　　　　　　　S　V

3 ❶(A) 海洋の力を考えると，波エネルギーは将来性のある再生可能エネルギー源だと思われる。❷ここ20年の間にわたって，企業はさまざまな構造のものを開発してきた。その中には，ペラミス・ウェイブ・パワー社の蝶番のついたヘビ状の装置や，ニュージャージーのオーシャン・パワー・テクノロジー社の管状の装置，またスコットランドのAWS・オーシャン・エネルギー社の上下運動するブイなどがある。❸しかし，波エネルギーの大半はまだ実験段階にある。❹設備は(f)容赦なく押し寄せる波と強力な嵐ですぐに損傷する。❺また，設計の改良や検証に必要な大規模投資が(g)不足している。❻業界にとって打撃となったのは，ペラミス社が(h)十分な資金が確保できず，昨年の末に倒産してしまったことである。❼「最大の難題は資金調達です」とオッタビアーノ氏は語る。❽「発電関連製品は，どんな

ものでも資本集約的です。❾ある考えを検証したいと思うときは，決まって数百万ドルはかかるのです」❿「原子力のような今日主流のエネルギー技術は，政府の研究と支援を受けて商業利用のために開発されたのです」と彼は述べる。

↳ 第3段落の要旨 波力発電を阻むのは開発資金の不足である。

- □ given　　　　　　　　形「（前置詞的に）〜を考えれば」…………… Ａ
- □ promising　　　　　　形「将来有望な」…………………………………… Ｃ
- □ have + (V) p.p. + over + 期間　熟「〜の間に V した」※動作動詞の場合。…… Ａ
- □ apparatus　　　　　　名「器具」※ apply「応用する」の派生語。
　　　　　　　　　　　　　　　　　　………………………………………………… Ｂ
- □ hinged joint　　　　　名「蝶番のついた接合部」…………………… Ｂ
- □ tubelike device　　　名「管状の装置」…………………………………… Ｂ
- □ bob　　　　　　　　　動「上下に動く」…………………………………… Ｃ
- □ remain 〜　　　　　　動「〜のままである」…………………………… Ｂ
- □ relentless　　　　　　形「容赦ない」…………………………………………… Ｃ
- □ scarcity　　　　　　　名「欠乏」…………………………………………………… Ｂ
- □ investment　　　　　名「投資」…………………………………………………… Ｂ
- □ refine 〜　　　　　　動「〜を磨く，〜を改良する」……………… Ｂ
- □ blow　　　　　　　　名「打撃」…………………………………………………… Ａ
- □ collapse　　　　　　　動「崩壊する，倒産する」…………………… Ｂ
- □ adequate　　　　　　形「十分な」…………………………………………………… Ｂ

④ ❶Carnegie's pilot project, ⟨named Ceto 5 ⟨after the Greek sea goddess Ceto⟩⟩,
　　　　S

began ⟨with more than \$30 million ⟨in financing ⟨from investors and the
　V

Australian government⟩⟩, ⟨including \$13.1 million ⟨from the Australian Renewable
　　　　　　　　　　　　　　　①

Energy Agency⟩ and \$7.3 million ⟨from the Low Emissions Energy Development
　　　　　　　　　　　　　　　　　　　　　②

Program⟩⟩⟩. ❷Carnegie has been working on its Ceto technology ⟨since 1999⟩,
　　　　　　　　S　　　　　　V　　　　　　　O

⟨with cumulative investment ⟨of more than \$100 million⟩⟩. ❸⟨To battle the elements
　　　　　　　　　　　　　　　　　　　　　　　　　　　　　　V′　　O′

⟨that make wave energy so difficult ⟨to produce⟩⟩⟩, this technology differs ⟨from
関代S″ V″　　　O″　　　　　C″　　　　　　　　　　　　　S　　　　V

most other wave energy designs⟩. ❹Its buoys sit ⟨three to six feet underwater⟩,
　　　　　　　　　　　　　　　　　　　　S　　V₁

⟨rather than float ⟨on the surface⟩⟩. ❺This helps [(to 省略) shield the equipment ⟨from
　　　　　V₂　　　　　　　　　　　S　　V　　O　　V′　　　　O′

pounding waves⟩]. ❻Mr. Ottaviano, ⟨who grew up ⟨in Perth, ⟨near the ocean⟩⟩⟩,
　　　　　　　　　　　　.S　　　　関代S′　V′

said, " Everyone knows [(接 that 省略) ⟨when you see a wave⟩ the intuitive reaction is
　　V　　S′　　　　V′　O₁　　　　　　　　　接　S‴ V‴　O‴　　　S″　　　　　　　V″

[to dive underneath]]."
　　　　　　　C″

117

④ ❶カーネギー社の実験プロジェクトは，ギリシャの海の女神ケートーにちなんで「ケートー5」と名付けられ，投資家とオーストラリア政府から3000万ドルを上回る資金提供を受けて始まった。その中には，オーストラリア再生エネルギー局からの1310万ドルと，低排出エネルギー開発プログラムからの730万ドルが含まれている。❷カーネギー社は1999年からケートー技術に取り組んでおり，累積投資額は1億ドルを超える。❸波エネルギーを作り出すことを困難なものにする要因と闘うために，この技術は他のほとんどの波エネルギー発電の構造とは異なったものになっている。❹そのブイは海面上を漂うのではなく，海面下3～6フィートの位置に設置されている。❺これが打ち寄せる波からその設備(i)を守るのに役立っている。❻海の近くのパース育ちのオタビアーノ氏は，「(B)波を見たときの直感的な反応は，水面下に飛び込むことであることなど誰でも知っている」と語る。

↳ **第4段落の要旨** 波対策のためにブイが海面下に設置された独特の仕組み。

- □ name A after B 熟「BにちなんでAと名付ける」……………………… B
- □ work on ～ 熟「～に取り組む」…………………………………… A
- □ cumulative 形「累積的な」…………………………………… C
  ※難語だが，accumulate「を蓄積する」のセットで。
- □ battle ～ 動「～と闘う」……………………………………… C
- □ A rather than B 熟「BではなくてA」………………………… A
- □ shield A from B 熟「AをBから保護する」…………………… C
- □ pound 動「ドンドンたたく，猛攻する」…………………… B
  ※punish「罰する」と同系語。
- □ intuitive 形「直感的な」※tutor「教える人」と同系語。………… C

⑤ ❶The constant rocking (of the ocean) drives hydraulic pumps (that push
　　　　　S　　　　　　　　　　　　V　　　　　O　　　　　関代S′ V′

seawater and other liquids 〈through a pipe〉〈to a power plant (nearly two miles
　　O′₁　接　　O′₂

away) (on Garden Island)〉). ❷There, the high-pressure water turns standard
　　　　　　　　　　　　　　　　　M　　　　S　　　　　　　V　　　O

hydroelectric turbines, (which power a generator). ❸Wave energy (from the buoys)
　　　　　　　　　　　　　関代S′ V′　　O′　　　　　　　　S

also pumps high-pressure water 〈through the desalination plant〉, 〈without using
　M　　V　　　　O　　　　　　　　　　　　　　　　　　　　　　　　　V′

fossil fuels〉. ❹〈In contrast〉, many desalination plants use diesel fuel or electricity
　　O′　　　　　　　　　　　　　S　　　　　　　V　　O₁　接　O₂

〈to pump saltwater 〈at high pressure〉〈through membranes〉〈to yield fresh
　V′　　O′　　　　　　　　　　　　　　　　　　　　　　　　　V″　　O″

water〉〉.

⑤ ❶海の絶え間ない揺れが水圧ポンプを駆動し，そのポンプの力で，海水やその他の液体を，パイプを通じて2マイル近く先にあるガーデン島の発電所まで運んでいく。❷そこでは，高圧水が標準的な水力発電タービンを回すことで，発電機の動力となる。❸ブイから得られる波エネルギーもまた，化石燃料を使用せずに，海水淡水化プラントにも高圧水を送り込む。❹それとは対照的に，多くの海水淡水

化プラントでは，淡水を作り出す際，海水に高圧をかけ膜を浸透させ濾過（ろか）を行うためにディーゼル燃料や電力を用いている。

↳ **第5段落の要旨** ブイにより水力発電および海水淡水化プラントを稼働。

□ rock　　　　　　　　動「揺れる」‥‥‥‥‥‥‥‥‥‥‥‥‥‥‥‥‥‥‥‥‥**B**
□ drive ～　　　　　　動「～を駆動する」‥‥‥‥‥‥‥‥‥‥‥‥‥‥‥‥‥**A**
□ hydraulic pump　　　名「水圧ポンプ」‥‥‥‥‥‥‥‥‥‥‥‥‥‥‥‥‥**C**
□ power plant　　　　　名「発電所」‥‥‥‥‥‥‥‥‥‥‥‥‥‥‥‥‥‥‥**A**
□ power ～　　　　　　動「～を動かす」‥‥‥‥‥‥‥‥‥‥‥‥‥‥‥‥‥**A**
□ use ～ to (V)　　　　熟「～を使って V する」‥‥‥‥‥‥‥‥‥‥‥‥‥**A**
□ membrane　　　　　　名「膜」※難語。「皮膚」が原義。‥‥‥‥‥‥‥‥‥**C**
□ yield ～　　　　　　動「～を生み出す」‥‥‥‥‥‥‥‥‥‥‥‥‥‥‥‥**B**

6 ❶Carnegie is already planning [to start using larger, better-designed buoys 〈in
2017〉 (that could each generate one megawatt of electricity)]. ❷The new technology,
〈called Ceto 6〉, would use buoys (65 feet wide) (that could produce four times
the energy (of the current prototype)). ❸The new technology would generate
electricity 〈inside the buoy〉〈instead of at an onshore power plant〉. ❹The electricity
would be carried 〈to shore〉〈by underwater cables〉, 〈rather than 〈by pumping
water 〈through a pipe〉〉〉. ❺These larger buoys would also sit 〈in deeper water,
(more than seven miles from shore), (where waves are larger and have more
energy)〉. ❻The newer buoys would be easier 〈to maintain〉〈because they would be
self-contained units (that could be towed 〈back to shore〉)〉. ❼Ceto 5 uses heavy
machinery (on the sea floor) (next to each pump) 〈to smooth the flow (of the
piped water)〉. ❽〈Because no water is pumped 〈with the newer buoys〉〉, this equipment
is not needed. ❾Ceto 6 is expected (to generate 30 to 40 percent (of the naval base's
electricity) 〈at a cheaper rate〉).

6 ❶カーネギー社は，さらに大型で優れた構造をもち，ブイ１つあたり１メガワットの電力を生み出すことが可能なブイを 2017 年に稼働させる計画をすでに立てて

いる。❷その新技術は「ケート6」と呼ばれ，幅65フィートのブイを使用することで，現在の試作品の4倍のエネルギーを産出できるであろう。❸新技術は陸上の発電所ではなく，ブイの内部で発電を行うことになる。❹発電された電気は，パイプを通じて水を送り出すのではなく，海底ケーブルによって陸に運ばれる。❺さらにこれらの大型のブイは，岸から7マイル以上離れた海のより深い部分に設置される。そのあたりは波がより大きく，エネルギーが大きいからである。❻新型のブイは，陸まで牽引可能な(j)自己完結式ユニットになるので，維持するのもより容易になるだろう。❼ケート5では，海底でそれぞれのポンプの隣に設置された重機械を用いて，パイプで送られる水の流れを円滑にする。❽新しいブイではパイプで水を送り込むということがないため，こうした設備は不要となる。❾ケート6は，より安価に，海軍基地の電力の30〜40パーセントを生み出すであろうと思われている。

↳ **第6段落の要旨** ケート6は，4倍ものエネルギーを生産できる。

□ would	助 「〜であろう」※「もし無事に完成すれば」の気持ちを表す仮定法。	A
□ four times the energy of 〜	熟 「〜のエネルギーの4倍」	B
□ prototype	名 「試作品」	C
□ self-contained	形 「自己充足の，自己完結した」	B
□ tow *A* to *B*	熟 「*A*を（網や鎖で）*B*へ引っ張って行く」	C
□ machinery	名 「（総称的に）機械」※不可算名詞。	A
□ equipment	名 「設備」※不可算名詞。	B
□ at a cheaper rate	熟 「より安価に」	A

⑦ ❶Carnegie estimates [that [using the improved buoys (in large wave farms (of
　　　　　S　　　　V　　　O 接　　　　　　　　S′

100 megawatts)] would reduce rates 〈to 12 to 15 cents a kilowatt-hour — a price
　　　　　　　　　　　V′　　　O′　　　　　　　　　　↑———同格———↑

(comparable to commercial electricity (in the state of Western Australia))〉]. ❷But 〈on
　　　　　　　　　　　　　　　　　　　　　　　　　　　　　　　　　　　　　　接

a small scale〉, wave energy is still costly. ❸Carnegie's current design generates
　　　　　　　　　S　　　　　V　　M　　C　　　　　　S　　　　　　　　　　V

electricity 〈at a cost (of about 40 cents a kilowatt-hour)〉. ❹"This is competitive 〈with
　　O　　　　　　　　　　　　　　　　　　　　　　　　　　　　S′₁　V′₁　　C′₁

electricity from diesel..〉, said Mr. Ottaviano, "hence Carnegie's focus 〈on island
　　　　　　　　　　　　　　V　　　S　　　　接　　　　S′₂　　　　V′₂

nations (that rely 〈on diesel〉)〉." ❺"[What is needed] is a well-thought-out wave
　　　　　関代S′　V′　　　　　　　　S関代S′　V′　　V　　C

energy strategy (by governments), but (which no country has yet formulated φ). ❻The
　　　　　　　　　　　　　　　　　　接　　関代O′　　S′　　M　　V′

Scottish government has come closest," said Tom Thorpe, founder (of Oxford
　　　S′　　　　　　V′　　　M　　V　　S　　└─同格─┘

Oceanics (in Britain)).

120

⑦ ❶カーネギー社の見積もりでは，100メガワットの電力を生み出す，大きな波力発電所でそうした改良型ブイを使用することにより，1キロワット毎時のコストを12〜15セントにまで下げることができる —— これは西オーストラリア州の商用電力に匹敵する値段である。❷しかし，小規模なものであれば，波エネルギーは依然として高くつく。❸カーネギー社の現行の設計では，毎時1キロワットあたりおよそ40セントのコストで電力が生み出される。❹「これはディーゼル発電と競争可能な値段です」とオタビアーノ氏は言う。「そのため，カーネギー社はディーゼルに依存している島国に焦点を絞っているのです」❺「必要とされるのは，各国政府による綿密な波エネルギー戦略ですが，まだどの国も策定には至っていません。❻スコットランド政府が最も近い段階まで来ています」と英国のオックスフォード・オセアニックス社の創業者トム・ソープは語った。

↳ **第7段落の要旨** 価格を下げることは可能。ただ政府の綿密な戦略が必要。

- □ estimate that S V 【熟】「S V と推定する」⋯⋯⋯⋯⋯⋯⋯⋯⋯⋯⋯⋯⋯⋯⋯⋯⋯ **B**
- □ comparable to 〜 【熟】「〜に匹敵する」⋯⋯⋯⋯⋯⋯⋯⋯⋯⋯⋯⋯⋯⋯⋯⋯⋯ **C**
- □ on a small scale 【熟】「小規模で」⋯⋯⋯⋯⋯⋯⋯⋯⋯⋯⋯⋯⋯⋯⋯⋯⋯⋯⋯ **A**
- □ competitive 【形】「競争可能な」⋯⋯⋯⋯⋯⋯⋯⋯⋯⋯⋯⋯⋯⋯⋯⋯⋯⋯⋯ **B**
- □ well-thought-out 【形】「よく考えられた」⋯⋯⋯⋯⋯⋯⋯⋯⋯⋯⋯⋯⋯⋯⋯ **B**
- □ formulate 〜 【動】「〜を練り上げる」⋯⋯⋯⋯⋯⋯⋯⋯⋯⋯⋯⋯⋯⋯⋯⋯ **C**
- □ ❺は，is a wave energy strategy which is well thought out by governments, but which ... という2つの関係代名詞節がbutでつなげられている構造を変形したものである。

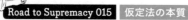

　仮定法の「法」とは，英語ではmood「気分」と言う。つまり「話者，あるいは筆者の主観的な気分を表すもの」ということだ。話者（あるいは筆者）が「可能性が低い」と思えば仮定法を使うことになる。それはあくまでも話者（あるいは筆者）の恣意的なものである。「事実の逆を表すときには仮定法を用いる」なんていう説明は誤解を与える。

> ［例］The mere sight of a scientist installing wind-measuring instruments in a community could raise land prices.
> 「科学者がある地域に風力測定器を設置する姿が見受けられるだけで，土地の値段が上昇することもありうる」

　この文が仮定法で書かれているのは「科学者がある地域に風力測定器を設置する姿が見受けられる」ということを経験する可能性は低いと，筆者が判断したからだ。

> ［例］If I were a woman, I would not wear makeup.
> 「私が女性なら，化粧はしないだろう」

　この例の著者（竹岡）は，「性転換して女性になる予定」は，今のところない。よって「女性になる可能性」は低いと判断し仮定法を用いている。結果的にこの文は「事実の逆」になっているが，それはあくまで結果論である。性転換を予定している人なら仮定法を使わないであろう。
　余談だが，未来を表す if S were to do は，可能性が低いときだけでなく「可能性がゼロの仮定」でも使うことができる。よって性格占いなどのような場面でよく使われる。

> ［例］How would you feel if you were to live alone on a deserted island for years?
> 「仮に何年も無人島で一人で暮らすことになったらどのように感じるだろう」

　本文の第6段落には仮定法が山ほど出てくる。
　Carnegie is already planning to start using large, better-designed buoys in 2017 that <u>could generate</u> one megawatt of electricity. The new technology, called Ceto 6, <u>would use</u> buoys 65 feet wide that <u>would produce</u> four times the energy of the current prototype.
　「カーネギー社は，さらに大型で優れた構造をもち，ブイ1つあたり1メガワットの電力を生み出すことが可能なブイを2017年に稼働させる計画をすでに立てている。その新技術は「ケート6」と呼ばれ，幅65フィートのブイを使用することで，現在の試作品の4倍のエネルギーを生産できる」
　技術開発は「必ず成功する」というものではなく，常に失敗と隣り合わせである。よって，「たとえ計画されていたとしても，実現の見込みがそれほど高くないかもしれない」と筆者が感じているならば仮定法が適切なのである。

1. be＋形容詞＋to *do*

　この形をとる形容詞は意外と少ない。代表例は be able to *do*。
［例］I am able to play the piano.「私にはピアノを弾く能力がある」

> **ここに属する主な形容詞**
> (1)「きっと〜する」の類い　　be sure / certain to *do*
> (2)「〜したい」の類い　　　　be eager / anxious / ready / willing
> 　　　　　　　　　　　　　　 to *do*
> (3) 感情を表す類い　　　　　 be glad / angry / happy / sorry to *do*
> (4) スピードを表す類い　　　 be quick / slow to *do*

　easy や difficult は，この仲間には入らない。
［例］✕ I am difficult to play the piano.
　　　〇 It is difficult for me to play the piano.

2. タフ構文

　easy や difficult は，上で見た通りだが，特殊な構文をとることがある。
［例］① It is difficult to finish <u>this job</u>.
　　　　　　　　　↓
　　　② <u>This job</u> is difficult to finish ＋[名詞の欠落].
　①の to 不定詞の目的語を，②のように文の主語の位置に移動することができる。
　これを「タフ移動」といって，②のような文を「タフ構文」という。
　このように It is ＋形容詞＋to (V) 〜の仮主語構文で，to 不定詞の目的語である〜を，主語の位置に移動させることは，this job「この仕事」のように，既に述べた情報［旧情報］を主語に置く場合に主に起こる現象である。ただし，この構文で使うことのできる形容詞には限りがあり，その中の1つが tough なので「tough 移動」「tough 構文」と呼ばれる。

> **tough 構文で使われる主な形容詞**
> 難　易：easy / difficult　※他にも hard, tough, dangerous, simple, safe
> 不可能：impossible　　　 ※ possible は不可
> 快　適：pleasant　　　　 ※他にも comfortable, convenient

　impossible は OK だが possible はダメ。「気持ち悪い」は「キモイ」と言うが，「気持ち良い」は「キモイ」とは言わない。言葉というのはよく使うものしか変化しない。
　この「タフ構文」は，本文では第4段落第3文 To battle the elements that make wave energy so difficult to produce「波エネルギーを作り出すことをこれほど困難なものにする要因と戦うために」の so difficult to produce の部分と，第6段落第6文 The newer buoys would be easier to maintain ...「新型のブイは管理がより容易になるだろう」に見られる。

Day 9

解答・解説

≫問題は別冊 p.052

テーマ：科学

廃熱利用の現状

[出題校]中央大学

[モニターの平均点] **28.3** / **37点**
（記号問題は各4点，記述問題は5点で採点）

╲竹岡の一言╱

どの設問の正答率も高い。「簡単だ」という印象を持つかもしれないが，このような場合は高得点勝負になるのでミスは許されないので一層の慎重さが要求される。

Answers：解答

番号	正解
1	(4)
2	(3)
3	3 (2)　4 (2)　5 (1) 6 (2)　7 (1)　8 (2)
4	これは一般に熱いと考えられているような温度ではないのだが，それでもその熱によって液体中の冷却剤は蒸発して気体になるのである。

1　正解　(4)　｜内容一致問題｜　正答率　66.7%

解説　(1)「ロンドンの地下鉄網のトンネルの温度は高すぎて，人々に地獄にいるようだと感じさせることはできない」は偽。第1段落第1文（Deep in the …）に「ロンドンの地下鉄のトンネルの下部では，世界の多くの地下鉄と同様に，あまりの熱さに地獄のように感じられる」とあり，廃熱は利用されていないことがわかる。too～to … は「とても～なので…できない」という意味であることに注意。(2)「ロンドンの地下鉄のトンネルの近くに住んでいる人々は，シャワーを浴びる時に廃熱をうまく利用している」は偽。第1段落第2文（And yet …）に「にもかかわらず，わずか数メートル離れた地下室では，誰かのシャワー用の熱湯を沸かすために，ボイラーが燃えている」とあるので誤り。(3)「我々のエネルギーシステムはとても効率よく機能しているので現在廃熱が不足している」は偽。第2段落第2文（There is no …）に「そもそも，廃熱は不足はしていない」とある。(4)「現在，我々は，自分たちが使うエネルギーの半分以上を浪費している」は真。第2段落第3文（Throughout our energy …）に「我々のエネルギーシステム全体で，我々が使うエネルギーの50%以上が廃熱として周囲に漏れ出ているのだ」と一致する。(5)「廃熱を回収するのはお金がかかりすぎて引き合わない」は偽。第3段落第1文（Recapturing it wouldn't …）に「それを回収できれば，それは我々の財布によいだけではない」とある。benefit our wallets「財布によい」は「経済的だ」の比喩表現。

2　正解　(3)　｜内容一致問題｜　正答率　79.4%

解説　(1)「廃熱を利用するシステムの構築を開始した都市はまだない」は偽。第4段落第1文（The good news is …）の「朗報なのは，いくつかの都市が想像していなかった場所の廃熱を見つけ出す方法を見つけたことだ」と矛盾する。(2)「廃熱は無視してもよいほど些末な問題だ」は，本文全体の趣旨と真逆。(3)「アメリカにおいて発電によって失われる熱は，日本のエネルギー利用全体より多い」は真。第5段落第3文（Power generation is …）「発電が主な元凶となっている。この分野で失われている熱だけでも，日本の全エネルギー消費量をはるかに超えている」とある。(4)「廃熱によるエネルギー損失に関して，たいていの先進国の状況は驚くほどよい」は偽。廃熱を無駄にしていることの具体例を挙げた，第5段落最終文（The situation …）に「他の工業国の状況も大差ない」とある。(5)「最近開発された新たな技術のおかげで，熱として失われたエネルギーのおよそ半分を容易に回収できる」は偽。第6段落第1文（The report also …）で「同報告書の見積もりでは，適切な技術さえあれば，我々はそのエネルギーの半分近くを再利用できるとしているが，これを行うのは口で言うほど簡単なことではない」とあり，再利用はまだ実現には至っていないことがわかる。

3-3 　正解　(2)　　　　　　　　　　　　|内容一致問題|　正答率　88.9%

解説　選択肢の中の「貯蔵する」ことに関する言及が本文にはない。

3-4 　正解　(2)　　　　　　　　　　　　|内容一致問題|　正答率　79.4%

解説　選択肢の中の「推進に必要とする費用」が間違い。本文第8段落第2文には「たとえば、米国のコージェネレーション構想は、同国にとって年間100億ドルの節約になるかもしれないというものだ」とあり、100億ドルとは「節約できる金額」のことだとわかる。

3-5 　正解　(1)　　　　　　　　　　　　|内容一致問題|　正答率　77.8%

解説　前半の「一般家庭や会社、車などからの廃熱の総量は、発電所からの廃熱量をはるかに上回る」は、第9段落第1文（Yet waste heat from ...）「しかし、家庭、会社、路上の車輌や電車などで失われている熱と比較すると、発電所の廃熱は大海の一滴にすぎない」に合致。さらに選択肢の後半の「再利用は非常に難しい」は、同段落第2文（Waste heat from ...）「こうした無数の発生源から出る廃熱は、発電所のような1つの集中した発生源から出る廃熱よりも利用するのがはるかに難しい」と合致。以上から真だと判定できる。

3-6 　正解　(2)　　　　　　　　　　　　|内容一致問題|　正答率　87.3%

解説　選択肢の中の「実用化はごく最近のことである」が間違い。第10段落第1文（As it happens ...）に「偶然とはいえ、わずかに暖かい熱からでもエネルギーを取り出す技術は存在し、それは古くから利用されてきた」とある。

3-7 　正解　(1)　　　　　　　　　　　　|内容一致問題|　正答率　93.7%

解説　選択肢の記述は、第11段落第1文後半（in temperate regions ...）「温暖な地域では、地表温度に関係なく、数メートルでも地中に入ると、土の中は常にセ氏10度くらいに保たれている」と合致。

3-8 　正解　(2)　　　　　　　　　　　　|内容一致問題|　正答率　95.2%

解説　選択肢の記述は、第13段落第3文（In the UK ...）「イギリスでは、最も優れたシステムを用いると、暖房費が30パーセントも下がった。気体を圧縮して家を暖房するのは、従来のガスや電気暖房に比べて、必要なエネルギー量がはるかに少ないからである」と矛盾している。

4 <u>正解</u> これは一般に熱いと考えられている
ような温度ではないのだが, それでも
その熱によって液体中の冷却剤は
蒸発して気体になるのである。

| 英文和訳問題 | 正答率 35.5%

解説 ▶ **While S′ V′, S nonetheless V …**「S′ V′ だが, それにもかかわらず S V」nonetheless を訳すと冗長になるので, 訳さなくても問題ないが念のため訳しておこう。

▶ **this is not what you might consider hot**「this の指すものを明らかにして訳せ」とは書かれていないので, this は「これ」でよい。you は「一般論を指す you」なので「あなた」と訳してはいけない。what you might consider hot は「熱いと考えるかもしれないもの」が直訳だが, これでは意味不明なので「言いたいこと」を考え日本語を整えること。つまり, what は, ここでは「温度」と訳した方がよい (→p.137 **Supremacy 017** 10) 参照。

▶ **S cause O to (V)**「S のため O は V する」

▶ **evaporate into a gas**「蒸発して気体になる」この into は「変化の結果」を示すことに注意。

竹岡の
生徒答案
メッタ
斬り!

[生徒答案例1] [5/5]
これは普通は熱いと考えないかもしれないが, にもかかわらず, それは液体中の冷却剤が蒸発してガスになることにつながるのだ。
※よく書けている。

[生徒答案例2] [0/5]
×しかしながら [→トル] 地中の10℃という温度は, 思っているであろうほど×温かい [→熱い] わけではなく, ×地 [→液体] 中の冷却剤を気体へと蒸発させる×には十分な程度なのである [→トル]。
※while の意味がわかっていないために, 全体が崩壊してしまった。

[生徒答案例3] [0/5]
これは×あなたが [→トル] ×温かい [→熱い] と考えるかもしれないもの [→温度:減点なし] ではないが, ×言うまでもなく [→にもかかわらず] それによって液体の中も×その [→トル] 冷却剤は×ガスに気化する [→気化する]。
※全体としての構造は理解しているようだが, 訳語の選択が雑である。

Cheer Up!

while の意味の決定は慎重に !
While S′ V′, S V. は (1)「S′ V′ の間, S V」と (2)「S′ V′ だが S V」の二通りがある。本文では, (2) であることを明示するために nevertheless が入っていることに注意すること。また, S₁V₁ while S₂V₂ の場合には「S₁V₁ だが一方 S₂V₂」となることもある。なお, 名詞の while は「時間」の意味になる。[例] for a while 「しばらくの間」

Translations & Notes：全訳と語句注

1 ❶〈Deep 〈in the tunnels 〈of the London Underground〉〉〉, 〈as 〈in many subway systems

around the world〉〉, it's so hot 〈（接 that 省略）it feels 〈like hell〉〉. ❷And yet 〈in a basement
S V M　C　　　　　　　　　　　　　S′ V′　　　C′　　　　接　M

〈only a few meters away〉〉, a boiler is firing 〈to heat water 〈for someone's shower〉〉.
　　　　　　　　　　　　　S　　　V　　　　V′　　O′

1 ❶ロンドンの地下鉄のトンネルの深くでは，世界の多くの地下鉄網において同様に，あまりの熱さのため地獄のように感じられる。❷にもかかわらず，わずか数メートル離れた地下室では，誰かのシャワー用に湯を沸かすために，ボイラーが燃えている。

> **第1段落の要旨** ロンドンの地下鉄トンネルにたまる熱が無駄になっている。

- □ so hot (that) it feels like hell　so 〜 that 構文では that が省略されることがある。
- □ and yet　**熟**「だがしかし，にもかかわらず」‥‥‥‥‥**A**
- □ basement　**名**「地下室」‥‥‥‥‥‥‥‥‥‥‥‥‥**B**

2 ❶〈Rather than stewing 〈in our excess heat〉〉, what (would happen 省略) 〈if we could make
　　　　　　　　　　　　　　　　　　　　　　　　S　　　V　　　　　接 S′　　V′

it work 〈for us〉〉? ❷There is no shortage 〈of waste heat〉, 〈after all〉. ❸〈Throughout our
O′ C′　　　　　　M　V　　S

energy system〉—〈from electricity generation 〈in a power plant〉 to boiling a kettle〉,

〈（from 省略）using boilers 〈to warm houses〉 to powering a car〉— more than 50 percent of
　　　　　　V′　　O′　　　　V′　　O″　　　V′　　O″　　　　　　　　　　S

the energy 〈（which 省略）we use φ〉 leaks 〈into the surroundings〉 〈as wasted heat〉.
　　　　　　　　　O′　　　　S′ V′　　V

2 ❶過剰な熱の中で汗だくになるのではなく，その熱を自分たちのために利用できるようにしたらどうだろうか？❷そもそも，廃熱は不足はしていない。❸発電所での発電から，やかんでお湯を沸かすこと，家の暖房のためボイラーを使うことから，車に動力を供給することまで，我々のエネルギーシステムの至る所で，我々が使うエネルギーの50%以上が廃熱として周囲に漏れ出ているのだ。

> **第2段落の要旨** どこにでもある廃熱は利用すべきだ。

- □ rather than 〜　**熟**「〜ではなくて」（→p.136 **Supremacy 017** 6)）
- □ stew　**動**「汗だくになる」‥‥‥‥‥‥‥‥‥‥‥**A**
- □ what if we could 〜?　**熟**「〜できたらどうなるだろうか」（→p.135
　　Supremacy 017 2)）‥‥‥‥‥‥‥‥‥‥‥‥‥**A**
- □ after all　**熟**「（補足理由を示して）そもそも」（→p.135
　　Supremacy 017 3)）‥‥‥‥‥‥‥‥‥‥‥‥‥**A**
- □ kettle　**名**「やかん」‥‥‥‥‥‥‥‥‥‥‥‥‥**B**
- □ leak into 〜　**熟**「〜に漏れ出ている」‥‥‥‥‥‥**B**

128

③ ❶[Recapturing it] wouldn't just benefit our wallets. ❷It would reverse some (of the
　　　　S　　　　　　　　　　　M　　　V　　　O　　　　　　　S　　V　　　　O

damaging effects 〈that waste heat (from our towns and cities) is having φ 〈on the
　　　　　　　　　　関代O′　　S′　　　　　　　　　　　　　　　　　　V′

climate〉〉〉.

③ ❶それを回収できれば，我々の財布によいだけではない。❷それは，町や都市か
ら出た廃熱が気候に及ぼしているマイナスの影響を，ある程度は良い方向へと転じ
させることになるであろう。

↳ **第3段落の要旨** 廃熱利用は経済的によいだけでなく環境にもよい。

□ recapture ～　　　　　**動**「～を回収する」………………………………… C
□ not just ～　　　　　　**熟**「～だけではない」(→p.136 **Supremacy 017** 4) ……… A
□ reverse ～　　　　　　**動**「～を逆転させる」……………………………… B
□ waste heat　　　　　　**名**「廃熱」…………………………………………… B
□ have ～ effect on *A*　　**熟**「*A*に対して～な影響を及ぼす」………………… A

④ ❶The good news is [that several cities have found a way (to hunt down their waste heat
　　　　S　　　　　V C 接　　S′　　　V′　　　　　　O′　　　　V′　　　　　O′

〈in some unexpected places〉)]. ❷These cities are building systems (that deliver heat 〈in
　　　　　　　　　　　　　　　　　　　S　　　　V　　　　　O　関代S′　V′　　O′

much the same way (that networks handle electricity and water〉〉. ❸Could they point
　　　　　　　　　　関副　S″　　V″　　　O″　　接　O″　　　　　　　　S　　V

the way (to the next energy revolution)?
O

④ ❶朗報なのは，いくつかの都市が想像していなかった場所で廃熱を見つけ出す方
法を発見したことだ。❷これらの都市では，ネットワークが電気や水を扱うのと
だいたい同じような方法で，熱を配送するシステムを構築中である。❸これらの
ことは次なるエネルギー革命の道を示すことができるのだろうか。

↳ **第4段落の要旨** すでに廃熱利用に乗り出している都市もある。

□ hunt ～ down / down ～　**熟**「～を突き止める」…………………………… A
□ much the same　　　　　**熟**「だいたい同じ」(→p.136 **Supremacy 017** 5) …… A
□ point ～　　　　　　　　**動**「～を示す」…………………………………… A

⑤ ❶Waste heat is an enormous problem. ❷A report (in 2008) (by the US Department of
　　　S　　　V　　　C　　　　　　　　　S

Energy) found [that the energy (lost 〈as heat〉〈each year〉〈by US industry〉) is equal 〈to
　　　　　V　　O 接　　S　　　　　　　　　　　　　　　　　　　　V　C

the annual energy use (of 5 million Americans)〉]. ❸Power generation is a major culprit;
　　　　　　　　　　　　　　　　　　　　　　　　S　　　　V　　C

the heat lost (from that sector alone) is (in considerable excess (of the total energy use of
　S　　　　　　　　　　　　　　　V　　　　　　　　　　C

Japan)). ④The situation (in other industrialized countries) isn't much better.
 　　　　　　　　　 S　　　　　　　　　　　　　　　　　　　　　　　　　 V　　 M　　 C

⑤ ❶廃熱はきわめて大きな問題だ。❷2008年の米国エネルギー省の報告書では，アメリカの産業が毎年熱として失っているエネルギーは，アメリカ人500万人分の年間エネルギー消費量に相当するということだ。❸発電が主な元凶となっている。この分野で失われている熱だけでも，日本の全エネルギー消費量をかなり超えている。❹他の工業国の状況も大差ない。

↳ **第5段落の要旨** 特に発電における廃熱が問題だ。

□ enormous	形	「巨大な」※e-[ex-外]＋norm-[標準]。	A
□ the energy lost as heat	熟	「熱として失われているエネルギー」	B
□ annual	形	「1年間の，毎年の」	B
□ culprit	名	「犯人」※難語だが暗記しておこう。	C
□ 名詞＋alone	形	「〜だけ」	A
□ considerable excess	名	「かなりの超過」	B

⑥ ❶The report also estimated [that ⟨(being省略) given the right technologies⟩, we
 　　 S₁　　 M　　 V₁　　 O₁ 接　　　　　　　　 分構　　　　　　　　　　　　　 S′

could reclaim nearly half (of that energy)], but that's easier ⟨(to be省略) said than done⟩.
 　　 V′　　　 M′　　 O′　　　　　　　　　　　 接　 S₂ V₂　 C₂

❷"We often talk ⟨about the quantity (of waste heat)⟩," says David MacKay, chief scientific
 　 S′　 M′　 V′　 ①　　　　　　　　　　　　　　　 V　　 S └──同格──┘

adviser to the UK Department of Energy and Climate Change, "but not (about省略) the
 　　　　　　　　　　　　　　　　　　　　　　　　　　　 接　　 ②

quality." ❸Most (of [what we think of ∅ as "waste heat"]) isn't actually all that hot;
 　　　　　　 S　　 関代O′S′　 V′　　　 C′　　　　　 V　 M　 C　 M　 C

about 60 percent is (below 230℃). ❹⟨While that may sound pretty hot⟩, it is too cold ⟨to
 　　　　 S　　　 V　 C　　　　　 接　 S′　 V′　 M′ C′ S V M C

turn a turbine (to generate electricity)⟩.
 　 V′　 O′　　　 V″　　 O″

⑥ ❶また，同報告書の見積もりでは，適切な技術さえあれば，我々はそのエネルギーの半分近くを再利用できるとしているが，これを行うのは口で言うほど簡単なことではない。❷英国エネルギー気候変動省の科学アドバイザー主幹を務めるディビッド・マッケィは「私たちは，よく廃熱の量についてはよく話に出します。しかし質については話しません」と述べる。❸我々が「廃熱」と考えているもののほとんどが，実際にはそれほど熱くない。廃熱の約60パーセントはセ氏230度以下だ。❹これはかなり熱そうに思えるかもしれないが，発電用のタービンを回すには低温すぎるのだ。

↳ **第6段落の要旨** 廃熱は量だけでなく質も重要だ。

□ estimate that S V	熟	「S V と見積もる」	B
□ given 〜	動	「〜が与えられたら」※分詞構文。	A
□ the right 〜	熟	「適切な〜」	A
□ reclaim 〜	動	「〜を再利用する」	B

⑦ ❶The alternative is [to just move the heat directly 〈to [(places 省略) where it is
　　　S　　　　　V C M′　　　V′　　　　O′　　　　　　　　　　　　関副 S″

needed]〉]. ❷That is [what "cogeneration plants" do φ]. ❸These are power plants (that
V″　　　　　　S V　　C 関代O′　　　　　S′　　　　　V　　　　S　V　　　C　　　関代S′

capture some or all (of their waste heat) and send it ―〈as steam or hot water〉―〈through
V′₁　　　O′₁　　　　　　　　　　　　　接　V′₂ O′₂

a network of pipes〉〈to nearby cities〉). ❹There, buildings tap into the network 〈to warm
　　　　　　　　　　　　　　　　　　　　　M　　S　　　V　　　O　　　　V′

their water supplies or air 〈for central heating〉〉.
　　O′₁　　　　　　O′₂

⑦ ❶他の選択肢は，単に熱を必要な場所に直接移すものだ。❷これが「コージェネレーション（熱電供給）プラント」で行われていることである。❸これらは廃熱の一部あるいは全部を回収して，それを蒸気や温水にしてパイプ網を通し，近隣の都市へ送る発電所である。❹そうした都市では，建物はネットワークを利用して，給水用に水を温めたり，セントラルヒーティング用に空気を暖めたりすることができる。

↳ **第7段落の要旨** 熱を他の場所へ送るやり方（コージェネレーション）がある。

⑧ ❶Many countries are encouraging cogeneration. ❷A US cogeneration initiative, 〈for
　　S　　　　　V　　　　　O　　　　　　S

example〉, might save the country $10 billion a year. ❸And cogeneration allows power
　　　　　V　　IO　　　　DO　　　M　　接　　S　　　V　　O

plants (to bump up their efficiencies 〈from 30 percent to almost 90 percent〉).
C　　V′　　　　O′

⑧ ❶コージェネレーションを推奨している国は多い。❷たとえば，アメリカのコージェネレーション構想は，同国にとって年間100億ドルの節約になるかもしれないというものだ。❸さらにコージェネレーションによって，発電所の効率を30から90パーセント近くまでに上げることが可能になる。

↳ **第8段落の要旨** コージェネレーションを用いれば節約になり効率も上がる。

⑨ **❶** Yet waste heat (from power plants) is just a drop (in the ocean) 〈(being 省略)
　　接　　S　　　　　　　　　　　　　　V　M　　C　　　　　　　　分構

compared 〈with the heat (lost 〈from our homes, offices, road vehicles and trains〉)〉〉.
　　　　　　　　　　　　　　　①　　　　②　　　　③　　　　　　④

❷ Waste heat (from these numerous sources) is much more difficult 〈to harness〉〈than the
　　S　　　　　　　　　　　　　　　　　　　V　M　　　C　　　　　C

waste heat (from single, concentrated sources (like power plants))〉〈because it leaks out
　　S′　　　　　　　　　　　　　　　　　　　　　　　　　　　　　　接　S′　V′

slowly〉. **❸** [What's more], it is barely warm 〈enough to earn its name〉. **❹** [Reclaiming that]
　M′　　　　└文との同格→ S V　M　　C　　　　V′　　　O′　　　　　　　　　　　S

is much trickier.
V　M　　C

⑨ **❶** しかし，家庭，会社，路上の車輛や電車などで失われている熱と比較すると，発電所の廃熱は大海の一滴にすぎない。**❷** こうした無数の発生源から出る廃熱は，発電所のような一つの集中した発生源から出る廃熱よりも利用するのがはるかに難しい。なぜならそれはゆっくりと漏れ出るからだ。**❸** しかも，「廃熱」という名に値するほど熱いことはほとんどない。**❹** それらを回収することの方がずっと難しいのだ。

↳ **第9段落の要旨** 家庭，会社，路上などの廃熱は，発電所から出る廃熱よりはるかに大量だが，回収ははるかに困難である。

⑩ **❶** 〈As it happens〉, there is a technology (that can siphon energy 〈from slightly warm
　　　　　　　M　　V　　S　　　　関代 S′　　V′　　　　O′

temperatures〉), and we have long had access (to it). **❷** Ground source heat pumps have
　　　　　　　　　接　S　　M　V　　O　　　　　　　　S

been helping homeowners (to 省略) save (on heating bills) 〈since the 1940s, (when US
　　V　　　　O　　　　　　　　　　C　　　　　　　　　　　　　　　　関副

inventor Robert Webber realized [(接 that 省略) he could invert the refrigeration process 〈to
　　　　S′　　　　　　　V′　O′　　　　　　　S″　　V″　　　　　O″

extract heat 〈from the ground〉)])〉.
　V‴　O‴

132

⑩ ❶偶然とはいえ，わずかに暖かい温度からでもエネルギーを取り出す技術は存在し，それを私たちは古くから利用してきた。❷地熱ヒートポンプは，1940年代から家の所有者が熱関連の支出を抑えるのに役だってきたが，その始まりはアメリカの発明家，ロバート・ウェッバーが冷蔵工程を逆さまにすることで，地中から熱を引き出せることに気づいたことだった。

↳ 第10段落の要旨 わずかに暖かい熱を取り出す技術は古くから存在する。

- □ as it happens　熟「偶然，あいにく」（→ p.137 Supremacy 017 8)……A
- □ siphon A from B　熟「BからAをくみ出す」………………………C
- □ have access to ～　熟「～が使える」…………………………………B
- □ homeowner　名「自宅所有者」…………………………………………A
- □ save on ～　熟「（食物，燃料，費用など）を節約する」…………A
- □ heating bill　名「熱関連の支出」……………………………………B
- □ invert ～　動「～を逆さまにする」…………………………………C
- □ refrigeration process　名「冷蔵過程」………………………………C
- □ extract A from B　熟「BからAを引き出す」…………………………B

⑪ ❶The system takes advantage of the fact [that the ground is a terrible conductor (of
　　　S₁　　　　V₁　　　　O↑同格↑接　　S′　　V′　　C′

heat)]; ⟨in temperate regions⟩ — ⟨regardless of surface temperature⟩ — ⟨a few meters

underground⟩, the soil always remains around 10℃. ❷Ground source heat pumps
　　　　　　　　　S₂　　M₂　　V₂　　　C₂　　　　　　　　　S

can tap into that stable temperature ⟨to heat a house ⟨in the winter⟩⟩.
V　　O　　　　　　　　　　　V′　O′

⑪ ❶そのシステムは，地面の熱伝導が悪いという事実をうまく利用している。温暖な地域では，地表温度に関係なく，数メートルでも地中に入ると，土の中は常にセ氏10度くらいに保たれている。❷地熱ヒートポンプはこの安定した熱を利用して，冬の間家を暖房することができる。

↳ 第11段落の要旨 システムの説明：地面の熱伝導が悪いことを利用して地中の熱を利用する。

- □ take advantage of ～　熟「～を利用する」………………………A
- □ the fact that S V　熟「S V という事実」…………………………A
- □ a terrible conductor of heat　熟「熱伝導が悪いもの」…………B
- □ temperate region　名「温暖な地域」………………………………B
- □ regardless of ～　熟「～と無関係に」（→ p.137 Supremacy 017 9)…B
- □ stable　形「安定した」………………………………………………B
- □ heat ～　動「～を暖める」…………………………………………B

⑫ ❶The mechanism is simple. ❷A network (of pipes) makes a circuit (between the inside
　　S　　　　V　　C　　　S　　　　　　　V　　O

(of the home) and a coil (buried underground)). ❸These pipes contain a mix (of water and
　　　　　　　　　　　　　　　　　　　　S　　　V　　O

fluid refrigerant). ❹⟨As the fluid mixture travels ⟨through the pipes (buried
　　　　　　　　　　　接　　S′　　　V′

underground)⟩⟩, it absorbs the heat (from that 10℃ soil). ❺⟨While this is not [what you
S　　V　　　O　　　　　　　　　　接　　S′　V′　C′関代O′S′

133

might consider φ hot]〉, it nonetheless causes the refrigerant 〈in the fluid〉
    V   C′   S   M   V   O

〈to evaporate 〈into a gas〉〉. ❻〈When this gas circulates back 〈into the house〉〉, it is fed
    C   接   S′   V′   S V

〈through a compressor〉, 〈which vastly intensifies the heat〉. ❼That heat can then be used
                         関代S′   M′   V′   O′   S   M   V

〈by a heat exchanger〉〈to warm up your hot water or air ducts〉.
                          V′   O′

⑫ ❶その仕組みは単純だ。❷家の中と，地中に埋めたコイルとの間にパイプが巡らされている。❸このパイプには水と液体冷却剤を混ぜたものが入っている。❹この混合液体は地中に埋設されたパイプの中を流れていくうちに，その10度の土から出る熱を吸収する。❺(A)これは一般に熱いと考えられているかもしれないような温度ではないのだが，それでもその熱によって液体中の冷却剤は蒸発して気体になるのである。❻この気体を循環させ家の中に戻し，コンプレッサーにかけると，それによって熱がものすごく高められる。❼そして熱交換器によってその熱を利用し，温水や空調ダクトなどを暖めることを可能にするのだ。

↳ 第12段落の要旨 システムの説明：具体化

- □ make a circuit 熟「巡回する」··B
- □ bury ~ 動「~を埋める」※berryと同じ発音。························A
- □ absorb ~ 動「~を吸収する」··B
- □ nonetheless 副「にもかかわらず」··B
- □ evaporate into ~ 熟「蒸発して~になる」※e-[= ex外]＋vapor-[水蒸気]。
                                                C
- □ feed ~ 動「~を供給する」··B
- □ intensify ~ 動「~を強化する」··B

⑬ ❶This mechanism is powerful enough 〈to efficiently provide heat 〈even in places 〈as
               S   V   C   M   M′   V′   O′

cold as Norway and Alaska〉〉〉. ❷It is also cheap. ❸〈In the UK〉, the best systems lowered
                                    S V M   C   S   V

heating bills 〈by 30 percent〉 〈because [compressing a gas 〈to heat your home〉] requires
  O   接   S′   V′   O′   V′

far less energy 〈than traditional gas or electric methods 〈of heating〉〉〉.
 M   O′   S″

⑬ ❶この仕組みは，ノルウェーやアラスカなどの寒冷地でも，効率的に熱を供給するだけの力を有している。❷しかも安い。❸イギリスでは，最も優れたシステムを用いると，暖房費が30パーセントも下がった。気体を圧縮して家を暖房するのは，従来のガスや電気暖房に比べて，必要なエネルギー量がはるかに少ないからである。

↳ 第13段落の要旨 システムの利点。

- □ lower ~ 動「~を下げる」※make ~ lowerからできた語。···········B
- □ compress ~ 動「~を圧縮する」··B

1. *A* rather than *B* 「*B*ではなくて*A*」

伝統的には「*B*よりむしろ*A*」と訳されてきたが，現在の英語ではnot *B* but *A*「*B*ではなくて*A*」の意味で使われることもよくある。

［例］Our new product uses titanium *rather than* iron.
　　　「わが社の新製品には鉄ではなくチタンを使用しています」
　　　この例を「鉄ではなくてむしろチタン」と考えるのはおかしい。
　　　本文では第2段落第1文にある。
Rather than stewing in our excess heat, what if we could make it work for us?
「過剰な熱の中で汗だくになるのではなく，それを自分たちのために利用するようにしたらどうだろうか？」

2. what if S V「もしS VならどうだろうＩ

whatのあとの動詞が省かれた形である。

［例1］*What if* we are late?　（= What will happen if we are late?）
　　　「私たちが遅刻したらどうなるの」
　　　仮定法を用いることもある。
［例2］*What if* we were late?（= What would happen if we were late?）
　　　「私たちが遅刻したらどうなるの」
　　　本文第2段落第1文 what（would happen）if we could make it work for us?「それを自分たちのために利用するようにしたらどうだろうか」という仮定法で書かれていることに注意すること。

3. after all「（補足理由を示して）そもそも，なんといっても」

日本語の「結局（のところ）」にも，補足理由を示す役割があるように，after allが，補足理由を示すことがある。特に文頭，（コンマで挟まれた）主語の直後，（コンマのあとの文末）の場合は，その可能性が高い。

［例1］We should treat prisoners with respect. After all, they are also human beings.
　　　「私たちは囚人を敬意をもって扱うべきだ。そもそも彼らも人間だから」
　　　ただしコンマなしで文末に用いられた場合は「予想に反して結局は」の意味になる。
［例2］We lost *after all*.
　　　「結局は私たちは負けてしまった」
　　　本文では第2段落第1文にある。直前には「過剰な熱の中で汗だくになる代わりに，それを自分たちのために利用するようにしたらどうだろうか？」という問いを受けて There is no shortage of waste heat, after all.「そもそも，廃熱は不足はしていないのだから」とある。

Not only 〜「〜だけでなく」の同意表現として，not just / simply / merely も覚えておくこと。

［例］David is *not just* a friend of mine; he is like a member of my family.
　　　「デイビッドはただの友達ではない。彼は家族同然の存在なのだ」

　この熟語は，the same に much がついているのだから，「まさに同じ」という意味になるはずだ。ところがそうはならないのはなぜだろう。日本語の「多い」は曖昧だ。「うちのクラスの欠席者が多い」「観客が多い」「アフリカでは飢えている人が多い」この3つの例の「多い」はすべて桁が変わる。最初の例なら30人ぐらいが上限であろうが，最後の例では100万人を超える可能性さえある。日本人は状況を考慮して，「多い」の意味を絞り込んでいくが，英米人はそのようなことはあまり得意としない。よって，much や many は漠然とした意味しかもたないので，これらの語を名詞や形容詞として肯定文の中で使用することは避けられる傾向にある。一方で so much や so many の形にして「互いの共感するような数」として使われることは多い。つまり much は不定量で曖昧なのだとわかる。だから much the same は almost the same と同じような曖昧な意味になるのだ。

［例］Frozen carrots taste *much the same* as fresh ones.
　　　「冷凍のニンジンは生のものとほとんど同じ味です」

　to 不定詞の中の動詞を修飾する副詞の位置は悩ましい。たとえば I would like you to tell me what you want to say.「あなたには，自分の言いたいことを私に言って欲しい」の tell を修飾する副詞 clearly を追加する場合，文末に置くと say を修飾する可能性がある。よって clearly tell me / tell me clearly とする。前者の場合，to と動詞の間に副詞が入るため，一世代前には「分割不定詞」と呼ばれ，避けるべき用法とされていた。

［例］We *failed to* entirely comprehend the theory.
　　　「私たちはその理論を完全には理解できなかった」

　現在では特に問題なく使われている。本文では第7段落第1文 to just move，および第13段落第1文 to efficiently provide に見られる。

英語では「文と名詞の同格」という形が可能である。

［例］He said it and *what is more* surprising, he did it.
　　　「彼はそういった。そして，さらに驚いたことに彼はそれをした」

　この例では what is more surprising と he did it が同格の関係にある。訳出においては what is more surprising を副詞的に訳すと日本語が整う。
　本文では第9段落第3文に what is more が出てくる。

8. as it happens 「偶然にも，あいにく」

　It happens that S V は，「偶然 S V」の It happens の部分が as によって切り取られ as it happens となった形。You know that S V. → As you know, S V. と同じ。後ろの文がマイナスイメージなら「あいにく」と訳すとぴったりくる。

[例] As it happens, I have left my wallet at home.
　　　「あいにく，財布を家に忘れてきたんだ」
　なお，この熟語の詳細については（→ p.033 **Supremacy 003**）。

9. regardless of ～「～と無関係に」

　regard は本来「見る」の意味。さらに of は「目的語を示す of」。よって，この熟語を直訳すると「～の方を見ないで」となる。regardless of age「年齢の方を見ないで」→「年齢とは無関係に」。

[例] Anyone can take part in this competition regardless of age or sex.
　　　「年齢や性別と無関係に誰でもこのコンテストに参加できます」

10. what 節が SVOC で，what が O になっている場合の訳出。

[例] We went in what we considered to be the right direction.
　　　「我々が正しいと思う方角へ進んだ」
　　　　※ go in ～ direction「～の方角へ行く（東西南北などの方角は面なので in）」
　上記の例の直訳は「我々が正しい方角と思うものへ進んだ」だが，このままでは不自然。よって，補語の位置にある direction を what に代入して訳すと自然な日本語になる。
　本文の下線部（A）では，what に「温度」という訳語を当てると上手くいく。
this is not what you might consider hot
「これは熱いと考えるかもしれないもの」
→「これは熱いと考えられるかもしれない温度」

Day 10

解答・解説

≫問題は別冊 p.056

テーマ：科学

適応性無意識のもつ力

[出題校] 関西大学

[モニターの平均点] **43.0** / 51点

（各3点で採点）

＼竹岡の一言／

「脳が考える」場合，我々がそれを意識しているとは限らず，我々が意識していないこともある。だから，「考えが煮詰まる」という場合は，その問題を意識からいったん切り離せばよい結果が生まれる。この技術は是非身につけてもらいたい。

Answers：解答

	番号	正解
(A)	1	(C)
	2	(B)
	3	(A)
	4	(B)
	5	(A)
	6	(C)
	7	(B)
	8	(C)
	9	(A)
	10	(C)
(B)	1	(B)
	2	(C)
	3	(A)
	4	(B)
	5	(B)
	6	(C)
	7	(A)

(A)

1 正解 (C)

解説 第1段落では，筆者が説明しようとしている「適応性無意識」と，心理学者のフロイトが提唱した「無意識」とがまったく異なるものであることが述べられている。下線部①を含む文（the unconscious ... consciously）の意味は，「フロイトの言う無意識とは，私たちが意識的に考えるにはあまりに不穏な欲望や記憶，空想に満ちた暗い場所のことであった」であり，この部分がフロイトの唱える「無意識」の説明となっていることをつかむ。なお，この文の中のwhichが，the unconscious described by ... を先行詞とする関係代名詞であることに注意すること。選択肢を順に検討する。(A)「無意識はコンピュータのようなものだという考え」は偽。コンピュータの比喩は，「適応性無意識」の説明で使われている。(B)「適応性無意識に対する筆者の考え」は偽。(C)「フロイトの理論に対する無意識の中身」が正解である。

2 正解 (B)

解説 下線部②の意味は「適応性無意識は，人間として機能し続けるのに私たちが必要とするたくさんのデータを高速でひっそりと処理するある種の巨大なコンピュータのようなものだと考えられている」である。選択肢を順に検討する。(A)「適応性無意識のデータ処理能力は人間にとって十分ではない」は偽。このような記述は本文にない。(B)「適応性無意識がなければ，人間は通常の生活を送ることは不可能だろう」は真。この選択肢の後半の記述は本文の「人間として機能し続けるのに私たちが必要とする〜」に合致する。(C)「人々は自分の適応性無意識の負の側面を理解するようにならなくてはならない」は偽。本文にこのような記述はない。

3 正解 (A)

解説 下線部③は，直前の文の内容を参考にして省略部分を補えば，Of course (you do) not (have time to think through all your options)「もちろん，すべての選択をしっかり考える時間はない」となる。選択肢を順に検討する。(A)「人々は事故の起こる直前にどうすべきか即座に決断しなければならない」は，直接的な言及はないが方向性は合っている。(B)「人間の生存は選択肢を綿密に検討するかどうかで決まる」は偽。下線部と真逆の内容である。(C)「誰であれ，どの車を購入するべきかを大急ぎで決めようとすべきではない」も偽。これも真逆の内容である。以上から適切なのは (A) しかない。

4 正解 (B)

解説 設問は「下線部④から読み取れるものは何か」であることに注意。下線部④の意味は「かなりの量の高度で精巧な思考を無意識に任せることによって（頭脳は最も効率的に機能する）」である。英文中のleave A to B「Aを

*B*に委ねる」に注意すること。下線部に続く just as ... で無意識が「オート
パイロット」に例えられていることも考慮しながら，選択肢を順に検討す
る。(A)「無意識は賢く，現代の飛行には欠かせない」は偽。無意識がそ
れ自体，飛行に関わるわけではないので誤り。(B)「無意識は複雑な意思
決定の多くを支配する」は，本文と方向性はほぼ同じ。(C)「無意識は完
全に自動的でないことによって最も良く機能する」は偽。飛行機の例えで
人間のパイロットのインプットがまったくなくても（＝全自動で）動くと
あることに矛盾する。以上から適切なものは (B) となる。

---

5 **正解** (A)　　　　　　　　　　　| 語彙問題 |　正答率　62.0%

解説 下線部⑤を含む段落の内容は「私たちは意識的思考と無意識の思考を切り
替えている」という意味。選択肢を順に検討する。(A)「交互にする，行
き来する」，(B)「反対する」，(C)「逆にする」で適切なものは (A)。なお，
alternate は，alternative「代わりの，選択肢」の派生語。

---

6 **正解** (C)　　　　　　　　　　| 内容一致問題 |　正答率　87.6%

解説 第3段落では2つの意思決定の過程（「意識的に行われるもの」と「無意
識で行われるもの」）について述べられている。さらに，同段落最終文 (The
sudden decision ...) に「その同じ同僚と言い争うという判断が突然，無
意識のうちになされる」と書かれているので，突然の判断は「無意識の思
考」に分類されていることがわかる。下線部⑥を含む文の前半の例はすべ
て「突然の判断」の例である。以上から下線部⑥「我々の脳の二番目の部
分」とは「脳の中の無意識の判断」であることがわかる。選択肢 (A)「効
果的な意識」，(B)「意識」は偽。(C)「無意識」が正解となる。

---

7 **正解** (B)　　　　　　　　　　| 内容一致問題 |　正答率　97.7%

解説 下線部⑦は，「その即座の決断」の意味。選択肢は (A)「授業を何週間も受
けたあとでの決断」，(B)「短時間の間に下される決断」，(C)「学生を助け
るために教師の下した決断」の中で適切なのは (B) である。snap「即座の」
を知らなくても，第5段落の1～2文などからも推測できるだろう。

---

8 **正解** (C)　　　　　　　　　　| 内容一致問題 |　正答率　96.9%

解説 ここでの whether は，副詞節を作り「～であろうとなかろうと」の意味。
よって下線部⑧の意味は「気がついていようとなかろうと」の意味。選択
肢 (A)「自分の視点に応じて」，(B)「自分の知識に加えて」，(C)「自分の自
覚に関係なく」の中で適切なのは (C) しかない。

---

9 **正解** (A)　　　　　　　　　　| 内容一致問題 |　正答率　84.5%

解説 下線部⑨を含む文の文構造は，the design .., whatever ... name, the first
few sentences の3つが主語で generate が動詞となっている。よって，
whatever ... name は名詞節で，その意味は「著者の名前から連想される
かもしれない色々なこと」となる。association は「連想すること，連想
されるもの」の意味である。選択肢は (A)「著者の名前に関連づけて抱く

考え」，(B)「その本の著者との関係」，(C)「著者が所属していることがわかっているグループ」で，この中で適切なものは(A)である。

10　正解 (C)

解説 下線部⑩の意味は「決断の質は，それを下すために投入された時間と労力に直接関連するものだということ」。なお下線部中にある go into *doing* は「…することに費やされる」の意味である。選択肢を順に検討する。(A)「決断するのに必要な時間は決断の質とは無関係である」は偽。下線部と真逆の記述である。(B)「素早い決断は最も有益であるとたいていの人は信じている」は偽。これも下線部と真逆の記述である。(C)「最善の決断は徹底的に考え抜かねばならない」は真。

(B)

1　正解 (B)

解説 「第1段落で筆者は…」
第1段落では「適応性無意識」が紹介され，フロイトの説く「無意識」との違いが述べられている。選択肢を順に検討する。(A)「適応性無意識は実際には伝統的な考えであると述べている」は偽。フロイトが伝統的な考えだとすれば，本文と真逆の記述である。(B)「適応性無意識をジークムント＝フロイトの理論と比較している」は真。(C)「適応性無意識は願望と夢を含むものであると定義している」は偽。本文で desire（願望）や fantasy（空想）が説明に使われているのはフロイトの無意識である。以上から(B)が正解となる。

2　正解 (C)

解説 「第2段落によれば，適応性無意識とは…である」
第2段落（If you walk …）は「適応性無意識とは，非常に素早く判断を下すことができるような仕組みであり，人間が生き延びることを可能にした」とある。選択肢を順に検討する。(A)「自動操縦のものでも人間のパイロットによるものでもない飛行機に似たもの」は偽。同段落第4文（As the psychologist …）に「無意識の思考は飛行機の自動操縦のようなもの」とある。(B)「ティモシー＝ウィルソンがもともと作り出した概念」は偽。本文には誰が最初に作った概念かの記述はない。(C)「複雑な意思決定をすることができ，時間をあまり要しないもの」は真。以上から(C)が正解となる。

3　正解 (A)

解説 「第3段落によれば，…の例は…」
同段落第2文（A decision to …）に「同僚をディナーに招待するという決断は意識的なものである」とある。選択肢を順に検討する。(A)「意識的な決断（の例）は，人が自分の家で一緒に食事することを計画する場合だろう」が真。(B)「意識的な決断（の例）は，同僚と言い争いを始める場合だろう」は本文で「無意識」とされているので誤り。(C)「意識的な決断（の

例）は，自分でも気づかないうちに決断することだろう」は，「気づかないうちに」がおかしい。以上から (A) が正解となる。

4　正解 (B)　｜英文完成問題｜　正答率　95.3%

解説「**第4段落によれば，ある研究者は学生は…できることを発見した**」
第4段落（Whenever we meet ...）は「学生が教授の授業の能力を，短時間の映像を見ることだけで正確に判断した」という内容である。選択肢を順に検討する。(A)「もっと正確な判断を行うことでその授業にパスする」は偽。本文にこのような記述はない。(B)「教師の質を素早く，しかも正確に判定する」は真。(C)「教師と話すことで自分たちの学習技術を判断する」は偽。本文にこのような記述はない。以上から (B) が正解となる。

5　正解 (B)　｜英文完成問題｜　正答率　63.6%

解説「**第5段落によれば，アンバディの実験は…を示している**」
第5段落の実験では，ある教師の映像を5秒見た場合の評価と，2秒見た場合の評価と，その教師の授業を1学期丸々受けた場合の評価がほぼ同じであったことが示されている。さらに同段最終文（That's the power ...）に「それが私たちの適応性無意識の威力なのだ」とあることから，この実験の目的は，即断と長時間かけた判断の内容がほぼ同じであると示すことを通して，即断がいかに的確かを実証することであったとわかる。以上を踏まえて選択肢を検討する。(A)「人はあることについていったん決断を下してしまうと，その判断を変えることはまずない」は偽。本段落の実験の目的は，人の決断の揺るぎなさを実証することではない。(B)「素早く下した決断はもっとゆっくり時間をかけて到達した決断と同じくらい正確なこともある」は本段落の実験の目的に一致するので，これが正解。(C)「適応性無意識のために私たちはあまりに性急に評価してしまうことが多くなるだろう」は適応性無意識による即断をマイナスに評価しており，本段落の内容に反する。

6　正解 (C)　｜英文完成問題｜　正答率　86.4%

解説「**第6段落では，筆者は本の選択の例を…用いて…**」
第6段落（You often do ...）では，「適応性無意識によって短時間に優れた判断ができる」ことの例として本の選択が挙げられている。選択肢を順に検討する。(A)「読書を好まない人が多い理由を示唆する」は偽。これは本文と無関係な記述である。(B)「好奇心を持ち，質問をする習慣を促進する」は偽。これも本文に記述がない。(C)「そうした決断をする際に何が起こるかを具体的に述べる」は真。カバーや著者名を見て一連の判断をする様子を具体的に述べた本文に合致する。以上から (C) が正解となる。これは，本文の内容を直接的に言及しているわけではないので，やや難しい。

7　正解 (A)　｜英文完成問題｜　正答率　85.2%

解説「**本文の目的は…ということである**」
本文では「適応性無意識」というものがどういうものであるかが詳しく述べられている。選択肢を順に検討する。(A)「適応性無意識が行うことを

説明する」は真。まさにこれが正解。(B)「2種類の適応性無意識を比較する」は偽。比較されているのは適応性無意識とフロイトの無意識の2つ。(C)「適応性無意識に関する新しい考え方を拒絶する」は，本文の趣旨の真逆である。第7段落には「一般に即断の結果を私たちは怪しいものだと思っているが，適応性無意識によってなされる即断は優れていることもある」とあるが，「新しい考えを拒絶」しているわけではない。以上から(A)が正解となる。

Oh my ...

きちんとした勉強法でポテンシャルを引き出せ！

英語学習において「英単語の増強」は最優先課題だが，間違った方法では能率が悪くなる。電車の中で，丸暗記の単語集とにらめっこしている学生や社会人を見ると，「そんな方法では覚えられないよ」と思わず声をかけたくなる。相手に「大きなお世話だ！」と言われそうなので実行はしないが，そのような人を見ていると複雑な気持になる。たとえば，みなさんはカラオケで歌を歌ったりすることがあるかもしれない。その歌詞をどうやって覚えるだろうか？　まさか，電車の中で歌詞を読んで覚えてはいないだろう。何度も何度も歌うことで覚えている，つまりは「気がつけば覚えていた」はずであろう。

昔，生徒を引率した高野山の合宿先（無量光院）で，中学1年生の小坊主さんが英語のワークブックに取り組むのを目にしたことがあった。たまたま空き時間だったので，彼に少し話を聞いてみたところ，「英語は嫌いで，苦手」だという。「声に出して読んでるの？」と尋ねると，「全然」とつれない返答。彼は英語を音として意識したことがないようだった。「僕が読んだのと同じように読んでね」と言って，僕と小坊主さんは二人で英語を読み始めた。びっくりしたことに，普通では考えられないほど完璧に僕の英語を真似してくれた。小坊主さんは，お経を耳に聞いて覚えている。そのお経の暗記で培われた音感が素晴らしかったのだ。「君の音感は素晴らしい！これからは，英語をできるだけ音にして，英語が言語であることを意識するといいよ」と言っておいた。それから2年後，その小坊主さんは学年で英語が1番になったと，宿坊の方からお聞きした。英語において，これくらい音は重要なのだ。

あとは人間の能力のすごさを実感して欲しい。日本でいちばん円周率（3.14159265....）を覚えている人は，どれくらいの桁を覚えているか知っているだろうか？　なんと8万桁らしい。あなたがたにもポテンシャルがある。それを信じて「私大の長文で9割とるのは当たり前だよね」と，自分に言い聞かせ，努力を続けること。さあ，やりましょう！

Translations & Notes：全訳と語句注

1 **❶** Sometimes we arrive ⟨at a decision⟩ ⟨without knowing [how we have arrived ⟨at the decision⟩]⟩. **❷** The part (of our brain) (that does this) is called the "adaptive unconscious," and the study (of this kind of decision-making) is one (of the most important new fields (in psychology)). **❸** The adaptive unconscious is not to be confused ⟨with the unconscious (described ⟨by the Austrian psychologist Sigmund Freud⟩)⟩, (which was a dark place (filled ⟨with desires, memories and fantasies (that were too disturbing ⟨for us⟩ ⟨to think about consciously⟩)))). **❹** ⟨In contrast⟩, the adaptive unconscious is thought of as a kind of giant computer (that quickly and quietly processes a lot of the data ((which 省略) we need φ ⟨in order to keep [functioning ⟨as human beings⟩]⟩))).

1 **❶** ある結論に達したものの，その結論にどのように達したのかがわからないことがある。**❷** 私たちの脳の中の，こうしたことを行う働きは「適応性無意識」と呼ばれ，この種の意思決定の研究は，心理学で最も重要な新しい領域の１つである。**❸** 適応性無意識を，オーストリアの心理学者ジークムント・フロイトの説明による無意識と混同してはならない。フロイトの言う無意識とは，①私たちが意識的に考えるにはあまりに不穏な欲望や記憶，空想に満ちた暗部のことであった。**❹** それとは対照的に，②適応性無意識は，人間として機能し続けるのに私たちが必要とする多くのデータを高速で静かに処理するある種の巨大なコンピュータのようなものだと考えられている。

↳ 第1段落の要旨 必要な情報を高速で静かに処理する適応性無意識。

□ decision-making	名	「意思決定」※ bird watching と同構造。(→p.105 **Supremacy 013**)	B
□ psychology	名	「心理学」	B
□ is not to (V)	熟	「V してはならない」※直訳は「V することにはならない」。	A
□ confuse A with B	熟	「A を B と混同する」	A
□ disturbing	形	「心をかき乱す，不穏な」	B
□ consciously	副	「意識的に」	A
□ in contrast	熟	「それとは対照的に」	A
□ think of A as B	熟	「A を B とみなす」	A
□ process 〜	動	「〜を処理する」	B
□ function	動	「機能する」	A

② ❶⟨If you walk out ⟨into the street⟩ and suddenly realize [that a truck is rushing
　　　接 S'　　V₁　　　　　　　　　　　接　　M'　　V'₂　O'₂接　S"　　V"

⟨towards you⟩]⟩, do you have time (to think through all your options)? ❷Of course not.
　　　　　　　　　　S　V　　O　　　　V'　　　　O'

❸The only reason (that human beings have survived ⟨as a species⟩) is [that they
　　　S　　　　　関副　　S'　　　V'　　　　　　　　　V C 接　S'

have developed a kind of decision-making mechanism, one (that's capable of [making very
　　V'　　　　　　　　　O'　　　　↑——同格——↑　関代S"　V"　　C"　V'''

quick judgments ⟨based on very little information⟩])]. ❹⟨As the psychologist Timothy
　　O'''　　　　　　　　　　　　　　　　　　　　　　　　接　　　　　S'

Wilson writes ⟨in his book Strangers to Ourselves⟩⟩: "The mind operates most efficiently ⟨by
　　　V'　　　　　　　　　　　　　　　　　　　　　　S　　V　　　M

leaving a good deal of high-level, sophisticated thinking ⟨to the unconscious⟩⟩, ⟨just as
　V'　　　　　　　　　　　　　O'　　　　　　　　　　　　　　　　　　　接

a modern plane is able to fly ⟨on automatic pilot⟩ ⟨with little or no input (from the human
　　　　S'　　　　　V'

pilot⟩⟩." ❺The adaptive unconscious, he says, does an excellent job (of [assessing
　　　　　　　　　　S'　　　　　　S　V　　V'　　　O'　　　　① V'

the world], [warning people ⟨of danger⟩], [setting goals], and [starting action] ⟨in a
　O'　　② V'　　　O'　　　　　　③ V'　　O'　　④ V'　　　　O'

sophisticated and efficient manner⟩⟩.

---

② ❶通りに足を踏み出してから，トラックが自分の方に向かって疾走してくること
に突然気づいたら，あらゆる選択肢をじっくり検討する時間はあるだろうか。❷③
もちろんあるはずなどない。❸人間が種として生き延びた唯一の理由は，ある種
の意思決定の仕組み，つまり，情報が本当に乏しくても，それに基づいて，非常に
素早く判断を下すことができるような仕組みを発達させてきたことである。❹心
理学者のティモシー・ウィルソンが著書『Strangers to Ourselves（和名：自分を
知り，自分を変える－適応的無意識の心理学）』の中で次のように書いている。「④
かなりの量の高度で精巧な思考を無意識に任せることによって，頭脳は最も効率的
に機能する。ちょうどそれは，現代の飛行機が，人間のパイロットからインプット
をほとんど，あるいはまったく受けずに自動操縦で飛行できるのと同じことだ」と。
❺彼が言うには，適応性無意識は，精巧かつ効率的な方法で世の中の状況を見極め，
人々に危険を警告し，目標を設定し，そして行動を起こすという仕事を見事にやっ
てのけるのだ。

> **第2段落の要旨** 適応性無意識の説明　人間が生き延びるために，無意識のうちに状況を的確
　　　　　　　　　　　　に判断し行動を促すことを可能にする。

□ rush towards ～　　　　　熟「～の方へ突進する」……………………B
□ think ～ through / through ～　熟「((米)) ～を考え抜く」……………A
□ of course not. = of course you do not have time to do so.
□ based on ～　　　　　　　熟「～に基づいて」………………………B
□ as S write in ～　　　　　熟「Sが～の中で書いているように」………A
□ operate　　　　　　　　　動「機能する」……………………………B

□ leave *A* to *B*	熟 「*A* を *B* に委ねる」	A
□ sophisticated	形 「洗練された，高度な」（→p.150 Supremacy 018 ）	B
□ the unconscious	熟 「無意識」※ the ＋形容詞が抽象名詞を表することがある。	B
□ little or no input	熟 「ほとんど，あるいはまったく入力がない」	
□ assess the world	熟 「世界（の状況）を評価する」	B
□ warn *A* of *B*	熟 「*A* に *B* について警告する」	B
□ in a ～ manner	熟 「～な方法で」	A

❸ ❶Wilson says [that we switch back and forth 〈between our conscious and unconscious
  S   V   0接 S'   V   M'

modes 〈of thinking〉〉, 〈depending on the situation〉]. ❷A decision 〈to invite a co-worker
                                                      S   V   O'

〈to dinner〉〉 is conscious. ❸You think it over. ❹You decide [〔接 that 省略〕 it will be fun].
              V   C   S   V O M   S   V O   S' V' C'

❺You ask him or her. ❻The sudden decision 〈to argue 〈with that same co-worker〉〉 is made
  S V   O   S   V₁

unconsciously ── 〈by a different part 〈of the brain〉〉 and motivated 〈by a different part 〈of
  M   接   V₂

your personality〉〉.

❸ ❶私たちは状況に応じて意識的な思考モードと無意識のモード⑤を切り替えている，とウィルソンは言う。❷同僚をディナーに招待するという決断は意識的なものである。❸じっくりと考える。❹そうすれば楽しいだろうと判断する。❺その人物を誘ってみる。❻その同じ同僚と言い争うという判断が突然，無意識のうちになされる ── この判断は，脳の異なる部分によってなされ，さらに，自分の人格の異なる部分によって動機付けがなされているのである。

↳ 第3段落の要旨 人間は，意識的な思考モードと，無意識の思考モードを，状況に応じて切り替える。

□ switch back and forth between *A* and *B*	熟 「*A* と *B* との間を行ったり来たりする」	B
□ depending on ～	熟 「～に応じて」	A
□ co-worker	名 「同僚」	B
□ think ～ over / over ～	熟 「～をじっくり考える」	A
□ motivate ～	動 「～に動機を与える」	B

❹ ❶〈Whenever we meet someone 〈for the first time〉〉, 〈whenever we interview someone
      接 S'₁ V'₁   O'₁   接   S'₂   V'₂   O'₂

〈for a job〉〉, 〈whenever we react 〈to a new idea〉〉, or 〈whenever we're faced 〈with making a
              接   S'₃ V'₃   接   S'₄   V'₄

decision quickly and 〈under stress〉〉〉, we use that second part 〈of our brain〉. ❷How long,
                                      S   V   O   M

〈for example〉, did it take you, 〈when you were 〈in college〉〉, to decide [how good 〈at
              仮 S V O   接 S' V'   真 S   M   C'

teaching⟩ your professor was]? ❸A week? ❹Two weeks? ❺A semester?
　　　　　　S′　　　　V

❻The psychologist Nalini Ambady once gave students three ten-second videos ⟨of a teacher⟩
　　S　　↑—同格—↑　　　M₁　V₁　IO₁　　　DO₁

—⟨with the sound (being 省略) turned off⟩— and found [(接 that 省略) they had
　分構　　S′　　　　　　　V　　　　　接　V₂　O₂　　　　　　S′　V

no difficulty ⟨at all⟩ ⟨coming up with a rating ⟨of the teacher's effectiveness⟩⟩].
　O′　　　　M′　　V″　　　　　O″

4　❶人と初めて会うとき，あるいは誰かに仕事の面接をするとき，あるいは新しい考えに反応するとき，あるいはストレス下で迅速な決断を迫られるときはいつも，⑥私たちの脳はその2つ目の部位を使う。❷たとえば，大学時代に，自分の担当教授が教師としてはどれくらい優れているかを判断するのにどれくらい時間がかかっただろうか。❸1週間？　❹2週間？　❺それとも1学期間？　❻心理学者のナリニ・アンバディは，かつて，学生たちにある教師の10秒間の映像を ── 音声は消した状態で ── 3本見せたところ，彼らがその教師の実力評定にまったく苦労しなかったことを発見した。

　↳ **第4段落の要旨** 適応性無意識は，迅速な決断に有効である。

　☐ be faced with ～　　　　熟「～に直面している」………………………A
　☐ semester　　　　　　　名「(2学期制の) 学期」………………………A
　☐ with the sound turned off　熟「音声を消して」………………………A
　☐ no ～ at all　　　　　　熟「まったく～ない」………………………A
　☐ come up with ～　　　　熟「～を思いつく」………………………A
　☐ a rating of ～　　　　　熟「～の評価」………………………A
　☐ effectiveness　　　　　名「有能さ」………………………B

5　❶Then Ambady cut the video back ⟨to five seconds⟩, and the ratings were the same.
　　M　S₁　V₁　　O₁　　M　　　　　　接　S₂　V₂　C₂

❷They were remarkably consistent even ⟨when she showed the students just two seconds
　S　V　　M　　　　C　　M　　接　S′　V′　　IO′　　　DO′

⟨of videotape⟩⟩. ❸Then Ambady compared those snap judgments ⟨of teacher effectiveness⟩
　　　　　　　　　M　　S　　V　　　O

⟨with evaluations ⟨of those same professors ⟨made by their students ⟨after a full semester

⟨of classes⟩⟩⟩⟩⟩. ❹She found [that they were essentially the same]. ❺A person ⟨watching a
　　　　　　　　S　V　O 接　S′　V′　　M′　　　C′　　　S′　　　V′

silent two-second video ⟨of a teacher ⟨(whom 省略) he or she has never met φ⟩⟩⟩ will reach
　O′　　　　　　　　　　　O″　　　　　　　　S″　　　V″　　　V

conclusions ⟨about [how good that teacher is]⟩ ⟨that are very similar ⟨to those ⟨of a
　O　　　　　　　M′　C′　　S′　　V′　関代 S′V′　M′　　C′

student ⟨who has sat ⟨in the teacher's class⟩ ⟨for an entire semester⟩⟩⟩⟩⟩. ❻That's
　　　　関代 S″　V″　　　　　　　　　　　　　　　　　　　　　　S　V

the power ⟨of our adaptive unconscious⟩.
　C

⑤ ❶ 次にアンバディは映像を 5 秒間に縮めてみたが，学生の評定は同じだった。❷ 彼女が学生に映像をたったの 2 秒間しか見せなかったときでさえも，学生たちの評定は驚くほど一貫していた。❸ それからアンバディは教授の実力に関する⑦それらの即断を，学生たちが一学期丸々授業を受けたあとでそれらの同じ教授たちに対して下した評定と比較してみた。❹ 彼女はそれらが本質的に同じであることを発見した。❺ 一度も会ったことのない教師の，無音の 2 秒間の映像を見た者がその教師がどれほど有能かということに関して出した結論が，1 学期丸々その教師の授業を受けた学生の出した結論とほとんど変わらなかったのである。❻ それが私たちの適応性無意識の威力なのだ。

↳ **第5段落の要旨** 適応性無意識の威力：短時間に優れた判断をする例 1。

□ cut ～ back to ...　　**熟**「～を切り詰めて…にする」・・・・・・・・・・・・・・・・・ A
□ consistent　　**形**「一貫している」※con-[一緒]＋-sist-[存在する]。・・・・・ B
□ compare A with B　　**熟**「A を B と比べる」・・・・・・・・・・・・・・・・・・・・・・・ A
□ evaluation　　**名**「(正しい) 評価」(→ p.150 **Supremacy 018**)・・・・・・・・・・ B
□ he or she　　a person を指す代名詞。

⑥ ❶You often do the same thing, 〈whether you realize it or not〉, 〈when you are choosing
　　　S　M　V　　O　　　接　S′　V′　O′　M′　　　　接　S′　　　V′
a book 〈in a library〉〉, 〈for instance〉. ❷How long do you look 〈at a book〉〈after you pick it
　O′　　　　　　　　　　　　　　　　　　M　　S　V　　　　　　接　S′　V′　O′
up〉? ❸Two seconds? ❹And yet 〈in that short space of time〉, the design (of the cover),
M　　　　　　　　　　　接　M　　　　　　　　　　　　　　　　S₁
〈whatever associations you may have 〈with the author's name〉〉, and the first few
　　　　O′　　　　　　S′　V′　　　　　　　　　　　　　　　接　　　S₂
sentences all generate an impression ─ a rush (of thoughts and images and speculations).
S₁とS₂と同格　V　　　O　　↑─同格─↑
❺You decide, 〈in two seconds〉, [that you don't want [to read it]]. ❻Aren't you curious
　S　V　　　　　　　　　　　　O接　S′　V′　　　O′　　　　　　V　S　C
〈about [what happened 〈in those two seconds〉]〉?
　　　　　　S　　V

⑥ ❶⑧自覚があるかどうかは別として，たとえば，図書館で本を選んでいるときでも同じことをしていることが多い。❷本を手に取ってから，どれくらい長くそれを見るだろうか。❸2 秒間？　❹それでも，そんな短い時間の中で，表紙のデザインや，⑨著者の名前から連想されるかもしれない色々なこと，そして最初の数行といったものすべてが印象 ── 一気に押し寄せる思いとイメージと推測 ── を生み出す。❺読む気はしないと判断するまでに 2 秒とかからない。❻その 2 秒間に何が起こったのか知りたくはないだろうか。

↳ **第6段落の要旨** 適応性無意識の威力：短時間に優れた判断をする例 2。

□ pick ～ up / up ～　　**熟**「～を手にとる」・・・・・・・・・・・・・・・・・・・・・・・ A
□ space of time　　※特に時間が短い間に色々なことがあることを示唆する場合に使われる表現。
□ have an association with ～　　**熟**「～から連想する」・・・・・・・・・・・・・・ A
□ generate ～　　**動**「～を生み出す」・・・・・・・・・・・・・・・・・・・・・・・・・・・・ B

□ speculation　　　　　　　　名「推測」※spec-[見る]→「未来を見る」。……B

⑦ ❶I think [(接that省略) we are naturally suspicious 〈of this kind of rapid decision-
　　S　V　O　　　　　　　　　　　　S′　V′　M′　　　　C′

making〉]. ❷We live 〈in a world (that assumes [that the quality (of a decision) is directly
　　　　　　　S　V　　　　　　　　関代S′　V′　O′接　　S″　　　　　　　V″　M″

related 〈to the time and effort (that went 〈into making it〉)〉)])〉. ❸〈When doctors are faced
V″　　　　　　　　O″　　　　　関代S″　V″　　　　　　　　　　　　　接　　　S′　　V′

〈with a difficult medical decision〉〉, they order more tests, and 〈when we are uncertain
　　　　　　　　　　　　　　　　　　S₁　V₁　　O₁　　接　接　S′　V′　　C′

〈about [what we hear φ]〉〉, we ask 〈for a second opinion〉. ❹And what do we tell our
　　　関代O″　S″　V″　　S₂　V₂　　　　　　　　　　　　　接　IO　　S　V　DO

children? ❺"Haste makes waste." ❻"Look 〈before you leap〉." ❼"Stop and think."
　　　　　　　S　　V　　O　　　　　V　　接　S′　V′　　　　　V₁　接　V₂

❽"Don't judge a book 〈by its cover〉." ❾We believe [that we are always better off 〈gathering
　　V　　　O　　　　　　　　　　　　　S　V　　O接　S′　V′　　M′　　　C′　①　V′₁

as much information as possible and spending as much time as possible 〈considering [what
　　　　O′₁　　　　　　　接　②　V′₂　　　　　O′₂　　　　　　　V″　　　O″

to do]〉〉]. ❿We really only trust conscious decision-making. ⓫But there are moments,
O″　　　　　S　M　　M　　V　　　　O　　　　　　　　接　M　V　　S

particularly 〈in times (of stress)〉, (when our snap judgments and first impressions
M　　　　　　　　　　　　　　　　関副　　S′₁　　　　　　接　　　S′₂

can offer a much better means (of making sense of the world)).
V′　　　O′　　　　　　　　V″　　　　　O″

⑦ ❶当然ながら，この種の迅速な意思決定に対して私たちは疑いの気持ちを持って
いると思われる。❷私たちは，⑩決断の質は，それを下すために投入された時間
と労力に直接関連するものだということを前提とする世界に住んでいる。❸医師が，
医学上の困難な判断を迫られるとき，さらなる検査を指示するものだし，私たちは
自分が聞いたことに確信が持てなければ，セカンドオピニオンを求めるものだ。❹
それに私たちは我が子に何と言うだろうか。❺「急いては事をし損じる」❻「転ば
ぬ先の杖」❼「立ち止まって考えてみなさい」❽「物事を外見で判断するな」だ。
❾できるだけ多くの情報を手に入れ，どうすべきか考えることにできるだけ時間
を費やすほどよいと，私たちは信じている。❿私たちは，意識的な意思決定だけ
を信用しているのだ。⓫だが，特にストレスを受けている時には，即断と第一印
象が世界を理解するためのはるかに優れた手段を提供してくれる瞬間もあるのであ
る。

↳ **第7段落の要旨** 常識的には即断はよくないとされるが，即断の方がよりよく理解できるときもある。

□ naturally　　　　　　副「当然ながら，～は当然だ」※文修飾語。…………B
□ assume that S V　　熟「（根拠なく）S V を当然と思う」………………B
□ be related to ～　　熟「～と関連している」………………………………B
□ medical decision　　名「医学上の判断」…………………………………B
□ be better off (V)ing　熟「V する方がよい」(→p.151 **Supremacy 019**)………A
□ means　　　　　　　名「手段」………………………………………………B
□ make sense of ～　　熟「～を理解する」……………………………………A

149

1. sophisticated「洗練された」

sophi- は「智」を意味する。a sophisticated machine と言えば「いかにも賢そうな機械」のイメージとなる。人物に用いられた場合には「人生経験が豊かで，芸術，ファッションなどに対して感性が豊かな」というイメージとなる。

Sophia は女子の名で，日本語ではさしずめ「智子」となる。この Sophia という名前を冠する大学は，日本の「上智大学」のこと。「上智大学」という名前は「聖マリアの連祷（れんとう）」というカトリックの祈りの言葉の中にある「上智の座」からきたものであるとされている。さらに「上智恵（＝最上の智恵のこと）」という意味も兼ねているようだ。よってもともと「上智」という言葉があって，それを英訳した場合に Sophia となったということだ。なお a sophist「ソフィスト」は「智恵者」の意味。

sophomore「（大学）2年生」は，sopho- が「賢い」で，more はギリシャ語の moros「愚かな」からきた単語。よって直訳すると「賢くてかつ愚か」となる。これは，「大学の2年生」が，a freshman「新入生」よりは賢くて，a junior「3年生」や a senior「4年生」よりは「愚か」という意味からきたのだと推察される。

philosophy「哲学」は，西周の誤訳から来た単語とされる。本来は「智を愛すること」が原義なのに「愛する」部分が訳語から抜け落ちている。西洋哲学研究者だった西周は，江戸時代に「蕃書調所（ばんしょしらべしょ）」で日本最初の哲学の講義をした。その際，philosophy を「希哲学」と訳している。「希賢」という言葉には儒教を想起させるということで，「賢」を，それとほぼ同義の「哲」にあて「希哲学」としたらしい。ところが西周の著書『百一新論』では，その訳語から「希」の字が削られて「哲学」へと変えられたのである。

2. evaluate「〜を正しく評価する」

e- は ex- と同じ「外」で，-val- は「価値」なので「価値を外に出す」が直訳。そこから「あるものの価値を正しく評価する」という意味になった。つまり「良いモノは良い，悪いモノは悪いと正しい評価を下す」という意味。日本語の「評価する」は，「良いと認める」という意味も持つが，evaluate にはそのような意味はない。

valid「妥当な」は，「価値を持つ」が直訳。たとえば a valid reason「価値のある理由」とは，相手に「なるほど」と納得させることのできる理由。よって「根拠のある理由・正当な理由・妥当な理由・もっともな理由」などと訳せるわけだ。value の形容詞の valuable は，主に「金銭的な価値がある」という意味で valid とは使う場面が異なる。切符やパスポートが valid というのは「使うことが出来る」→「有効期限内の」の意味。もし「valuable な切符」ならば，マニアの間で取引されているプレミアのついた切符という意味になる。

※現在ではほとんどの場合，inは省略される。

1. **have difficulty / trouble / a hard time（in）（V）ing**「Vするのに苦労する」

　　［例］We had difficulty understanding him.
　　　　　「彼の言うことを理解するのに苦労した」

2. **spend 時間（in）（V）ing**「時間をVするのに費やす」

　　［例］I spent most of my time working part-time.
　　　　　「時間の大半はアルバイトに費やした」

3. **take turns（in）（V）ing**「交替でVする」

　　［例］We took turns（in）having lunch because we were busy.
　　　　　「忙しかったので交替で昼ご飯を食べた」

4. **be busy（in）（V）ing**「Vするのに忙しい」

　　［例］We were busy doing the homework.
　　　　　「宿題をするのに忙しかった」

5. **be better off（in）（V）ing**「Vする方がよい」

　　［例］I am better off staying home.
　　　　　「私は家にいた方がよい」

本文では，第4段落最終文they had no difficulty at all coming up with a rating of the teacher's effectiveness，第7段落第9文we are always better off gathering as much information as possible and spending as much time as possible considering what to do. に見られる。

［参考］前置詞toのあとに動名詞を置く場合にも注意したい。

1. **be used to 〜**「〜に慣れている」

　　［例］Bob is used to speaking in public.
　　　　　「ボブは人前で話すのに慣れている」

2. **look forward to 〜**「〜を楽しみにして待つ」

　　［例］I am looking forward to meeting you.
　　　　　「あなたに会えるのを楽しみに待っています」

3. **object to 〜**「〜を嫌がる，反対する」※名詞形objection to 〜

　　［例］My mother objected to me marrying Jim.
　　　　　「母は私がジムと結婚することに反対した」

4. **when it comes to 〜**「〜ということになれば」

　　［例］When it comes to playing tennis, he is second to none.
　　　　　「テニスということになると，彼は誰にも負けない」

5. **devote ... to 〜**「…を〜に捧げる」

　　［例］Ken devoted his energies to writing films.
　　　　　「ケンは映画の台本の執筆にエネルギーを注いだ」

6. **What do you say to 〜**「（提案）〜はどうですか」

　　［例］What do you say to going to see a movie?
　　　　　「映画を見に行くのはどうですか」

≫問題は別冊 p.062

テーマ：文化

コーヒーが
定着するまでの歴史

［出題校］関西学院大学

［モニターの平均点］**39.6** / 54点
（問1, 問2は各3点, 問3は各6点で採点）

╲竹岡の一言╱

英文は難しい単語も多数含まれ
ているが，設問はそれほど難し
くない。少々知らない単語があ
っても突き進む力が要求されて
いる。

Answers：解答

番号	正解
1	(1) c.　(2) d.　(3) b. (4) a.　(5) a.　(6) c.
2	（ア）b.　（イ）a.　（ウ）d. （エ）a.　（オ）c.　（カ）c.
3	a. f. h.

1-(1) **正解** (c) ┃空所補充問題┃ 正答率 76.8%

解説 選択肢を見ると関係代名詞（a，d）と関係副詞（b，c）が混じっている。よって後続の文の構造を確認することになる。originate を「〜を始める」という意味の他動詞と考えると，「コーヒーが（1）を始めた」となるが，コンマ＋関係代名詞にthatは使えないのでdは消える。また，（1）にwhichを入れても，whichの先行詞が直前の the Arab world では文の意味をなさない。よって originate を「始まる」という意味の自動詞と考える。すると空所の後ろは「コーヒーが始まった」という1つの完全な文なので，空所には関係副詞が適切。なおかつ直前には the Arab world という「場所」があるので，(c) where を選択する。

1-(2) **正解** (d) ┃空所補充問題┃ 正答率 89.9%

解説 空所の後ろには「彼の羊の群れが元気になった」という1つの完全な文があり，空所の前には notice という他動詞が置かれているので，notice の目的語となる名詞節を作る接続詞（d) that が適切。

1-(3) **正解** (b) ┃空所補充問題┃ 正答率 98.3%

解説 after は前置詞か接続詞として使われるが，空所にどの選択肢を入れても，主語がない文になってしまうので，ここでは接続詞ではなく前置詞として用いられている。空所のあとには名詞があるので (d) consumption は不可（the consumption of の形なら可）。前置詞のあとに動詞を置く場合には動名詞にするのが原則。よって (b) consuming「〜を消費すること」が適切。

1-(4) **正解** (a) ┃空所補充問題┃ 正答率 85.5%

解説 空所の前に a new way がある。way に動詞が続く形としては，way of (V)ing / way to V の2つが考えられるが，選択肢のうちでは (a) to prepare しかない。これが正解。

1-(5) **正解** (a) ┃空所補充問題┃ 正答率 76.9%

解説 used to V「（かつては）V したものだった」と考えると「自らの覚醒の状態を維持したものだった」という意味になるが，これでは前文とつながらない。そこで，この used は「〜を使った」という意味の他動詞で，直後の to keep 〜は「目的」を表す to 不定詞の副詞的用法と考える。すると，文意は「自らの覚醒の状態を維持するために〜を使った」となる。空所には used の目的語となる目的格の関係代名詞として (a) which を選べばよい。

1-(6) **正解** (c) ┃空所補充問題┃ 正答率 62.7%

解説 選択肢の condemn は，《condemn ＋（人）》で「（人）を非難する」，あるいは《condemn ＋（人）＋ to(V)》で「（人）に V するよう運命づける，強

いる」の意味で使う。よって空所には (c) condemned を入れ，「～で飢えのため死ぬ運命にあった」とすれば文意が通る。

2-(ア) **正解** (b)

解説 下線部の意味は「これらの物語は一抹の真理を含んでいるかもしれない」。たとえそれがわからなくても第2段落の内容（コーヒー発祥の有力な説）から意味は推測できるはずである。選択肢を順に検討する。(a)「これらの物語は完全に作られたものかもしれない」は偽。第2段落の内容と真逆である。(b)「これらの物語の一部は真実かもしれない」は真。(c)「これらの物語は小さなコーヒー豆についてかもしれない」，(d)「ほんの少量のコーヒーが人々にこれらの話を語りたい気分にさせるのかもしれない」はいずれも偽。本文にこのような記述がない。よって適切なのは (b) しかない。

2-(イ) **正解** (a)

語彙問題　正答率　78.3%

解説 practice は (1)「練習」，(2)「実践」，(3)「慣習」の意味があるが，ここでは (3) の意味。選択肢は (a)「習慣」，(b)「維持」，(c)「訓練」，(d)「リハーサル」で，この中で適切なのは (a) のみ。

2-(ウ) **正解** (d)

語彙問題　正答率　68.1%

解説 controversy は「大論争」の意味。contro-［逆］＋-vers-［回転］から「逆に回転する」→「意見がかみ合わない状態」が原義。選択肢は (a)「政策」，(b)「理論」，(c)「都合」，(d)「論争」で，意味が近いのは (d)。

2-(エ) **正解** (a)

語彙問題　正答率　46.4%

解説 shook off ～は「～を断ち切った，払いのけた」の意味。この熟語自体を知らなくても，英文の内容「コーヒーに元来備わっていた宗教との関連 (shook off)，誰かと一緒に飲むものとなって，路上や，市場が立つ広場，さらには専門のコーヒーハウスでカップに注いで売られるようになった」からある程度は推測できるはずだ。選択肢 (a)「～を取り除いた，処分した」，(b)「～で成功した」，(c)「～に吸収された」，(d)「～から回復した」の中で意味が近いのは (a) だ。

Cheer Up!

動詞＋副詞の熟語は，冷静に元の意味から推測すること！
動詞＋副詞の熟語は，冷静に考えれば意味をある程度は推測できることが多い。たとえば turn ～ off は「～を回して離す」→「（電源など）を切る」を知っているのなら，shake ～ off は「～を揺り動かして離す」から連想できる意味だろうと推測できる。「知らない熟語だ！　無理！」と思うのではなく，「知らない熟語だ！　他の受験生も知らないはずだ！　差がつく！　頑張ろう！」と発想を変えること。

2-(オ) **正解** (c)

語彙問題　正答率　89.9%

解説 ambiguous は「曖昧な」の意味。amb-［＝ around あちこち→ぶらぶら］から「どっちつかずの」→「曖昧な」。ambulance「（街をうろうろするもの）

救急車」，ambassador「（世界をうろうろする人）大使」，amphibian「（陸と水中をうろうろする生き物）両生類」などが同系語。選択肢は(a)「無関心の」，(b)「厳しい」，(c)「不明瞭な」，(d)「決められた」で，この中で意味が近いのは(c)である。

2-(カ) 　正解　(c)

語彙問題 正答率 87.0%

解説 下線部の意味は「男と女が区別できてない」ということ。know *A* from *B* は「*A*と*B*とを区別できる」の意味の熟語。from は「遠ざける」イメージがあるので，禁止・区別の動詞（prevent「～を妨げる」，prohibit「～を禁止する」，distinguish「～を区別する」など）と共に使うことが多い。各選択肢の意味は(a)「男と女から選択しない」，(b)「男か女に会う機会がない」，(c)「男と女を区別しない」，(d)「男と女のもめ事を避けられない」で，下線部の意味に近いのは(c)しかない。

3 　正解　(a)

(f)

(h)

内容一致問題

正答率 (a) 71.0%

正答率 (f) 58.0%

正答率 (h) 50.7%

解説 (a)「コーヒーの起源に関する伝説によれば，神様は，コーヒーの知識を人間に与えるために，ある男に砂漠でコーヒーの木を見つけさせたとされる」は真。第1段落最終文（This gave him …）「オマールが命拾いしたのは，神が人間にコーヒーの知識を伝えるために彼の命を救ったことの印であると考えられ，その後コーヒーはモカで大衆に親しまれる飲み物となった」と合致。

(b)「コーヒーの起源についての話では，ある男がコーヒーの実を発見して砂漠に植え，これらからモカで人気の飲み物が作られたとされている」は偽。第1段落第6文（Another story …）からのモカの話には，砂漠にコーヒーの実を植える描写はない。

(c)「ある男についての話では，人々がアラビア半島の都市から砂漠にコーヒーの木を持ってきたと伝えている」は偽。本文にこのような記述はない。

(d)「1500年代前半に，地方政府がコーヒーを飲むことを禁止し，より上位の権力もその決定を認めた」および(e)「1500年代前半に，地方政府は路上でコーヒーを販売することを禁止する決定を下し，より上位の権力もその決定に明らかに賛成した」はいずれも，第4段落の「知事はコーヒーを禁止したが，のちに上級機関はコーヒーを認めた」という内容と矛盾。

(f)「1500年代前半に，地方政府はコーヒーを飲むことを禁止したが，より上位の権力が法律を改正してコーヒーを飲むことを容認した」は真。第4段落の内容と合致している。

(g)「昔の人々は酩酊を法的に定義し，その定義によってコーヒーが飲んだ人に及ぼす作用を完全に説明できると考えたので，コーヒーは禁じられるべきだと主張する人もいた」は偽。前半の「昔の人々は酩酊を法的に定義した」は正しい。第5段落第2文（Everyone agreed …）に「酩酊を法的に定義する必要があるということでは皆の意見が一致しており，そのような適切な定義がいくつか案出されていた」とある。しかし後半について

155

は，第5段落最終文（These definitions ...）に「これらの定義はアルコール飲料についての学問的な議論の一部として考えられたものだが，その後コーヒーにも適応された」とあるだけであり，この定義でコーヒーの作用を完全に説明できるとまで考えていたかどうかは読み取れない。

(h)「昔の人々は酩酊を定義してその定義をコーヒーにも当てはめたが，コーヒーには飲んだ人の目が覚めるという逆の作用があることがわかった。それでも，コーヒーを飲むことに反対する人もいた」は真。この選択肢の1文目は第5〜6段落の内容「コーヒーを巡る一連の議論」に合致している。また，この選択肢の2文目は第6段落第3〜4文「コーヒーに反対する人は，飲んだ人の心身の状態に生じるいかなる変化もコーヒーを禁止する根拠となると論じようとした」に一致する。

(i)「昔の人々は酩酊を定義してその定義をコーヒーにも当てはめたが，コーヒーには飲んだ人の目が覚めるという逆の作用があることがわかった。そのためあとになって，コーヒーの作用を説明するためにそれは改正された」は偽。後半部分の「コーヒーの作用を説明するのにそれ（＝酩酊の定義）は改正された」という記述が本文に合致しない。

1 ❶Coffee's stimulating effect had been known 〈about for some time〉〈in the Arab
    S   V

world, (where coffee originated)〉. ❷There are several romantic stories (of its
      関副   S′   V′   M   V   S

discovery). One tells of an Ethiopian goat-keeper (who noticed [that his flock
         S   V   O   関代S′ V′   O′接   S″

became vigorous 〈after consuming the brownish purple cherries (from a particular
 V″   C″   V‴   O‴

tree)〉]. ❸He then tried [eating them] himself, noted their stimulating powers, and
        S M V₁   O₁   Sと同格 V₂   O₂   接

passed his discovery on 〈to a local imam〉. ❹The imam, 〈in turn〉, devised a new way
 V₃   O₃   M   S   V   O

(to prepare the berries), 〈drying them and then boiling them 〈in water〉〈to
  V′   O′   分構V″₁ O″₁ 接   V″₂ O″₂

produce a hot drink, (which he used φ 〈to keep himself awake 〈during overnight
 V‴   O‴   関代O⁗S⁗V⁗   V⁗   O⁗   C⁗

religious ceremonies〉〉〉〉〉. ❺Another story tells of a man (named Omar) (who was
                             S   V   O   関代S′

condemned (to die 〈of starvation〉〈in the desert (outside Mocha, a city (in
 V′   C′ V″   └同格┘

Yemen), (on the southwestern corner (of the Arabian Peninsula))))))〉. ❻A vision guided
                                                     S   V

him 〈to a coffee tree〉, whereupon he ate some (of its berries). ❼This gave him sufficient
 O   関副   S′ V′ O′   S V IO   DO

strength 〈to return 〈to Mocha, (where his survival was taken as a sign [that God
 V′   V′   関副   S″   V″   C″   接 S‴
                                      └同格┘

had spared him 〈in order to pass along 〈to humankind〉 knowledge (of coffee),
 V‴   O‴   V⁗   O⁗

(which then became a popular drink 〈in Mocha〉)〉]〉〉.
関代S⁗ M⁗   V⁗   C⁗

1 ❶コーヒーの刺激作用は，コーヒーの原産地であるアラブ世界では昔から知られていた。❷その発見については，いくつか空想のような話が伝えられている。そのうちの１つは，エチオピアのヤギ飼いの話だ。そのヤギ飼いは自分が連れているヤギの群れが，ある特定の木の茶色がかった紫の果実を食べたあと，元気になったことに気づいた。❸そこでヤギ飼いは，自分でも試しにその木の実を食べてみると，その実には元気づける作用があることに気がつき，地元のイマーム（導師）にその発見のことを伝えた。❹続いてイマームは，その実を調理する新たな方法を考案した。それはその木の実を乾燥させたあとに湯で煮出して温かい飲み物を作るというもので，イマームはその飲み物を，夜を徹して執り行われる礼拝の間，自らの眠気覚ましのために用いた。❺また別の話は，オマールという名の男にまつわるも

のだ。その男は，アラビア半島の南西の端にあるイエメンの都市，モカの外れにある砂漠の中で飢えのため死にかけていた。❻幻に導かれて男はあるコーヒーの木に辿り着き，その実をいくつか食べた。❼このお陰で男はモカに戻れるだけの体力を取り戻し，モカに辿り着くことができた。そしてその地では，オマールが命拾いしたのは，神が人間にコーヒーの知識を伝えるために彼の命を救ったことの印であると考えられ，その後コーヒーはモカで大衆に親しまれる飲み物となった。

↳ **第1段落の要旨** コーヒーの始まりに関する2つの言い伝え。

☐ stimulating	形	「刺激を与える」	B
☐ for some time	熟	「しばらくの間」	A
☐ originate	動	「始まる」※origin「起源」が同系語。	B
☐ tell of ～	熟	「～を物語る」※tellの特殊用法。	A

※構造分析では，煩雑さを避けるためにS tell〈of～〉とせず，tell of で1つの動詞として扱っている。このことはwork on ～「～に取り組む」などでも同じである。

☐ goat-keeper	名	「ヤギ飼い」※bird watching と同じ構造。	B
☐ flock	名	「(羊・ヤギ・アヒルなどの)群れ」(→ p.165 **Supremacy 020**)	B
☐ vigorous	形	「活発な」※vig-[命]。	B
☐ in turn	熟	「(連鎖反応を示して)次に」	A
☐ devise	動	「～を考案する」	C
☐ keep ～ awake	熟	「～の目を覚ましたままにする」	A
☐ die of starvation	熟	「飢え死ぬ」	A
☐ vision	名	「幻，幻想」	B
☐ whereupon	副	「そこで」	C
☐ sufficient	形	「十分な」	B
☐ take A as B	熟	「A を B と受け取る」	A
☐ sign that S V	熟	「SVという印」	A
☐ spare ～	動	「((文語))～の命を助ける」	B
☐ pass ～ along / pass along ～	熟	「～を伝える」	A

② ❶ 〈As with the legends 〔associated 〈with the discovery of beer〉〕〉, these tales may
接 　　　　　　　　　　　　　　　　　　　　　　　　　　　　　　　　　S

contain a grain (of truth), for the custom (of drinking coffee) seems to have first
V 　　O 　　　　　　　　接 　　S′ 　　　　　V″ 　　　O″ 　　　V′ 　　　　M

become popular 〈in Yemen〉〈in the mid-fifteenth century〉. ❷ 〈While coffee berries
C′ 　　　　　　　　　　　　　　　　　　　　　　　　　　　　接 　　　S′

may have been chewed 〈for their invigorating effects〉〈before this date〉〉, the practice
V′ 　　　　　　　　　　　　　　　　　　　　　　　　　　　　　　　　　S

〔of making them 〈into a drink〉〕 seems to be an innovation (by people (in Yemen), 〈(being
V′ 　O′ 　　　　　　　　　　V 　　　C 　　　　　　　　　　　　　　　　　分構

省略) often attributed 〈to Muhammad al-Dhabhani an Islamic scholar 〔who died
V′ 　　　　　　　　　　　　　　　　同格　　　　　　　関代S′ 　V′

〈around 1470〉〕〉〉〉. ❸ 〈By this time〉, coffee (known in Arabic as qahwah) had
S

undoubtedly been adopted 〈by Sufis, 〈who used it 〈to prevent themselves 〈from
   M   V   関代S′ V′ O′   V″   O″

falling asleep〉〈during nocturnal religious ceremonies 〈〈in which〉 the participants
V‴ C‴   関代   S⁗

reached out 〈to God〉〈through repetitive chanting and swaying〉〉〉〉〉〉.
V⁗

② ❶ ビールの発見にまつわる伝説の場合と同様に，(ア)これらの話には一抹の真理が含まれているかもしれない。というのもコーヒーを飲むという習慣は15世紀半ばにイエメンで広く行われるようになったのが始めだと考えられるからである。❷ この時代より前にも，気分を高揚させる作用のためにコーヒーの実は噛んで食されていたかもしれないが，その実を飲みものにするという(イ)習慣はイエメンの人々が新たに発案したもののようだ。その発案者は，1470年頃に亡くなったイスラムの学者であるムハンマド・アル・ザブハーニーであるとされることが多い。❸ この頃までにコーヒー（アラビア語では『カーワー』として知られる）が，スーフィ教徒たちの間で飲まれるようになっていたのは明らかであり，彼らはコーヒーを，参加者たちが詠唱しながら体を揺することを繰り返すことで神様に近づく夜の宗教儀式の間に，自分たちが眠ってしまわないようにするために用いたのである。

↳ **第2段落の要旨** コーヒーの始まりの歴史。

□ as with 〜	熟「〜に関してと同様に」	A
□ be associated with 〜	熟「〜と関連している」	B
□ tale	名「話」	B
□ a grain of truth	熟「一抹の真理」	B
□ for S V	接「というのは S V」※for は等位接続詞。	A
□ chew 〜	動「〜を噛む」	B
□ invigorating	形「活性化する，気分を高揚させる」 ※vigor「活力」と同系語。	C
□ practice	名「慣習」※「実際に行っていること」の意味。	A
□ make A into B	熟「A を B にする」	A
□ innovation	名「刷新，新しい工夫」※-nova-［新］。	B
□ attribute A to B	熟「A は B が作ったと考える」 (→ p.166 **Supremacy 021**)	B
□ undoubtedly	副「間違いなく」	B
□ adopt 〜	動「〜を採用する」	B
□ prevent 〜 from (V)ing	熟「〜が V するのを妨げる」	A
□ nocturnal	形「夜間の」※「ノクターン」は「夜想曲」。	C
□ reach out to 〜	熟「〜に近づく」	A
□ repetitive	形「反復の」※repeat の形容詞形。	C
□ chant	動「詠唱する」※「チャンク」が同系語。	C
□ sway	動「身体を揺する」	B

③ ❶ 〈As coffee came to be popular 〈throughout the Arab world〉 — it had reached
     接 S′   V′   C′   S   V

Mecca and Cairo 〈by 1510〉 —〉 the exact nature (of its physical effects) became
 O   S   V

the subject (of much controversy). ❷ Coffee shook off its original religious
C   S   V₁   O₁

associations and became a social drink, 〈(being省略) sold 〈by the cup〉〈on the street〉, 〈in
　　　　　　　接　　V₂　　　　C₂　　　　分構　　　　V'

the market square〉, and then 〈in dedicated coffee houses〉〉. ❸It was welcomed 〈as a legal
　　　　　　　　　　　　　　　　　　　　　　　　　　　　　　　　S　　　V

alternative 〈to alcohol〉〉〈by many Muslims〉. ❹Coffee houses, 〈unlike the unauthorized
　　　　　　　　　　　　　　　　　　　　　　　　　　S

bars 〈that sold alcohol〉〉, were places 〈where respectable people could afford to be
　　　関代S'　V'　O'　　　　V　　C　　関副　　　　S'　　　　　V'　　　O'

seen〉. ❺But coffee's legal status was ambiguous. ❻Some Muslim scholars objected [that
　　　　接　　　　S　　　　　　V　　　C　　　　　S　　　　　　V　　O接

it was intoxicating — 〈having similar effects 〈on people's minds〉〈when they have
S'　V'　　C'₁　　　　　分構 V"　　　O"　　　　　　　　　　接　　S"'　V"'₁

alcohol and become drunk〉〉 — and therefore subject 〈to the same religious
O"'₁　接　　V"'₂　　C"'₂　　　接　　M'　　　C'₂

prohibition 〈as wine and other alcoholic drinks, 〈which the prophet Muhammad
　　　　　　　　　　　　　　　　　　　　　　　　　関代O"　　　　S"

had prohibited φ〉〉〉].
V"

③ ❶コーヒーは1510年までにはメッカとカイロに到達するなど，アラブ世界全体で
コーヒーに人気が出るにつれて，それが身体に及ぼす影響の具体的な性質について
多くの(ウ)論争の的となった。❷コーヒーに元来備わっていた宗教との関連は
(エ)希薄になり，誰かと一緒に飲むものとなって，路上や，市場が立つ広場，さ
らには専門のコーヒーハウスでカップに注いで売られるようになった。❸コーヒ
ーは，多くのイスラム教徒によってアルコールの合法的な代替品として歓迎された。
❹コーヒーハウスは，アルコールを販売する非認可のバーとは異なり，まっとう
な人にとって，見られても大丈夫な場所になった。❺しかし，コーヒーの法的な
地位は(オ)曖昧であった。❻イスラム教の学者の中には，コーヒーには酩酊作用
── アルコールを摂取して酔っ払ったときと同じような影響を人の精神にもたらす
もの ── があり，これは，預言者ムハンマドが禁じたワインやその他のアルコール
飲料と同様，宗教的禁忌の対象であるとして反対する者もいた。

┗▶ 第3段落の要旨 アラブ世界ではコーヒーは賛否両論であった。

□ the exact nature of 〜　　　熟「〜の正確な性質」……………………………… B
□ one's physical effect　　　熟「〜の身体への影響」…………………………… A
□ subject　　　　　　　　　名「対象，議題，テーマ」………………………… A
□ controversy　　　　　　　名「大論争」
　　　　　　　　　　　　　　　（→ p.166 Supremacy 021）………………… B
□ shake 〜 off / shake off 〜　熟「〜を断ち切る，〜を払いのける」………… B
□ religious association　　　名「宗教的関連」………………………………… B
□ social drink　　　　　　　名「他の人と一緒に飲む飲み物」………………… A
□ sold by the cup　　　　　熟「カップ単位で売られる」
　　　　　　　　　　　　　　　※theは「単位」を示す役割。………………… A
□ in the market square　　　熟「市場の立つ広場で」………………………… A
□ dedicated　　　　　　　　形「専門の」
　　　　　　　　　　　　　　　※「捧げられた」→「専門の」。……………… C

□ legal alternative to 〜	熟	「〜の合法の代替品」	B
□ unlike 〜	前	「〜とは違って」	B
□ unauthorized	形	「無認可の」	B
□ respectable	形	「まともな」※「尊敬できる」ではない。	B
□ can afford to (V)	熟	「V する余裕がある」	B
□ ambiguous	形	「(どっちつかずで) 曖昧な」	
		(→ p.166 **Supremacy 021**)	B
□ object that S V	熟	「S V と言って反対する」※訳語に注意。	B
□ intoxicating	形	「酩酊させるような」	C
□ be subject to 〜	熟	「〜の支配を受けて」	B
□ prohibition	名	「禁止」	B
□ prophet	名	「預言者」	B

4 **❶** Religious leaders invoked this rule 〈in Mecca〉〈in June 1511〉, (and this is 省略) the
 S₁　　　　V₁　　O₁　　　　　　　　　　　　　　　　　　　　　S₂ V₂
earliest known (attempt 省略) (of several attempts (to ban the consumption (of coffee))).
 C₂　　　　　　　　　　　　　　　　　　　V′　　O′

❷ The local governor, a man (named Kha'ir Beg, (who was responsible 〈for maintaining
 S　　　　　└─同格─┘　　　　　　　　　　　　関代 S′ V′　　　C′　　　　　V″

public morality〉)), literally put coffee 〈on trial〉. **❸** He summoned a council (of legal
 O″　　　　　　　M　　　V　　O　　M　　　　　S　V₁　　O₁

experts) and placed the accused — a large container of coffee — 〈before them〉.
　　　　接　V₂　　O₂　└──同格──┘

❹ 〈After a discussion (of its intoxicating effects)〉, the council agreed 〈with Kha'ir Beg〉
　　　　　　　　　　　　　　　　　　　　　　　　　S　　　　V

[that the sale and consumption (of coffee) should be prohibited]. **❺** The decision
 O 接 S′₁　接　　S′₂　　　　　　　　　V′　　　　　　　　　S₁

was proclaimed 〈throughout Mecca〉, coffee was seized and burned 〈in the streets〉,
 V₁　　　　　　　　　　　　　　　　S₂　　V₂-₁　接　V₂-₂

and coffee vendors and some (of their customers) were beaten 〈as a punishment〉.
 接　S₃-₁　　接　S₃-₂　　　　　　　　　V₃

❻ 〈Within a few months〉, however, higher authorities (in Cairo) overturned Kha'ir Beg's
　　　　　　　　　　　　M　　　　S₁　　　　　　　　　V₁　　　　O₁

decision, and coffee was soon being openly consumed again. **❼** 〈His authority
　　　　接　S₂　　　M　　　M　　V₂　　M　　　分構 S′

(being 省略) undermined〉, Kha'ir Beg was replaced 〈as governor〉〈the following year〉.
　　　　V′　　　　　S　　　V

4 **❶** 宗教の指導者たちはメッカで1551年6月にこの規則を実施した。コーヒーの摂取を禁止しようとする試みは何度か行われているが，これが知られている最初の試みである。**❷** 地元の知事であるハーイル・ベイという男は，公衆道徳を維持する責任を負っていて，文字通りコーヒーを裁判にかけたのである。**❸** 彼は法律の専門家から成る審議会を招集して，被告，つまり大きな容器に入ったコーヒーを，彼らの面前に置いた。**❹** コーヒーが有する人を酔わせる作用について議論した後，審

議会はコーヒーの販売や飲用は禁止されるべきであるというハーイル・ベイの意見に賛同した。❺その決定はメッカ全市に布告され，コーヒーは押収され，街頭で燃やされ，コーヒーを売る者やその客の一部もむち打ちの刑に処された。❻ところが数カ月もたたないうちに，カイロのさらに上級機関がハーイル・ベイの決定を覆し，すぐにまたコーヒーは公然と飲まれるようになった。❼ハーイル・ベイは権威が失墜し，翌年は知事の職を追われた。

↳ **第4段落の要旨** カイロにおけるコーヒー禁止をめぐる混乱。

□ invoke ～	動「(法など) を発動する」 (→ p.166 **Supremacy 021**)	B
□ attempt to (V)	熟「Vしようとする試み」	A
□ ban ～	動「～を禁止する」	B
□ local	形「地元の」	A
□ be responsible for ～	熟「～に対して責任がある」	B
□ public morality	名「公衆道徳」	B
□ literally	副「文字通り」	B
□ put ～ on trial	熟「～を裁判にかける」	B
□ summon a council	熟「審議会を招集する」	B
□ place ～ before ...	熟「～を…の前に置いた」	B
□ the accused	名「被告人」	B
□ proclaim ～	動「～を布告する」	B
□ seize ～	動「～を押収する」	B
□ coffee vendor	名「コーヒーの露天商」	C
□ punishment	名「罰」	B
□ authority	名「権威」	B
□ His authority undermined	Because his authority was undermined を分詞構文にして，being を省略した形。	

❺ ❶But was coffee really an intoxicant? ❷Muslim scholars had already spent much
　　接　V　S　　M　　　　C　　　　　　　　S　　　　　　M　　　V
effort 〈debating [whether the prophet had meant [to ban intoxicating drinks
　O　　　V′　　O′　接　　　S″　　　V″　　　O″ V‴　　　　O‴₁
altogether or merely the act 〈of drinking 〈to intoxication〉〉]]〉. ❸Everyone agreed
　M‴₁　　　 M‴₂　 O″₂　　V⁗　　　　　　　　　　　　　　 S₁　　　 V₁
〈on the need 〈for a legal definition 〈of intoxication〉〉〉, and several such definitions were
　　　　　　　　　　　　　　　　　　　　　　　　接　　　　S₂
appropriately devised. ❹An intoxicated person was variously defined as someone 〈who
　　M　　　　　V₂　　　　　　　　S　　　　　　M　　　V　　　C　　　関代S′
"becomes absent-minded and confused," "departs 〈from [whatever he has φ 〈in the way
　V′₁　　　C′₁　　　接　　C′₂　　　V′₂　　　　　O″ 関代O′　S″　V″
〈of mild virtue and calmness〉〉]〉 〈into foolishness and ignorance〉," or "comprehends
absolutely nothing 〈at all〉〉, and 〈who does not know a man 〈from a woman〉〉."
　M′　　　O′₂　　　　　M′　　接　関代S′　　V′　　O′
❺These definitions, 〈(being省略) devised 〈as part 〈of the scholarly argument 〈about
　　　S　　　　　　　　　分構　　V′

alcoholic drinks)⟩⟩⟩, <u>were then</u> <u>applied</u> ⟨to coffee⟩.
                                M   V

⑤ ❶しかし，コーヒーは本当に人を酔わせるものなのだろうか。❷イスラム教の学者たちは，預言者（ムハンマド）が，果たして酩酊作用を持つ飲み物を全面的に禁止しようとお考えになったのか，それとも単に酩酊するほど酔うという行為だけを禁止しようとお考えになっていたのかを論じるのに，すでに多大な労力を費やしてきた。❸酩酊を法的に定義する必要があるということでは皆の意見が一致しており，それに応じて，そうした定義がいくつか案出されていた。❹酩酊状態の人というのは「放心状態で混乱している」，「何事であれ，温和な徳性と冷静さに関してその人が持ち合わせているものをすべて失って，愚かで無知な状態になってしまっている」，あるいは「まったく何もわからなくなって(5)男と女の見分けもつかなくなっている」といったように，さまざまに定義されていた。❺これらの定義はアルコール飲料についての学問的な議論の一部として考えられたものだが，その後コーヒーにも適応された。

↳ **第5段落の要旨** 「酩酊状態」の定義はさまざまであった。

□ debate ~ 　　　　　　　　動「～を議論する」………………………………C
□ mean to (V) 　　　　　　　熟「Vする意図がある」…………………………A
□ altogether 　　　　　　　副「完全に」……………………………………B
□ drink to intoxication 　　熟「酩酊するまで飲む」………………………C
□ agree on ~ 　　　　　　　熟「～に関して同意する」……………………A
□ legal definition 　　　　　名「法的定義」…………………………………B
□ be appropriately devised 　熟「適切に考案される」※全訳では appropriately を
　　　　　　　　　　　　　　　　「適切な」と意訳した。…………………C
□ depart from ~ 　　　　　　熟「(常道，習慣など) からそれる」…………B
□ mild virtue 　　　　　　　名「温和な徳性」………………………………B
□ comprehend ~ 　　　　　　動「～を理解する」
　　　　　　　　　　　　　　　※ pre-[前] ＋ -hend[手] → 「手を出しつかむ」…B
□ does not know A from B 　熟「AとBとを識別できない」…………………A
　　　　　　　　　　　　　　　※受動態の分詞構文。
□ be applied to ~ 　　　　　熟「～に適応される」…………………………A

⑥ ❶<u>Yet</u> <u>coffee</u> <u>clearly</u> <u>failed</u> ⟨to <u>produce</u> <u>any such effects</u> ⟨in the drinker⟩⟩, <u>even</u> ⟨<u>when</u>
 接   S   M   V   V'   O'   M   接
(it is省略) <u>consumed</u> ⟨in large quantities⟩⟩. ❷⟨<u>In fact</u>⟩, <u>it</u> <u>did</u> <u>quite the opposite</u>. ❸"<u>One</u>
             V'   S V   O   S'
<u>drinks</u> <u>coffee</u> ⟨with <u>the name</u> (of the Lord) (<u>being</u>省略) ⟨on his lips⟩⟩ <u>and</u> <u>stays</u> <u>awake</u>,"
 V'₁   O'   分構   S"   V"   接 V'₂ C'
<u>noted</u> <u>one coffee advocate</u>. ❹<u>Coffee's opponents</u> <u>tried</u> [to <u>argue</u> [<u>that</u> <u>any change</u> (in the
 V   S   S   V O   V'   O'接   S'"
drinker's physical or mental state) <u>was</u> <u>grounds</u> (⟨on which⟩ (<u>they</u> <u>are</u>省略) (to <u>ban</u>
      ①   ②   V"   C"   S'" V'"   C'" V""
coffee)]]. ❺<u>The drink's defenders</u> <u>successfully</u> <u>dealt</u> ⟨with this argument⟩ <u>too</u>, ⟨<u>noting</u>
 O""   S   M   V   M   分構 V'
[<u>that</u> <u>spicy foods, garlic, and onions</u> <u>also</u> <u>produced</u> <u>physical effects</u>, (such as watering
 O'₁接   S'   M'   V'   C'

eyes）］, but ［that their consumption was perfectly legal］〉.
　　接 O′₂接　　　　　　S′　　　 V′　　M′　　 C′

⑥ **❶**しかし，コーヒーはたとえ大量に飲んだ場合であっても，飲んだ人にそのような作用を一切及ぼさないことは明らかであった。**❷**実際には，その作用はまったく逆であった。**❸**「主の御名を唱えながらコーヒーを飲めば，目を覚ましていられる」とコーヒー擁護論者の1人は述べた。**❹**コーヒーに反対する人は，飲んだ人の心身の状態に生じるいかなる変化もコーヒーを禁止する根拠となると論じようとした。**❺**この飲料の擁護者は，香辛料の効いた食べ物や，ニンニクやタマネギも涙が出るなどの身体的作用をもたらすが，それらを食することは法律上もまったく問題ないと述べて，この連中の議論を退けることに成功したのである。

↳ 【第6段落の要旨】コーヒー擁護論者が勝利。

□ clearly	副	「明らかに〜，〜は明らかである」 ※文修飾の副詞。‥‥‥‥‥‥A
□ consume 〜 in large quantities	熟	「〜を大量に消費する」‥‥‥‥B
□ quite the opposite	熟	「正反対」‥‥‥‥‥‥‥‥‥‥B
□ with the name of the Lord on one's lips	熟	「主の御名を唱えながら」 ※付帯状況の with。‥‥‥‥B
□ opponent	名	「反対者」‥‥‥‥‥‥‥‥‥‥B
□ physical or mental state	熟	「肉体的あるいは精神的状態」‥B
□ grounds on which to ban coffee	熟	「コーヒーを禁じる根拠」 ※on which they were to ban coffee と考える。‥‥‥‥‥B ※主語（any change）は単数形なので，grounds は，a ground とすべきだが，「根拠」の意味で用いられる ground は複数形にするのが普通である。よってこの箇所は文法破格になっている。
□ water	動	「（目が）うるむ，涙を出す」‥‥B

　各言語にはそれぞれの文化を背景とした「こだわり」がある。日本語では「物の数え方」に対して強いこだわりがある。一説によると500以上もあるらしい。ちょっと考えつくだけでも「一軒の家」「一杯のイカ」「一脚の椅子」「二玉のうどん」「五反の着物」「一振りの刀」「お箸を二膳」などなど。日本人は，これらを「まとめて覚える」なんかしていない。日々の生活の中で徐々にしみこませているのである。

　英語では「群れ」に異常なこだわりがあり，動物の種類によってその呼び名は変わる。

　英米人は幼い頃から「徐々に暗記」しているものなので，慌てて全部覚えようとする必要はないが，自然の中の動物を題材とする英文では必ず出てくることは間違いない。

　今回はクイズ形式でやってみてもらいたい！

下の語群から空所に適切な語を入れてください。複数解答のものもあります。
  (1) a [　　　　] of wolves 　「オオカミの群れ」
  (2) a [　　　　] of sheep 　「ヒツジの群れ」
  (3) a [　　　　] of elephants 　「ゾウの群れ」
  (4) a [　　　　] of seagulls 　「カモメの群れ」
  (5) a [　　　　] of kittens 　「(同じ母から生まれた)子ネコの群れ」
  (6) a [　　　　] of dolphins 　「イルカの群れ」
  (7) a [　　　　] of geese 　「ガチョウの群れ」
  (8) a [　　　　] of whales 　「クジラの群れ」
  (9) a [　　　　] of kangaroo 　「カンガルーの群れ」
  (10) a [　　　　] of locusts 　「イナゴの群れ」
  (11) a [　　　　] of lions 　「ライオンの群れ」
語群：flock / herd / litter / pack / pod / pride / school / swarm /
　　　 troop

---

(1) **pack**「イヌ，オオカミあるいはその類い」※コヨーテや人間の悪党などの群れも。
(2)(4)(7) **flock**「ヒツジ，ヤギ，アヒル，鳥など」※ふっくらした柔らかそうな生き物。
(3) **herd**「ウシ，ゾウ，シカ，ロバなど」※角か牙がある生き物。
(5) **litter**「(同じ母から同時に生まれた) 子ネコ，子イヌ」
(6) **school** [shoalも可]「魚，イルカ，クジラ」※「学派」の意味もある。
(8) **pod**「イルカ，クジラ，アザラシ，セイウチなど」※海に棲んでいる大型哺乳類。
(9) **troop**「サル，類人猿，カンガルー，アリ」※移動する生き物の群れ。
(10) **swarm**「イナゴ，ハチ，ハエなど」※うじゃうじゃいる生き物。
(11) **pride**「ライオン，クジャクなど」※威張っている生き物。

1. attribute も，まずは「〜を与える」で十分。

　まずは contribute について。con-「集めて」という接頭語（これはしばしば強調に使われる）＋ tribute「与える」の意味なので，簡単に言えば，contribute ＝「与える」で十分。ただ，give と違うのは，目的語を省略することがあるのと，「使う場面」が大切。[例] The increase in carbon dioxide in the atmosphere has contributed to global warming. 「大気中の二酸化炭素の増加が地球温暖化の原因となった」この文における contribute to は，《contribute ＋「何か」＋ to 〜》から「何か」が省略された形だとわかればよい。単語の訳は文脈で判断して「自分で作る」もの。

[例]「原稿を出版社に与える」→「寄稿する・提出する」，「図書館に多くの本を与える」→「寄贈する」，「物理学の分野に自らを与える」→「貢献する」

　日本語の能力さえあれば訳語は山ほど出てくるはず。　だから，「contribute は，give よりも制限された文脈で用いる単語で，その中の代表的な訳語が『貢献する』なんだ」と暗記しておけばよい。

　一般に a ＋子音＋子音（同じ子音）で始まる場合，最初の a ＋子音は無視しても構わない（元は方向を示す接頭辞）。だから attribute は，attribute の at を外して考えると tribute だとわかる。問題はどのような場面で用いるのかということ。《attribute ＋結果＋ to 〜》の形で「ある結果を〜に押しつける」→「ある結果を〜が原因だと思う」というような原因・結果の関係を示す場合に使われる。本文は第 2 段落第 2 文に an innovation ... attributed to Muhammad al-Dhabhani「ムハンマド・アル・ザブハーニーが創始者であるとされる刷新」とあり，《(名詞) ＋ attributed to 〜》の形で，attribute の過去分詞形が名詞を修飾して「〜が原因とされる (名詞)」という意味で使われている。

2. condemn は「〜を非難する」だけではない。

　日本語の「ダメ！」は強い言葉だが，英語の Damn も似た音で，しかも同様に強いマイナスの意味を持つ単語。God Damn!「畜生！」というのは，May God damn you!「神様があなたを呪いたまわんことを」が短縮された形（この文にある may は「祈願文を作る may」と言われて，May S V！の形で使われる）。damn の元になったのはラテン語 damnare「損害を与える」。damage も同系語。condemn は，con-「(＝ together) 強意」＋ -demn「損害，非難」から「100％お前が悪い！という感じで非難する」というイメージ。日常生活で「非難する」から，法廷で「判決を下す」まで幅広く使われる。《condemn ＋人＋ to 〜》は，「罵りながら人を〜に追い詰めていく」というイメージ。しばしば受動態（be condemned to 〜）で使われ，「〜という運命になる」という意味を持つ。

[例] Tom was condemned to a lonely childhood. は「トムは寂しい子ども時代を送る運命にあった」

　本文では第 1 段落第 5 文に a man named Omar who was condemned to die of starvation.「餓死する運命にあったオマールという名の男」に見られる。

3. invoke は vocal と関連づける。

invoke は現在では主に「（法など）を発動する」の意味だが，元は「（神の加護）を祈願する」の意味。直訳は「神の中に叫ぶ」。同系語は vocal「声の」，vocabulary「語彙（←人々が声にしたものの集合体）」，advocate「提唱者，支持者（←声を上げる人）」，vocation「職業（←神の声）」，equivocal「どっちつかずの（←賛成の声も反対の声も同じ強さで）」，provoke「～を挑発する（←前へ来るように叫ぶ）」。

4. controversy は分解して考える。

controversy は contra- と -vers- に分解して考える。

まず contra- は「逆」の意味。contrast「対比」や contrabass「コントラバス（低音（bass）の反対となる，さらに1オクターブ低い最低音を奏でる楽器）」などの単語に見られる。

また，-vers- は「グルグルと回転する」イメージである。universe「宇宙」は，1つの渦を巻いている姿が思い浮かべばよい。converse「会話する」は，発言者がグルグル回っていくイメージだ。diverse「多様な」は di(s)-「バラバラ」＋verse「回転」で回転しながら四方八方，バラバラに飛び散る感じをつかみたい。

よって，controversy「大論争」は「逆の回転」が原義。皆の意見がぶつかる様子をイメージすればよい。

テーマ：文化

他人に自分が
どう見えているのか

[出題校]学習院大学

[モニターの平均点] **23.9** / 33点

（各3点で採点）

╲竹岡の一言╱

本文の「自分の考えていること
を相手はわかってくれているか
ら誤解が生じる」というのはう
なずける。親しい間柄でも言葉
できちんと伝えた方がよさそう
だ。

Answers：解答

番号	正解
1	（ハ）
2	相手の言うことに一生懸命耳を傾けていることを伝える合図（27字）
3	（イ）
4	同僚は，その申し出を，自分の能力が信頼されていないためと解釈するかもしれない。
5	最初の単語：showing 最後の単語：day
6	（イ）
7	（イ）
8	（イ）
9	know what you meant
10	（イ），（ハ）

1　**正解**　（ハ）

| 空所補充問題 | 正答率　90.4% |

解説　空所を含む文構造は they が主語，were working（X）が動詞，whatever project が目的語となっている。この文が意味をなすためには（ハ）on を選択し，work on 〜「〜を取り組む」とするしかない。

2　**正解**　一人一人の言うことに一生懸命耳を
　　　　　傾けていることを伝える合図（27字）

| 指示語問題 | 正答率　78.8% |

解説　下線部(1)の意味は「彼が送ろうと意図していたもの（＝メッセージ）」。これに対応するのは第１段落最終文後半（Tim made sure ...）「ティムは必ず『積極的傾聴の顔』をすることで，各自の話していることに関心を持っていることを示した」である。message の訳は「メッセージ，合図」などとする。これを30字以内にまとめると「相手の言うことに一生懸命耳を傾けていることを伝える合図（27字）」となる。「一生懸命」の部分は「聴く」や「耳を傾ける」の中に含まれるのでなくてもよい。

竹岡の
生徒答案
メッタ
斬り！

［生徒答案例1］［5/5］
各自の話していることを聴いていることを示すこと。
※よくできている。「一生懸命」がないが，「聴く」でその意味は出る。
［生徒答案例2］［2/5］
怒っているのではなく「積極的に聴く顔」をしているだけだ。
※「該当箇所をきちんと訳す」という姿勢を持つこと。また「怒っているのではなく」は余分な情報。
［生徒答案例3］［0/5］
ティムが会議のときに怒っているのかという質問。
※残念ながら，内容がつかめていない。

3　**正解**　（イ）

| 空所補充問題 | 正答率　50.0% |

解説　空所（Y）を含む文の意味は「人は他人に特定の方法で（Y）ように望むかもしれないが，相手は多くの場合まったく違った形で認識しているのである」である。選択肢の意味は（イ）「見える，出現する」，（ロ）「存在する」，（ハ）「〜を反射する」，（ニ）「話す」である。この中で文が意味をなすのは（イ）だけ。本文は「まわりの人間からどのように見えているか」がテーマとなっている。

Cheer Up!

appear は「出現する」だけでなく「〜に思われる」に注意！
appear は（1）「出現する，現れる」という意味で固定的に覚えてしまっている人が多いため，（2）（appear (to be) 〜）「〜に見える，思われる」が出てこない人がいる。さらに副詞の apparently「一見すると」も一緒に覚えておきたい。

4 [正解] 同僚は，その申し出を，自分の能力が信頼されていないためと解釈するかもしれない。

| 英文和訳問題 | 正答率 78.8%

[解説] ▶ her は one person を指す一般論なので「彼女」と訳さない方がよい。
▶ **may interpret her offer as ～** 「彼女の申し出を～と解釈するかもしれない」
▶ **a lack of trust in his abilities**「彼の才能に対する信頼の欠如」この部分は「彼の才能を彼女が信頼していないこと」と訳すことも可能。his は主語の her colleague 自身を指すので，「自分の」と訳してもよい。

竹岡の
生徒答案
メッタ
斬り！

[生徒答案例1] [5/5]
彼女の申し出を，自分の能力に対する信頼の欠如だと解釈するかもしれない。
※「彼女の」は不要。それ以外はよくできている。
[生徒答案例2] [4/5]
彼女の申し出を，彼の能力に対する×信用［→信頼］が不足しているとして解釈するかもしれない。
※belief「信用」と trust「信頼」は異なる語。
[生徒答案例3] [4/5]
彼女の申し出を，彼の能力に対する信頼の欠落だと解釈する×だろう［→かもしれない］。
※may は，それほど可能性が高くない。

5 [正解] 最初の単語：showing；最後の単語：day

| 書き換え問題 | 正答率 55.8%

[解説] 下線部を含む文と，その前後の文の意味は「彼女がその同僚に手伝いを申し出たのは，彼が働き過ぎでストレスを受けていると思ったからである。なにしろ，彼は，毎日早く出社し，遅くに帰宅していたのだ。だがそれは，"he's keeping strange hours" の理由ではなかった。単に，オフィスがあまり込み合っていないときに，一番よく仕事ができるからなのだ」。これから，that is not why (3)「それは (3) の理由ではない」の that の指すものは「彼が働き過ぎでストレスを受けている（ぐらい仕事に追われている）」とわかる。よって，(3) には「毎日早く出社し，遅くに帰宅していた」の意味が入ると考えるのが適切。以上から showing up early to work and going home late every day を答えとする。なお，keeping strange hours の意味は「人と違う時間のサイクルを保っている」の意味。この文の直後にセミコロン（;）が打たれ，keeping strange hours の理由が「オフィスがあまり込み合っていないときに，一番よく仕事ができる」と具体化されていることからもわかるはず。また，類似表現の keep early hours「早寝早起きをする」を知っていると推測が容易になるかもしれない。

6 [正解] （イ）

| 空所補充問題 | 正答率 88.5%

[解説] どちらの空所も，S ＋（ ）＋ S V となっていて，空所には that 節をとる動

詞が入ることがわかる。(ハ)looks, と （ニ）seemsは，上記の形をとれないので，空所には（イ）assumes「〜と決めつける，想定する」，あるいは（ロ）hears「〜を噂に聞いている」が入るとわかる。空所の２カ所とも，直接相手の行動を見ているという文脈なので，hearでは適さない。よって（イ）を選ぶ。

7　正解　（イ）　　　　　　　　　　内容一致問題　正答率　92.3%

解説　下線部は，直前の段落の最終文にある a big gap between how other people see us and how we see ourselves「他人の私たちの見方と，私たちの自分自身の見方にある大きな隔たり」を指す。選択肢を順に検討する。(イ)「自分の自分に対する見方と，実際に他者が自分を見ている見方との隔たり」は真。(ロ)「自分が行動しようとするやり方と，実際の行動との隔たり」は偽。後半の記述が間違っている。(ハ)「自分の自分に対する見方と，他者の彼ら自身に対する見方」は偽。やはり後半の記述が間違っている。(ニ)「他者がすべきだとこちらが思う行動のやり方と，他者が自分達がすべきだと思っている行動のやり方」は偽。本文にこのような記述はない。以上から（イ）が正解となる。

8　正解　（イ）　　　　　　　　　　内容一致問題　正答率　80.8%

解説　下線部(5)の内容は直後の the belief that 以下に述べられている。つまり，「自分の心の内で起きていることを他人に明確に伝えようとしたことなどほとんどないのに，自分が感じ，望み，意図することを彼らは明確にわかっているという思い込み」のこと。選択肢を順に検討する。(イ)「私のすべての友だちが，私がその仕事を終えたあと私がどれほど疲れているかを知っていると私は思う」は真。残りの選択肢（ロ）「みんな昨日ボスが言ったことにだまされたのだと思う」，(ハ)「私のものの見方は，他者のものの見方とは異なっているかもしれないと思う」，(ニ)「何かがほとんど透明かどうか認識するのはとても難しいと思う」は，いずれも不適切である。よって（イ）が正解である。

9　正解　know what you meant　　　　英文完成問題　正答率　61.5%

解説　直前の文を参考にして補えばよい。本文では「自分では『私は自分の意図を明確にした』，あるいは『彼は私が何を言いたかったかわかっている』と心の中で考えるほとんどの場合で，あなたはそうしたことをしてこなかったし，彼はわかっていないのである」とある。以上のことを踏まえて省略されたものを補えば，you didn't の方は，you didn't make your intentions clear となり，設問となっている he doesn't の方は he doesn't know what you meant となる。解答に際しては時制（meant）と人称（you）に注意すること。

10　正解　（イ）　　　　　　　　　　内容一致問題　正答率(イ) 84.6%

　　　　（ハ）　　　　　　　　　　　　　　　　　　正答率(ハ) 34.6%

解説　(イ)「ティムが管理職として仕事を始めたとき，チームのメンバーにはっ

171

きり発言するよう促したいと思った」は真。第1段落（When Tim started ...）の内容「ティムはリーダーとして皆の意見に一生懸命耳を傾けようと思った」と合致している。

（ロ）「ティムはチームのメンバーと意思の疎通を図ろうと努力しすぎたので，彼らは怖がって，自分達の考えを彼と共有できなかった」は偽。後半の記述「考えを彼と共有できなかった」が本文には書いてない。また，彼らが怖がった対象は「ティムが懸命に努力したこと」ではなく「ティムの顔」である。

（ハ）「ハルバーソンの研究が明らかにしたのは，相手に理解してもらおうと努力したとしても，常に誤解される可能性がある」は真。第3段落（According to Heidi ...）の内容「人は互いに勘違いしやすいものだ」に合致。

（ニ）「誤解の例は家庭以外ならどこでも見つけられる」は偽。第5段落第1文（These kinds of ...）に「こうした類いの誤解は，職場のみならず家庭でも対立や憤りを招く」とある。

（ホ）「他者の自分たちへの見方と，自分たちが見ている自分への見方がだいたい同じなら，人々はとても幸せである」は偽。本文には両者の見方には食い違いがあるとは書いてあるが，「だいたい同じなら幸せである」といったような記述はない。

（ヘ）「人々は，他者の行動の陰に隠れた真理を見ることができるという誤った考えを持っていることが多い」は偽。本文にこのような記述はない。なお誤った考えについては第7段落第2文後半（the belief that ...）に「明確に伝えようとしなくても，他者は自分の心の内をわかっていると思い込む」ように書かれているが，その内容とも異なる。

（ト）「何かを他者に言うときに，自分の意図が誤解されるかもしれないことはどうでもいいことだ」は偽。本文にこのような記述はない。

1 ❶ ⟨When Tim started a new job ⟨as a manager⟩⟩, one (of his top priorities) was
　　接　S′　V′　　O′　　　　　　　　　　　S　　　　　　　　　V

communicating ⟨to his office team⟩ [that he valued each member's contribution].
C　　　　　　　O　接 S′　V′　　　　　O′

❷ So ⟨at team meetings⟩,⟨ as each member spoke up ⟨about [whatever project they
　M　　　　　　　　　　接　　S′　　　V′　　　　　O′　　　　　S″

were working on φ]⟩⟩, Tim made sure [(接 that 省略) he put on his "active-listening face" ⟨to
V″　　　　　　　　　S　　V　　O　　　　　　　　S′　V′　　　　　O′

signal [that he cared ⟨about [what each person was saying φ]⟩)]].
V″　O′接　S‴　V‴　　　　関代O‴　S‴′　V‴′

1 ❶ ティムが管理職として新たな仕事に着手したとき，彼の決めた最優先事項の1
つは，オフィスの仲間たちに，自分がそれぞれの貢献を評価しているということを
伝えることだった。❷そこでチームミーティングで，チームメンバーが，何であ
れ自分の(X)取り組んでいるプロジェクトについて発言する際に，ティムは必ず「積
極的傾聴の顔」をすることで，一人一人の話していることに関心を持っていること
を示した。

↳ **第1段落の要旨** 管理職のティムは，「積極的傾聴の顔」をして仲間を重んじていることを示
そうとした。

□ priority　　　　　　　　　名「優先事項」⋯⋯⋯⋯⋯⋯⋯⋯⋯⋯⋯B
□ communicate to ～ that SV　熟「～に SV と伝える」⋯⋯⋯⋯⋯⋯A
□ value ～　　　　　　　　　動「～を重んじている」⋯⋯⋯⋯⋯⋯B
□ contribution　　　　　　　名「貢献」⋯⋯⋯⋯⋯⋯⋯⋯⋯⋯⋯⋯B
□ speak up　　　　　　　　　熟「率直に意見を述べる」⋯⋯⋯⋯⋯A
□ make sure (that) SV　　　　熟「必ず SV するようにする」⋯⋯⋯A
□ put ～ on / put on ～　　　　熟「(態度など)を装う」⋯⋯⋯⋯⋯⋯A
□ signal that SV　　　　　　　熟「SV であることを示す」⋯⋯⋯⋯A
□ care about ～　　　　　　　熟「～を気にする」⋯⋯⋯⋯⋯⋯⋯⋯B

2 ❶ But ⟨after [meeting ⟨with him a few times⟩]⟩, Tim's team got a very different
　　接　　　　V′　　　　　　　　　　　　　　S　　　V　　O

message ⟨from the one ((関代 which 省略) he intended to send φ)⟩. ❷⟨After a few weeks
　　　　　　　　　　　　　　　S′　V′　　　O′

(of meetings)⟩, one team member was finally brave enough ⟨to ask him the question (that
　　　　　　　　S　　　　　V　M　　C　　M　　V′　IO′　DO′　　関代S″

had been ⟨on everyone's mind⟩)⟩. ❸That question was: "Tim, are you angry ⟨with us⟩
V″　　　　　　　　　　　　　　　S　　　　　V　C　V′ S′　C′

right now?"❹⟨ When Tim explained [that he wasn't ⟨at all⟩ angry] — [that he was just
M′　　　　接　S′　V′　　O′接 S″ V″　M″　C″　　　接　S″　M″

putting on his "active-listening face"] —⟩ his colleague gently explained [that his
V″　　　　O″　　　　　　　　　　　　　S　　　M　V　　O 接

active-listening face looked a lot (like his angry face)].
S′　　　　　　　V′　M′　　C

❶だが，ティムのチームは，彼とのミーティングを数回重ねたあと，**(1)**彼が送ろうと意図したものとはずいぶん異なるメッセージを受け取っていた。**❷**数週間にわたるミーティングを重ねたところで，とうとうチームメンバーの１人が勇気を奮い，皆が抱いている疑問をティムにぶつけた。**❸**その疑問とは「ティム，今私たちに怒っているのですか」だった。**❹**ティムは自分がまったく怒ってなんかいない ── 「積極的傾聴の顔」をしていただけだ ── と説明すると，同僚は，彼の積極的傾聴の顔は怒った顔にそっくりであることを，穏やかに説明した。

↳ **第2段落の要旨** 周りの人間には「怒っている」と思われていた。

□ intend to (V)	熟	「Vする意図がある」…………………………	B
□ be brave enough to (V)	熟	「勇敢にもVする」……………………………	A
□ be on one's mind	熟	「～の心にのしかかっている」…………………	A
□ gently	副	「穏やかに」……………………………………	B
□ look a lot like ～	熟	「～にとても似ているように見える」…………	A

③ ❶〈According to Heidi Grant Halvorson, a social psychologist (at Columbia
　　　　　　　　　　　　└──同格──┘
Business School) (who has extensively researched [how people perceive one
　　　　　　　　　　　関代S′　　　M′　　　　　　V′　　　O′M″　S″　　V″　O″
another])〉, Tim's story captures one (of the primary problems (of being a human
　　　　　　　　　　　　S　　　　V　　　O　　　　　　　　　　　　　　　V′
being)):〈although you might wish [to appear (in a certain way) 〈to others〉]〉, people often
　　　　　C′　　　接　　S′　　V′　　　O′V″　　　　　C″　　　　　M″　　　S　　M
perceive you 〈in an altogether different way〉.
　　V　　O

③ ❶コロンビア大学ビジネススクールの社会心理学者で，人は互いをどのように認識しているかについて広く研究を行ってきたハイディ・グラント・ハルバーソンによれば，ティムの話は，人間であることの重要な問題の１つを見事に表しているということだ。人は他人にある特定の**(Y)**見方を（←見え方）してもらいたいと望むかもしれないが，相手は多くの場合まったく違った形で認識しているのである。

↳ **第3段落の要旨** 自分が人に見せたい姿と実際の姿は異なる。

□ psychologist	名	「心理学者」……………………………………	A
□ extensively	副	「広範に」………………………………………	B
□ perceive ～	動	「～を認識する」………………………………	B
□ one another	熟	「お互い」………………………………………	A
□ capture ～	動	「～を捕らえる，見事に表現する」…………	B
□ primary	形	「最も重要な」…………………………………	B
□ appear ～	動	「～に見える」…………………………………	A
□ in a certain way	熟	「ある状態に」…………………………………	A
□ altogether	副	「まったく」……………………………………	B

④ ❶ One person may think, 〈for example〉, [that 〈by offering help 〈to a colleague〉〉,
　　　　S　　　V　　　　　　　　　　　　　O 接　　　V′　　　O′
others will see her as generous]. **❷**But her colleague may interpret her offer as a lack (of
S′　　V′　O′　　C′　　　　　接　　　　S　　　　　V　　　　O　　　C

trust ⟨in his abilities⟩). ❸⟨Just as he misunderstands her,⟩ she misunderstands him: she
                                   接   S′   V′   O′   S   V   O   S

offered him help ⟨because she thought [(接 that 省略) he was overworked and stressed]⟩.
V   IO DO   接   S″ V′ O′   S″ V″ C″₁   接 C″₂

❹He has, ⟨after all⟩, been showing up early ⟨to work⟩ and going home late every day. ❺But
S   V₁   M   接 V₂   M   M   M   接

that's not [why he's keeping strange hours]; he just works best ⟨when the office is less
S₁ V₁ C₁関副 S′ V′   O′   S₂ M₂ V₂ M₂ 接   S′   V′ C′

crowded⟩.

④ ❶たとえば，同僚に手伝いを申し出ることで，他の人たちには寛容な人だと見て
もらえる，と思うかもしれない。❷だが(2)同僚は，その申し出を，自分の能力が
信頼されていないためと解釈するかもしれない。❸同僚が誤解しているのと同じ
ように，申し出をした人もその同僚を誤解している。その同僚に手伝いを申し出た
のは，彼が働き過ぎでストレスを受けていると思ったからである。❹なにしろ，彼
は，毎日早く出社し，遅くに帰宅していたのだ。❺だがそれは，彼が(3)人と違う
時間に仕事をしている理由ではなかった。彼は単に，オフィスがあまり込み合って
いないときに，一番よく仕事ができるからなのだ。

↳ 第4段落の要旨 人は互いを誤解する。例：同僚同士の誤解。

□ see A as B　熟「A を B と見る」…………………………………………………A
□ generous　形「寛容な」……………………………………………………………B
□ interpret A as B　熟「A を B と解釈する」…………………………………………B
□ trust in ～　熟「～に対する信頼」………………………………………………B
□ overworked　形「働き過ぎで」……………………………………………………B
□ after all　熟「(補足理由を示して) そもそも」…………………………………A
□ show up　熟「(約束の時間などに) 現れる」…………………………………A
□ keep strange hours　熟「人と違う時間で過ごす」……………………………A

⑤ ❶These kinds (of misunderstandings) lead ⟨to conflict and resentment⟩ not just
      S   V   M

⟨at work⟩, but ⟨at home⟩ too. ❷How many fights (between couples) have started ⟨with
 M   接   M   S   V

[one person not understanding [what another says and does ϕ]]⟩? ❸He stares ⟨at
 S′   V′   O′関代 O″   S″ V″₁ 接 V″₂   S₁ V₁

his plate⟩ ⟨at dinner⟩ ⟨while she's telling a story⟩ and she assumes [(接 that 省略) he doesn't care
                        接 S′ V′ O′ 接 S₂ V₂ O₂   S″ V″

⟨about [what she's saying ϕ]⟩], ⟨when really he is admiring the beautiful meal
     関代 O″′ S″′ V″′   接 M′ S′   V′   O′

((関代 which 省略) she made ϕ)⟩. ❹She goes ⟨to bed⟩ early ⟨rather than [watching their
                 O″ S″ V″   S₁ V₁   M₁   V′

favorite television show together ⟨like they usually do⟩]⟩, and he assumes [(接 that 省略)
              O′   M′ 接 S″ M″ V″   接 S₂ V₂ O₂

she's not interested ⟨in spending time ⟨with him⟩⟩], ⟨when really she's just exhausted
S′ V′   C′   V″   O″   接   M″′ S″′V″′M″′ C″′

⟨after a tough day ⟨at work⟩⟩.

⑤ **❶**こうした類いの誤解は，職場のみならず家庭でも対立や憤りを招く。**❷**どれほど多くのカップル同士のケンカが，一方が他方の言動を理解しないことから始まってきたことだろうか。**❸**夕食時に女性が話をしている間，男性が自分の皿をじっと見つめている。そこで，彼女は，自分の話していることに彼が関心を持っていないのだ(Z₁)と決めつけるが，実は彼は，彼女の作った素晴らしい料理に見とれているのだ。**❹**2人が気に入っているテレビ番組をいつものように一緒に見ることなく，彼女が早く就寝する。すると，彼は，彼女が自分と一緒に過ごすことに興味がないのだ(Z₂)と決めつけるが，実は彼女は職場でのきつい1日のあとで，疲れ切っていただけなのである。

> ↳ **第5段落の要旨** 人は互いを誤解する。例：カップル同士の誤解。

□ *A* lead to *B*	熟「*A*の結果*B*となる」	B
□ conflict	名「対立」※con-[共に]＋-flict[叩く]。	B
□ resentment	名「憤り」※re-[反復→強意]＋-sent-[感情]。	B
□ start with ～	熟「～から始まる」	A
□ stare at ～	熟「～をじっと見る」	B
□ admire ～	動「～を賞賛する」	B
□ *A* rather than *B*	熟「*B*ではなくて*A*」	A
□ exhausted	形「くたくたで」	C

⑥ **❶**⟨Most ⟨of the time⟩⟩, Halvorson says, people don't realize [(接 that 省略) they are not
　　　　　　　　　　　S　　V　　S'　　V'　O'　　　　　　　　　S"　V"
seen ⟨by others⟩ ⟨(in 省略) the way (関副 how 省略) they think (接 that 省略) they are)].
　　　　　　　　　　　　　　　　　　　　　　　　　S"　V"　　　　　　S'"　V'"

❷"⟨If I ask you," Halvorson told me, "⟨about [how you see yourself] — [what traits you
　　　接S'₁V'　O'　　　S　　V　　O　　　　　　M"　S"'V"　　O"　　　　　S"　S'
would say (接 that 省略) describe you]⟩ — and I ask someone (who knows you well) [to list
V'　　　　　　　　　　　　　V"　　O"　　接 S'₂V'₂　IO'₂　関代S"　V"　O"　M" DO'₂V"
your traits]⟩, there will not be much correlation (between [what you say φ] and [what
O'"　　　　　　M'　　V'　　　S'　　　　　　関代O"　S"　V"　接　関代O"
your friend says φ]). **❸**There's a big gap (between [how other people see us] and [how we
S"　　　　V"　　　　　　　　M　V　S'　　　　　M'　　　S'　　V'O'　接　M'　S'
see ourselves])."
V'　　O'

⑥ **❶**人は，ほとんどの時間，自分が思っているように他人から見られているわけではないということに気がついていない，とハルバーソンは言う。**❷**ハルバーソンは次のように私に語った。「私があなたに，あなたはあなた自身をどう見ているか ── どんな特徴があなたを言い表すと思うか ── を尋ね，それからあなたをよく知る人に，あなたの特徴を列挙するように頼むと，あなたが言うことと，あなたの友人が言うことの間にはあまり相関関係はないでしょう。**❸**他人の私たちの見方と，私たちの自分自身の見方には，大きな隔たりがあるのです」

↳ **第6段落の要旨** 自分に対する自分の見方と，他者の見方は異なる。

□ the way they think they are　熟「彼らがそうであると思うやり方で」(→p.180 **Supremacy 023**) …A
□ what traits you would say describe you　(→p.180 **Supremacy 023**)
□ list 〜　動「〜を列挙する」………………B
□ gap between *A* and *B*　熟「*A* と *B* との隔たり」…………B

⑦ ❶This gap arises, Halvorson explains, 〈from some quirks 〈of human psychology〉〉.
　　S′　　V′　　　S　　　V

❷First, most people suffer 〈from [what psychologists call φ "the transparency
　M　　　S　　　V　　　　　関代O′　　S′　　V′　　　C′

illusion" — the belief [that [what they feel, desire, and intend φ] is very clear
　　　　　┌同格┐┌同格┐接 S′関代O″ S″ V″₁　V″₂　接 V″₃　V′ M′ C′

〈to others〉], 〈even though they have done very little 〈to communicate clearly [what
　　　　　　　　接　　S″　V″　　O″　　　　　V‴　　M‴ O‴関代S‴

is going on 〈inside their minds〉]〉〉]〉. ❸〈Because people presume [(接that省略) they are
V‴　　　　　　　　　　　　　　　　　　接　　　S″　　V″　O″　　S″ V″

transparent]〉, they might not spend the time or effort 〈to be as clear 〈about their
　C″　　　　　S　　V　　　　O₁　接 O₂　　V′ C′　　①

intentions or emotional states〉 as they could be〉, 〈giving people 〈around them〉
　②　　　　　　　　　　　　　S″ V″　分構V′ IO′

very little information 〈〈with which〉 (they are省略) 〈to make an accurate judgment〉〉〉.
DO′　　　　　　　　　　　　S″ V″　　C″ V‴　　O‴

⑦ ❶(4) この隔たりは，人間心理のある特異な行動から生じる，とハルバーソンは説明する。❷第一に，ほとんどの人は，心理学者が「(5)透明性の錯覚」と呼ぶもの —— 自分の心の内で起きていることを他人に明確に伝えようとしたことはほとんどないのに，自分が感じ，望み，意図することを彼らは明確にわかっているという思い込み —— に苦しむ。❸人は自分の心の内が透けて見えていると決めてかかるので，自分の意図や感情の状態をできるだけ明確にするための時間を費やしたり努力をせず，周囲の人々に，正確な判断を下すための情報をほとんど与えていないということになるかもしれない。

↳ **第7段落の要旨** 人は「透明性の錯覚」に陥りがちである。

□ quirk　名「(おかしな)癖」………………………………C
□ suffer from 〜　熟「〜を被る，〜に苦しむ」………………B
□ transparency　名「透明」※trans-[超えて]＋-par-[現れる]。appear / apparent が同系語。………B
□ illusion　名「幻想」………………………………C
□ presume (that) SV　動「SV と推定する」…………………C
□ transparent　形「透明の」…………………………B
□ intention　名「意図」※intend の名詞形。………………B
□ emotional state　名「感情の状態」…………………………B
□ accurate　形「正確な」※「的に近い」ということ。………B

177

⑧ ❶"It's quite possible," Halvorson writes, "[that [how you look ⟨when you are slightly frustrated⟩] isn't all that different ⟨from [how you look ⟨when you are a little concerned, confused, disappointed, or nervous⟩]⟩]. ❷[Your 'I'm ⟨kind of⟩ hurt ⟨by [what you just said φ']⟩] face] probably looks a lot ⟨like [your 'I'm not ⟨at all⟩ hurt ⟨by [what you just said φ'] face]⟩. ❸And ⟨the majority of times ⟨that you've said ⟨to yourself⟩, ['I made my intentions clear,'] or ['He knows [what I meant φ],']⟩⟩ you didn't, (make your intentions clear省略) and he doesn't (know what you meant省略)."

⑧ ❶ハルバーソンは次のように書いている。「自分がちょっといら立っているときの様子が，少しばかり心配，混乱，失望あるいは神経質になっているときの様子と大差ない，ということは十分にあり得る。❷『私はあなたが今言ったことにちょっと傷ついている』の顔は『私は今あなたが言ったことに全然傷ついていない』の顔とよく似ているということもあり得るだろう。❸そして，自分では『私は自分の意図を明確にした』，あるいは『彼は私が何を言いたかったのかがわかっている』と心の中で考えるほとんどの場合で，あなたはそういうことをしていなかったし，相手は(6)わかっていないのである」と。

↳ 第8段落の要旨 「相手はわかってくれている」は多くの場合幻想である。

□ frustrated 形「欲求不満で，いら立って」……………………………………… B
□ that 副「それほど」※副詞。…………………………………………………… A
□ concerned 形「心配して」………………………………………………………… B
□ kind of 副「ちょっと」※2語で副詞を作る。………………………………… A

英語は意地悪で書かれているわけではない。よって副詞を挿入することによって読者を混乱させようと考えているわけではない。「修飾関係の明確化」が筆者の意図だ。

1. SV ＋副詞（句・節）＋ O

［例］ At this zoo, you can observe *in the flesh* animals that you could not possibly hope to view in the wild.

「この動物園では，野生では到底見られないような動物を直接観察することができる」

※ in the flesh「（普段はテレビなどでしか見ていないものを）直接」が observe を修飾していることを明示するため observe の直後に置かれている。よって結果的に observe の目的語 animals … が observe から離れた所に置かれている。普段から observe を「観察する」ではなく「～を観察する」と覚えておけば間違うことはない。

本文第 1 段落第 1 文 When Tim started a new job as a manager, one of his top priorities was communicating *to his office team* that he valued each member's contribution. では communicating の目的語が that 節であり，その直前に to his office team という副詞句が挿入されている。

2. SV that 副詞（句・節）S′ V′

［例］ I realized that, *though we'd gone to the same high school*, we had been raised in two totally different cultures.

「私たちは同じ高校だったが，まったく違う 2 つの文化の中で育ったことがわかった」

※「名詞節を導く特殊接続詞 that」の that の直後に副詞（句・節）が入ることがある。これは，その副詞（句・節）が後続の文を修飾していることを明示するためである。

本文第 4 段落第 1 文，One person may think, for example, that *by offering help to a colleague*, others will see her as generous. の that の直後に by offering help to a colleague という副詞句が挿入されている。

3. SV and 副詞（句・節）SV

［例］ Despite, and *to a degree* because of, the new progress, serious social problems arose.

「その新たな進歩にもかかわらず，またある程度その進歩が原因で，社会問題が生じた」

※副詞（句・節）が and / but / or の直後に置かれることがある。これはその副詞（句・節）が，その直後の語句を修飾することを明示するためである。上記の例では to a degree という副詞句が，because of を修飾している。and がつないでいるのは Despite という前置詞と because of という前置詞句で，the new progress は，共通の目的語である。

次の②をthe manを先行詞とする関係代名詞節にする。連鎖関係代名詞節とはまず一体どのようなものかを見ていく。

① Tom is the man.　② I think that he will help you.

（1）まず，②の人称代名詞heを，関係代名詞whoに置き換える。
　　I think that who will help you.
（2）次にwhoを「関係代名詞節（＝説明文）」の先頭に移動させる。
　　who I think that will help you.
（3）このままでは，接続詞thatが関係代名詞に見えてしまうのでthatを省略する。
　　who I think will help you
（4）①②を合体させる。
　　Tom is the man who *I think* will help you.
　　「トム は，あなたを助けてくれると思われる男です」
　　SV（who will）とSV（I think）が，まるで鎖のように絡み合っているので「連鎖関係代名詞節」と呼ばれている。

連鎖関係代名詞節に使われる動詞：必ずthat節を従えるもの
① かなり頻度の高いもの　think / believe / feel / know
［例］Students sometimes meet teachers who *they feel* are unfair.
　　「学生は，時に不公平だと感じられる教員に出会う」

---

② 頻度の高いもの
　　say / imagine / be sure / complain / have been told
　　　※英字新聞ではsayが最も頻度が高いように思われる。
［例］The sacrifice that *the two countries have been told* they must make to restore stability to the world economy are almost the opposite of each other.
　　「その２カ国が世界経済を再び安定させるために払わなければならないと言われた犠牲は，ほぼ互いに相反するものであった」
　　　※that ... economy が関係代名詞節。

---

③ 頻度の低いもの
　　suspect / have no idea / assure 人 / be convinced
［例］You can find many articles in these magazines that *I am convinced* will surely benefit you.
　　「この雑誌には，きっと役立つ記事がたくさん見つかりますよ」

本文の第６段落第１文後半 people don't realize they are not seen by others the way *they think* they are. 「人は，自分が思っているように他人から見られているわけではないことに気がついていない」in the wayは，

しばしばinが省略される。本文も省略されている。the way they areで「彼らのあり方」が直訳で，ここにthey thinkが入った形になっている。よって，直訳すると「彼らが考える彼らのあり方のように」となる。

　同段落の第2文 If I ask you about how you see yourself — what traits *you would say* describe you.「私があなたに，あなたはあなた自身をどう見ているか —— どんな特徴があなたを言い表すと思うか —— を尋ねた」の部分が連鎖関係代名詞節である。

　連鎖関係代名詞節に関連して余談をひとつ。次の問題を考えてみる。

問　次の英文中の空所に入る適切な語を選択肢から選びなさい。
　Tom is the man（　　　）I think will help you.
　1. who　　　2. whose　　　3. whom　　　4. which

　この類の問題を作る人の頭の中には「will helpの主語がないから1．whoが正解」という固定観念があると思われる。実際の英語ではwhomも用いられている。ただし，『ジーニアス英和辞典第5版』（大修館書店）には「このwhomの使い方は標準語法として確立していないので，避けた方が無難」と書かれている。

テーマ：社会

大不況から学べる教訓

[出題校]明治大学

[モニターの平均点] **11.5** / 30点
（各2点で採点）

＼竹岡の一言／

平均点はかなりひどい。理由は
英文そのものの難しさというよ
りも、「設問が非常に巧妙に作
られていること」「合致するもの、
合致しないものがありまぎらわ
しいこと」が挙げられる。大学
側の良問作りにかける情熱を感
じる問題である。

1 **正解** (D)

解説 speeding onto the career highway「仕事における出世街道へとひた走りに走っていくこと」highway は通例「幹線道路」の意味だが, ここでは「(仕事における) 出世街道」という意味で使われている。選択肢を順に検討する。(A)「速くそしてプロらしく運転すること」は偽。本文の「幹線道路」は文字通りの「道路」ではない。(B)「通常の求人応募の手順を踏むこと」は職に就く前の応募の段階について述べられているだけであり, 就職後の「出世」の話にまったく触れていないので偽。(C)「いつものラッシュアワーの渋滞の中, 職場へと急いで向かうこと」は偽。(A) と同様に, highway を「新幹道路」と捉えた間違い。(D)「大半の人がやっているのと同様に, 高収入で将来の安定が保証された仕事を得ようと急ぐこと」が「出世街道を走り続けていく」の意味に最も近い。以上から (D) が正解。

2 **正解** (A)

解説 下線部を含む文の意味は「しかし, 私の甥と友人は (be on to something) なのだろうか。つまり, お金をかけずに人生を楽しむことだ」である。この箇所だけで意味を推測するのは不可能なので, 第2段落全体の内容を踏まえつつ, 選択肢を順に検討する。(A)「何か重要なことを見つけた」は, 偽と判定する理由がない。自由に生きている甥や友人を見て, そんな生き方から何かを見つけ出したのだろうかと思いを巡らすのは特に不自然なことではない。(B)「流行の先端を行っている」は偽。第2段落最終文に「多くの人にとって, 家や車を所有することは, 優先すべきことでもなければ長期的な目標でさえないのだ」とある通り, お金をかけない生活は多くの人がしていると筆者は考えている。よって, 甥や友人がその先駆者であるとは考えていないと判断できる。(C)「物質的なことが重要だと気づいた」は偽。甥や友人の世代の傾向と真逆の内容である。(D)「ついに自分たちの優先事項を決めた」は偽。第2段落最終文には, 物質的な所有が優先事項ではなくなったとあるが, 代わりに何を優先するかについては明言されていない。以上から, (A) が正解と判断する。

3 **正解** (B)

解説 observe は (1)「~を観察する」, (2)「(that 節をとり)(気がついたことを)~と述べる」, (3)「(規則など) を遵守する」, (4)「(記念日など) を祝う」という意味を持つ。本文では, observe の目的語は関係代名詞 which で, その先行詞は the shift「そうした変化」である。よって, 「そうした変化を, 私は各世代の個々人の中に ( )」という文脈から (1)「~を観察する」が適切だとわかる。選択肢の意味は, (A)「を見張る, を見守る」, (B)「に気がついている」, (C)「が明らかであると思う」, (D)「が見られる」だが, この中で適切なものは (B) である。間違った人の多くは (A) を選択している。watch for ~は, たとえば Watch for cars.「車に気をつけろ」などのように, 相手に対して注意を促すときに用いる熟語で, 本文の observe の意味ではない。

4　**正解**（D）　　　　　　　　　　　　　｜内容一致問題｜　正答率　74.4%

解説　下線部の意味は「自らの優先事項を再設定しつつあること」である。「従来なら車や家といったものが優先事項であったはずだが，現在ではこのような親の世代までの伝統的な価値観に基づく優先事項の見直しがなされている」という内容。このことを念頭において選択肢を順に検討する。(A)「親の世代の優先事項をもっとよく理解すること」は偽。本文と真逆の内容である。(B)「生活における伝統的な価値観を取り戻すこと」は偽。これも本文とは真逆の内容である。(C)「仕事における優先事項を正しく順位付けすること」は偽。「仕事における」が余分。(D)「何が人生で大切かということについての彼らの感覚を調整すること」が真。「彼らの感覚を調整する」＝「優先事項を見直す」ということ。

5　**正解**（C）　　　　　　　　　　　　　｜内容一致問題｜　正答率　67.6%

解説　下線部を含む文の意味は「さまざまなところで，不必要な消費は，ミニマリズムに取って代わられている」とある。よって本文では「不必要な消費」が「ミニマリズム（最小限のもので生活していくこと）」と対比されていることがわかる。よって下線部は「必要以上に物を買って，あるいは持って生活すること」の意味だろうと推測できる。選択肢の意味は (A)「ものを消費することに対するあからさまな嫌悪」，(B)「資源の慎重な使用」，(C)「あまりに多くのものを所有し使うこと」，(D)「無責任な売り込み」で，下線部の内容に近いものは(C)しかない。

6　**正解**（A）　　　　　　　　　　　　　｜書き換え問題｜　正答率　83.1%

解説　当該文の意味は「大不況は，物の所有に幸福を求めることが，いかに痛みを与えるかということを私たちに警告してきたのである」である。下線部を各選択肢で置き換えた場合の意味は，(A)「大不況は，もし私たちが物の所有に幸福を求めたなら，自らに深く痛みを与えることになりかねないということを，私たちに警告してきたのである」，(B)「大不況は，物の所有に幸福を求めることがいかに冷酷なことであるかということを私たちに警告してきたのである」，(C)「大不況は，もし私たちが物の所有に幸福を求めたなら，精神的痛みは回避できるということを私たちに警告してきたのである」，(D)「大不況は，精神的苦痛とは物の所有に幸福を求めることではないということを私たちに警告してきたのである」となる。この中で下線部の意味に近いのは(A)である。

7　**正解**（A）　　　　　　　　　　　　　｜英文完成問題｜　正答率　42.3%

解説　**（第1段落）「筆者と彼女の家族は…」**
選択肢を順に検討する。(A)「甥が最終的には大学教育を受けるだろうと思っていた」が正解。同段落第2文（The family thought ...）に「家族は考えた。まあ，そのうち大人の考えを持ってくれるだろう」とある，(B)「甥がやりたいと望むことを妨害しようとした」は偽。本文にこのような記述はない。(C)「甥が高校から大学に進学しなかったとき，極端に心配した」，(D)「甥に別の選択肢のライフスタイルを追求してみるように勧めた」は偽。

家族は傍観しており，極端に心配したり，何か積極的なアドバイスをしたわけではない。以上から（A）が正解である。

選択肢の吟味は，まずは「大きな方向性」から！
家族は「大学進学して欲しいと願っているが，甥に対して積極的にその働きかけをしているわけではない」という内容。選択肢をよく見ると（B），（C），（D）はすべて「極端に心配している，無理に進路を変えさせようとする」という方向だとわかる。このように選択肢はまず「文全体のおよその方向」を考えることが大切。

8　**正解**　（C）

英文完成問題 | 正答率　74.8%

解説（第2段落）「（本文の内容に）あてはまらないものを1つ選びなさい。筆者は映画制作者である友人に言及している…」
第2段落第3文（I thought ...）で「自分の状況（共稼ぎで，2台の車を所有する家庭であり，家のローンをかかえ，2人の10代の子どもの大学進学に備えて計画的に貯金しているという状況）を振り返ってみると，彼女の生活は素晴らしいにちがいない，と私は考えた」とある。よって筆者は，「彼女の自由奔放な生活を送る話」を自分の平凡な生活と対比させ，自分の生活を再考しようとしていることが読み取れる。選択肢を順に検討する。（A）「というのも，その友人の例によって，筆者は自分自身のライフスタイルについて考えたからだ」は真。筆者の主張と合致している。（B）「多くのお金をもたらすことになろうとなるまいと，自分が本当に望むことをやろうと選択したある若者の例として」も真。同段落第4文（But I wonder ...）に「お金をかけずに人生を楽しむことだ」とあり，「彼女の生活」はこの例にもなっている。（C）「なぜなら彼女自身が自分自身の生活に大変不満を抱いているから」は偽。筆者は自分の生活を振り返ってはいるが「不満を抱いている」とまで言えるような記述はない。（D）「なぜなら，私たちが現在のお金のかかる生活を必要としているのかどうかについて，彼女は読者に再考することを促しているから」。第4段落後半（As we learn ... watch.）の内容に合致している。以上から（C）が正解となる。

9　**正解**　（C）

英文完成問題 | 正答率　42.8%

解説（第2段落）「筆者によると，社会的調査からの考察が示しているのは…」
（A）「現在，若者は年金や安定した職業を拒否している」は偽。同段落に「拒否している」という記述はない。（B）「賃金の上昇は，もう二度と見ることができないと思われる現象である」は偽。同段落では「過去のもののようだ」とは書かれているが，「もう二度と見ることができないと思われる現象」とまでは言ってない。（C）「これまでのどの世代も親の世代に比べ経済的に豊かになった」が正解。同段落第4文（Studies say people ...）に「研究によると，35歳未満の人々は，自分の親よりも経済的に恵まれない最初の世代になることを受け入れはじめているということだ」とあり，「これまでの世代は自分の親よりも経済的に恵まれていた」ことを示唆している。（D）「若者は新しい現実に適応するのが難しいと感じている」は偽。同段落最終文（So, owing a ...）の「経済的に豊かでなくなった分だけ，

生活の優先順位を見直しはじめている」と合致しない。

Cheer Up!

とにかく「全体の方向性」を捉えてから設問に臨むこと！
本問は直接的には第2段落第5文（people under 35 are coming to terms with being the first generation to do worse economically than their parents）の理解が前提となっている。しかし、本文のテーマである「大不況をきっかけとしてモノをもたない生活スタイルが広がっている」ということがわかっていれば、上記の英文の方向性が理解できたはず。常に「全体のテーマをつかむ」ことが先決である。

10 　**正解**　**(D)**　　　　　　　　　 | 英文完成問題 |　正答率　**75.7%**

解説　**（第3段落）「筆者の考えでは…」**
同段落では「物をあまり持たない、こじんまりした生活をする傾向の増大」ということが述べられている。選択肢を順に検討する。(A)「人々が物を所有することに、より興味を示すようになってきている」は偽。本文と真逆の内容である。(B)「将来の人々は家や車の所有を諦めることは決してないだろう」は偽。本文にこのような記述はない。(C)「若者は大不況の世代と比べて幸福ではない」は偽。このような比較は本文では述べられていない。(D)「人々はそれほど多くのお金を必要とせずに新しい生き方を見出すことを余儀なくされてきた」が真で、正解。同段落の第3文（For many …）に「多くの人にとって、長引く大不況で月給が大幅にカットされ、物を減らして生活することを余儀なくされている」とあり、これと合致している。

11 　**正解**　**(B)**　　　　　　　　　 | 英文完成問題 |　正答率　**33.1%**

解説　**（第4段落）「（本文の内容に）あてはまらないものを1つ選びなさい。筆者が示唆していることは…」**
同段落の主張は「経済学者の予想とは裏腹に、人々は物を買うより経験にお金をかけることを優先するようになった」ということ。(A)「経済学は人間というものをあまり重視していないということ」は真。同段落では、人々が経済学者の予想通りの動きをしなかったことが述べられている。つまり経済学者は人々の気持ちがわかっていないということになる。(B)「経済学者たちは簡素な生活よりゆったりした生活を予測していたということ」は偽。本文の内容と真逆である。(C)「人々は出費をしなくなっているということ」は真。(D)「人々がクレジットカードによる借金を完済しようと望む傾向があるということ」は真。同段落第3文（Analysts at Visa …）に「ビザの経済分析担当者は、私たちはその使わなかったお金を主に貯蓄にまわしたり、借金の返済に充てたりしているという結果を出した」とあり合致している。

---

12 正解 (A)

| 英文完成問題 | 正答率 **25.9%**

解説 （第4段落）「筆者の記述にあてはまる文を選びなさい」

(A)「失業率が減少しているという事実にもかかわらず，人々は購買を控えるようになりつつある」は真。同段落の第4〜5文（With job growth ...）「2014年の雇用成長が1999年以来最大であったのだから，人々は安心して出費すると考えるだろう。ところが，…」と合致している。(B)「仕事の数は2014年に減少した」は，上で述べた「雇用成長が最大」と矛盾することから偽だとわかる。(C)「経済学者たちは現状の混乱を生み出した」は偽。本文にこのような記述はない。(D)「消費者支出は増えつつある」は，同段落の内容と真逆である。以上から(A)が正解である。

記号問題は満点がアタリマエという姿勢が大切！
およそ半数の人が(C)を選んでいる。この文で筆者が経済学者の発言を引き合いに出しているのは，「現在の人々の動向は，従来の経済理論とは合わないものである」ということを言いたいがためである。経済学者が悪者で，現在の状況を引き起こした，と言いたいのではない。「記号ごときで間違えてどうする？」と自分に言い聞かせながら，慎重に慎重に答えを出すこと！

---

13 正解 (A)

| 英文完成問題 | 正答率 **42.8%**

解説 （第5段落）「（本文の内容に）あてはまらないものを1つ選びなさい。筆者の個人的見解では…」

(A)「小さい住宅がますます人気になるであろうということだ」は偽。同段落第7文後半（I expect they'll ...）にある「私は，今後もその数（＝小さい住宅の数）は変わらないだろうと思っている」と真逆。(B)「経済危機は良いものを生み出した」も，(C)「小さな住宅は大きな住宅ほどには環境にダメージを与えない」も，(D)「ミニマリズムは前向きな社会傾向を明らかに表すものである」も真。筆者は同段落第6文（And the environmental impact ...）で，小さな住宅に関して「環境へ及ぼす影響がはるかに少ない」と前向きのことを述べている。以上から(A)が正解となる。

14　**正解** (C)　　　　　　　　　　　英文完成問題｜　正答率　40.1%

解説 （第6段落）「筆者は自分の祖母の経験を…として言及している」
同段落で筆者は，「物質的な持ち物を重視したための悲劇」の例として祖母の話を取り上げている。選択肢を順に検討する。(A)「将来の世代が見習うべき例」は偽。本文には書かれていない。(B)「価値ある理想の例」も偽。「理想」とはほど遠い例である。(C)「何が大切であるかについての痛ましい教訓」は真。(D)「避けられない出来事」は偽。「避けられない」とは本文に書いてない。以上から (C) が正解となる。

「なんとなくこれかな？」は負け組の口癖だ！
(D) にしてしまった人が多い。「家の所有権で揉めて，家族関係にひびが入る」というのが，この段落の例であるが，常識的に考えても「避けられない」ことはないであろう。筆者の祖母は「家の所有権」に執着してしまったから，悲惨な結果になったのである。「家の所有権」に無頓着ならそんなことにはならなかったはず。「まーえーか，その一言であと1年」ということを胸に刻んでおこう！

15　**正解** (D)　　　　　　　　　　　内容一致問題｜　正答率　42.0%

解説 本文は「大不況をきっかけとして，物質的豊かさを重視する姿勢が精神的豊かさを重視する姿勢に変化してきたこと」が主題である。選択肢を順に検討する。(A)「物を持たない生き方を知る大切さ」は偽。「物を一切持たない生き方」は「ミニマリスト（最小限のもので生活する人）の生き方」とは異なる。英語で without possessions と言えば「一切の物を持たないで」の意味になることに注意。(B)「変わることのない社会的価値観」は偽。本文の内容と真逆である。(C)「若い世代による新しい政治的運動」は偽。「政治運動」などではない。(D)「大不況から学べる教訓」は真。第3段落第2文（For many, the prolonged）に「多くの人にとって，長引く大不況で月給が大幅にカットされ，物を減らして生活することを余儀なくされている」とあり，大不況がきっかけで，ミニマリストの生活スタイルが促進されたことが示唆されている。以上から (D) が正解となる。

日本語では話し手が断定しても，聞き手がそれをフォローする！
日本語では言い切っても大丈夫である。聴いている側が日本語を勝手に補って考えてくれるからである。英語にはそのような「遊び」はない。「東京には駐車場がない」という日本語を英語にする場合は，There are no car parks in Tokyo. ではだめで，There are not enough car parks in Tokyo. とする。十分な注意が必要だ。

❶ **①**⟨When my nephew graduated ⟨from high school⟩⟩, he decided [not to enroll ⟨in
college⟩]. **②**The family thought, [（接 that 省略）well, he'll mature]. **③**Then he'll want
[to get serious]. **④**But he has taken a sharp turn （that we didn't expect φ）. **⑤**He qualified ⟨as
a home health aide⟩, fell ⟨in love⟩ and is raising two boys. **⑥**⟨When I see him⟩, he shows
me his artwork and talks ⟨about making money "⟨selling stuff online⟩."⟩ **⑦**This choice —
[to slow way down ⟨in one's 20s⟩ ⟨instead of speeding ⟨onto the career highway⟩⟩] — is
foreign ⟨to me⟩. **⑧**But I thought, [（接 that 省略）maybe he's an exception].

❶ **①**私の甥は，高校を卒業したとき大学には入学しないと決めた。**②**家族は考えた。
まあ，そのうち大人の考えを持ってくれるだろう。**③**そして真面目に向き合うだ
ろうと。**④**しかし，彼は私たちが予想もしなかった急な方針転換をしたのだ。**⑤**
彼は家庭医療介護者としての資格を取り，恋に落ち，現在は 2 人の男の子の父にな
った。**⑥**私が彼に会うと，彼は自分の芸術作品を私に見せて，「ネット通販」でお
金を稼ぐことについて語るのだ。**⑦**この選択 —— つまり(1)仕事の出世街道をひた
走りに走るのではなく，20歳代をゆっくりと進んでいくこと —— は私にはなじみ
のないものである。**⑧**しかし私は考えた。ひょっとしたら彼は例外的存在なのか
もしれないと。

↳ **第1段落の要旨** 大学進学ではなく我が道を行く甥。

□ nephew	名	「甥」※⇔niece「姪」	B
□ enroll in college	熟	「大学に入学する」	B
□ mature	形	「成熟した，大人の考え方ができる」	A
□ get serious	熟	「真面目になる」	B
□ take a sharp turn	熟	「急な方針転換をする」	B
□ qualify as ～	熟	「～の資格をとる」	B
□ home health aide	熟	「家庭医療介護者」	B
□ stuff	名	「（漠然と）もの」	B
□ slow way down	熟	「ゆっくりとやる」	B
□ be foreign to ～	熟	「～にはなじみがない」	A

❷ **①**Then I spoke ⟨to a friend, an aspiring filmmaker （in her early 30s）⟨who
just went ⟨on "sabbatical"⟩ ⟨for a month⟩ ⟨in Mexico⟩⟩⟩. **②**She worked ⟨on a farm⟩
⟨by day⟩ and edited film ⟨during her off hours⟩. **③**I thought, [（接 that 省略）that must be

nice, ⟨as I turned back ⟨to my two-income, two-car household, a home loan and college
　　C′　接S″　　V″　　　①　　　　　　②　　　　　　　③　　　　　　　　④

savings plans ⟨for two teenagers⟩⟩⟩]. ❹But I wonder [whether my nephew and my friend
　　　　　　　　　　　　　　　　　　　　　接 S　V　　O　接　　　　　　　　　　S′

are on to something: [savoring life ⟨without all the expense⟩]]. ❺Studies say [(接 that 省略)
　V　　　　O′　　　↑————同格————↑　　　　　　　　　　　　S　　V O

people ⟨under 35⟩ are coming to terms with [being the first generation ⟨to do worse
　S′　　　　　　　　　V′　　　　　　　　　　　O′　　　　　　　　　　V″

economically ⟨than their parents⟩]]. ❻Secure careers, pensions and even rising wages
　　M″　　　　　　S″　　　　　　　　　S₁　　　　　　　S₂　　接　　　S₃

seem to be things ⟨of the past⟩, ⟨while the cost ⟨of a university degree⟩ continues [to
　V　　　C　　　　　　　　　　　　　接　　S′　　　　　　　　　　　　　V′　O′

climb⟩]. ❼So, [owning a home or a car] isn't a priority or even a long-term goal ⟨for many⟩.
　　　　　接　　　　S　　　　　　　　V　　C₁　　接　　　　　C₂

② ❶それから私は，30歳代前半の野心に燃えた映画制作者である友人と話をした。
彼女は，1カ月の「研究休暇」でメキシコに行ってきたところだった。❷彼女は昼
間は農場で働き，休みの時間に映画を編集していた。❸私自身の状況（共稼ぎで，
2台の車を所有する家庭であり，家のローンをかかえ，2人の10代の子どもの大学
進学に備えて計画的に貯金しているという状況）を振り返ってみると，彼女の生活
は素晴らしいにちがいない，と私は考えた。❹しかし，私の甥とその友人は(2)あ
ることに気がついているのだろうかと思う。つまり，たいしてお金をかけずに人生
を楽しんでいるということだ。❺研究によると，35歳未満の人々は，自分の親よ
りも経済的に恵まれない最初の世代になることを受け入れはじめているという。
❻安定した職業，年金，そして賃金の上昇でさえ，過去のものに思える。その一
方で，大学の学位修得にかかる費用は上昇し続けている。❼だから，多くの人に
とって，家や車を所有することは，優先すべきことでもなければ長期的な目標でさ
えないのだ。

↳ 第2段落の要旨 最近の若者の動向：お金をかけずに人生を楽しむ。

□ aspiring	形「野心に燃える」	C
□ sabbatical	名「研究休暇」	C
□ by day	熟「日中は」※⇔by night「夜間は」	A
□ during one's off hours	熟「仕事がないときは」	A
□ nephew	名「甥」	B
□ be on to ～	熟「(真相や企みなど) に気づいている」	A
□ savor ～	動「～を味わう」	C
□ expense	名「出費」	B
□ come to terms with ～	熟「(受け入れたくないもの) を受け入れる」 (→p.195 Supremacy 024)	B
□ do worse	熟 do badly の比較級。	A
□ secure	形「安定した」	A
□ pension	名「年金」	B
□ degree	名「学位」	A
□ priority	名「優先事項」	B

③ ❶This trend goes ⟨by different names: living simpler, slower, smaller⟩. ❷But lowered
　　　S　　　　V　　　　　　　　　　　　　　　　　　　　　　　　　　　接

190

expectations don't entirely explain the shift― (which I observe φ 〈in individuals
S　　　　　　M　　　V　　　O　　　関代O′ S′　V′

(of every generation)〉〉. ❸〈For many〉, the prolonged Great Recession cut monthly
　　　　　　　　　　　　　　　　　　　　S₁　　　　　　　　V₁

incomes drastically, and people have had to live 〈with less〉. ❹Too, daily news (about
O₁　　　M　　　接　S₂　　　V₂　　　　　　　　　　　　　M　　S

terrorism here and abroad) reminds us [how short life can be].
　　　　　　　　　　　　　V　　IO　DO M′　C′　S′　V′

③ ❶この傾向にはさまざまな名前 ── たとえば「よりシンプルな生活」「よりゆった
りとした生活」,「よりこじんまりとした生活」など ── がつけられている。❷しか
し, 将来に対する期待をあまりしなくなったことが, こうした変化すべての説明に
はならない ── こうした傾向はすべての世代の個々人(3)に見て取れるものだから
だ。❸多くの人にとって, 長引く大不況で月給が大幅にカットされ, 物を減らし
て生活することを余儀なくされている。❹また, 毎日伝えられる国内外のテロ報
道によって, 私たちは命がいかにはかないものになり得るかということを再認識し
ている。

↳ 第3段落の要旨 物をあまり持たないこじんまりとした生活をする傾向の増大。

□ lower ～　　　　　　　　　動「～を下げる」……………………………………Ｂ
□ shift　　　　　　　　　　名「変化」…………………………………………………Ａ
□ the Great Recession　　名「大不況」…………………………………………………Ｂ
□ drastically　　　　　　　副「抜本的に」…………………………………………Ｃ
□ terrorism here and abroad　熟「国内外のテロ」……………………………………Ｂ

④ ❶Slower living has puzzled economists. ❷Consumers― the term (that economists use φ
　　　　S　　　　　V　　　O　　　　　　S ↑──同格──↑ 関代O′　S′　V′

〈for human beings〉)― didn't increase spending 〈in January〉, 〈even though low
　　　　　　　　　　　　V　　　　O　　　　　　　　接　　　S′

gasoline prices were making things easier 〈for people〉 financially〉. ❸Analysts (at
　　　　　　　　　　V′　　　　O′　　C′　　　　　　　M″　　　　　　S

Visa Inc.) found [that we're mostly saving that unspent money or using it 〈to pay
　　　　　V　O 接 S′　M′　　V′₁　　　O′₁　　　　接 V′₂ O′₂　V″

debts〉]. ❹〈With job growth (in 2014) (being省略) the strongest ((関代that省略) it's been
　　O″　分構　　　　　　　　　　　　　　　　S′　　　　　　　　　　　　　　　C′

φ 〈since 1999〉)〉, you would think [(接that省略) people would feel confident 〈to spend〉].
　　　　　　　　　S　　V　　　　　　　　　　S′　　V′　　C′

❺But January sales fell more 〈than (it was省略) expected〉 〈at many clothing stores,
　接　　S　　　V　M　　　　　　　　　　　　V′　　　　　　①

department stores and furniture outlets〉. ❻Some people seem to be resetting
②　　　　　　　　　③　　　　　　　　　　　　　S　　　　V

their priorities. ❼〈As we learn 〈about [what makes a human happy]〉〉, we're valuing
　　O　　　　　　接 S′ V′　　　　　　関代S′ V′　　O′　C′　　　S　　V

experiences 〈over things〉. ❽〈If you want [to feel really good]〉, go someplace beautiful
　O　　　　　　　　　　　　接 S′ V′　O′ V″　M″　C″　V　　M

〈with people 〈〈(関代 whom 省略) you love φ〉〉. ❾It will give you more happiness 〈than a
　　　　　　　O′　　　　　　　S′　V′　　　　　　S　V　 IO　　　 DO
designer jacket or an expensive watch〉.
　　　　　　　　　　　　　S′

④ ❶よりゆったりとした生活というものは経済学者を困惑させた。❷消費者たち
　—— それは経済学者たちが人間に対して用いる用語なのだが —— は、1月に支出を
増やすことはなかった。ガソリンの価格が下がったおかげで、人々にとって経済的
により良い状況が生み出されていたにもかかわらずである。❸ビザ社の経済分析
担当者は、私たちはその使わなかったお金を主に貯蓄にまわしたり、借金の返済に
充てたりしているという結果を出した。❹2014年の雇用成長が1999年以来最大で
あったのだから、人々は安心して出費すると考えるだろう。❺ところが、1月の売
り上げは、多くの衣料品店、デパート、そして家具販売店で、予想以上の落ち込み
を見せたのである。❻どうやら人々の中には、(4)自らの優先事項を設定し直して
いる人がいるようだ。❼何が人を幸福にするかについて学ぶにつれて、私たちは
物事よりも経験に価値をおくようになっている。❽本当に良い気分になりたければ、
愛する人とどこか美しい場所に行くことだ。❾その方が、デザイナーブランドの
ジャケットや高級腕時計などより大きな幸せを与えてくれる。

↳ 第4段落の要旨 物を買うより経験にお金をかけることを優先するようになった。

□ puzzle ～　　　　　　　　動「～を困惑させる」‥‥‥‥‥‥‥‥‥‥‥A
□ term　　　　　　　　　　名「(1語あるいは2語以上の) 用語」‥‥‥‥‥B
□ spending　　　　　　　　名「出費」‥‥‥‥‥‥‥‥‥‥‥‥‥‥‥‥B
□ financially　　　　　　　副「財政的に」‥‥‥‥‥‥‥‥‥‥‥‥‥‥B
□ analyst　　　　　　　　　名「分析家」‥‥‥‥‥‥‥‥‥‥‥‥‥‥B
□ inc.　　　　　　　　　　 = incorporated
□ with ～ the strongest　　「～が最大なので」※付帯状況のwith。‥‥‥‥A
□ feel confident to spend　「使うことに自信を感じる」が直訳。‥‥‥‥‥A
□ go someplace beautiful　 = go to some beautiful places
□ designer jacket　　　　　名「ブランドのジャケット」‥‥‥‥‥‥‥‥B

⑤ ❶Unnecessary consumption, 〈in places〉, is giving way 〈to minimalism〉. ❷Consider
　　　S　　　　　　　　　　　　　　　　　　 V　　　　　　　　　　　　　　　 V
the tiny-house movement, 〈where people live 〈in single-room dwellings 〈of less
　　　　O　　　　　　　　　 関副　 S′　 V′
than 200 square feet〉 — 〈some 〈of them〉 (being 省略) 〈on wheels〉〉〉〉. ❸I found a virtual
　　　　　　　　　　 分構 S′　　　　　　 V′　　　　　　　　　　　　S　V　　　O
tour 〈of one home〉 〈on YouTube〉, 〈(being 省略) built 〈for about $33,000〉 〈in four months〉
　　　　　　　　　　　　　　　　　　分構
〈to accommodate two people〉〉. ❹[What comes 〈with a tiny house〉] is freedom. ❺Owners
　　 V′　　　　　　　　 O′　　　　S 関代 S′　 V′　　　　　　　　　　　 V　 C　　　S
can do a lot more 〈in terms of both cash and time〉. ❻And the environmental impact is far
 V　 O　　 M　　　　　　　　　　　　　　　　　　　　接　　　　　 S　　　　　　　 V　M
smaller. ❼Lovers 〈of tiny houses〉 are still a small minority — about 1 percent 〈of home
 C　　　 S₁　　　　　　　　　　　 V₁　 M　　　 C₁　　　　 ┗━同格━┛
buyers〉 — and I expect [(接 that 省略) they'll remain so]. ❽The average size 〈of new homes〉
　　　　 接　 S₂ V₂　 O₂　　　　　　　　　　　 S′　 V′　C′　　　 S

192

has <u>nearly</u> <u>doubled</u> ⟨since 1970⟩, ⟨despite a decrease ⟨in family sizes⟩⟩.
　　　M　　　 V

⑤　❶(5) 不要な消費は，さまざまなところでミニマリズムに取って代わられている。❷200平方フィートに満たない１部屋からなる住居 ── そうした住居の中には車輪がついているものもあるが ── に人々が住むという，小さな家を選ぶ傾向のことを考えてほしい。❸ある家のバーチャル・ツアーをユーチューブで見たことがある。それは，約３万３千ドルのお金をかけて，２人が住めるように４カ月かけて建てられたものであった。❹小さな家に伴うのは自由である。❺持ち主は，お金と時間という両面で多くのことができる。❻それに，環境へ及ぼす影響がはるかに少ない。❼小さな家の愛好家はまだ少数派 ── 住宅所有者の約１パーセント ── であり，私は今後もその数は変わらないだろうと思っている。❽家族の規模が縮小しているにもかかわらず，新居の平均サイズは1970年以来ほぼ倍になったからだ。

　↳ **第5段落の要旨** ミニマリズムが台頭してきている。

□ give way to ~	熟「～にとって代わられる」	A
□ minimalism	名「ミニマリズム」※必要最低限のものだけで生活する考え。	C
□ dwelling	名「住居」	B
□ some of them on wheels	some of them being on wheels という独立分詞構文（主文と主語異なる分詞構文）から being が省かれた形。	
□ accommodate ~	熟「～を収容する」	B
□ in terms of ~	熟「～の観点から」	B
□ impact	名「影響」	A
□ minority	名「少数派」	A
□ double	動「倍増する」	B
□ despite ~	前「～にもかかわらず」※前置詞。	B

⑥　❶<u>My grandmother</u> <u>was</u> <u>one</u> ⟨of 17 kids⟩. ❷⟨When <u>her parents</u> <u>gave</u> <u>the family home</u> ⟨to
　　　S　　　　　 V　 C　　　　　　　　　　接　　 S′　　　 V′　　　 O′

her brother⟩ ⟨instead of her⟩⟩, <u>she</u> <u>got</u> <u>angry</u> and <u>never spoke</u> ⟨to her brothers and sisters⟩
　　　　　　　　　　　　　　 S　V₁　 C₁　 接　　 V₂

again-⟨even though <u>they</u> all <u>lived</u> <u>close</u> ⟨to each other⟩⟩. ❸[<u>To lose dear relationships</u>
M₂　　　 接　　　 S′┌同格┐ V′　　 M′　　　　　　　　　　　　　　　　S

⟨in this way⟩] <u>is</u> <u>an expensive price</u> (to <u>pay</u> φ ⟨for material wealth⟩). ❹<u>The Great</u>
　　　　　　　 V　　　　 C　　　　　　　　　 V′　　　　　　　　　　　　　　　　S

<u>Recession</u> <u>has warned</u> <u>us</u> [<u>how</u> <u>hurtful</u> <u>it</u> <u>can be</u> [to <u>look</u> for happiness ⟨in
　　　　　　 V　　　　 IO DO M′　 C′　 仮S′ V′　　　　 真S′

possessions⟩]].

⑥　❶私の祖母は17人きょうだいの１人だった。❷祖母の両親が，一家の住んでいた家を祖母ではなく祖母の兄に譲ったとき，祖母は怒って兄弟姉妹とは二度と口を聞かなかった ── 彼らは皆お互いに近くに住んでいたにもかかわらず，である。❸こんなふうに大切な人間関係を失ってしまうことは，物質的豊かさと引き換えに払わねばならない大きな代償である。❹大不況は，物の所有に幸福を求めることが

193

いかに(6)痛みを与え得るかとういうことに警鐘を鳴らしたのである。

↳ 第6段落の要旨 物資的な豊かさを求めることが人を不幸にすることがある。

- □ instead of 〜　　　　熟「〜ではなくて」·· A
- □ live close to 〜　　　熟「〜の近くに住んでいる」································ A
- □ dear relationship　　名「大切な関係」·· B
- □ price　　　　　　　名「代償」·· A
- □ material wealth　　　名「物質的富」·· A
- □ look for A in B　　　熟「Bの中にAを探す」································ A

Oh my ...
英語は前から読むのだ！

　普段，英文を読むときに，後ろから訳していく，いわゆる「返り読み」をしている人は多い。初級段階で英文構造をしっかり把握しなければならないときや，下線部和訳問題の答えを書く場合にはそれも有効だろう。そもそも，英文の構造がしっかりわからないのに，長文を適当に読んでも伸びは遅くなる。

　しかし，普段から，いつまでもそのような「返り読み」をして英語を理解するクセがついてしまうと，英語を速く読むときや英語を聞くときに弊害が生じる。たとえば，Freedom of speech is a condition without which democracy cannot exit. という英文を読む際に「without which democracy cannot exist は，直前の a condition にかかるのかな？」などといちいち考えながら聞いていたのでは，読解は上達しない。英語の語順のとおり，文の頭から理解する訓練を積むことが重要だ。上の文は，「言論の自由は／1つの条件だ／その条件がなければ／民主主義は／存在し得ない」と理解していけばよいわけだ。

　本書では，精読も可能になるように構文分析を示しているが，著者の願いは「前から読んでわかること」である。

どんな単語でも多義性がある。ここでは本文に登場したものを取り上げる。

1. raise　①「〜を上げる」　②「(子ども) を育てる」
③「(お金) を集める」
[例] I was born and raised in Japan.
「私は日本で生まれ育った」

2. foreign　①「外国の」　②「(to 〜) (〜にとって) 異質な」
[例] His ideas were foreign to me.
「彼の考えは私には異質だった」

3. degree　①「(温度，角度などの) 度」　②「学位」
[例] I have a degree in biology.
「私は生物学の学位を持っている」

4. price　①「価格」　②「代償」
[例] You will have to pay a heavy price for your freedom.
「あなたは自由と引き換えに大きな代償を払わねばならない」

5. term　基本的な意味は「枠」。そこから意味が発展する。
①「用語」※ word は「1 語」だけだが term は 2 語以上でも可。
[例] the term "weather forecast"
「天気予報という用語」
②「期間」※通例，short, long などの形容詞を伴う。
[例] a long-term problem
「長期にわたる問題」
③ (in terms of 〜)「〜の観点から」※〜という枠組みの中で。
[例] think about the plan in terms of cost
「費用という観点からその計画を考える」
④ (come to terms with 〜)「(いやな現実など) を受け入れる」
[例] come to terms with my pet dog's death
「ペットの犬の死を受け入れる」

※「人」が主語に割り込んで，元の主語を with で補うタイプの熟語がある。たとえば，A good idea came up.「ある良い考えが浮かんだ」→主語に I を割り込ませて，a good idea を with で補うと I came up with a good idea.「私は良い考えを思いついた」。同様に The job is finished. → I am finished with the job. となる。My pet dog's death came to terms.「私のペットの死が (非現実の世界から現実という) 枠内に入ってきた」→ I came to terms with my pet dog's death.「私は自分の犬の死を受け入れた」

一般に「所有格＋単数形の名詞」には２種類ある。

1. 名詞自体が，聞き手に特定できる場合

house「家」，country「国」，father「父」，dog「（家にいる）犬」，grandfather「（身近にいる）祖父」，school「学校」など，聞き手に「１つに限定できる名詞」を用いて《所有格＋名詞》となる場合。この用法は知らない人はほとんどいない。

［例］I went to his house.
　　「彼の家に行った」

［例］My mother told me not to play computer games.
　　「母はゲームを止めるように言った」

2. 名詞自体が，聞き手に特定できない場合

friend「友だち」，book「本」などのように，一人が複数所有しており，聞き手に特定できない場合は，通例《所有格＋名詞》とはせず《a＋名詞》とする（ただし英語圏の人で，「my friendでも異和感ない」と言う人もいる）。

［例］I met Jim at a［▲ my］friend's party.
　　「（私の）友だちのパーティでジムに会った」

［例］When I was reading a［▲ my］book, Helen showed up.
　　「（私の）本を読んでいると，ヘレンが現れた」

人に紹介する場合は例外である。

［例］This is my friend John.
　　「これが友だちのジョンです」

もし，このような名詞なのに《所有格＋名詞》となっている場合は，「代名詞の代用」の用法である。

［例］Bob went to my house yesterday. He is very good with children, so he played computer games with my son, Ken. My friend seemed to be enjoying them more than my son.
　　「ボブが昨日家に来た。彼はこどもの扱いがとてもうまく，息子のケンとゲームをして遊んだ。ボブは息子よりゲームを楽しんでいるようだった」

上例のmy friendはBobのことである。もし，これをheとすると，heが指すのがBobかKenかがわからなくなる。このような場合に代名詞の代用として《所有格＋名詞》が使われるのである。

ただし《所有格＋複数形の名詞》は一般論となり問題ない。

［例］When you talk with your friends, you feel that time flies.
　　「友だちと話しているときは，時間があっというまに流れるものだ」

本文では第２段落に見られる。

Then I spoke to a friend, an aspiring filmmaker in her early 30s who....（中略）But I wonder whether my nephew and my friend are on to something.

「よくわからない箇所」はとことん考える！

　筋肉を鍛えるためには，筋肉を負荷をかけるのが普通だ。「今日は少々キツかったな」と言えるぐらいに筋肉を動かして初めて筋肉を鍛えることができる。これは脳も同じだ。負荷のない問題を多量にやってもあまり効果が出ない。一般に人気がある「英語の勉強」というと，結果が目に見えてわかるものが好まれる。たとえば「単語集で単語を100語暗記する」「文法問題集を10ページやる」といったものである。しかし，実はこうした勉強では「頭の筋肉」は鍛えられない。むしろ「丸暗記」の苦痛から学習を拒むようになるかもしれない。

　一方，英語の難問を考える場合，単語集や文法問題集と違って，頭の筋肉がもりもり鍛えられる。難問を考えていて，突然「閃いた」という場合，何かが目に見えてできるようになった実感がある。これは，「考える」ということで，様々な脳神経がつながり，脳が学習している証拠なのだ。この「考え抜く姿勢」によって培われた力こそが本番で最も威力を発揮するのである。だからこそ，「ここよくわからないな」という箇所を見つけたら「ラッキー，自分の力を伸ばすチャンスだ」と思って欲しい。「答えなんか絶対見ないからな！」という意気込みで考えて欲しい。

　「考える癖」のない人の訳は酷いことが多い。たとえば「航空会社などで『環境に優しい』ものなどはない。あるのは shades of false green だ」という文が下線部訳で出題されたことがある。文脈を把握して「考える」ことができれば，shades of false green を「似たりよったりのエセ環境に優しい」の意味だと推測できるはずだ。しかし実際の答案では「偽緑の陰」などの意味不明な訳語がほとんどであった。shade＝「陰」という固定観念を持って，とことん考えない人がいかに多いかがわかる。またある大学では a colorful life が出題された。日本語の「カラフル」は，「色鮮やかな」というイメージがある。英語の colorful にもそれと似た意味で使うことはあるが，その原義である「さまざまな色からなる」を考えればわかるとおり，必ずしも明るい色を指すとは限らない。よって a colorful life とは「明るい色や暗い色など様々な色で，彩られた人生」＝「波瀾万丈の人生」の意味となる。

　教師目線で言えば，「できない生徒」と「できる生徒」は，彼らの予習状況を見るだけですぐにわかる。「できない生徒」は，難しい箇所を飛ばして，簡単にわかるところだけを予習してくる。また，たいして時間をかけてないのに「難しいのでわかりませんでした」と言いがちだ。あーもったいない。「できる生徒」は，その真逆である。難しいところをとことん考える，これが学習の王道である。

Day 14

解答・解説

》問題は別冊 p.080

テーマ：科学

行きと帰りで異なる時間感覚

[出題校]立教大学

[モニターの平均点] **22.7** / 30点

（各3点で採点）

╲ 竹岡の一言 ╱

「行きは時間がかかるのに帰りはあっという間だ」というのは誰もが経験したことのある興味深いテーマ。設問は一部難しいものがあるが，ほぼ標準的な難しさである。よって失点は多くとも2つぐらいに食い止めたい。

Answers：解答

番号	正解
1	（イ）
2	（ハ）
3	（ロ）
4	（ニ）
5	（ハ）
6	（イ）
7	（ロ）
8	（イ）
9	（ハ）
10	（ニ）

1 **正解** （イ）   ｜英文完成問題｜ 正答率 88.5%

解説 「**筆者が東オンタリオ湖のある町への旅（第1段落）に言及して示したいのは**」
第1段落に書かれているのは「行きと帰りに同じ道を通る場合，行きの方が長く感じられる」ということ。この内容を端的に言い換えた（イ）「認識の相違」が正解である。それ以外の選択肢（ロ）「田舎への愛」，（ハ）「自動車で旅行することの難しさ」，（ニ）「困難に立ち向かう自分のやり方」は本文には記述がない。

2 **正解** （ハ）   ｜英文完成問題｜ 正答率 78.7%

解説 「**以下のすべての条件が旅行者の錯覚を引き起こすためには必要だ。これに当てはまらないのは**」
旅行者の錯覚を引き起こす条件は，第2段落に挙がっている。第1文（The effect is ...）に「この効果は車の運転中に最も印象的だが，自転車に乗っていても，歩いているときでさえ，同じ効果が現れる」とあるので，（ハ）「旅は自動車でしなければならない」は偽である。第2文（It's too awkward ...）の後半に「その効果があるのは，その旅が，①目的地までどれだけ距離があるのかがわからずに，しかも②そこに行くのが初めてで，③帰りは行きと同じ道を戻って来なければならないという場合だ」とある。この①に一致する（ロ）「旅行者が目的地の正確な位置を知らない」，②に一致する（イ）「その旅が，ある目的地を訪れる初回である」，③に一致する（ニ）「旅行者は同じ道で帰宅しなければならない」はいずれも真。以上から，正解は（ハ）である。

3 **正解** （ロ）   ｜英文完成問題｜ 正答率 62.3%

解説 「**下線部"dilation"（第5段落）に最も意味が近いのは**」
下線部を含む文の意味は「予想，期待，注意のすべてが行きの旅の間，時間の（dilation）に一役買っているかもしれない」である。この主張を裏付ける具体例が，続く第5段落第2文（When you're thinking ...）と第3文（We know that ...）に挙げられている。第2文には「時間のことしか念頭にない場合は，…，時間は膨張するものである」とある。次の第3文には「クリスマスを待っている子どもたちは，すべての心的能力を，その重要な日がゆっくりと近づいて来ることに向けている」とある。以上から，「注意を向けると，時間は膨張する（ゆっくりと進むように感じる）」という関係が読み取れるので，「時間のdilation」＝「時間の膨張」だとわかる。（イ）「利点」，（ロ）「膨張」，（ハ）「測定」，（ニ）「減少」の中で適切なのは（ロ）である。

4 **正解** （ニ）   ｜英文完成問題｜ 正答率 57.4%

解説 「**リチャード・ブロックの実験によれば**」
ブロックの一連の実験については，第6段落と第7段落に書かれている。

第6段落の実験では、「ほぼ同じ実験を2回行った場合は、新たな状況を導入している最初の方が長く時間がかかったように感じる」という結果を得ている。さらに第7段落の実験では、実験が行われている間の状況の変化（単一作業か複数作業かのような作業内容の相違、部屋の移動などの作業空間の相違）が大きければ大きいほど、経過時間が長く感じることを突き止めている。以上から、「2つの経験のうちの最初の方が常に長く感じるというわけではなく（第7段落最終文）、経験する状況に真新しさがどの程度含まれるかに時間の感覚が左右される」という結果を導いている。この内容に一致する（ニ）「真新しさは作業を長く感じさせる」が正解。（イ）「状況は記憶にほとんど影響を及ぼさない」は、上記の実験結果に反する。（ロ）「予想は時間が早く過ぎると感じさせる」は、ブロックの実験結果とは無関係である。（ハ）「古い記憶は常に新しい記憶よりも早く色あせる」は要注意。第6段落第4文後半（as memory fades ... seem shorter）に「記憶が色あせるにしたがって、出来事は最初の方（＝古い方）から抜け落ちていき、それをより短く思わせるはずだ」とあるのに一致するように思えるが、この箇所はブロックが実験を行う前に抱いていた誤った思い込みである。この思い込みに反する実験結果が出たからこそ、ブロックは第4文（Block has pointed out ...）でit's a little surprisingと指摘しているのである。よって（ハ）は偽である。

5 **正解** （ハ）　　　　　　　　　　|英文完成問題|　正答率　83.6%

解説「単純な作業と難しい作業を使ったブロックの実験で、経過時間が長いと判断したグループは」
第7段落第3文「単純なものでも難しいものでも作業を1つしか行わなかった学生は、2つの作業を交互に切り替えなければならなかった学生より経過した時間が短いと判断した」とある。よって（イ）「単純な作業のみを行った」、（ロ）「複雑な作業のみを行った」、（ハ）「両方の作業を行った」、（ニ）「どちらの作業もしなかった」の中で正解は（ハ）だとわかる。

6 **正解** （イ）　　　　　　　　　　|英文完成問題|　正答率　75.4%

解説「ブロックは、旅行者の錯覚が起きるのは帰りの旅が〜からである、ということにたぶん賛同するだろう」
第6文の最終文（But because ...）に「しかし、最初の経験が新たな状況を導入しているのに対して、2番目の経験は単にそれを継続するだけなので、最初の経験の方がより長く感じられるのだ」とある。選択肢を順に検討する。（イ）「行きの旅より新たな状況が少ない」は真。（ロ）「行きの旅より所要時間が短い」は偽。実際の所要時間は同じであっても、行きは長く「感じる」にすぎない。（ハ）「行きの旅よりも新たな状況が多い」は偽。本文と真逆の内容。（ニ）「行きの旅よりも所要時間が長い」は偽。（ロ）と同じ理由で間違い。以上から合致するのは（イ）しかない。

7 **正解** （ロ）　　　　　　　　　　|英文完成問題|　正答率　88.5%

解説「下線部"fathom"（第8段落）に最も意味が近いのは」
第8段落（These experimental ...）の趣旨は「行きの旅では、さまざまな

所に注意を向けるから時間がかかることがわかった」ということ。さらに
第8段落の下線部を含む文は「このような実験の結果（＝変化が多いほど
長く感じるという結果）によって，旅行者の錯覚（　　）ことが容易にな
る」。空所には「〜を理解する」という意味の語が入ることが推測できる。
選択肢（イ）「〜を放棄する」，（ロ）「〜を理解する」，（ハ）「〜を経験する」，
（ニ）「〜を質問する」の中で正解は（ロ）である。

8　**正解** （イ）　　　　　　　　　英文完成問題　　正答率　70.5%

解説 「本文によれば，旅行者の錯覚は」
選択肢を順に検討する。（イ）「時間感覚が主観的であることを示している」
は真。本文全体の趣旨に沿っている。（ロ）「経験豊富な旅行者の間ではあ
まり見られない」は偽。本文にこのような記述はない。（ハ）「時計が必ず
しも信頼できないことを示している」も偽。本文にこのような記述はない
（「人間の時間感覚は頼りない」という記述はある）。（ニ）「実験で容易に調
べられる」は偽。第3段落第3文後半（at least partly ...）に「少なくと
もその理由の1つは，その経験は何時間も続くのが普通で，実験をするに
は不快なぐらい長い時間かかるということだ」とある。以上から
（イ）が正解となる。

9　**正解** （ハ）　　　　　　　　　英文完成問題　　正答率　83.6%

解説 「本文の主な目的は」
選択肢を順に検討する。（イ）「どのように感情が認識に影響するかを説明
すること」は偽。そもそも本文は「旅行者の時間認識について」述べられ
ている。（ロ）「人々にもっと頻繁に旅行するように促すこと」は偽。本文
にこのような記述はない。（ハ）「旅行者の錯覚が生じる理由を説明するこ
と」は真。まさに本文の趣旨と合致している。（ニ）「人々に錯覚に打ち勝
つように勧めること」は偽。「打ち勝つように勧める」という部分の記述
が本文にはない。さらに「錯覚」全般の話をしているわけではない。以上
から（ハ）が正解となる。

10　**正解** （ニ）　　　　　　　　　英文完成問題　　正答率　70.5%

解説 「本文に最適の表題は」
選択肢を順に検討する。（イ）「日々の錯覚に関する最近の研究」は偽。本
文は「錯覚」全般の話を取り上げていない。（ロ）「自動車旅行にとても長
い時間がかかる理由」は偽。実際に長時間かかるのではなく，行きの道の
りはそのように感じられるということ。（ハ）「時間の認識と現代の観光」
は偽。本文にこのような記述はない。（ニ）「旅行はどのように時間感覚に
影響するか」が真で，これが正解である。

❶ **❶**One (of the most striking — and unsettling — experiences （（関代 that 省略） I've ever had φ)) is [to travel 〈to a place （（関代 which 省略） I've never visited φ before）〉, then travel back 〈along the same route〉]. **❷**The trip out always seems to take longer 〈than the trip back〉— not just a little longer but much, much longer. **❸**I vividly remember [traveling 〈by car〉〈a few summers ago〉〈to a town （in Eastern Ontario）〈that I had never been to φ before〉, 〈expecting [that each twist and turn （of the lakeside road） （（関代 that 省略） I was following φ） would be the one （to finally reveal my destination）]〉, 〈hoping [that the top （of every hill） should provide a glimpse （of a church tower）]〉, yet I drove and drove and drove 〈with nothing but farmers' fields （being 省略）〈on one side〉 and docks and beaches （being 省略）〈on the other〉〉]. **❹**〈By contrast〉, the trip back （the next day） was a very different story, a brisk little drive （completely free 〈of tension or insecurity〉）.

(Grammar labels: S, S', M', V, V, C₁, S', V', M', M, C₂, S, M, V, O, S', longer の言い換え, S, M, V, O, V'₁, 関代 O' S', V', M', 分構 V''₁ O''₁ 接, S', S'', V'', V', C', M'', V'', O'', 分構 V''₂ O''₂ 接, S''', V''', O''', 接, S'₂ V'₂₋₁ 接 V'₂₋₂ 接 V'₂₋₃ 分構 S'₁ V 接, S₂ V₂, S, V, C, 同格)

---

❶ **❶**私の今まで経験した中で最も印象的で，そして動揺させられたものの１つは，以前行ったことのない場所を訪れ，その後同じ道を通って戻ったときのことだ。**❷**行きの旅はいつも，帰りの旅より長く —— ちょっと長いのではなくて，ずっとずっと長く —— かかるように思える。**❸**数年前の夏に，それまで行ったことのない東オンタリオのある町まで車で行ったときのことを今でも鮮明に覚えている。私が車を走らせていた湖沿いの道を曲がるたびに，これでようやく目的地が見えると思ったり，丘のてっぺんに着くたびに教会の塔が見えてくるはずだと期待したりしたが，走っても走っても走っても（道路の）片側には農家の畑しかなく，もう片側には船着き場と海岸しかなかったという思い出だ。**❹**それとは対照的に，次の日の帰りの旅では，状況はまったく異なり，緊張感や不安感などまったくない爽やかなちょっとしたドライブとなった。

> **第1段落の要旨** 行きと帰りに同じ道を通る場合，行きの方が長く感じられる。

- □ striking ……… 形「印象的な」……………………………… Ｂ
- □ unsettling …… 形「動揺させる」………………………… Ｂ
- □ trip out ……… 熟「行きの旅」※⇔ trip back ……………… Ａ
- □ take long …… 熟「長い時間かかる」※この long は名詞と形容詞の役

割をあわせ持つ「二重品詞」と呼ばれているもの。…A
- □ expecting ..., hoping ... ※文末に置かれた補足の分詞構文。
- □ twist and turn 熟「曲がりくねった箇所，カーブ」……………B
- □ the one = the twist and turn
- □ a glimpse of ～ 熟「～がちらりと見えること」……………B
- □ yet 接「しかし，それでも」……………………A
- □ nothing but ～ 熟「～しかない」※but は前置詞。……A
- □ dock 名「船着き場」……………………………B
- □ by contrast 熟「それとは対照的に」……………………A
- □ brisk 形「キビキビとした」……………………B
- □ be free of ～ 熟「～がない」……………………………A
- □ tension 名「緊張」……………………………………B
- □ insecurity 名「不安感」………………………………C

② ❶The effect is most striking 〈when you're driving〉, but it will work 〈if you're riding a
   S₁ V₁ M C₁ 接 S′ V′ 接 S₂ V₂ 接 S′ V′₁ O′₁
bicycle or even walking〉; speed isn't as crucial 〈as having a destination〉. ❷It's too awkward
   接 M V′₂ S V C S′ 仮SV C
[to call this the "time there / time back difference,"] so I've named it the "tourist illusion"
真S V′ O′ C′ 接 S V O C
— it works 〈when the outgoing trip is a first-time excursion (to a place (an uncertain
   S V 接 S′₁ V′₁ C′₁
distance away)) and the return trip must retrace your steps〉. ❸〈As long as the speed
   接 S′₂ V′₂ O′₂ 接 S′
((関副 that 省略) you travel) remains more or less the same〉, the effect is profound, even
   S″ V″ V′ M C′ S V₁ C₁₋₁ M
shocking, and represents a dramatic disruption (of the human ability (to keep time)).
   C₁₋₂ 接 V₂ O₂

② ❶この効果は車を運転していると最も印象的だが，自転車に乗っていても，歩い
ているときでさえ，同じ効果が現れる。重要なのは目的地があることで，速度はそ
れほど重要ではない。❷これを「行きの時間と帰りの時間の差異」と呼ぶのはあ
まりにぎこちない。そこで私はそれを「旅行者の錯覚」と名づけた。その効果が現
れるのは，その行きの旅が，どれだけ距離があるのかがわからない目的地に向かう
初めての旅で，帰りは行きと同じ道を戻ってこなければならないという場合だ。
❸ほぼ同じ移動速度が続く場合，この効果は大きく，衝撃的でさえあり，時間を
測る人間の能力の劇的な混乱の表れとなる。

⤷ 第2段落の要旨 「旅行者の錯覚」は，目的地があり，行きと帰りは同じ道を通り，目的地ま
での距離がはっきりしない場合に生じる。

- □ most striking ※同一事物内の比較の場合，最上級でも the をつけない。
- □ crucial 形「極めて重要な」※cross「十字架」と同系語。……………B
- □ awkward 形「ぎこちない」※awk [= away] の方向にある。……………B
- □ excursion 名「出かけること」※cursor「カーソル」と同系語。……………B
- □ retrace ～ 動「～を再びたどる」………………………………C
- □ more or less 熟「ほとんど」※= almost……………………………A
- □ profound 形「（変化・影響などが）深刻な，甚大な」……………B

203

❸ ❶Unfortunately, [explaining [exactly why the trip back seems so much speedier]] is
　　　　　　　M　　S　　　V′　　　O′　M″　　M″　　　S″　　　V″　　　　　C″　　　　　V

a little tricky. ❷〈For one thing〉, 〈unlike visual illusions, 〈where you can revisit
M　　C　　　　　　　　　　　　　　　　　　　　　　　　　　　関副　S′　　V′

the experience 〈whenever you want〉〉〉, this illusion is different 〈every time you
　　O′　　　　　接　　S″　　V″　　　　　S　　V₁　　C₁　　　　　接　　S′

experience it〉, and 〈by definition〉, can't be exactly repeated. ❸Second, the psychology lab
　　V′　　O′　接　　　　　　　　　　　　　M　　V₂　　　　　M　　　　　S

doesn't provide a lot of help 〈in interpretation〉, 〈at least〉 partly 〈because the experience
　　V　　　　　O　　　　　　　　　　　　　　　　　　　M　　接　　　S′

usually lasts (for省略) hours, an uncomfortably long time 〈to run an experiment〉〉.
　M′　　V′　　　　　　M′↰―――同格―――↰

❸ ❶残念ながら，帰りの旅が，正確になぜそんなに速く感じられるのかを説明することは，そうたやすいことではない。❷第一に，必要な時にいつでもその経験をやり直すことができる視覚的錯覚とは異なり，この錯覚は経験するたびに異なり，自明のことだが，完全には再現することができないのだ。❸第二に，（この現象を）解釈するのに，心理学実験が大いに役立つということはない。少なくともその理由の１つは，その経験は何時間も続くのが普通で，実験をするには不快なぐらい長い時間がかかるということだ。

↳ **第3段落の要旨**「旅行者の錯覚」の理由を説明するのは困難。

❹ ❶However, there is some research (that suggests [what might be going on]). ❷First,
　　　M　　　M　V　　　　S　　　　関代S′　　V′　　O′関代S″　　　V″　　　　　　M

a crucial part (of the tourist illusion) seems to be ignorance (of [exactly where and
　　S　　　　　　　　　　　　　　　　　V　　　　C　　　　　　　M′　　M′　接

how far the destination is]). ❸It doesn't have to be complete ignorance — you usually
M′　　　S′　　V′　　S　　V　　　　　　C　　　　　　S　　M

know roughly [where you're going] and [when you're likely to get there] — but it
　V　　M　　O₁　M′　S′　　V′　接　O₂　M′　S′　　　　V′　　　M′　　　接　S

doesn't work nearly as well 〈if you have detailed knowledge, 〈like a map or a set 〈of land
　　V　　　　M　　M　接　S′　V′　　　O′

204

marks)⟩⟩. ❹The voyage must be somewhat mysterious, ⟨which demands [that you
         S   V   M   C   関代S′   V′   O接 S″

pay close attention ⟨to every feature ⟨of the landscape ⟨along the way⟩⟩⟩]⟩.
V″   O″

④ ❶しかしながら，何が起きているかもしれないのかを示唆する研究はある程度行われている。❷まず，この旅行者の錯覚の一番大切な部分は，目的地の場所や目的地までの距離が正確にはわかっていないことにあるように思える。❸完全に知らないという必要はない。普通は，どこに向かっているのかや，いつ着きそうかはだいたいわかっているからである。しかし，詳細な知識（地図やいくつかの目印など）を持っている場合には，同じような効果はほとんど現れない。❹旅がいくぶん謎めいたものでなければならない。それによって，道中の風景の特徴のすべてに細心の注意を向けることが要求されるのだ。

↳ **第4段落の要旨** 旅行者の錯覚を起こす条件は，道中が多少謎めいていることだ。

- □ go on　　　　　　　　熟「起きる」……………………………………………… A
- □ know roughly〜　　　熟「〜をだいたい知っている」…………………………… A
- □ doesn't work nearly as well
  　　　　　　　　　　　熟「（まったく知らない場合と同様なほど）うまく働くことはない」※ as〜as構文になっている。………… A
- □ landmark　　　　　　名「目印」…………………………………………………… C
- □ somewhat　　　　　　副「いくぶん」………………………………………………… B
- □ demand that SV　　　熟「SVであることを要求する」※that節内の動詞は原形不定詞。………………………………………………… B
- □ along the way　　　　熟「途中で」………………………………………………… A

⑤ ❶⟨From my own experience⟩, I'd say [that anticipation, expectation, and attention
                           S V O接   S′₁   ↑——同格——

all might have played a role ⟨in the dilation ⟨of time⟩⟩ ⟨during the outgoing trip⟩].
↑   V′   O′

❷⟨When you're thinking of nothing ⟨other than time⟩⟩, it expands, ⟨as captured ⟨by the
  接 S′   V′   O′   S   V   V′

proverb, "A watched pot never boils⟩⟩." ❸We know [that this phenomenon works
↑————同格————↑   S V O接   S′   V′

⟨over long periods of time⟩ as well]. ❹Children ⟨waiting for Christmas⟩, ⟨with all
          M′   S   分構

their mental resources (being省略) focused ⟨on the slow approach ⟨of the big day⟩⟩, are
S′   C′   V

the perfect example — time drags endlessly. Yet the hours ⟨of Christmas morning⟩ flash
C   S   V   M   接   S   V

by.

⑤ ❶私自身の経験から言えば，予想，期待，注意のすべてが，行きの旅の間，時間が膨張するのに一役買っていたかもしれないということだ。❷時間のことしか念頭にない場合は，「見ている鍋は沸騰しない」という諺通りに，時間は膨張するの

である。❸この現象は長時間にわたる場合でも現れるのは周知のことだ。❹クリスマスを待ちわびて子どもたちは，その重要な日がゆっくりと近づいてくることにすべての思考を向けている子どもたちは，まさしく好例だ —— 時間が無限に引き延ばされているのだ。しかしクリスマスの朝の数時間は瞬く間に過ぎ去ってしまう。

↳ **第5段落の要旨** 予想，期待，注意が時間を膨張させる。

□ anticipation	名「予想」※何かを予測してそれに備えること。	B
□ dilation	名「膨張」	C
□ nothing other than ~	熟「~だけ」	A
□ as captured by the proverb	※「諺で捉えられているように」が直訳。	
□ as well	熟「同様に」	A
□ mental resources	名「心的諸能力」※resources は「（困難などに立ち向かうための）力量」の意味。	B
□ drag	動「引きずるように進む」	B
□ flash by	熟「一瞬で過ぎる」※by は副詞。	B

6 ❶Richard Block (at the University of Montana) is an acknowledged expert (in this
　　S　　　　　　　　　　　　　　　　　V　　　C

area). ❷〈In his research〉Block has focused (on [how context, (including the physical
　　　　　　　　　　　　　S　　V　　　M′　S′　　　　　①

setting and emotional state (of the person)), influence the perception (of time)]). ❸〈For
　　②　　　　　　　　　　　　　　　　　V′　　　O′

instance〉, Block has run many experiments 〈over the years〉(that have convinced
　　　　　S　　V　　　O　　　　　　　　　　関代S′　　V′

him [that 〈if you perform two tasks (that are pretty much identical)〉, you will, 〈at
IO′ DO′接　接 S‴　V‴　　O‴　関代S‴′ V‴″ M‴″　C‴″　S″

some later point〉, judge the first (of the two) (to have taken longer)]). ❹Block has pointed
　　　　　　　　　V″　O″　　　　　　　　C″　　　　　　　S　　V

out [that it's a little surprising [that the first (of two experiences) should (in
　　O接 仮S′V′ M′　　　C′　真S′接　　S″

retrospect〉 seem to have lasted longer], 〈because 〈as memory fades〉, events should drop
　　　　　V″　　　　　　M″　　　接　　接　　S″　　V″　S′　　V′

〈out of the earlier version〉 first, 〈making it seem shorter〉]). ❺But 〈because the first
　　　　　　　　　　　　　M′　分構 V″ O″　C″　　　　　接　接　　S′₁

experience introduces a new context and the second simply continues it〉, the first
　　V′₁　　　　O′₁　　　接　S′₂　　M′　V′₂　O′₂　S

experience seems longer.
　　V　　C

6 ❶モンタナ大学のリチャード・ブロックは，この分野のよく知られた専門家である。❷ブロックは，自らの研究で，当人の物理的状況や感情的状態などの状況が，時間の認識にどのように影響するかに注目している。❸たとえば，ブロックは長年にわたり多くの実験を行ってきたが，その実験で彼が確信したのは，もしほとんど同じように見える２つの課題に取り組んだ場合，ある程度あとになってから，２つ

のうち最初の課題の方が時間がかかった，と人は判断するものであるということだ。❹２つの経験のうち最初の経験の方が，振り返って見れば長くかかったと感じられたのは，いささか驚きである。なぜなら，記憶が色あせるにしたがって，出来事はまず最初のものから先に抜け落ちていき，それによって最初の方がより短く思えるはずだからだ，とブロックは指摘している。❺しかし，最初の経験が新たな状況を導入しているのに対して，二番目の経験は単にそれを継続するだけなので，最初の経験の方がより長く感じられるのだ。

↳ **第6段落の要旨** ほとんど同じ課題を２回やった場合は新たな状況が導入される最初の方が長く時間がかかったように感じられる。

- □ acknowledged　形「よく知られた」……………………………………… B
- □ focus on ～　熟「～に注目する」…………………………………… B
- □ including ～　前「～などの」※具体例を示す。………………… A
- □ setting　名「(ある具体的な) 状況」………………………………… B
- □ perception　名「認識」※ perceive の名詞形。………………… B
- □ convince ～ that SV　熟「～に SV であることを確信させる」… B
- □ pretty　副「かなり」…………………………………………………… A
- □ identical　形「同一の」※「ぴったり同じの」。…………………… B
- □ point out that SV　熟「SV と指摘する」………………………… A
- □ in retrospect　熟「あとから考えると」…………………………… B
- □ fade　動「色あせる」…………………………………………………… A
- □ drop out of ～　熟「～から抜け落ちる」………………………… A

❼ ❶〈In other studies〉 Block has shown [that 〈if the context (of a task) is changed
　　　　　　　　　　　　　 S　　　V　　 O 接　接　　　S″　　　　　　　 V″

but the amount (of information) stays the same〉, estimates (of time spent) change
接　　 S″　　　　　　　　　　　 V″　　 C″　　　 S′　　　　　　　　 V′

accordingly]. ❷One such study involved two tasks, one (of which) was simple
　M′　　　　　　　 S　　　　　 V　　　O　　　S′₁　　　　 V′₁　 C′₁ 言い換え

[identifying [which (of a series of words) are capitalized]], and the other (was 省略) harder
　　 V″　 O″ S‴　　　　　　　　　 V‴　　　　　 S′₂

[picking out those words (that described a part (of the human body))]. ❸Those students
言い換え V″　 O″　 関代S‴　 V‴　　 O‴　　　　　　　　　　　　　　　　　　 S

(who did just one task, either the simple or the hard), judged less time (to have
関代S′ V′　　 O′　　　　　　　同格　　　　　　　　　 V　　 O　　 C

passed (than those (who had to switch back and forth (between tasks)))). ❹Block
　　　　　　　 S″ 関代S″　 V‴　　 M‴　　　　　　　　　　　　　　 S

has found the same effect 〈when he temporarily moves students 〈out of the room〉 and 〈into
　V　　　 O　　　　　　 接　 S′　 M′　 V′　 O′

the hall〉 〈between tests〉, or 〈into a different room altogether〉〉. ❺〈The more changes
　　　　　　　　　　　　　　　　　　　　　　　　　　　　　　　　　　 O′

(they experienced 省略)〉, the longer the estimated time (was 省略). ❻〈By changing the
　 S′　　 V′　　　　　　 C　　　　 S　　　　　 V　　　　　　　　 V′

surroundings or the way ((関副 how 省略) information is presented)〉, Block
　 O′₁　　　　　 O′₂　　　　　　　　　　　　 S″　　 V″　　　　 S

207

has been able to eliminate the illusion [that the first (of two experiences) always seems
　　　　　 V　　　　　　　　　 O ↑接　　　　　　　 S′　　　　　　　　　　 M′　　　 V′
　　　　　　　　　　　　　　　　　 └─同格─┘

the longer].
　　 C′

⑦ ❶他の研究で，ブロックが示したのは，もし作業の状況を変えるが，情報量が同じままだとするならば，費やされた時間の推定値はそれに応じて変化するということだ。❷そのような研究の１つは，２つの作業を伴うものであった。そしてそのうちの１つの作業は一連の単語のうちどれが大文字かを特定する単純なもの，そしてもう１つの作業は人間の身体の部位を説明する単語を選ぶやや難しいものであった。❸単純なものでも難しいものでも作業を１つしか行わなかった学生は，２つの作業を交互に切り替えなければならなかった学生より，経過した時間が短いと判断した。❹ブロックは，テストとテストの間に，学生たちを，部屋から廊下に，あるいはまったく違う部屋へと一時的に移動させても，同様の効果があることに気がついた。❺変化が多ければ多いほど，推定時間も長くなった。❻環境や，情報の提示の方法を変えることで，ブロックは２つの経験のうちの最初の方が常に長く感じられるという錯覚を排除することができたのである。

⤷ **第7段落の要旨** 作業の状況が複雑で変化が多ければそれだけ時間がかかったように感じる。

☐ stay the same	熟「同じままである」	A
☐ estimate	名「推定値」	B
☐ identify ～	動「～を特定する」	B
☐ capitalize ～	動「～を大文字にする」※capital letter「大文字」。	C
☐ pick ～ out / pick out ～	熟「～を選び出す」	A
☐ those ～ 関係代名詞	※those は先行詞を示す役割で訳さない。	
☐ switch back and forth between ～	熟「～の間を行ったり来たりする」	B
☐ the same effect	「同じ効果」※時間が長く感じられるという効果のこと。	
☐ temporarily	副「一時的に」	B
☐ altogether	副「まったく」	B
☐ present ～	動「～を提示する」※アクセントはsentの上。	
☐ eliminate ～	動「～を除去する」	B

⑧ ❶These experimental results make it easier [to fathom the tourist illusion]. ❷⟨Whether
　　　　 S　　　　　　　　　　　　　 V 仮O C 真O V′　　　　 O′
(you are 省略) driver or passenger⟩, it's easy [to imagine the situation]: you know [(接 that
S′　 V′　　　 C′₁　　　　 C′₂　 仮S V C　 真S　　 V′　　　　 O′　　　　　 S₁　 V₁ O₁
省略) you're heading ⟨toward a goal⟩], but you have no idea [exactly when you will reach
　　　 S′　 V′　　　　　　　　　　 接　 S₂　 V₂　　　 O₂₋₁
it] or, indeed, [what it looks like] — it's a name (of a place) and not much more. ❸⟨As
O₂₋₂　　　　　 O₂₋₂　　 S₃V₃ C₃₋₁　　　　　　　　 接　　　　　 C₃₋₂　　　　　 接
the experience unfolds⟩, you're devoting most (of your attention) ⟨to the changing
　　 S′　　　　 V′　　 S　　 V　　 O　　　　　　　　 ①

landscape, your own fatigue and anticipation, each new street sign, the impatience (of the
　　　 ②　　　　　　　　　　　　　 ③　　　　　　　　　 ④

children (in the back seat), or your explanations (to your partner) (as to [why it's taking
⑤   M´ S´ V´

so long])). ❹There are numerous sights, sounds, and feelings, (each (of which) comes
O´   M V   S   S´   V´

(with a context (automatically attached))). ❺All (of these contexts) will become part (of
S   V   C

your memory (of the outgoing trip)). ❻(While it seems (like your attention (to
接 S´ V´ 接   S″

ongoing events) should make time go by unnoticed)), the fact is [that your attention
V″   O″   C″   S V C 接   S´

is all (about time): "When do we get there?"]
V´ M   M S V M

⑧ ❶このような実験の結果によって，旅行者の錯覚を理解することが容易になる。
❷車の運転手であろうが，乗客であろうが，その人たちの状況を想像するのは簡
単だ。ある目的地に向かって進んでいることは知っている。しかし，正確にいつそ
こに到着するのか，あるいは，そこは実際どのように見えるのかまったくわからな
い ── わかっているのは場所の名前だけでそれ以上は何もわからないといった状況
である。❸その経験が進むにつれ，注意の大半を向けるのが，景色の変化，自分
自身の疲労や予想，すべての新たな道路標識，後部座席でイライラしている子ども
たち，あるいは，なぜそんなに時間がかかっているのかについてのパートナーに対
する説明である。❹おびただしい数の光景や音や感覚，その１つ１つに状況が勝
手についてくる。❺こうした状況のすべてが，行きの旅の記憶の一部になる。❻
目の前で起こりつつある出来事に注意を向けているので，時間が気づかぬままに経
過していくはずだと思えるかもしれないが，実は，注意は時間に向けられているの
だ。すなわち「一体いつになったら到着するの？」と。

↳ 第8段落の要旨 さまざまな所に注意を向けるが故に時間がかかるように思われる。

□ fathom ~	動「（通例否定文で）〜を推測する」※難語。
	·················· C
□ whether driver or passenger	= whether you are a driver or a passenger
□ head toward ~	動「〜に向かって進む」················· A
□ not much more	= not much more than that「それ以上のことは
	ない」
□ unfold	動「展開する，進む」※un-＋動詞では，un-は
	逆動作を示す。[例] unlock「カギを開ける」
	·················· B
□ devote A to B	熟「AをBに捧げる」················· B
□ street sign	名「道路標識」················· A
□ impatience	名「いらだち」················· C
□ numerous	形「無数の」················· B
□ automatically attached	熟「勝手についてきた」※後置修飾。 ········· B
□ go by unnoticed	熟「気がつかれないままに進んでいく」
	※byは副詞で，unnoticedは補語。········· C
□ A is all about B.	熟「Aの中心はBだ」※allは強調の副詞。 ···· A

⑨ ❶The return trip is an entirely different story. ❷You've been there before, and (as a
S V   C   S V M   M 接

result⟩ it will be more difficult [⟨for each scene or event⟩ to qualify ⟨as a new memory⟩].
　　　　仮S　V　M　　 C　　 真S　　　　　　　　　　　　V'

❸The old oak tree (on the hill) is already stored ⟨as a memory (of the outgoing trip)⟩,
　　S₁　　　　　　　　　　V₁　　M　　C₁

and ⟨although you will recognize it⟩, it won't qualify ⟨as a new memory⟩. ❹You don't
接　　接　　S'　　V'　　 O' S₂　　V₂　　　　　　　　　　　　　S

even bother [reading the same road signs (that preoccupied you (on the way out))].
M　　V　O　V'　　　　　O'　　 関代S"　　V"　　 O"

❺Attention is focused ⟨on other things⟩, ⟨now that the crucial part (of the trip) is
　 S　　　V　　　　　　　　　　　　　　 接　　　　S'　　　　　　V'

over⟩. ❻⟨Although the return trip takes just as much time ⟨as the outgoing trip⟩⟩, the
C'　　　 接　　　　　S'　　　V'　M'　　O'　　　　　　S"　　　　　　　　　

perception (of that time) is completely different.
　　S　　　　　　　　　V　　 M　　　　C

⑨ ❶帰りの旅は，まったく別の話になる。❷以前にそこを通ったことがあるので，
その結果として，それぞれの場面や出来事が新たな記憶と見なされることが難しく
なる。❸丘の上の樫の古木は，行きの旅の記憶としてすでに保管されているから，
その木を認識しても，新たな記憶としては見なされない。❹行きの旅では必死に
読んだ同じ道路標識もわざわざ読んでみることさえしない。❺旅の肝心な部分は
もう終わったので，注意は他のことに向いている。❻帰りの旅も行きの旅とまっ
たく同じ時間がかかっているのだが，その時間に対する認識はまったく異なるので
ある。

↳ 第9段落の要旨 帰りの旅は新たな出会いがないので注意は他のことに向く。

□ entirely　　　　　　　 副「まったく」……………………………………B
□ qualify as a memory　　「記憶としての資格を持つ」が直訳。
□ store ～　　　　　　　　動「～を貯蔵する，保管する」…………………B
□ bother (V)ing　　　　　動「わざわざVする」……………………………A
□ preoccupy ～　　　　　 動「～を夢中にさせる」…………………………B
□ now that SV　　　　　 熟「もはやSVなので」※接続詞。………………A

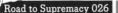
人称代名詞が some of them, one of them, the greatest of them のように使われるように，関係代名詞も some of which, some of whom, the greatest of which のようにカタマリを作ることがある。関係代名詞が「代名詞」に見えていれば問題ないが，「つなぐもの」だという認識を持っていると理解が困難になるであろう。

[例1] It is not the tools or the skeletons of Upper Paleolithic people but their art that has made them familiar to most modern people. Most extraordinary are the cave paintings, the earliest of which dates back some 30,000 years.

「後期旧石器時代の人々が，たいていの現代人に知られるようになったのは，その道具でも骸骨でもなく，芸術によってであった。その中でも最も非凡なものは洞窟の壁画であり，その最初期のものはおよそ 30000 年前のものである」
※ the earliest of which が動詞 dates の主語になっている。

[例2] My hobbies are producing music and playing the guitar, each of which I can also teach you, if you'd like.

「私の趣味は音楽を作ることとギターを演奏することです。もし望まれるのなら，そのそれぞれをお教えしますよ」
※ My ... guitar, each of which I can also teach you, if you'd like.
　　　　　　　　　　　　O_2　　　S　V　O_1

[例3] Even now there are still bells and door-knockers in use, by the design of which the house-owner may express his individuality, and by the handling of which the visitor can signal both, his character and his mood.

「今でも，ドアチャイムやノッカーも使われていて，そのデザインによって家の持ち主は個性を表現し，またその扱いによって客は自分の性格やそのときの気分を伝えることができるのである」

本文では第 7 段落第 2 文に One such study involved two tasks, one of which was simple とある。これを見たときに，which を頭の中で them に置き換え，One such study involved two tasks「そのような 1 つの研究には 2 つの課題が含まれている」，One of them was simple.「そのうちの 1 つは単純なものだ」と読めばよい。また第 8 段落第 4 文に There are numerous sights, sounds, and feelings, each of which comes with a context automatically attached. とある。これも前から There are numerous sights, sounds, and feelings,「おびただしい数の光景，音，感情がある」＋ Each of them comes with a context automatically attached.「そのそれぞれが自動的に付加された文脈と共にやってくる」と理解すればよい。

with＋名詞＋αとあれば，次のようなパターンを意識すること。

with＋名詞＋	（V）ing 過去分詞形 形容詞 名詞 前置詞＋名詞

　主語のついた分詞構文（＝独立分詞構文）は，現在では一部の慣用句を除いて，あまり使われない。しかし，独立分詞構文にwithがついた場合は頻出である。with以下と主文とが同時に起きることを示す働きで，訳は文脈で決まる。このwithは「付帯状況のwith」と呼ばれるものである。
　置かれる場所は，文頭，文末が多い。

1. 文頭に置かれる場合

［例］ With as much as 70 percent of what we say coming from this type of non-verbal communication, it is clearly important to be aware of our body language.
「私たちが語ることの70パーセントもがこの種の非言語コミュニケーションからもたらされるので，自分のボディーランゲージを自覚しておくことが重要なのは明らかである」
※ As much as 70 percent of what we say comes from this type of
　　　　　　　　　　　　　　　　　S　　　　　　　V
non-verbal communication.
を分詞構文にして直前にwithをつけた形が上記の文。

2. 文末に置かれる場合

［例1］ One in ten vacations in America still involves a beach, with Hawaii our most popular vacation spot.
「アメリカの休暇旅行先の1割には今でも海岸が含まれており，ハワイは最も人気のある行楽地である」
※ Hawaii is our most popular vacation spot.
　　S　　V　　　　　C
を分詞構文（Hawaii being our）にしてbeingを省略し直前にwithをつけた形が上記の文。
人物の「付帯状況」としても使われることが多い。

［例2］ The United States, in particular, has an immense problem with science and mathematics education, with high school students performing well below average compared to those in other developed countries.
「とりわけアメリカは，科学と数学の教育に関して非常に大きな問題を抱えており，高校生の成績が他の先進国と比べて，平均を大きく下回っている」

※ <u>High school students</u> <u>perform</u> well below average compared to
S V
those in other developed countries.
を分詞構文にして直前に with をつけた形が上記の文。

He was sitting	with his arms folded.	「腕を組んで」
	with his legs crossed.	「脚を組んで」
	with his chin on his hand.	「頬杖をついて」
	with a pipe in his mouth.	「パイプをくわえて」
	with his eyes closed.	「目を閉じて」
	with his back against the wall.	「壁にもたれて」
	with a book under his arm.	「本を小脇にかかえて」
	with his mouth full.	「物を食べながら」

　本文では第 1 段落第 3 文後半 with nothing but farmer's fields on one side and docks and beaches on the other と第 5 段落第 4 文 with all their mental resources focused on the slow approach of the big day に見られる。

Day 15

解答・解説

≫問題は別冊 p.086

≫問題は別冊 p.086

テーマ：人生

自分が本当にしたいこと を求めて

[出題校]明治大学

[モニターの平均点] **24.2** / 33点

（各3点で採点）

＼竹岡の一言／

「遠回りしてもいいんだよ」と
著者が優しく語る。竹岡も，大
学では工学部と文学部＋留年＋
休学とだらだらと長時間いたの
で，よくわかる。

Answers：解答

番号	正解
1	（ア）（3）　（イ）（3） （ウ）（1）　（エ）（3）
2	A（3）　B（4）　C（2） D（3）
3	A（4）　B（2）
4	myself

Lecture：設問解説

1-(ア) 正解 (3)

| 語彙問題 | 正答率 76.4%

解説 下線部のthrilledは「わくわくして」というプラスイメージの語。選択肢は (1)「不安に思う」，(2)「困乱した」，(3)「わくわくした」，(4)「怖がって」なので (3) が正解。(3) 以外はマイナスイメージの単語なので消去法でも解ける。

1-(イ) 正解 (3)

| 内容一致問題 | 正答率 98.2%

解説 下線部のready for any eventualityは「どんな不測の事態にも備えて」の意味。このanyは「どのようなものであれ」という意味。eventualityは難語なので，前後の文脈をチェックする。下線部の直前に「サンタクルーズで過ごした時間は，まったく無計画なものだった。私は風の中の1枚の葉のようなもので」とあり，さらに下線部のあとに「それはわくわくすることではあったが，同時に恐ろしくもあった」とある。ここから「筆者が無計画でふらふらしている」ということが推測できる。選択肢をみると (1)「良い結果を期待して」，(2)「両親を満足させたくて」，(3)「何が起きてもそれを受け入れる心構えをして」，(4)「大学院に進む準備をして」とある。この中で，文脈に適したものは (3) だけである。下線部のreadyとanyの訳語に対応した訳がある選択肢は (3) しかないので，それだけでも正解にたどり着くことができる。

1-(ウ) 正解 (1)

| 内容一致問題 | 正答率 94.5%

解説 下線部のin a million unexpected waysは「無数の予期せぬやり方で」の意味。ここでのa millionは「100万」ではなく，「多くの，無数の」の意味であることに注意。unexpectedは「予期せぬ」の意味。選択肢をみると，(1)「ほとんど想像もできない数え切れないやり方で」，(2)「私にストレスを与えるたくさんのやり方で」，(3)「とてもたくさんの楽しいやり方で」，(4)「私の期待を高めるさまざまなやり方で」で，unexpectedの意味が出ているのは (1) のみでこれが正解となる。

1-(エ) 正解 (3)

| 内容一致問題 | 正答率 94.5%

解説 下線部のfresh perspectiveは「新鮮な視点」の意味。選択肢をみると，(1)「完全な同意」，(2)「混乱した見方」，(3)「物事を見る新しい方法」，(4)「深い意味」で，freshの意味が出ているのは (3) しかない。それだけでも (3) が正解だとわかる。

2-A 正解 (3)

| 英文完成問題 | 正答率 74.5%

解説 「他人の忠告にただ従った」
第1段落（When I was ...）から筆者は「自分が望んでいるのか，人が自分に望んでいるのかがわからなくなり，主体性のない行動をとっていた」ことがわかる。選択肢 (1)「私はやりたいことはわかっていたけれども」，(2)「私にはそれは不合理だと思われたけれども」，(3)「私はやりたいこと

215

がわからなかったので」，(4)「明らかに正しいことをしていたので」の中で，第1段落の内容を表しているのは(3)だけである。

2-B 　**正解** (4) 　　　　　　　｜英文完成問題｜ 正答率 92.7%

解説「私がヴァージニア大学に入学が許可されたとき私の両親が喜んだのは，…からである」

第1段落第7文（My parents were ...）に「次の数年間の私の道が決まったことで安心してもいた」とある。よって選択肢(1)「私は自分が研究したいことがわかっていた」，(2)「その大学院がとても有名だった」，(3)「彼らが私に出て行ってほしかった」，(4)「私の近い将来がきちんと決まった」の中で適切なのは(4)。

2-C 　**正解** (2) 　　　　　　　｜英文完成問題｜ 正答率 85.5%

解説「私の両親は…」

第1段落第9文（The hardest part of ...）に「この時期を通して最もたいへんだったのは，両親に休学することにしたと伝えることだった」とあり，両親が休学に難色を示すことは想像できる。また第10文（My decision was ...）「私の決定は彼らにとって本当につらいものだったのだ」とある。選択肢を順に検討する。(1)「学校をやめるという私の決意をためらうことなく受け入れた」は偽。本文と真逆の内容である。(2)「私の学校をやめるという決意を受け入れるのは難しかった」は真。(3)「研究助手になりたいという私の決意を支持した」は偽。筆者は「研究助手になりたい」と思っていたわけではない。またそれを親が支持したわけでもない。(4)「私が適性のある職業を見つけることができることを確信していた」は偽。本文にこのような記述はない。以上から(2)が正解となる。

2-D 　**正解** (3) 　　　　　　　｜英文完成問題｜ 正答率 90.9%

解説「サンタクルーズで9カ月暮らしたあと，…」

第3段落第1文（After about nine ...）から「元いた（ヴァージニアの）大学院に戻るのではなく，研究職を探した」ことがわかる。選択肢を順に検討する。(1)「私は他人の助言を受け入れることにした」は偽。本文にこのような記述はない。(2)「私はヴァージニア大学へ戻りたいと思った」は偽。「元いた大学院」＝「ヴァージニア大学」に戻らないという本文の内容に合わない。(3)「私は研究職を探し始めた」は真。(4)「私は大学院へとても戻りたくなった」は偽。筆者は「ヴァージニア大学へ戻りたいとは思わなかった」ということである。以上から(3)が正解だとわかる。

3-A 　**正解** (4) 　　　　　　　｜内容一致問題｜ 正答率 74.9%

解説 選択肢を順に検討する。(1)「人生は結局上手くいくだろうと，私はまさに最初からわかっていると思っていた」は偽。本文から筆者が紆余（うよ）曲折した人生を歩んだことがわかるので，明らかに間違っている。(2)「私はヴァージニア大学の大学院を続けられなかったことを後悔した」は偽。本文にこのような記述はない。さらに，本文は「紆余曲折があったが同大学をやめたことは結果的にはよかった」という内容である。(3)「人々は，

私にくれた助言について考える時間をたくさん与えてくれた」は偽。本文にこのような記述はない。また，筆者は考える時間が欲しかったので休学したと推察できる。(4)「私の教えている学生たちのかなり多くが，私が学生の頃と同じ状況にある」は真。第1段落第2文（I know this ...）に「このことは，私の教える学生たちの多くにも当てはまることだろう」とある。以上から(4)が正解となる。

3-B　**正解** (2)

内容一致問題　正答率　94.5%

解説　選択肢を順に検討する。(1)「私は大学院に入ろうとしてカリフォルニアへ行った」は偽。第1段落最終文（I drove across ...）の「私は次に何をするかも決めずに，アメリカを車で横断しサンタクルーズまで行った」と合致しない。(2)「最終的には，私が休もうと決めたことは私にとってはいい結果となった」は真。本文の趣旨と合致している。(3)「私にとって学校をやめると両親に言うことはそれほど難しいことではなかった」は偽。第1段落第9文（The hardest part ...）の「この時期を通して最もたいへんだったのは，両親に休学することにしたと伝えることだった」と合致しない。(4)「私がロチェスター大学に入学が許可されたとき，私の両親はとても喜んだ」は偽。第1段落第5文（For example, I ...）「たとえば，私はロチェスター大学を卒業してすぐに，ヴァージニア大学の大学院に入った。私の両親は喜んだ」とある。筆者がロチェスター大学に入ったときもおそらく両親は喜んだと思われるが，本文にはそのような記述はない。以上から(2)が正解となる。

4　**正解** myself

空所補充問題　正答率　86.8%

解説　第1段落では，ヴァージニア大学の大学院に進学したのは，それが自分のやりたいことではなく，両親の喜ぶ顔を見たかったからであることを筆者は示唆している。一方，第4段落では，筆者がスタンフォード大学の大学院を志願したのは，筆者がそれをやりたかったことであることが示唆されている。空所(A)を含む文の意味は「また，今回，私は他人のためではなく，(A)のために大学院に行くことになったのである」である。上で考察したように，筆者はヴァージニア大学の大学院に「人のため」に進学したが，スタンフォード大学の大学院の志願は「自分自身のため」にしたことがわかる。以上から空所には myself が入る。

❶ ❶ ⟨When I was ⟨in my early twenties⟩⟩, it was surprisingly difficult [⟨for me⟩ to separate [what I wanted φ ⟨for myself⟩] and [what others wanted φ ⟨for me⟩]]. ❷ I know [(接that省略) this is true ⟨for many ⟨of my students⟩⟩ as well]. ❸ They tell me [(接that省略) they're getting so much "guidance" ⟨from others⟩ ⟨that they have a tough time ⟨figuring out [what they want to do φ]⟩⟩]. ❹ I remember clearly [that I sometimes had the urge (to quit or to avoid things (that others strongly encouraged me to do φ)), ⟨just so (接that省略) I would have the space (to figure out [what I wanted φ]), ⟨independent of [what they wanted φ ⟨for me⟩]⟩⟩]. ❺ ⟨For example⟩, I started graduate school (at the University of Virginia) right ⟨after I graduated ⟨from the University of Rochester⟩⟩. ❻ My parents were thrilled. ❼ They were so proud ⟨of me⟩ and were comforted [that my path (for the next few years) was set]. ❽ But ⟨after only one semester (of graduate school)⟩ I decided [to take a break] and [go ⟨to California⟩]. ❾ The hardest part (of the entire process) was [telling my parents [(接that省略) I was taking a leave (of absence)]]. ❿ My decision was extremely hard ⟨for them⟩. ⓫ I appreciated their support and encouragement, but it made it difficult [⟨for me⟩ to truly know [if [being ⟨in school⟩] was the right decision ⟨for me⟩]]. ⓬ I drove ⟨across the country⟩ ⟨to Santa Cruz⟩ ⟨with no idea (of [what I was going to do φ next])⟩.

❶ ❶私が20代初めの頃，自分が自分に対して望むことと，他人が私に望むこととを分けて考えることは驚くほど難しいことだった。❷このことは，私が教える学生たちの多くにも当てはまるということを私はわかっている。❸学生たちが私に言うには，数多くの「助言」を他者からもらいすぎて，自分のやりたいことが何であるのかを理解するのが難しい，ということだ。❹私がはっきりと覚えているのは，

他の人間が私にやれと強く勧めることをやめたり，避けたりしたいという衝動が，私には時としてあったことだ。それは，まわりの人間が私に望むことはいったん脇にやり，一定の距離を置いて自分のやりたいことが何かを見つけるためであった。❺たとえば，私はロチェスター大学を卒業してすぐに，ヴァージニア大学の大学院に入った。❻私の両親は(ア)喜んだ。❼彼らは私をとても誇りに思ってくれたし，次の数年間の私の道が決まったことで安心してもいた。❽しかし，大学院でわずか一学期過ごしただけで，私は休学してカリフォルニアへ行くことに決めた。❾この時期を通して最もたいへんだったのは，休学することにしたと両親に伝えることだった。❿私の決定は彼らには本当につらいものだったのだ。⓫私は彼らの援助と励ましに感謝していた。しかし，そのため，学校に在籍することが私にとって正しい決定であるかどうかを，本当の意味で知ることが難しいものになった。⓬私は次に何をするかがまったくわからないまま，アメリカを車で横断しサンタクルーズまで行った。

↪ **第1段落の要旨** 自分の望みと他人の自分に対する望みの区別が困難になり，大学院を休学してカリフォルニアへ。

□ in my early twenties	熟「私の20代前半に」	A
□ be true for 〜	熟「〜に当てはまる」	A
□ have a tough time (V)ing	熟「Vするのに大変な思いをする」	B
□ figure 〜 out / figure out 〜	熟「〜を理解する」	A
□ have the urge to (V)	熟「Vしたいという衝動にかられる」	B
□ encourage 〜 to (V)	熟「〜にVするように促す」	A
□ so I would (V)	熟「私がVできるように」※so that の that の省略。	
□ independent of 〜	熟「〜から独立して」	B
□ graduate school	名「大学院」(→ p.223 **Supremacy 028**)	A
□ right after 〜	熟「〜のすぐあとに」※right は副詞。	A
□ thrilled	形「わくわくして」	A
□ semester	名「(2学期制の)学期」	A
□ take a leave of absence	熟「休学する」(→ p.223 **Supremacy 028**)	B

② ❶〈In retrospect〉, [taking a break 〈from school〉] turned out to be a great choice.
　　　　　　　　　　　　　　　S　　　　　　　　　　　　　　V　　　　　　C

❷My time (in Santa Cruz) was completely unstructured. ❸I felt 〈like a leaf 〈in the
　S　　　　　　　　　　　V　　　M　　　　C　　　　S　V　　C

wind〉, 〈(being 省略) ready 〈for any eventuality〉〉〉. ❹It was exciting and scary. ❺It was
　　　　分構 V′　　C′　　　　　　　　　　　　　　　　　S　V　　C₁　接　C₂　　S　V

the first time ((関副 that 省略) I didn't have a specific assignment, a focused goal, or
　C　　　　　　　　　　　　　　S′　V′　　O′₁　　　　　　　　O′₂　　　接

a clear plan). ❻〈Although (it was 省略) often stressful〉, it was the perfect way (to figure out
O′₃　　　　　　　　　　　　　　　S′V′　　M′　　C′　　S　V　　C　　　　　　　　V′

[what I really wanted to do φ]). ❼I took odd jobs 〈so (接 that 省略) I could support myself
O′関代 S″ M″　V″　O″　　　　　S　V　O　接　　　　　　　　S′　V′₁　　O′₁

and spent a lot of time 〈thinking 〈at the beach〉〉〉. ❽〈After a while〉 I started [going 〈to the
接　V′₂　　O′₂　　　　V′　　　　　　　　　　　　　　　　　　　　S　V　　　V′

University of California (at Santa Cruz's biology library)〉 〈to keep up on neuroscience
　　　　　　　　　　　　　　　　　　　　　　　　　　　　　　V′

219

literature〉]. ❾〈At first〉 it was monthly, then weekly, then daily.
O′　　　　　　　　S　V　C₁　接　C₂　接　C₃

② ❶振り返ってみると，休学したことは結果としてよい選択だった。❷サンタクル
ーズで過ごした時間は，まったく無計画なものだった。❸私は，風に漂う１枚の
葉のようなもので，(イ)どんな不測の事態も受け入れられるような気がしていた。
❹それはわくわくすることではあったが，同時に恐ろしいことでもあった。❺決
められた課題，定められた目標，明確な計画がないのは私にとっては初めてのこと
だった。❻ストレスになることは多かったが，本当にやりたいことを知るには申
し分ないやり方だった。❼食べていくために短期のアルバイトをいくつかこなし，
浜辺で長時間物思いにふけった。❽しばらくたって，カリフォルニア大学サンタ
クルーズ校の生物学図書館へ通い始め，神経科学の文献を継続的に読んでいった。
❾最初それは月に１度，やがて週に１度，そして毎日の日課となった。

↳ 第2段落の要旨 カリフォルニアでは毎日無計画に過ごした。

☐ in retrospect	熟	「振り返ってみると」	Ｂ
☐ turn out to be 〜	熟	「結果として〜になる」	Ａ
☐ unstructured	形	「無計画な（←構造がない）」	Ｂ
☐ eventuality	名	「不測の事態」 ※難語	Ｃ
☐ scary	形	「怖い」	Ｂ
☐ stressful	形	「（物を主語にして）ストレスが多い」	Ｂ
☐ perfect	形	「申し分のない，完璧な」	Ａ
☐ odd job	名	「短期のアルバイト」（→p.223 Supremacy 028 ）※店舗などではなく家庭の雑用などのアルバイト。	Ｂ
☐ so I could (V)	熟	「Ｖできるように（＝ so that I could）」	Ａ
☐ support oneself	熟	「生活を支える，食べていく」	Ｂ
☐ keep up on 〜	熟	「〜を続ける」	Ａ
☐ neuroscience	名	「神経科学」	Ｃ
☐ literature	名	「文献」	Ｂ

③ ❶〈After about nine months 〈in Santa Cruz〉〉, I was ready 〈to get back 〈into
　　　　　　　　　　　　　　　　　　　　　　　S　V　C₁　　V′　M′

the lab〉〉, but not ready 〈to go back 〈to graduate school〉〉. ❷〈With that objective〉,
　　　　　接　C₂　　　V′　M′

I tracked down a list 〈of the neuroscience faculty 〈at Stanford University, 〈which
S　V₁　　O₁　　　　　　　　　　　　　　　　　　　　　　　　　　　　関代S′

was not far away〉〉〉, and wrote each one a letter. ❸I told them 〈about my background〉
V′　M′　　　　　　接　V₂　IO₂　DO₂　S V₁　O₁

and asked [if they had a research job 〈for me〉]. ❹〈Over the next few weeks〉, I
接　V₂ O₂接 S′　V′　　O′　　　　　　　　　　　　　　　　　　　　　S₁

got letters back 〈from all 〈of them〉〉, but no one had an open position. ❺However, one
V₁　O₁　M　　　　　　　　　接　S₂　V₂　　O₂　　　M

faculty member passed my letter on, and I received a call 〈from a professor 〈in the
S₁　　　V₁　　O₁　M₁ 接 S₂　V₂　　O₂

anesthesia department〉〉. ❻He asked [if I would like [to work 〈in the operating room〉
　　　　　　　　　　　　　S　V　O接S′　V′　　O′

220

⟨testing new medical equipment ⟨on high-risk patients⟩⟩]]. ❼This seemed interesting,
 V″   O″   S₁ V₁ C₁

so I jumped ⟨at the chance⟩.
接 S₂ V₂

③ ❶サンタクルーズにおよそ9か月いたあと，私は研究室に戻る気持ちになったが，大学院へは戻らないことにした。❷そのことを目標にして，そう遠くない場所にあったスタンフォード大学の神経科学部で教えている人のリストを手に入れ，一人一人に手紙を書いた。❸自分の経歴を伝え，何か研究職はないかと尋ねた。❹それから数週間のうちに，すべての先生から返事を頂いたが，どこにも空きはなかった。❺しかしながら，学部のある人が私の手紙を別の人に渡してくれた。そして麻酔科の教授から電話をもらった。❻教授が言われるには，手術室で高いリスクを抱える患者に新しい医療機器をテストする仕事をしないかということだった。❼これはおもしろそうだったので，そのチャンスに飛びついた。

↳ 第3段落の要旨 麻酔科の教授の元で働くチャンスを得る。

☐ be ready to (V)	熟「喜んでVする」	A
☐ get back into the lab	熟「研究を再開する」	B
☐ objective	名「目標」	B
☐ track ～ down / track down ～	熟「～を突き止める」	B
☐ faculty	名「教授陣」(→ p.223 **Supremacy 028**)	B
☐ research job	名「研究職」	A
☐ pass ～ on	熟「～を（他の人に）回す」	A
☐ anesthesia department	名「麻酔科」	C
☐ medical equipment	名「医療機器」※ equipment は不可算名詞。	B

④ ❶⟨Within days⟩ I was ⟨at Stanford⟩, ⟨getting up ⟨at the crack ⟨of dawn⟩⟩⟩,
      S V   分構 V′₁

⟨wearing scrubs⟩, and ⟨monitoring surgical patients⟩. ❷This experience was
 V′₂ O′₂   V′₃   O′₃   S   V

fascinating ⟨in a million unexpected ways⟩. ❸⟨Once the project was over⟩, I managed
 C   接 S′ V′ C′ S V₁

⟨to negotiate a job ⟨as a research assistant ⟨in a neuroscience lab⟩⟩⟩ and
  V′ O′   接

eventually applied ⟨to graduate school ⟨at Stanford⟩⟩. ❹I took detours ⟨that might
 M V₂   S V O 関代S′

look ⟨to others⟩ ⟨like a waste of time⟩⟩. ❺But this wasn't the case ⟨at all⟩. ❻Not only
 V′ C′   接 S V C M M

did the twists ⟨in my path⟩ give me a fresh perspective ⟨on my goals⟩, (but省略) they also
 S₁   V₁ IO₁ DO₁   S₂ M

gave me time ⟨to experiment ⟨with options ⟨that helped [(to省略) confirm [what I
V₂ IO₂ DO₂ V′   関代S″ V″ O″   V‴ O‴関代 S⁗

wanted to do φ]]⟩⟩⟩. ❼Also, ⟨this time⟩ I was going ⟨to graduate school⟩ ⟨for myself⟩,
V⁗ O⁗   M M S V

〈not for others〉.

④ ❶何日もたたないうちに，私はスタンフォード大学で，夜明けとともに起き，手術着を身にまとい，外科患者をモニターしていた。❷この経験は，<u>(ウ)思ってもみなかったことが次々と起こり</u>興味深かった。❸このプロジェクトが終わると，神経科学研究所の検査助手として仕事を交渉の末何とか得ることができ，ついにはスタンフォード大学の大学院に出願することになった。❹私は他の者には時間の無駄と思われるかもしれないような回り道をした。❺しかし，そんなことはまったくない。❻私の人生の紆余（うよ）曲折のおかげで，自分の目標に関して<u>(エ)新たな視点が得られた</u>だけでなく，何がしたいのかの確認に役立つ色々なことを試してみる時間も得た。❼また，今回，私は人のためではなく，<u>(A)私自身のために</u>大学院へ行くことになったのである。

↳ **第4段落の要旨** 回り道は結果的にはプラスだった。

☐ at the crack of dawn 熟「夜明けとともに」……………………………………B
☐ scrub (suit) 名「手術着」……………………………………………………B
☐ monitor ～ 動「～をモニターする，監視する」……………………B
☐ surgical patient 名「外科の患者」………………………………………B
☐ once ... 接「いったん…すれば」※接続詞。……………………A
☐ manage to (V) 熟「何とかVする」……………………………………A
☐ negotiate ～ 動「（交渉・協議などで）～を取り決める」(→p.223 **Supremacy 028**)……B
☐ eventually 副「最終的に」………………………………………………B
☐ apply to ～ 熟「～に申し込む」………………………………………A
☐ detour 名「回り道」※de-[下]＋-tour-[回る]…………………C
☐ the case 名「真実」…………………………………………………A
☐ twists in one's path 熟「人生の紆余曲折」(→p.223 **Supremacy 028**)………B
☐ perspective 名「視点」(→p.223 **Supremacy 028**)……………………B
☐ confirm ～ 動「～を確認する」…………………………………B

　我々は「多義語」に囲まれて生活している。ほぼすべての単語が多義語だといってもいいだろう。だから単語集の中に「多義語欄」などがあるものはインチキ臭いと感じてしまう。

1. **path** は，「山沿いなどの細い道」が基本的な意味だが，「（人生などの抽象的な意味での）道」で使われることも多い単語。one's path to success と言えば「成功への道」の意味となる。

2. **leave** は名詞では「休暇」の意味。この leave は動詞の「去る」とは語源が異なり，元は「許可」の意味。そして，本文にも出てくる leave of absence「休みの許可」から，of absence が省かれて leave となった。熟語を作ることも多い。maternity leave なら「出産休暇」，sick leave なら「病気休暇」となる。

3. **odd** は「三角形の，突起」が原義で，でこぼこしたイメージ。an odd number といえば「奇数」の意味。「2 で割り切れないのは，でこぼこした奇妙な数」という感じだろうか。本文の an odd job は，慣用句としてよく登場するが，a regular job「常勤の仕事」の対比として「臨時の仕事，期間限定のアルバイト」の意味で使われる。an odd couple といえば「奇妙な 2 人」ではなく「カップルに見えないカップル」の意味。

4. **faculty** は -fac-「作る（factory なども同系語）」から，「何かを容易にする力」から「（特に，頭脳的な）能力」の意味。米語では「能力のある集団」→「学部教授陣，全職員」の意味に転じた。日本語でも「彼は我が社の頭脳ですからね」なんて言い方をするが，これと同じイメージ。

5. **negotiate** は，ne- が［否定］で，-goti-「暇」から，「相手に暇を与えないほどしゃべりまくる」→「交渉する」となった。他動詞では「（交渉の末）〜を取り決める」という意味に変化する。negotiate the commissions なら「手数料を交渉する」の意味になる。

6. **graduate** は，grade が段々上がっていって最後に「卒業する」の意味。graduate student は「（学部を）卒業した学生」→「大学院生」，graduate school「（学部を）卒業した学生がいく学校」→「大学院」となる。ちなみに米語俗語では「麻薬使用の段階が進んでいたら麻薬中毒になる」の意味。さしずめ「人間を卒業する」ということだろうか。

7. **perspective** は per-［= through］＋ -spect-「何かを通して見ること」で，「遠近法」の意味を持つ。そこから「全体を見る視点」→「大局的な見方」に転じる。さらに可算名詞になり，「（全体を通して見る際の）視点」という意味も持つ。from a different perspective なら「違う視点から」の意味。

　英語は，重要度が低い情報から高い情報へと書くのが一般的だ。よって，旧情報（既に述べた情報）から新情報（新たに提供する情報）への流れもよく見られる。I gave him a book. は「私は彼にあるものを渡した。それは本だ」というニュアンスだが，I gave a book to him. は「私は本をある人に渡した。それは彼だ」という感じとなる。英文解釈で，こうしたことを意識すれば読む手がかりとなるかもしれない。

> ［例］Throughout the Middle Ages, literacy was considered to be such a specialized skill that only a talented few were thought to be capable of becoming literate. However, then <u>along came print.</u>

　　　　「中世を通じて，識字能力はとても特別な技術だと思われていたので，ごく少数の才能のある人だけが，識字能力を持つようなだけの力を有すると思われていた。しかし，やがて，印刷技術が登場した」

　上記の例の下線部で，筆者が一番言いたいのは「印刷技術の登場」である。よって，第2文は along［副詞］＋ came［動詞］＋ print［名詞，主語］という語順となり，print が文末に置かれている。

　本文第1段落第1文 When I was in my early twenties, it was surprisingly difficult for me to separate what I wanted for myself and what others wanted for me. は，「20歳代前半の頃」は，それほど重要な情報ではない。形式上の it を置いたのは，大事な情報をあとに回すためだ。「驚くほど難しい」とは何が難しいのだろう？「私が私自身に対して自分が望むものを区別することだ」とは何と区別する必要があるのだ？それは「他者が私に対して望むことだ」。「自分に対して自分が望むこと」は，それほど驚きではないが，それと「他者が自分に望むこととが区別できない」とはなかなか面白い。筆者が問題としたかったのは「他者から向けられる自分に対する望み」ということがわかる。

　他動詞＋副詞からなる熟語は，副詞の位置が2通りある。

　代表的なものは (1) carry 〜 out / carry out 〜「〜を実行する」，(2) hand 〜 in / hand in 〜「〜を提出する」，(3) bring 〜 back / bring back 〜「〜を取り戻す」，(4) bring 〜 up/ bring up 〜「〜を育てる」，(5) pick 〜 up / pick up 〜「〜を拾う」，(6) look 〜 up / look up 〜「（単語）を調べる」，(7) wake 〜 up / wake up 〜「〜を起こす」，(8) turn 〜 down / turn down 〜「〜を断る」など。

［例］He turned my offer down.
　　　　「彼はね私の申し出をね，断ったのよ」というニュアンス。
［例］He turned down my offer.
　　　　「彼はね断ったのよ。私の申し出をね！」というニュアンスとなる。
　目的語に代名詞を置く場合，He turned it down. は自然だが，He turned down it. の語順は不自然。it 自体が旧情報なので，ことさら強調する必要がないためである。

本文では第3段落第4文に one faculty member passed my letter on とあるが，これは，「私の手紙」に重点があるのではなく，私の手紙を（誰かに）「手渡した」ことに重点が置かれていることがわかる。よって，後続の文で and I received a call from a professor ... と続いていくのである。

Oh my ...

「パラグラフメモ」で頭の中を整理する。

　「英文を読むコツ」は，ちまたに溢れている。僕はこれまでの教師人生でさまざまな方法を教えてきた。たとえば「言い換えと対比に注目」である。しかし，教師が何度も英文を読んで「実は言い換えだった」「実は対比だった」と時間をかけて気がついたことを，さも当たり前のように教えるのは「詐欺」といってもいいだろう。実際には，そんなことを意識して読んでいる余裕はない。しかし，「パラグラフメモ」だけは有効だ。「頭の中で情報を整理しながら，それを文字にする」というのは，無理なくできることだ。

　「パラメモがうまく出来ません。どうすればいいですか？」という声をよく聞く。答えは「うまくできないのは当たり前だ」ということだ。たいした経験もない者が，最初から簡単にうまくパラグラフメモができるぐらいなら，とっくの昔に英語の偏差値は100を超えているはずだ。「要旨を読み取る力」は訓練によって培われる。だから，徐々にうまくなっていく。ひたすら訓練することだ。

　また，「完璧なパラメモ」を目指す必要はない。「パラメモ」はあくまで本人の覚え書きであって，人に見せるものではない。だから，パラメモは完全な文になっている必要はまったくない。「パラメモをとること」が重要なのではなく，段落ごとの要点を頭の中で整理しながら読む，という姿勢なのだ。緊張した試験会場で，ただ英文を目で追っているだけでは，内容がなかなか頭の中に入ってこない。だからこそ，頭の中を整理しながら読むための補助手段としてパラメモがある。

　「パラメモをする時間がないんです！」という人がいるが，そういう人に限って，本文と設問とを行ったり来たりすることで時間を浪費しているものだ。「時間がないからパラメモをする」ということを忘れてはならない。

テーマ：科学

子どもの認知能力の発達段階

[出題校] 同志社大学

[モニターの平均点] **47.4** / 67点

（問1, 問2は各3点，問3は各4点，問4は完答で6点，
問5は各6点で採点）

╲竹岡の一言╱

Jean Piaget は今も昔も入試で
よく見かける名前だ。心理学の
大家で，自分の娘の観察記録で
も有名な人。心理学に興味のあ
る人もない人も是非知識に加え
てもらいたい。

Answers：解答

番号	正解
1	(Y)(3)　(Z)(3)
2	(a)(1)　(b)(4)　(c)(1) (d)(2)　(e)(4)　(f)(2) (g)(4)
3	(ア)(2)　(イ)(1) (ウ)(2)　(エ)(2)
4	(い)(6)　(え)(1)
5	(1), (4), (6)

1-(Y)　**正解**　(3)　　　　　　　　　　　　｜空所補充問題｜　正答率　77.5%

解説　空所を含む文は，the one (Y) which Piaget devoted the bulk of his research である。the one は代名詞で the stage を指す。選択肢はいずれも前置詞が入ることから，(Y)＋which が「前置詞＋関係代名詞」で始まる節を作っていると考えられる。関係代名詞は，先行詞を指す代名詞である。また前置詞＋関係代名詞は後ろに完全な文（名詞が欠落していない文）を伴って，先行詞を説明する文をつくる。したがって，関係代名詞を先行詞に置き換えることによって，先行詞を説明する文の元の形を復元できる。そこで，(Y)＋which の which を先行詞 the stage に置き換えて，これを節の末尾に移動すると，Piaget devoted the bulk of his research (Y) the stage となる。devote は devote A to B「A を B に捧げる」という形で使用することから，空所に前置詞 to を入れれば「ピアジェは研究の大部分をその段階に捧げた」という説明文を復元できる。以上から，正解は (3) to である。

1-(Z)　**正解**　(3)　　　　　　　　　　　　｜空所補充問題｜　正答率　71.8%

解説　空所を含む文の意味は「この段階までの子どもは（　　）自己中心的」である。「この段階」というのは，同段落第1文に書かれている「具体的前期操作期」である。空所のあとの記述を読むと「前操作期の子どもは，自己中心的だから，他者の視点から物事を考えることができないが，具体的前期操作期の子どもはそれができる」という内容になっている。「それができる」＝「自己中心的ではないから，他者の視点から物事を考えることができる」ということである。つまり，「自己中心的ではなくなる」という内容になることが予想される。選択肢は (1)「かなり」，(2)「大部分」，(3)「はるかに～ない」，(4)「はるかに～で」であり，(3) が適切だとわかる。

2-(a)　**正解**　(1)　　　　　　　　　　　　｜語彙問題｜　正答率　81.7%

解説　下線部 soak ～ up は「～を吸収する」の意味で (1)「～を吸収する」が正解。他の選択肢は (2)「～を分類する」，(3)「漏れる」，(4)「～を抑える」。なお，soup「スープ」，sip「ちびちび飲む」は soak と同意語。

2-(b)　**正解**　(4)　　　　　　　　　　　　｜語彙問題｜　正答率　95.8%

解説　下線部 distinct は「別個の，目立った」の意味なので (4)「（他と）分離した」が正解。他の選択肢は (1)「出現しつつある」，(2)「形成しつつある」，(3)「反抗的な」。

2-(c)　**正解**　(1)　　　　　　　　　　　　｜語彙問題｜　正答率　52.1%

解説　下線部 property は「特性」の意味なので，(1)「特徴」を選ぶ。他の選択肢は (2)「職業」，(3)「提案」，(4)「住居」。ホームページの「プロパティ」とは，そのサイトの特性のこと。

2-(d) | 正解 (2) | 語彙問題 | 正答率 42.3%

解説 下線部fashionはin a ～ fashionの形で「～なやり方で」という熟語なので, (2)「やり方」を選ぶ。他の選択肢は (1)「装置」, (3)「物質」, (4)「流行」。

2-(e) | 正解 (4) | 語彙問題 | 正答率 73.2%

解説 下線部uprightは「まっすぐに」の意味なので, (4)「垂直に」を選ぶ。他の選択肢は (1)「しっかりと」, (2)「前向きに」, (3)「すぐに」。

2-(f) | 正解 (2) | 語彙問題 | 正答率 94.4%

解説 下線部handleは「～を扱う」の意味なので, (2)「～を扱う」を選ぶ。他の選択肢は (1)「～を投げ捨てる」, (3)「～を伝える」, (4)「～を明らかにする」。

2-(g) | 正解 (4) | 語彙問題 | 正答率 53.8%

解説 下線部hypotheticalは「仮説の」の意味なので, (4)「仮の, 臨時の」を選ぶ。他の選択肢は (1)「創造的な」, (2)「誇張された」, (3)「上品な」。hypothesis「仮説」は, hypo-「下」＋-thesis「置く」から, 「何かの基盤とされるもの」が原義。

3-(ア) | 正解 (2) | 内容一致問題 | 正答率 57.7%

解説 「前の段階をうまく完了すること」(→ p.238 Supremacy 030)
下線部中のoneはstageを指す代名詞である。またthe successful completion of ～は, successfully complete ～を名詞構文にした形。選択肢 (1)「環境を修正する過程を完了すること」, (2)「前の段階を十分に終えること」, (3)「舞台上のコンテストで成功すること」, (4)「新しい技術の獲得へ容易に進んでいくこと」の中で適切なのは(2)。

3-(イ) | 正解 (1) | 内容一致問題 | 正答率 66.2%

解説 「その終わりまでに」
itsはthis stage（＝ the sensorimotor stage）を指す。closeは名詞で「終わり」, by ～は「～までに」の意味。選択肢(1)「感覚運動期の終了時に」, (2)「環境に対する親密な愛着のおかげで」, (3)「前操作期の直後に」, (4)「自分自身の存在のすぐ隣に」の中で適切なものは(1)。

3-(ウ) | 正解 (2) | 内容一致問題 | 正答率 78.9%

解説 「ピアジェがこの言葉を用いたように」
itはegocentricを指す。下線部の具体的な意味は「ピアジェは"egocentric"という言葉に特別な意味をこめて使用しているが, それと同じように」ということ。選択肢 (1)「ピアジェの感覚運動期の定義によれば」, (2)「ピアジェの『自己中心的な』という単語の解釈によれば」, (3)「ピアジェが『飛行機』という概念を表すために手を動かす行為を示したとき」, (4)「ピアジェが知的能力を体系的に発達させることができたとき」の中で適切なの

3-(エ) **正解** （2）　|内容一致問題|　正答率　76.1%

解説　**「それを解決するために可能なあらゆる方法を再検討する」**
下線部のreview ～は「～を再検討する」の意味であることがわかれば正解することが可能。選択肢（1）「問題を解決する機会を高める」，（2）「問題を解決するすべての選択肢を検討する」，（3）「問題を解決するすべての方法はもっともらしいということを思い出す」，（4）「問題を解決するすべての案を拒否する」の中で適切なのは（2）。

4　**正解** （い）（6）
（え）（1）　|語順整序問題|　正答率　67.6%

解説　下線部を含む文の構造は，childrenがS，haveがV，no general understanding of categories of thoughtがOであり，ここまでで文の要素がそろった完全な文になっている。よってその後につづくthat adults …以降は，文中でSやOやCとなる「接続詞thatに導かれる節」ではなく，関係代名詞thatに導かれる節であると考えられる。
関係代名詞は先行詞を指す代名詞であり，ここでの先行詞はcategories of thoughts「思考の領域」である。また関係代名詞は後ろに不完全な文（名詞の欠落が1カ所ある文）を伴って，先行詞を説明する文をつくる。選択肢からtend to (V)「Vしがちである」，take ～ for granted「～を当然とみなす」という表現が見つかるので，まずはadults tend to take the categories of thoughts for granted「大人が当然と思っている思考の領域」という文をつくり，このthe categories of thoughtsを関係代名詞thatに置き換えて節の先頭に移動すると，that adults tend to take ＋［名詞の欠落］＋for grantedという関係詞節を得る。

5　**正解** （1）　|内容一致問題|　正答率(1) 87.5%
（4）　正答率(4) 76.1%
（6）　正答率(6) 63.4%

解説　（1）「ピアジェは，環境に関連して子どもが自己を認識する知的過程に関する研究で最も有名なスイス人の学者である」は真。第1段落第1文（The Swiss student …）「子どもの行動を研究するスイス人研究者，ジャン・ピアジェの子どもの発達に関する研究は多方面にわたる」とある。
（2）「4カ月以下の子どもでさえ，自分と他の存在の間の違いを理解することができる」は偽。第2段落第2文（Until the age …）「およそ4カ月ぐらいの年齢になるまで，幼児は自分自身とその環境を区別することができない」と矛盾。
（3）「前操作期の前では，子どもは言語を習得するほど十分に成熟していないので，『飛行機』という概念を表すために手をさっと動かす」は「子どもは言語を習得するほど十分に成熟していないので」の箇所が偽。第3段落第2～3文（During the course … "airplane".）「この経過の間，子どもは言語の技能を習得し，象徴的な方法で物体やイメージを表現するため

に言葉を使うことができるようになる。たとえば，4歳の子どもは手をさっと動かすことで「飛行機」という概念を表現するかもしれない」とある。

(4)「前操作期の子どもは，自分の視点から環境を理解していて，彼らは他人が異なった物の見方をしているかもしれないという事実に気がついていない」は真。第3段落第8文（A child during this period ...）に「この期間の子どもは，他人が自分とは違った視点で物を見ているということを理解していない」とある。

(5)「前操作期の子どもは，利己的な考え方をするが，関連のある会話をするために熟達した言語を身につける」は偽。第4段落第1文（Children at the pre-operational ...）「前操作期の子どもは，つながりのある会話を他人と行うことができない」と合致しない。

(6)「具体的操作期の子どもは，幅が細く狭い容器の水位が幅が広い容器の水位よりも高いとしても，後者は前者よりも入っている水の量が常に少ないとは限らないということが理解できる」は真。第5段落第4文（A child at this stage ...）「この発達段階の子どもは，水位が異なっていたとしても，幅が広い容器は，細く狭い容器よりも入る水が少ないという考えに含まれている間違った推論を認識するだろう」に合致。

(7)「具体的操作期の女の子は，自分の姉には何人の姉妹がいるかを理解することができない」は偽。第5段落最終文（The concrete ...）「具体的前操作期の子どもは，このような質問（＝姉には何人の妹がいるかという問）に容易に答えることができる」と合致しない。

(8)「形式的操作期の若者は，自然界に興味を示すほど知的ではないので，プードルが犬の一種だということを皆が理解できるとは限らない」は偽。最終段落最終文（To the question ...）「『どんな生き物が，プードルと犬の両方なのか？』」という問いに対して，個々の人は正答を出すことができないかもしれないが，なぜ「プードル」という答えが正しいのかはわかり，その答えにあるユーモアを味わうことができるだろう」とある。なお，この文の意味するところは，「プードル」は「犬」という集合に含まれるのだから，「プードルと犬の共通項」は「プードル」だ，ということである。

1 ❶The Swiss student ⟨of child behavior⟩, Jean Piaget, worked ⟨on many aspects
S_1 ──同格── V_1
⟨of child development⟩⟩, but his most well-known writings concern cognition — the
接 S_2 V_2 O_2 同格
ways ⟨⟨in which⟩ children learn [to think ⟨about themselves and their environment⟩]⟩.
関代 S' V' O'
❷Piaget placed great emphasis ⟨on the child's active capability ⟨to make sense of the
S V O V'
world⟩⟩. ❸Children do not passively soak up information, but instead select and
O' S M V_1 O_1 接 M V_{2-1} 接
interpret [what they see, hear and feel φ ⟨in the world ⟨around them⟩⟩]. ❹Piaget
V_{2-2} O_2関代 O' S' V'_1 V'_2 接 V'_3 S
described several distinct stages ⟨of cognitive development⟩ ⟨⟨during which⟩
V O 関代
children learn [to think ⟨about themselves and their environment⟩]⟩. ❺Each stage
S' V' O' S
involves the acquisition ⟨of new skills⟩ and depends ⟨on the successful
V_1 O 接 V_2
completion ⟨of the preceding one⟩⟩.

1 ❶子どもの行動を研究するスイス人研究者，ジャン・ピアジェの子どもの発達に関する研究は多方面にわたるが，彼の最も知られている著作は認知（子どもが自分自身や自分の環境について考えることができるようになる方法）に関するものである。❷ピアジェは，子どもが世の中を理解するための能動的な能力に大きな力点を置いた。❸子どもは受動的に情報(a)を吸収するのではなく，そのかわり，自分たちの周りの世界の中で見たり，聞いたり，感じたりするものを選び取り解釈しているのだ。❹ピアジェは，子どもが自分自身や自分の環境について考えることができるようになる認知機能の発達段階を，(b)他と区別されるいくつかの段階に分けて説明した。❺それぞれの段階には新たな技能の習得が含まれ，それぞれの段階にあるかどうかは，(ア)それより1つ前の段階を上手く完了できているかどうかに左右される。

↳ 第1段落の要旨 ピアジェは，子どもの認知機能の発達段階をいくつかに分けて説明した。

□ a student of ～　　　　　 熟「～の研究者」※「学生」「生徒」ではないことに注意。…………………………A
□ Jean Piaget　　　　　　　 名 スイスの心理学者（1896-1980）
□ work on ～　　　　　　　　熟「～に取り組む」……………………A
□ concern ～　　　　　　　　動「～に関するものである」…………A
□ cognition　　　　　　　　　名「認知」……………………………C
□ place emphasis on ～　　　熟「～に重点を置く」………………B
□ capability to (V)　　　　　　名「Vする能力」……………………A

231

□ make sense of ～	熟	「～を理解する」※「～から意味を作る」が直訳。‥‥‥‥‥‥‥A
□ passively	副	「受動的に」‥‥‥‥‥‥‥‥‥‥‥‥‥‥‥B
□ soak ～ up / soak up ～	熟	「～を吸い上げる」‥‥‥‥‥‥‥‥‥‥B
□ interpret ～	動	「～を解釈する」‥‥‥‥‥‥‥‥‥‥‥B
□ distinct	形	「他と明確に区別される，目立った」‥‥‥C
□ the acquisition of ～	熟	「～を獲得すること」‥‥‥‥‥‥‥‥‥B
□ the successful completion of ～	熟	「～を首尾良く完成すること」‥‥‥‥‥B
□ preceding	形	「以前の」※動詞の precede は，pre-[＝before] + -cede [(ceed) = go] go before ～の意味。‥‥‥‥‥‥‥‥‥‥‥‥‥B

② ❶ Piaget called the first stage, ⟨which lasts ⟨from birth⟩ ⟨up to about the age of
2⟩⟩, the sensorimotor stage, ⟨because infants learn mainly ⟨by touching objects,
manipulating them and physically exploring their environment⟩⟩. ❷ ⟨Until the age ⟨of
about four months or so⟩⟩, infants cannot differentiate themselves ⟨from their
environment⟩. ❸ ⟨For example⟩, a child will not realize [that her own movements
cause the sides ⟨of her crib⟩ ⟨to rattle⟩]. ❹ Objects are not differentiated ⟨from
persons⟩, and the infant is unaware [that anything exists ⟨outside her range
⟨of vision⟩⟩]. ❺ Infants gradually learn [to distinguish people ⟨from objects⟩], ⟨coming
to see [that both have an existence (independent ⟨of their immediate perceptions⟩)]].
❻ The main accomplishment ⟨of this stage⟩ is [that, ⟨by its close⟩, children
understand their environment ⟨to have distinct and stable properties⟩].

② ❶ ピアジェは，子どもが誕生してからおよそ2歳まで続く最初の段階を感覚運動期と呼んだ。それは幼児が学習する主な手段が，物に触れ，物を扱い，身体を用いてその環境を探索することだからである。❷ およそ生後4カ月ぐらいの年齢になるまで，幼児は自分自身と周りのものを区別することができない。❸ たとえば，幼児は，自分自身の動きによってベビーベッドの両端がガタガタと音を立てるということがわからない。❹ 物体は人間とは区別されておらず，幼児は自分の視界の外側にあるどんなものでも，それが存在していることに気づいていない。❺ 幼児は徐々に人と物とを区別できるようになり，両者が自らが直接的に認識しているものとは独立した存在であるとわかるようになる。❻ この段階で主に達成されるのは，幼児が，自らの環境は他と区別された，安定した(c)特性を持っていることを，

（イ）この段階が終わるまでに理解することである。

↳ 第2段落の要旨　感覚運動期の説明。0〜2歳。身体に触れるもので学習する。自分と他者に区別があることを徐々に認識する。

□ sensorimotor stage	名	「感覚運動期」	C
□ manipulate 〜	動	「〜を操作する」	B
□ physically	副	「身体を使って」	A
□ explore 〜	動	「〜を探索する」	A
□ differentiate A from B	熟	「AをBと区別する」	C
□ rattle	動	「ガタガタなる」	A
□ one's range of vision	熟	「〜の視界（範囲）」	B
□ distinguish A from B	熟	「AをBと区別する」	B
□ independent of 〜	熟	「〜から独立した」	B
□ one's immediate perception	熟	「〜が直接認識すること」	B
□ understand 〜 to (V)	熟	「〜がVであると理解している」	A
□ stable	形	「安定した」	B
□ property	名	「特性」	B

3 ❶The next phase, ⟨called the pre-operational stage⟩, is the one ⟨⟨to which⟩ Piaget
　　　　S　　　　　　　　　　　　　　　　　　　　　V　C　　　　関代　　S′

devoted the bulk of his research⟩. ❷This stage lasts ⟨from the ages of 2 to 7⟩. ❸⟨During
V′　　　　O′　　　　　　　　　　　　S　　　V

the course ⟨of it⟩⟩, children acquire a mastery ⟨of language⟩ and become able to use
　　　　　　　　　　S　　　V₁　　O₁　　　　　　　　　　接　　　V₂

words ⟨to represent objects and images ⟨in a symbolic fashion⟩⟩. ❹A 4-year-old
O₂　　V′　　　　O′₁　　　　O′₂　　　　　　　　　　　　　　　　S

might use a sweeping hand, ⟨for example⟩, ⟨to represent the concept "airplane."
V　　　　O　　　　　　　　　　　　　　　V′　　　　O′　　同格

❺Piaget termed the stage "pre-operational" ⟨because children are not yet able to use
　S　　　V　　　O　　　　　C　　　　　　接　　S′　　　M′　　V′

their developing mental capabilities systematically⟩. ❻Children ⟨in this stage⟩ are
O′　　　　　　　　　　　M′　　　　　S　　　　　　　　　V

egocentric. ❼⟨As Piaget used it⟩, this concept does not refer ⟨to selfishness⟩, but ⟨to the
C　　接　　S′　V′　O′　　S　　　　　V　①　　　　　接　②

tendency ⟨of the child⟩ ⟨to interpret the world exclusively ⟨in terms of his
V′　　　　O′　　　M′

own position⟩⟩⟩. ❽A child ⟨during this period⟩ does not understand, ⟨for instance⟩,
S　　　　　　　　　　V

[that others see objects ⟨from a different perspective ⟨from his own⟩⟩]. ❾⟨Holding
O 接　S′　V′　O′　　　　　　　　　　　　　　　　　分構　V′

a book upright⟩, the child may ask ⟨about a picture ⟨in it⟩⟩, ⟨not realizing [that
O′　　M′　　　S　　V　　　　　　　　　　　　　分構　V′　O′接

the other person ⟨sitting opposite⟩ can only see the back ⟨of the book⟩]⟩.
S′　　　　　　　　　　　M′　V′　O′

③ ❶次の段階は，前操作期と呼ばれるもので，ピアジェが自分の研究の大半(Y)を充てた段階である。❷この段階は２歳から７歳まで続く。❸この間に，子どもは言語の技能を習得し，象徴的な(d)方法で物体やイメージを表現するために言葉を使うことができるようになる。❹たとえば，４歳の子どもは手をさっと動かすことで「飛行機」という概念を表現するかもしれない。❺ピアジェがこの段階を「前操作」と名付けたのは，まだ子どもは自らの発達途中の知的能力を体系的に使うことができないからである。❻この段階の子どもは自己中心的である。❼(ウ)ピアジェがこの言葉を用いたように，この概念は，（子どもが）わがままであることを示しているのではなく，子どもが，もっぱら自分自身の立場という観点から世の中を解釈するという傾向を示している。❽たとえば，この期間の子どもは，他者が自分自身とは違った視点で物を見ているということを理解していない。❾この時期の子どもは，本を(e)まっすぐに持ったまま，反対側に座っている人には本の裏側しか見えてないことがわからず，その本の中の絵について質問するかもしれないのだ。

↳ **第3段落の要旨** 前操作期の説明。２歳から７歳まで続く。知的能力を体系的に使うことができない。自分の立場からのみ世の中を解釈する。

☐ preoperational stage	**名**「前操作段階」	C
☐ devote A to B	**熟**「AをBに捧げる」	B
☐ the bulk of 〜	**熟**「〜の大部分」	B
☐ acquire a mastery of 〜	**熟**「〜を習得する」	B
☐ represent 〜	**動**「〜を表現する」	A
☐ in a symbolic fashion	**熟**「象徴的な方法で」※ in a 〜 fashion で暗記。	B
☐ use a sweeping hand	**熟**「手をさっと動かす」	C
☐ term A B	**熟**「AをBと名付ける」	A
☐ systematically	**副**「体系的に」	B
☐ egocentric	**形**「自己中心的な」※ ego が center に来ること。	C
☐ refer to 〜	**熟**「〜を指す」※「物」が主語の場合の訳。	A
☐ selfishness	**名**「わがまま」	C
☐ the tendency of 〜 to (V)	**熟**「〜がVする傾向」	B
☐ exclusively	**副**「もっぱら」	B
☐ from a different perspective	**熟**「違った観点から」	B
☐ upright	**副**「まっすぐに」	A

④ ❶Children〈at the pre-operational stage〉are not able to hold connected
　　S　　　　　　　　　　　　　　　　　　　　　　　V
conversations〈with another〉. ❷〈In egocentric speech〉, [what each child says φ] is
　　O　　　　　　　　　　　　　　　　　　　　　　S関代O′　S′　V′　V
more or less unrelated〈to [what the other speaker said φ]〉. ❸Children talk
　　M　　　C　　　　　　関代O′　　S′　　　V′　　　　　　S　　V
together, but not〈to one another〉〈in the same sense〈as adults〉〉. ❹〈During this phase
　　M　　接　　　　　　　　　　　　　　　　　　　　　　　　　　　　　　
〈of development〉〉, children have no general understanding〈of categories〈of thoughts〉
　　　　　　　　　　S　　V　　　　O　　　　　　　　　　of categories　同格
(that adults tend to take φ for granted): concepts (such as causality, speed, weight
関代O′ S′　　V′　　　　　C′　　　　　　　　　　　　　　①　　　　②　　　③

234

or number)). ⑤⟨Even if the child sees water poured ⟨from a tall, thin container⟩

  ④   接   S'   V   O'   C'

⟨into a shorter, wider one⟩⟩, she will not understand [that the volume (of water)

                  S V_1 O_1 接   S'

remains the same] — and concludes rather [that there is less water ⟨because the

 V'   C'   接 V_2 M O_2接 M' V'   S'   接

water level is lower⟩].

 S"   V" C"

④ ❶前操作期の子どもは，つながりのある会話を他者と行うことができない。❷自己中心的な発話においては，それぞれの子どもが話すことは，話し相手が話すこととほとんど関連してない。❸子どもたちが一緒に話すことはあるが，大人と同じ意味においてお互いに話す，ということはない。❹この発達段階の間，<u>子どもは大人が当然と思っている思考の領域（因果関係，速度，重さ，数といった概念）についての全般的な理解がない</u>。❺このような子どもが，背が高く細い容器から，その容器より短く幅が広い容器に水が注がれるのを見たとしても，水の容量に変化がないことが理解できず，水位が低くなったので，水の量が減ったという結論を下してしまう。

↳ **第4段落の要旨** 前操作期の説明：お互いの話がかみ合わない。因果関係，速度，重さなどの数の概念が理解できない。

- ☐ connected conversations 　名「つながった会話，一貫性のある会話」……… C
- ☐ more or less 　熟「だいたい（＝ almost）」………………………… A
- ☐ but not to one another ＝ but they do not talk to one another
- ☐ one another 　熟「お互い」……………………………………… A
- ☐ be unrelated to ～ 　熟「～と無関係である」……………………… B
- ☐ in the same sense as ～ 　熟「～と同じ意味で」……………………… A
- ☐ causality 　名「因果関係」……………………………… C
- ☐ pour ～ 　動「～を注ぐ」……………………………… A
- ☐ conclude that S V 　熟「SV と結論を出す」…………………… B

⑤ ❶A third period, the concrete operational stage, lasts ⟨from the ages of 7 to

    S   ↑——同格———↑   V

11⟩. ❷⟨During this phase⟩, children master abstract, logical notions. ❸They are able to

                   S   V   O   S   V

handle ideas (such as causality) ⟨without much difficulty⟩. ❹A child (at this stage

 O   S

(of development)) will recognize the false reasoning (involved ⟨in the idea [that the

              V   O   ↑同格↑ 接

wide container holds less water ⟨than the thin, narrow one⟩]⟩⟩, ⟨even though the water

  S'   V'   O'   S"   接   S'

levels are different⟩. ❺She becomes capable ⟨of carrying out the mathematical

 V' C'   S   V   C   V'

operations (of multiplying, dividing and subtracting)⟩. ❻Children (by this stage)

 O' V''_1 V''_2 V''_3 S

are much less egocentric. ❼⟨In the pre-operational stage⟩, ⟨if a girl is asked, ["How many
  V   C   接 S′ V′ O′

sisters do you have?"]⟩ she may correctly answer "one." ❽But ⟨if (she is省略) asked,
O″   S″ V″   S   M   V   O   接   V

["How many sisters does your sister have?"]⟩ she will probably answer "none," ⟨because she
O′   O″   S″   V″   S   M   V   O   接   S′

cannot see herself ⟨from the point of view (of her sister)⟩⟩. ❾The concrete operational
  V′   O′   S

child is able to answer such a question ⟨with ease⟩.
  V   O

⑤ ❶第3段階である具体的操作期は，7歳から11歳まで続く。❷この段階の間，子どもは抽象的で，論理的な概念を習得する。❸彼らは大して苦労することなく因果関係のような観念(f)を扱うことができる。❹この発達段階の子どもは，水位が異なっていたとしても，幅が広い容器は，細く狭い容器よりも入る水が少ないという考えの中に，間違った推論があることを認識するだろう。❺掛け算，割り算，引き算という数学の演算を行うことができるようになる。❻この段階に達した子どもは(Z)それほど自己中心的ではなくなる。❼前操作期では，もしある女の子が「お姉さんは何人いるのかな？」と尋ねられたら，「1人よ」と正しく答えることができるかもしれない。❽しかし，「お姉さんには妹さんは何人いるのかな？」と尋ねると，その子はおそらく「いない」と答えるだろう。というのも，彼女は自分の姉の視点から自分自身を見ることができないからだ。❾具体的前操作期の子どもは，このような質問に容易に答えることができる。

↳ **第5段落の要旨** 具体的前操作期の説明。7歳～11歳。抽象的・論理的な概念を習得する。数の概念を理解し，自己中心的でなくなる。

□ abstract	形	「抽象的な」	B
□ logical	形	「論理的な」	A
□ notion	名	「概念」	B
□ handle ～	動	「～を扱う」	B
□ false	形	「誤った」	A
□ reasoning	名	「推論」	B
□ multiplying	名	「掛け算」	B
□ subtracting	名	「引き算」	B
□ with ease	熟	「簡単に」	A

⑥ ❶The years (from 11 to 15) cover [what Piaget called φ the formal operational
  S   V   O関代O′ S′   V′   C′

stage]. ❷⟨During adolescence⟩, the developing child becomes able to grasp highly
                                S   V

abstract and hypothetical ideas. ❸⟨When (they are省略) faced ⟨with a problem⟩⟩, children
           O   V′   S

(at this stage) are able to review all the possible ways (of solving it) and go through them
                  V₁   O₁   V′   O′ 接   V₂   O₂

theoretically ⟨in order to reach a solution⟩. ❹The young person (at the formal
  M₂   V′   O′   S

operational stage) is able to understand [why some questions are trick ones]. ❺〈To
　　　　　　　　　 V 　　　　　　　O M′ 　　　　S′ 　　　V′ 　　C′

the question, ["What creatures are both poodles and dogs?"]〉the individual might
　　　　　　 ↑—同格—↑ S′ 　　　 V′ 　　　　C′ 　　　　　　　 S

not be able to give the correct reply but will understand [why the answer "poodles" is
　　 V_1 　　　　　　　 O_1 　　　接 　　 V_2 　　　O_2 M′ 　　　　　S′ 　　　 V′

right] and appreciate the humor (in it).
　 C′ 　 接 　 V_3 　　　 O_3

6　❶11歳から15歳の期間はピアジェが形式的操作期と呼ぶ段階である。❷青春期に
おいて，発達中の子どもは，かなり抽象的で(g)仮想の考えを把握できるようになる。
❸この段階の子どもは，ある問題に直面したときに，(エ)それを解決するためのあ
らゆる方法の可能性を見直し，解決に至るためにそれらを理論的に検討することが
できる。❹形式的操作期の若者は，なぜ問題の中に人をだますような問題がある
のかということを理解することができる。❺「どんな生き物が，プードルと犬の両
方なのか？」という問いに対して，個々の子どもは正答を出すことができないかも
しれないが，なぜ「プードル」という答えが正しいのかはわかり，その答えにある
ユーモアを味わうことができるだろう。

↳ 第6段落の要旨 形式的操作期の説明。11歳から15歳。抽象的仮説を理解する。

□ adolescence 　　　　　　　　　名「青年期」……………………………………B
□ children at this stage are able to ...
　　※❸は are able to のうしろに review ～と go through ～という２つの動詞がある。
□ review ～ 　　　　　　　　　　動「～を再検討する」……………………………B
□ theoretically 　　　　　　　　　副「理論的に」………………………………C
□ appreciate the humor in ～ 　熟「～の中のユーモアを理解する」……………B

237

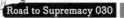

　日本語でも，動詞の名詞形を用いると表現が簡潔になる。[例]「英文を解釈する」→「英文解釈」これは英語でも同じであり，このように動詞の名詞形を用いて簡潔にした形を「名詞構文」とよぶ。名詞構文を見た時には元の動詞に戻して考えるとわかりやすい。

---

1. 他動詞の名詞構文

（1）目的語は of か所有格で表現する。
　　［例］the acquisition of new skills → acquire new skills（本文第 1 段落第 5 文）
　　　　「新たな技能を習得すること」
　　［例］the girls' protection → protect the girls
　　　　「その女の子たちを守ること」

（2）目的語を of で表さないものも少数だが存在する。
　　　※ love / control / master は of で表すこともある。
　　［例］love / respect ～　　　　　　→ love / respect for ～
　　［例］emphasize / influence ～　　　　　→ emphasis / influence on ～
　　［例］answer / visit / approach ～　　→ answer / visit / approach to ～
　　［例］need / demand ～　　　　　→ need / demand for ～
　　［例］control / master ～　　　　→ control / mastery over ～

（3）主語は of か所有格で表現する。主語は自明の場合や一般論の場合は省略。
　　［例］the tendency of the child to interpret the world ～（本文第 3 段落第 7 文）→ the child tends to interpret the world ～
　　　　「その子は世界を～と解釈する傾向がある」
　　［例］the king's arrival → the king arrived
　　　　「その王が到着した」

（4）主語と目的語を同時に補う場合は，主語を by で表す。
　　［例］a denial by humans of one of their most important attributes
　　　　→ humans deny one of their most important attributes
　　　　「人間が自らの最も重要な属性のうちの 1 つを否定する」

---

2. 自動詞の名詞構文

　　※自動詞がとる前置詞はそのまま引き継がれる。
［例］the success of the team *in* the project → the team succeeded *in* the project
　　「そのチームがそのプロジェクトで成功したこと」

[演習] 次の英文を和訳せよ。　※（2）は下線部のみでよい。
（1）Not to pursue the exploration of space, when it is possible, would be a denial by man of one of his most important attributes.

（2）Jeff's acceptance by the dolphins gave him confidence. He took a course at a nearby aquarium and read all the books he could find on marine biology. By the end of the course, he became an expert on dolphins.

(3) I believe that the discovery by computer science of the technical challenges overcome by our everyday mental activity is one of the great revelations of science.

(4) Mere correspondence of experience by the writer with experience remembered or imaginable by the reader, is not enough to make a work of art seem 'true'.

(5) Montaigne believed in the superiority of wisdom — knowing what helps us live happily and morally — over mere learning.

[解答]
(1) 宇宙探査を追求することが可能な時に，それを実行しないというのは人間の最も大切な属性の１つを人間自らが否定することになるだろう。
　　※ explore ～，man denies one of ... の名詞構文。
(2) ジェフはイルカに受け入れてもらったので自信がついた。そして近くの水族館で講習を取り，海洋生物学に関してありったけの本を読んだ。そして講習が終わる頃までにイルカの専門家になっていた。
　　※ The dolphins accepted John. の名詞構文。目的語が所有格で表されている。
(3) 人間の日々の頭脳の活動によって克服されている技術上のさまざまな難題をコンピュータ科学が発見したことは，科学が明らかにした重要なことの１つであると私は思う。
　　※ Computer science discovered the technical ..., Science revealed ～の名詞構文。reveal の目的語は文の主語。
　　※「歩行」など，一見単純に思える日々の活動も，実は恐ろしく複雑な機能であることが，コンピュータ・シミュレーションによってわかった，という内容。
(4) 筆者の経験が，読み手が覚えている，あるいは想像できる経験と一致するだけでは，芸術作品を「本当」らしく見せることは十分ではない。
　　※ Experience by the writer merely corresponds with ... の自動詞の名詞構文。
(5) 知恵 ── 幸せで道徳的な暮らしをするのに何が役立つかを知っていること ── の方が単なる学問より優れているとモンテーニュは信じていた。
　　※ Wisdom is superior to mere learning. の名詞構文。to は over に変形されている。
　　※ wisdom と knowing ... morally が同格の関係にある。

Day 17

解答・解説

≫問題は別冊 p.096

≫問題は別冊 p.096

テーマ：文化

自由な遊びの利点

[出題校]立教大学

[モニターの平均点] **22.6** / 30点

（各3点で採点）

＼竹岡の一言／

英米では小学生が塾通いすることなどまずない。「勉強すれば賢くなる」という短絡的思考の親が子どもから遊びを取り上げ，子どもを破壊している。この文は幼い子どもを持つ保護者に是非読んでもらいたい内容である。

Answers：解答

番号	正解
1	（イ）
2	（ハ）
3	（ロ）
4	（ニ）
5	（ハ）
6	（イ）
7	（ロ）
8	（イ）
9	（ニ）
10	（ロ）

1 **正解** （イ）　　　　　　　　　　　　｜英文完成問題｜　正答率　74.6%

解説「**第1段落によれば，心理学者の意見が異なるのは**」
同段落第1文後半（they do not always agree ...）に「遊びの欠如が子どもにどの程度の害を及ぼすかに関しては必ずしも見解は一致していない」とある。選択肢（イ）「子どもが遊ばないことによってどれほど影響を受けるか」，（ロ）「どんな種類の遊びが子どもにとって最適か」，（ハ）「子どもがどれだけの時間を遊びに費やすべきか」，（ニ）「なぜ子どもが勉強だけでなく遊びもする必要があるのか」の中で本文に合致するのは（イ）しかない。a lack of play に対応する訳があるものは（イ）しかない，ということだけで解ける。

2 **正解** （ハ）　　　　　　　　　　　　｜英文完成問題｜　正答率　82.5%

解説「**アンソニー・ペレグリーニによれば，社会的能力を学ぶ最善の方法は**」
第4段落第4文（"You learn those ...）に「これらの能力は，同世代の人間と交流し，どこまでが許容範囲で，どこからは受け入れられないかを学ぶことによって，身につけるのである」とある。選択肢（イ）「明確なルールのある競争性のあるゲームをすること」，（ロ）「授業に出て，先生の言うことを聞くこと」，（ハ）「同年代の者と自由な遊びをして交流すること」，（ニ）「多くの単語を習得し，複雑な言語を使うこと」の中で，本文に合致するのは（ハ）だけである。

3 **正解** （ロ）　　　　　　　　　　　　｜英文完成問題｜　正答率　66.7%

解説「**第5段落によれば，大人が子どもより得意なのは**」
同段落最終文とその前の文に（For example, kids ...）「たとえば，子どもたちは，想像上のアイスクリームコーンを友だちに渡すときに，『バニラ？チョコ？』とだけ聞いて済ませるわけにはいかず，『バニラアイスとチョコアイスがあるけど，どっちがいいの』という文脈的な手がかりを与えなくてはならない。その一方，大人は自分でそうした空白部を埋めてしまうので，子どもにとって意思伝達という課題をより平易なものにしている」とある。つまり，「子どもが大人に話す場合，子どもが文脈的手がかりを付加し，詳しく説明しなくても，大人は子どもの言わんとすることを了解してしまう」ということ。選択肢（イ）「自分の考えを明確に説明すること」，（ロ）「他者が言わんとすることを推測すること」，（ハ）「社会規則を教えること」，（ニ）「知らないことを知っているふりをすること」の中で，本文に合致するのは（ロ）である。多くの人が（イ）を選んでいるが，きちんと本文の該当箇所を確認せずに，何となく印象で選んだと思われる。

4 **正解** （ニ）　　　　　　　　　　　　｜英文完成問題｜　正答率　54.0%

解説「**貧困家庭で育った子どもに関する1997年の研究によれば，遊び志向の幼稚園に通った子どものうち**」
第6段落（If play helps ...）にある「遊び志向の幼稚園に通った者のデータ」

は，「23歳までに何らかの罪を犯して，逮捕された経験があったものは10パーセントにも満たなかった」，「停職を経験する割合が7パーセントに満たなかった」の2つ。選択肢（イ）「3人に1人が23歳までに何らかの罪を犯した」，（ロ）「7パーセント以上が大人になって失業していた」，（ハ）「25パーセント以上が大人になって職場で問題を起こした」，（ニ）「90パーセント以上が23歳になるまで一度も逮捕されなかった」の中で本文データに合致するのは（ニ）だけである。

5　**正解**（ハ）　　　　　　　　　　| 英文完成問題 |　正答率　79.4%

解説「**子どもの不安レベルに関する1984年の研究によれば，不安を感じている子どものストレスを緩和する最も効果的な活動は**」

第8段落（Afterwards, the kids ...）によると「一人で遊んだ子どもは，他の子どもと一緒に遊んだ子どもより落ち着く度合いが高かった。研究者の推測によれば，想像力に富んだ遊び（これは一人で始めるのが最も簡単である）を通じて，子どもは空想の世界を組み立て，それが困難な状況への対処に役立つのであろうということだ」とある。よって，選択肢（イ）「友だちと自由に遊ぶこと」，（ロ）「友だちと一緒にお話を聞くこと」，（ハ）「一人で自由に遊ぶこと」，（ニ）「一人でお話を聞くこと」の中で適切なものは（ハ）である。

6　**正解**（イ）　　　　　　　　　　| 英文完成問題 |　正答率　82.5%

解説「**1973年に『発達心理学』に発表された研究では，日常的な物の使い方を最も多く考え出した子どもは**」

第9段落最終文（The kids who ...）に「これらの物で遊んでいた子どもたちは，それらの物の型にはまらない創造的な利用法を，他の2つのグループの子どもたちと比べ平均して3倍も多く挙げた」とある。選択肢（イ）「その物で自由に遊んでいた」，（ロ）「大人がその物体を使うのを見ていた」，（ハ）「その物を一度も見たことがなかった」，（ニ）「その物の絵を描いた」の中で，適切なのは（イ）である。

7　**正解**（ロ）　　　　　　　　　　| 英文完成問題 |　正答率　77.8%

解説「**本文のテーマの1つは，成長中の子どもに可能なかぎり最善の刺激を与えるためには，遊びは〜であるべきということだ**」

選択肢を順に検討する。（イ）「室内ではなく屋外で行われる」は偽。本文にはこのような記述はない。（ロ）「事前に決まったルールをもたない」は真。第2段落最終文（Play, on the other hand, ...）に「一方，遊びは事前に決められたルールはないので，もっと創造的な反応が可能である」と合致。（ハ）「一人ではなく集団で行われる」は偽。第8段落第4文（Interestingly, those who ...）の「一人で遊んだ子どもは，他の子どもと一緒に遊んだ子どもより落ち着く度合いが高かった」と矛盾する。（ニ）「時間制限をもたない」は偽。たとえば本文第7段落（Research also suggests ...）の実験では15分間という制限時間が設けられていたが，遊びの効果があったことが示されている。以上から（ロ）が正解となる。

8 正解 （イ）

解説 **「本文によれば，自由な遊びは以下のことを学ぶのに役立つが，それに当てはまらないのは」**

選択肢を順に検討する。（イ）「大人の希望に従うこと」は偽で，これが正解。本文にこのような記述はない。（ロ）「イライラする状況に対処すること」は真。第4段落最終文（Because kids enjoy ...）と合致する。（ハ）「問題への創造的な解決策を見つける」は第9段落最終文（The kids who had ...）と合致する。（ニ）「自分の考えを伝えること」は第5段落の内容「遊ぶことでコミュニケーション能力が磨かれる」と合致する。

9 正解 （ニ）

解説 **「下線部の語 "unfettered"（最終段落）に意味上最も近いのは」**

下線部を含む文の not just 以下の意味は「単に子どもであることが楽しくあるべきだということのみならず，子ども時代ならではの（　　）楽しみを与えないと，子どもが好奇心旺盛で創造的な人間に成長できないからでもある」である。よって空所には「遊び」を示唆する形容詞が入るはずである。選択肢（イ）「無教養な」，（ロ）「不必要な」，（ハ）「準備なしの」，（ニ）「無制限な」のうち適切なのは（ニ）である。設問7で見たように，本文では子どもの遊びにルールなどの制限を課さないことが推奨されていることも手がかりとなる。なお unfetter は「足かせを外す」という意味。-fet- は foot / feet の意味。また一般に《un ＋動詞》は逆動作を表す。[例] unlock「のカギを外す」，untie「をほどく」。

10 正解 （ロ）

解説 **「本文に最適の表題は」**

本文の趣旨は「子どもは自由な遊びを通じてさまざまなことを身につける」ということ。

選択肢（イ）「健全な子どもの育て方」，（ロ）「自由な遊びの恩恵」，（ハ）「子どもの発達と人間の創造性」，（ニ）「子ども時代の遊びのパターン」の中で，適切なものは（ロ）である。（イ）も間違いではないが「遊び」というキーワードがない。

1 ❶Most psychologists agree [that play provides benefits (that last ⟨through
S₁ V₁ O₁ 接 S′ V′ O′ 関代S″ V″

adulthood⟩)], but they do not always agree ⟨on the extent (⟨to which⟩ a lack (of play)
接 S₂ M₂ V₂ 関代 S′

harms kids)⟩ — particularly ⟨because, ⟨in the past⟩, few children grew up ⟨without
V′ O′ M 接 S′ V′

adequate playtime⟩⟩. ❷But today free play may be losing its standing (as a basic feature
接 M S V O

(of youth)). ❸⟨According to research (published in 2005)⟩, children's free-play time
S

dropped ⟨by a quarter⟩ ⟨between 1981 and 1997⟩. ❹⟨(Being省略) Concerned ⟨about getting
V 分構 V′ V″

their kids ⟨into the right colleges⟩⟩⟩, parents are sacrificing playtime ⟨for more organized,
O″ S V O

structured activities⟩. ❺⟨As early as preschool⟩, youngsters' after-school hours are now
S M

being filled ⟨with music lessons and sports⟩ — ⟨reducing time (for the type of
V 分構 V′ O′

imaginative and active play (that fosters creativity and cooperation))⟩.
関代S″ V″ O″

1 ❶大半の心理学者の間では，遊びは成人期までずっと続く恩恵を与えるというこ
とで意見が一致しているが，遊びの欠如が子どもにどの程度の害を及ぼすかに関し
ては必ずしも意見は一致していない。なぜなら，とりわけ，遊び時間を十分にとれ
ないまま育った子どもが過去にはほとんどいなかったからである。❷しかし現在，
自由な遊びは，子ども時代の基本的な特徴としての地位を失いつつあるのかもしれ
ない。❸2005年に発表された研究によれば，子どもが自由に遊べる時間は1981年
から1997年にかけて25パーセント減少した。❹親たちは，子どもを良い大学に入
れることに腐心して，より組織的で計画された活動をさせるために，子どもの遊び
時間を犠牲にしている。❺今では，保育園という早い段階から，子どもの放課後
の時間は音楽のレッスンやスポーツで埋め尽くされており，そのため，創造性や協
調性を育む創造的かつ活動的な種類の遊びをするための時間が減っているのだ。

↳ **第1段落の要旨** 子どもの遊びの時間が減少している。ただし，遊びの欠如が子どもに与える
影響に関して心理学者の間では意見の一致がない。

□ psychologist	名 「心理学者」	A
□ benefit	名 「恩恵」	B
□ last	動 「続く」	A
□ agree on 〜	熟 「〜に関して意見が一致する」	A
□ the extent to which S V	熟 「どの程度 S V」（→ p.255 Supremacy 032）	B
□ harm 〜	動 「〜を害する」	B
□ lose one's standing as 〜	熟 「〜としての地位を失う」	B
□ drop by 〜	熟 「〜だけ減少する」 ※「差を示す by」	A

② ❶But kids play soccer, chess, and the violin — so why are experts concerned [that
　　接　S₁ V₁　　　　　O₁　　　　　接 M₂ V₂　S₂　　C₂　　接

these activities are eating into free play]? ❷Certainly games (with rules) are fun and
　　S′　　　　　V　　　　　O′　　　　M′　S′₁　　　　V′₁ C′₁ 接

are sources (of learning experiences) — they may indeed foster better social skills
V′₂　C′₂　　　V″　　　O″　　　　S′₃　　M′₃　V′₃　　　O′₃₋₁

and group unity, ⟨for instance⟩, says Anthony Pellegrini, an educational
接　O′₃₋₂　　　　　　　　　V　　S　↑——同格——↑

psychologist (at the University of Minnesota). ❸But, Pellegrini explains, "games have
　　　　　　　　　　　　　　　　　　　　　　接　　S　　V　　　S′　V′

rules — (set up ⟨in advance⟩ and followed). ❹Play, ⟨on the other hand⟩, does not have
O′　　①　　　　　　　　②　　　　S₁　　　　　　　　　　　V₁

predetermined rules, so it allows more creative responses."
　　O₁　　　　　接 S₂ V₂　　　O₂

② ❶しかし，子どもはサッカーやチェスやバイオリンで「遊んでいる」。ではなぜ，専門家はこれらの活動が自由な遊びを浸食していると心配しているのか。❷確かに，ルールの決められたゲームは楽しいし，学習経験の源泉である。たとえば，ゲームは実際に，より優れた社会的技能や，集団内の一体感を育んでいる可能性がある，とミネソタ大学の教育心理学者であるアンソニー・ペレグリーニは述べている。❸しかし，「ゲームは，事前に決められた，従うべきルールがある。❹それに対して，遊びは事前に決められたルールはないので，もっと創造的な反応が可能である」とペレグリーニは説明する。

↳ **第2段落の要旨** 自由な遊びには事前に決められたルールがないので創造的な反応ができる。

③ ❶This creative aspect is key ⟨because it challenges the developing brain more ⟨than
　　S　　　　　　V C　接　S′　V′　　　O′　　　M′

[following predetermined rules] does⟩⟩. ❷⟨In free play⟩, kids initiate and create new
　　S″　　　　　　　　　　V″　　　　　　　　　S　V₁　接　V₂

activities and roles. It might involve fantasies — (such as [pretending [to be doctors
　　O　　　S₁　　V₁　　　O₁　　　　　　　　　　　V′　　　O′

or princesses]]) — or it might include mock fighting, 〈as 〈when kids primarily
　　　　　　　　　　接 S₂　　V₂　　　O₂　　　　接　接　　　S′

boys wrestle 〈with one another〉〈for fun〉, 〈switching roles periodically 〈so
V′　　　　　　　　　　　　　　分構 V″　　O″　　M″　　　接

that neither (of them) always wins〉〉〉〉.
S‴　　　　　　　M‴　　V‴

③ ❶この創造的な側面がカギである。なぜならば，その方が，事前に決まっている
ルールに従うよりも，発達中の脳が鍛えられるからだ。❷自由な遊びの場合，子
どもは新しい活動や役割を始めたり創り出したりする。これには空想を伴う場合も
あるし（たとえば，お医者さんごっこや，お姫様ごっこ），あるいは子どもたち（主
に男の子）が楽しみのためにお互いに取っ組み合い，片方が勝ち続けることがない
ように，ある一定時間が経過すれば役割を交代するというようなケンカのまねごと
を伴う場合もある。

　↳ 第3段落の要旨 ルールが決まっていない遊びは脳を鍛える。

　□ challenge 〜　　動「（人，能力など）を試す」‥‥‥‥‥‥‥‥‥‥‥‥B
　□ initiate 〜　　　動「〜を始める」‥‥‥‥‥‥‥‥‥‥‥‥‥‥‥‥‥B
　□ pretend to (V)　熟「Vするふりをする」‥‥‥‥‥‥‥‥‥‥‥‥‥A
　□ mock fighting　熟「ケンカのまねごと」‥‥‥‥‥‥‥‥‥‥‥‥B
　□ wrestle with 〜　熟「〜と取っ組み合いをする」‥‥‥‥‥‥‥‥‥C
　□ one another　　熟「お互い」‥‥‥‥‥‥‥‥‥‥‥‥‥‥‥‥‥A
　□ periodically　　副「定期的に」‥‥‥‥‥‥‥‥‥‥‥‥‥‥‥‥B

④ ❶How do such activities benefit kids? Perhaps most crucially, play appears to
　　M　　　S　　　　　V　　　O　　　　　　　　M　　　　　　S

help us [(to省略) develop strong social skills]. ❷"You don't become socially competent 〈via
V　O　C　　　　V′　　　O′　　　　　　　S′　　V′　　M′　　　C′

teachers telling you [how to behave]〉," Pellegrini says. ❸"You learn those skills 〈by
S″　　V″　IO″　　DO″　　　　　　S　　V　　　S′　V′　　　O′

interacting 〈with your peers〉, 〈learning [what's acceptable], [what's not
V′　　　　　　　　　　　　　分構 V″ O″S‴₁ V‴₁ C‴₁　　　S‴₂V‴₂M‴₂

acceptable]〉〉." ❹Children learn [to be fair and take turns] — they cannot always
C‴₂　　　　　　S₁　　V₁　　　O₁　　　　　　　S₂　　　　M₂

demand [to be the fairy queen], or soon they will have no playmates. ❺"They want this
V₂　　O₂　　　　　　　　　接 M₃ S₃　V₃　　　O₃　　　　S′₁ V′₁ O′₁

thing (to keep going), so they're willing to go 〈(for省略) the extra mile〉" 〈to accommodate
C′₁　　接 S′₂　　V′₂　　　　　　　　　　　　　　　　V″

each other's desires〉, he notes. ❻〈Because kids enjoy the activity〉, they do not give up as
O″　　　　　　　S　V　　　接　　S′　V′　　O′　　　　S　　　　V

easily 〈in the face of frustration〉〈as they might (give up easily省略) on, say, a math
M

problem〉 — (which helps them (to省略) develop persistence).
　　　　　関代S″　V″　O″　C″　　　V‴　　　O‴

246

④ ❶こうした活動は子どもにどのような点で恩恵を与えるのだろうか。❷ひょっとすると最も重要なことかもしれないが，遊びは我々が高い社会的技能を発達させるのに役立っているようだ。「先生からどう振る舞えばよいかを教えてもらっても，社会的技能を獲得するというわけではありません。❸これらの能力は，同世代の人間と交流し，どこまでが許容範囲で，どこからは受け入れられないかを学ぶことによって，身につけるのです」とペレグリーニは述べている。❹子どもは公平であり，順番を守ることを学ぶ。妖精の女王様は自分がやると常に要求することはできない。そんなことをしていたら，ほどなくして遊び仲間がいなくなってしまうだろう。❺「子どもは今やっていることを続けたいので，ものすごく努力するのもいとわず」お互いの欲求をかなえている，と彼は記している。❻子どもたちはその活動を楽しんでいるので，イライラしても，たとえば数学の問題の場合のようには，簡単にやめてしまわない。これは，子どもたちが粘り強さを育むのに役立っているのだ。

↳ **第4段落の要旨** 遊びは社会技能を育む。

□ benefit ～	動	「～に恩恵を与える」	B
□ most crucially	熟	「最も重要なことに」	B
□ appear to (V)	熟	「Vするように見える」	A
□ socially competent	熟	「社会的な技能がある」	B
□ via ～	前	「～を経由して，によって」	B
□ interact with ～	熟	「～と交流する」	B
□ peer	名	「同年代の者」※「仲間」というわけではない。	B
□ acceptable	形	「容認可能な」	A
□ take turns	熟	「順番を守る，交代でやる」	A
□ go the extra mile	熟	「ことさら努力する（＝ make an extra effort）」	B
□ accommodate ～	動	「～のために便宜をはかる」	B
□ in the face of ～	熟	「～に直面しても」	A
□ give up on ～	熟	「～を見限る」	A
□ , say,	動	「たとえば」※普通，両側にコンマが打たれる。	A
□ persistence	名	「忍耐」	B

⑤ ❶[Keeping things friendly] requires a fair bit of communication —（being 省略）
S   V'   O'   C'   V   O   分構 V'

arguably the most valuable social skill 〈of all〉. ❷Play 〈that happens 〈among peers〉〉 is the
M'   C'   S   関代S'   V   V

most important 〈in this regard〉. ❸Studies show [that children use more sophisticated
C   S   V O接   S'   V   O'

language 〈when （they are 省略）playing 〈with other children〉〉 than 〈when playing 〈with
                              V'   V''

adults〉〉]. ❹〈In pretend play〉, 〈for instance〉, "they have to communicate 〈about
                                              S'₁   V'₁

something 〈that's not physically present〉〉, so they have to use complicated language 〈in
          関代S'' V''   M''   C''   接 S'₂   V'₂   O'₂

such a way 〈that they can communicate 〈to their peer〉 [what it is that they're
            接 S''   V''   O'' O''''   S'''

trying to say φ]〉〉," Pellegrini says. ❺〈For example〉, kids can't get away with just
V'''   S   V   S   V

asking, "Vanilla or chocolate?" ⟨as they hand a friend an imaginary ice cream cone⟩.
　　　O　　　　　　　　　　　　　接　S′　V′　IO′　　　　　DO′

❻They have to provide contextual signals: "Vanilla or chocolate ice cream: Which one
　S₁　V₁　　　　　　O₁　　　　　①　　　　②　　　　　　　O₂

would you like?" ❼Adults, ⟨on the other hand⟩, fill in the blanks themselves, ⟨making
　S₂　V₂　　　　S　　　　　　　　　　　V　　　O　　Sと同格　分構 V′

the task ⟨of communication⟩ easier ⟨for kids⟩⟩.
　O′　　　　　　　　　　　　C′

⑤ ❶物事を友好的に保つには，かなりのコミュニケーションが必要であり，これは議論の余地はあろうが，すべての社会的能力の中でも最も価値の高いものである。❷この点で，同年代の者同士で行う遊びは最も重要である。❸さまざまな研究が示すところでは，子どもは他の子どもと遊んでいるときの方が，大人と遊んでいる時よりも高度な言語を使っている。❹たとえば，ごっこ遊びでは，「子どもは，物理的に存在しないものに関することを伝えなければならないので，自分が言おうとしていることが一体何なのかを仲間に伝えられるように，複雑な言語を使わなくてはならないのです」とペレグリーニは述べている。❺たとえば，子どもたちは，想像上のアイスクリームコーンを友だちに渡すときに，「バニラ？　チョコ？」とだけ聞いて済ませるわけにはいかず，❻「バニラアイスとチョコアイスがあるけど，どっちがいいの」というような文脈的な手がかりを与えなくてはならない。❼その一方，大人は自分でそうした空白部を埋めてしまうので，意思伝達という仕事を子どもにとってより平易なものにしてしまう。

↳ 第5段落の要旨 子ども同士の意思伝達の方が高度な言語を使う必要がある。

□ require 〜　　　　　　動「〜を要求する」……………………………… B
□ a fair bit of 〜　　　　熟「かなりの〜」…………………………………… A
□ arguably　　　　　　　副「（断定を和らげて）ほぼ間違いなく」………… C
□ in this regard　　　　　熟「この点において」…………………………… B
□ sophisticated　　　　　形「洗練された，高度な」………………………… B
□ pretend play　　　　　熟「ごっこ遊び」…………………………………… B
□ physically present　　　熟「物理的に存在している」…………………… B
□ in such a way that SV　熟「SVのようなやり方で」………………………… A
□ what it is that ...　　　熟「一体何が［を］…」※疑問詞の強調構文。… A
□ get away with just 〜　熟「〜だけで終わらせる」………………………… A
□ imaginary　　　　　　形「架空の」※ i = imaginary numbers「虚数」。… B
□ contextual signal　　　熟「文脈的な手がかり」」…………………………… A
□ fill 〜 in / fill in 〜　　熟「〜を埋める」……………………………………… A
□ adults ... themselves　　※２つの語が同格の関係にある。
□ making ...　　　　　　　※文末に置かれた分詞構文。

⑥ ❶⟨If play helps children (to省略) become socialized⟩, then lack ⟨of play⟩ should limit
　　　接　S′　V′　O′　　　　　　　　C′　　　　　M　S₁　　　　V₁

social development ― and studies suggest [that it does]. ❷⟨According to a 1997 study
　　　O₁　　　　　接　S₂　V₂　O₂接　S′　V′

⟨of children ⟨living ⟨in poverty⟩ and ⟨at high risk ⟨of school failure⟩⟩⟩⟩⟩,

kids ⟨who enrolled ⟨in play-oriented preschools⟩⟩ are more socially adjusted
S　関代S′　V′　　　　　　　　　　　　　　　V　　　　C

〈later in life〉〈than are kids 〈who attended preschools 〈where they were
　　　　　　　　V′　S′　関代S″　　V″　　　　O″　　　　関副　S‴

constantly instructed 〈by teachers〉〉〉〉. ❸〈By age 23〉, more than one third of the kids
　　M‴　　　　V‴　　　　　　　　　　　　　　　　　　　　　　　　　　　　　S

〈who had attended instruction-oriented preschools〉 had been arrested 〈for a
関代S′　V′　　　　　　O′　　　　　　　　　　　　　V

crime〉〈as compared with fewer than one tenth of the kids 〈who had been 〈in
　　　　　　　　　　　　　　　　　　　　　　　　　　　　　　関代S′　　V′

play-oriented preschools〉〉〉. ❹And 〈as adults〉, fewer than 7 percent of the
　　　　　　　　　　　　　　　接　　　S₁

play-oriented preschool attendees had ever been suspended 〈from work〉, but more
　　　　　　　　　　　　　　　M₁　　V₁　　　　　　　　　　　接　S₂

than a quarter of the directly instructed kids had (been suspended from work 省略).
　　　　　　　　　　　　　　　　　　　　　V₂

6 ❶もし遊ぶことが子どもの社会性を高めるのに役立つならば，遊びの欠如は社会
性の発達を制限するはずである。そして，さまざまな研究が実際にそのことを示し
ている。❷貧困家庭で育ち，学校でうまくいかなくなる恐れが高い子どもについ
て調査した1997年の研究によれば，遊び志向の幼稚園に通う子どもは，常に先生
に指導を受けているような幼稚園に通う子どもに比べて，そのあとの人生における
社会適合性が高いということだ。❸指導中心の幼稚園に通っていた子どもの3分
の1以上が23歳までに何らかの罪を犯し，逮捕された経験があったのに対して，
遊び志向の幼稚園に通っていた子どもの場合，逮捕者は10パーセントにも満たな
かった。❹しかも，成人になっても，遊び志向の幼稚園に通っていた者は，停職
を経験する割合が7パーセントに満たなかったのに対し，直接指導型幼稚園に通っ
ていた者では4分の1を超えていた。

↳ **第6段落の要旨** 幼稚園時代に遊びが少ないと，成人してから問題を起こしやすい。

□ become socialized　　　熟「社会性が高まる」‥‥‥‥‥‥‥‥‥‥‥‥‥ B
□ if～, then ...　　　　　※この形の場合 then を訳さない方が自然。
□ it does　　　　　　　　= it limits social development
□ live in poverty　　　　熟「貧困の中で生活をする」‥‥‥‥‥‥‥‥‥‥ B
□ enroll in ～　　　　　　熟「～に通う」‥‥‥‥‥‥‥‥‥‥‥‥‥‥‥‥ B
□ play-oriented　　　　　形「遊び志向の」‥‥‥‥‥‥‥‥‥‥‥‥‥‥‥ C
□ than are kids who ...　= than kids who ... are (socially adjusted)
　　　　　　　　　　　　　※kids 以下を強調するための倒置。
□ instruct ～　　　　　　動「～を指導する」‥‥‥‥‥‥‥‥‥‥‥‥‥‥ B
□ one third of ～　　　　熟「～の3分の1」‥‥‥‥‥‥‥‥‥‥‥‥‥‥ A
□ arrest A for B　　　　熟「A を B で逮捕する」‥‥‥‥‥‥‥‥‥‥‥‥ B
□ as compared with ～　　熟「～と比べて」‥‥‥‥‥‥‥‥‥‥‥‥‥‥ A
□ as adults　　　　　　　熟「大人になったときに」‥‥‥‥‥‥‥‥‥‥‥ A
□ suspend ～ from work　熟「～を停職にする」‥‥‥‥‥‥‥‥‥‥‥‥ B

7 ❶Research also suggests [that play is critical 〈for emotional health〉], possibly
　　S　　　M　　V　　　O接　S′　V′　　C′　　　　　　　　　　　　　　M

〈because it helps kids (to省略) work 〈through anxiety and stress〉〉. ❷〈In a 1984 study
　接　S″　V″　O″　　　　　C″

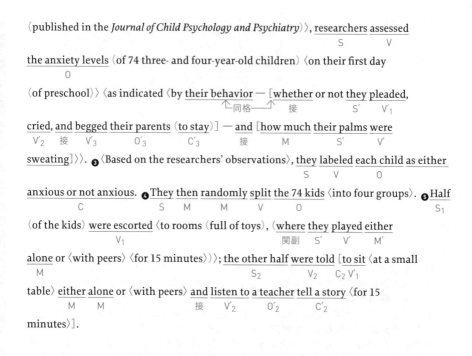

〈published in the *Journal of Child Psychology and Psychiatry*〉〉, <u>researchers</u> <u>assessed</u>
　　　　　　　　　　　　　　　　　　　　　　　　　　　　　　S　　　　　V

<u>the anxiety levels</u> 〈of 74 three- and four-year-old children〉 〈on their first day
　　　O

〈of preschool〉〉〈as indicated 〈by <u>their behavior</u> — [<u>whether</u> or not <u>they</u> <u>pleaded</u>,
　　　　　　　　　　　　　　　　　↑同格──↑　接　　　　　　S′　　V′₁

<u>cried</u>, and <u>begged</u> <u>their parents</u> (<u>to stay</u>)] — <u>and</u> [<u>how much</u> <u>their palms</u> <u>were</u>
V′₂　接　V′₃　　　O′₃　　　C′₃　　　接　　　M　　　S′　　V′

<u>sweating</u>]〉〉. ❸〈Based on the researchers' observations〉, <u>they</u> <u>labeled</u> <u>each child</u> <u>as either</u>
　　　　　　　　　　　　　　　　　　　　　　　　　　S　　　V　　　O

<u>anxious</u> or <u>not anxious</u>. ❹<u>They</u> <u>then</u> <u>randomly</u> <u>split</u> <u>the 74 kids</u> 〈into four groups〉. ❺<u>Half</u>
　　　　C　　　　　　　　　　　　S　　M　　　M　　　V　　　O　　　　　　　　　　　　　　S₁

〈of the kids〉 <u>were escorted</u> 〈to rooms 〈full of toys〉, 〈where <u>they</u> <u>played</u> <u>either</u>
　　　　　　　　V₁　　　　　　　　　　　　　　　　　　関副　S′　V′　　M′

<u>alone</u> or 〈with peers〉 〈for 15 minutes〉〉〉; <u>the other half</u> <u>were told</u> [<u>to sit</u> 〈at a small
　M　　　　　　　　　　　　　　　　　　　　　　S₂　　　V₂　　C₂ V′₁

table〉 <u>either</u> <u>alone</u> or 〈with peers〉 <u>and</u> <u>listen to</u> <u>a teacher</u> <u>tell</u> <u>a story</u> 〈for 15
　　　　M　　　M　　　　　　　　　　接　　V′₂　　　O′₂　　　C′₂

minutes〉].

⑦ ❶さらに，研究が示すところでは，遊びは心の健康にとっても極めて重要であるということだ。これはひょっとすると，子どもが不安やストレスを克服するのに遊びが役立っているからかもしれない。❷『児童心理学・精神医学ジャーナル』誌に発表された1984年の研究で，研究者たちは，幼稚園初日の3～4歳児74人の不安レベルを測定した。その指標となった児童の行動は，両親に「行かないで」と訴えたり，泣き叫んだり，懇願したりといった行動の有無，および手の平の発汗量である。❸研究者たちは観察結果に基づいて，それぞれの子どもを「不安を感じている」あるいは「不安を感じていない」のいずれかに分類し，❹そのあと，子ども74人を無作為に4つのグループに分けた。❺その子どもの半数は，おもちゃがいっぱいある部屋に連れて行かれ，そこで1人で，または同年代の者と一緒に15分間遊んだ。残りの半数の子どもは，小さなテーブルのところに1人で，または仲間と一緒に座って，先生がお話するのを15分間聞くように言われた。

> 第7段落の要旨 遊びは心の健康にも重要である。実証実験。

□ critical　　　　形「極めて重要な」※ crisis「危機」の形容詞形。 ……… B
□ help A through B　熟「AがBを切り抜けるのに役立つ」 ………………… A
□ assess ～　　　　動「～を評価する，測定する」 …………………………… B
□ as indicated by ～　「～によって示されたように」が直訳。
□ plead ～　　　　動「～に懇願する」※ please の同系語。 ……………… B
□ palm　　　　　　名「手のひら」※「ヤシ」も palm。 …………………… B
□ based on ～　　　熟「～に基づいて」 ……………………………………… B
□ label A as B　　　熟「AをBと分類する」 ………………………………… A
□ randomly　　　　副「無作為に」 …………………………………………… B
□ split A into B　　熟「AをBに分ける」 …………………………………… B

□ listen to O (V)　　熟「OがVするのを聞く」……………………………………🅐

8　❶Afterward, the kids' levels (of distress) were assessed again. ❷The anxiety levels
　　　　　M　　　　　S　　　　　　　　　　　V　　　M　　　　S

(of the anxious kids (who had played)) had dropped 〈by more than twice as
　　　　　　　　　　　　関代S′　　V′　　　　V

much〉〈as compared 〈with the anxious kids (who had listened 〈to the story〉)〉〉.
　　　　　　　　　　　　　　　　　　　　関代S′　　　V′

❸The kids (who were not anxious 〈to begin with〉) stayed about the same.
　S　　関代S′　V′　　　C′　　　　　　　　　V　　　　　C

❹Interestingly, those (who played alone) calmed down more 〈than the ones (who
　M　　　　　　S　関代S′　V′　M′　　V　　　M　　　　　　　　　関代S′

played 〈with peers〉)〉. ❺The researchers speculate [that 〈through imaginative play,
V′　　　　　　　　　　　　S　　　　　　V　　　O 接

(which is most easily initiated alone)〉, children build fantasies (that help them (to 省略)
関代S″ V″　　M″　　　　C″　　M″　　　S′　V′　　O′　　関代S″ V″　O″

cope 〈with difficult situations〉)].
C″

8　❶その後，子どもの不安レベルが再度測定された。❷遊び部屋に行った不安を感
　　じていた子どもの不安レベルは，先生のお話を聞いていた不安を感じていた子ども
　　に比べて，２倍以上に減少した。❸（始めから不安を感じていなかった子どもの場
　　合，ほぼ変わらなかった）。❹興味深いことに，１人で遊んだ子どもは，他の子ど
　　もと一緒に遊んだ子どもより落ち着く度合いが高かった。❺研究者の推測によれば，
　　想像力に富んだ遊び（これは１人で始めるのが最も簡単である）を通じて，子ども
　　は空想の世界を組み立て，それが困難な状況への対処に役立つのであろうというこ
　　とだ。

　⤷ 第8段落の要旨 　一人遊びは空想世界を構築し，それが困難な状況に対処するのに役立つ。

□ afterwards　　　　　副「あとで」…………………………………………………🅑
□ distress　　　　　　名「苦痛」……………………………………………………🅑
□ to begin with　　　 熟「最初から」………………………………………………🅐
□ calm down　　　　　動「落ち着く」………………………………………………🅐
□ speculate that SV　 熟「SV と推測する」…………………………………………🅑
□ fantasy　　　　　　 名「空想世界」………………………………………………🅑

9　❶[Relieving stress] and [building social skills] may seem to be obvious benefits (of
　　S₁　　V′₁　　O′₁　接　S₂　　V′₂　　　O′₂　　　　V　　　　　　C

play). ❷But research hints 〈at a third, somewhat surprising area (of influence)〉: play
　　　　接　　S　　　V　　　　　　　　　　　　　　　　　　　　　　S

actually appears to make kids smarter. ❸〈In a classic study (published in
　M　　　　V　　　　O　　C

Developmental Psychology 〈in 1973〉)〉, researchers divided 90 preschool children
　　　　　　　　　　　　　　　　　　　　　　S　　　　V　　　　O

〈into three groups〉. ❹One group was told [to play freely 〈with four common objects〉]
　　　　　　　　　　　　　　S　　　　V　　　C　V′　　　　　M′

— ⟨among the choices⟩ were a pile of paper towels, a screwdriver, a wooden board,
　　　　　　　　　　　V″　　　　　　　　　　　　　　　　S″

and a pile of paper clips. ❺A second set was asked [to imitate an experimenter (using
　　　　　　　　　　　　　　　　S　　　　　V　　　C　V′　　　　　　O′

the four objects ⟨in common ways⟩)]. ❻The last group was told [to sit ⟨at a table⟩
　　　　　　　　　　　　　　　　　　　　　　S　　　　V　　C V′₁

and draw [whatever they wanted φ], ⟨without ever seeing the objects⟩]. ❼Each activity
接　V′₂ O′₂ 関代O″　S″　　V″　　　　　　　V‴　　　O‴　　　　　　S

lasted (for省略) 10 minutes. ❽Immediately afterward, the researchers asked the children
　V　　M　　　　M　　　　M　　　　　　　　　M　　　　S　　　V　　　O

[to come up with ideas (for [how one (of the objects) could be used])]. ❾The kids (who
C　V′　　　　O′　M　S″　　　　　　　V″　　　S　関代S′

had played ⟨with the objects⟩) named, ⟨on average⟩, three times as many
　V′　　　　　　　　　　　V　　　　　　　　　O

nonstandard, creative uses (for the objects) ⟨than the youths (in either (of the
　　　　　　　　　　　　　　　　　　　　　　S′

other two groups)) did⟩, ⟨suggesting [that play does foster creative thinking]⟩.
　　　　　　　　V′　　分構　V″　O″接　S‴　　V‴　　　O‴

⑨ ❶ストレスを緩和させ社会技能を構築することが，遊びが持つ明白な恩恵である
ように思われるかもしれない。❷しかし，研究が示唆するところでは，第三の，や
や意外な領域に影響がある。遊びが実は子どもの知能を伸ばすようなのだ。❸1973
年に『発達心理学』誌に発表された古典的な研究では，研究者は未就学児90人を
3つのグループに分けた。❹1つ目のグループは，4つのどこにでもある物を使っ
て自由に遊ぶように言われた。その選択肢の中にはペーパータオルの山，ネジ回し，
木の板，ペーパークリップの山があった。❺2つ目のグループは，実験者が先ほど
の4つの物を一般的なやり方で使っているのを見て，それを真似するように言われ
た。❻最後のグループは，そうした物をまったく見ずに，テーブルに座って，何
でも描きたいものを描くように言われた。❼それぞれの活動は10分続いた。❽そ
の直後に，研究者は子どもにそれらの物の1つについてその使い方のアイデアを出
すように求めた。❾これらの物で遊んでいた子どもたちは，それらの物の型には
まらない創造的な利用法を，他の2つのグループの子どもたちと比べ平均して3倍
も多く挙げた。このことは，遊びは創造的思考を確かに育んでいるということを示
唆している。

⤷ 第9段落の要旨 遊びは子どもの創造性を高め賢くする。

□ relieve ～　　　　　　　　動「～を緩和させる」‥‥‥‥‥‥‥‥‥‥B
□ hint at ～　　　　　　　　熟「～をほのめかす」‥‥‥‥‥‥‥‥‥‥B
□ somewhat　　　　　　　　副「いくぶん」‥‥‥‥‥‥‥‥‥‥‥‥‥B
□ smart　　　　　　　　　　形「賢い」‥‥‥‥‥‥‥‥‥‥‥‥‥‥‥B
□ divide A into B　　　　　熟「A を B に分ける」‥‥‥‥‥‥‥‥‥A
□ common object　　　　　　熟「ありふれたもの」‥‥‥‥‥‥‥‥‥B
□ among the choices were ～　※副詞句＋V＋Sの倒置形。
□ a pile of ～　　　　　　　熟「～の山，大量の～」‥‥‥‥‥‥‥‥A
□ imitate ～　　　　　　　　動「～を真似する」‥‥‥‥‥‥‥‥‥‥B

□ without ever ～	熟	「決して～なしに」	A
□ come up with ～	熟	「(考えなど) を思いつく」	A
□ name ～	動	「～を挙げる」	B
□ does foster ～	熟	「実際～を促進する」※ does は強調を示す助動詞。	B

⑩ ❶ 〈Of course〉, many parents today believe [that they are acting 〈in their
              S   M   V   O 接 S′   V′

kids' best interests〉〈when they exchange free play 〈for [what they see φ as valuable
              接   S″   V″   O″   関代O‴S‴ V‴   C‴

learning activities]〉〉]. ❷ But parents should let children be children — not just 〈because
               接   S   V   O   C   M   M   接

it should be fun [to be a child]〉but 〈because [denying youth's unfettered joys] keeps
仮S′₁ V′₁   C′₁   真S′₁   接   接   S′₂   V′₂

kids 〈from developing 〈into inquisitive, creative people〉〉〉. ❸ Play needs [to be seen
O′₂   V″   S V O   V′

not as an opposite 〈to work〉, but rather as a complement 〈to it省略〉].
接   C′₁   接   M   C′₂

⑩ ❶ もちろん，今日の多くの親たちは，自由な遊びと引き換えに，自分たちが貴重な学習活動だと考えるものを子どもにやらせているとき，自分たちが子どもの最大の利益になるよう行動していると信じている。❷ しかし，親は子どもを子どものままでいさせてやるべきである。それは，単に子どもであることが楽しくあるべきだということのみならず，子ども時代ならではの拘束されない楽しみを与えないと，子どもが好奇心旺盛で創造的な人間に成長できないからでもある。❸ 遊びを，勉強の反対にあるものではなく，勉強を補完するものと考える必要がある。

↳ 第10段落の要旨 遊びは勉強を補完するものなので，子どもを遊ばせるべきだ。

□ act in one's best interests	熟	「～の最大の利益になるように行動する」	B
□ exchange A for B	熟	「A を B と交換する」	B
□ see A as B	熟	「A を B とみなす」	A
□ unfetter ～	動	「～の足かせを外す」※ -fet- = foot	C
□ inquisitive	形	「探究心旺盛な」	C
□ complement (to ～)	名	「(～を)補完するもの」	B

17

　狭義の「倒置」とは，主語の前に，動詞，助動詞が置かれることを言う。また広義の「倒置」とは，文の要素が従来の順序を逸脱していることを言う。ここでは煩雑さを避けるため，広義の「倒置」という用語を使うものとする。

　倒置される主な理由（次の中のいくつかが組み合わさった場合も多い）

> （1）情報の流れの円滑化（前の文で既に述べた情報［旧情報］を文頭に置き，新たな情報［新情報］をあとに回す）
> （2）文バランスの整序　（主語が長い場合の，主語の後置など）
> （3）強調　　　　　　　（Never have I seen such a beautiful scene. など）

倒置の種類

　1．SVM（第1文型）→ **MVS** の形式：（**M** は副詞）

　※普通，動詞には「存在・出現」を表すもの，副詞には場所を示す副詞句がくる。倒置の理由は 情報の流れの円滑化［旧情報→新情報］がほとんど。

　　本文では第9段落第3文（among the choices were ...）で登場する。

［例］At the foot of the hill country lie great plains.
　　　　　　　　　　　M　　　　　　　　　V　　　S

　　　「その丘陵地帯のふもとに，大平原が広がっている」

　2．SVC（第2文型）→ **CVS** の形式

　※倒置の理由は 情報の流れの円滑化［旧情報→新情報］がほとんど。

［例］Hidden in the cave was a treasure chest.
　　　　　　C　　　　　　V　　　S

　　　「その洞窟の中に隠されていたのは宝箱だった」

　3．O（目的語）の前置　※倒置の理由は情報の流れの円滑化がほとんど。

　※SVO → OSV，SVO$_1$O$_2$ → O$_2$SVO$_1$，SVOC → OSVC

［例］Some of the money I used ⟨to pay old bills⟩.
　　　　　　O　　　　　　S　V

　　　「そのお金の一部は古い借金返済のため使った」

　4．SVOC（第5文型）→ **SVCO** の形式

　※目的語が長い場合にこの形式をとることが多い。［文バランスの整序］

［例］Language makes possible the exchange of ideas between people.
　　　　S　　　　V　　　C　　　　　　　　O

　　　「言語は人間同士の考えの交換を可能にする」

　5．否定的副詞 + 疑問文の形式　※否定的な副詞を強調する

［例］Never have I seen such a beautiful lake.
　　　　　　　　S　V　　　O

　　　「そのような美しい湖を私は今まで見たことがない」

英語では「言いたいこと」に焦点があたるような言い方が好まれる。

[例1] We were surprised that Tom had solved the problem with ease.
「トムがその問題を簡単に解いたことに我々は驚いた」

　日本語としては何の問題もないだろう。ところが，この英文では私たちが驚いた理由が，「あの出来の悪いトムが解いた」からなのか，「誰も解けないあの問題」からなのか，「簡単に」解いたからか，がはっきりしない。そこで，こうしたことを明確にするために《名詞＋関係代名詞》という形を用いるのである。

We were surprised at the ease with which Tom had solved the problem.
「トムがその問題を解いた簡単さに我々は驚いた」

　今度は，日本語が不自然になる。なぜなら，日本語では普通見られない，the ease に焦点があたった文になっているからだ。上記の例を日本語にするときには「焦点化」を外して「トムがその問題を簡単に解いたことに我々は驚いた」とすべきであろう。英語は「モノの文化」，日本語は「コトの文化」と呼ばれることがあるのは，こうしたことも関係しているだろう。

　もう1例挙げておく。

[例2] The hitch-hiker took from his pocket a tin of tobacco and a packet of cigarette papers and started to roll a cigarette. I was watching him out of the corner of one eye, and the speed with which he performed this rather difficult operation was incredible.
「そのヒッチハイカーはポケットからタバコの缶と巻きタバコの紙の束を取り出し，タバコを巻き始めた。私は横目でその男をじっと観察していたが，男がそのかなり難しい作業を瞬く間にやってしまったのには信じられない気分であった。」

　本文第1段落第1文の後半に they do not always agree on the extent to which a lack of play harms kids. とある。これを直訳すると「遊びの欠落が子どもに害を及ぼす程度に関して彼らの意見は必ずしも一致していない」となるが，このままでは不自然である。よって the extent to which SV の部分の「焦点化」を外して，「どの程度 SV」とすればスムーズな訳となる。

Day 18

解答・解説

》問題は別冊 p.102

テーマ：科学

暗黒物質の存在の手がかり

[出題校]明治大学

[モニターの平均点] **21.0** / 30点

（各2点で採点）

＼竹岡の一言／

この宇宙は約27%のダークマターと，残りの大部分を占めて同様に神秘的なダークエネルギーで構成されているらしい。惑星や恒星のような普通の物質は，宇宙の5%を担っているにすぎない。

Answers：解答

番号	正解
1	（ア）(3)　（ウ）(3) （オ）(4)　（ク）(2)
2	（エ）(3)　（カ）(3) （キ）(1)
3	(A)(4)　(B)(2)
4	(A)(2)　(B)(2) (C)(2)　(D)(4) (E)(1)　(F)(4)

1-(ア) **正解** (3) ｜ 語彙問題 ｜ 正答率 95.2%

解説 下線部の pervades（pervade）は「～の一面に広がる，充満する」の意味である。選択肢 (1)「～を吸収する」，(2)「～を説明する」，(3)「～を満たす」，(4)「～を導入する」の中で，pervade に最も意味が近いのは (3) である。なお per-［＝ through］＋ -vade［＝ go］で，「～を通っていく」が原義。evade「～を逃れる（e-外＋ -vade 行く）」，invade「～を侵略する（in-中＋ -vade 行く）」が同系語。

1-(ウ) **正解** (3) ｜ 語彙問題 ｜ 正答率 38.2%

解説 下線部の arrangement は「配列，配置」の意味である。選択肢 (1)「外見，出現」，(2)「色」，(3)「分布，配置，分配」，(4)「温度」の中で，arrangement に最も意味が近いのは (3) である。

Cheer Up!

> 「語の意味は，1 つだけ覚えればいいや」では二流だ！
> (1) を選んだ人が半数を超えている。多くの人は，distribute を「～を分配する，配る」という意味だけで覚えていて，受動態（be distributed）の場合は「分布している」という意味になることを知らない。be evenly distributed なら「均一に分布している」である。
> 繰り返し言うが，「1 語 1 訳」や「1 語 1 コロケーション」では危うい。

1-(オ) **正解** (4) ｜ 語彙問題 ｜ 正答率 85.7%

解説 下線部の feel は「～を感じ取る，～に感応する，～の影響を受ける」の意味である。選択肢 (1)「～の効果を破壊する」，(2)「～に触ることによって吟味する」，(3)「～の印象を持っている」，(4)「～に反応する」の中で，ここでの feel に最も意味が近いのは (4) である。

1-(ク) **正解** (2) ｜ 語彙問題 ｜ 正答率 71.4%

解説 下線部を含む文の意味は「今後暗黒物質の位置のずれが最終的にもっと観測されたとしても，今問題になっている粒子の性質を（nail down）するとは限らない」である。Even if S V「たとえ S が V だとしても」の逆接の意味を考慮すると，「もっと観測されたとしても，粒子の性質を解明する，特定するとは限らない」のような意味になると推測できる。この意味に最も近い (2)「（原因など）を特定する，（事実など）を発見する」が正解である。なお nail ～ down / nail down ～の原義は「～に釘を打つ」である。他の選択肢の意味は (1)「～を変える」，(3)「～を乱す」，(4)「～を保存する」。

2-(エ) **正解** (3) ｜ 指示語問題 ｜ 正答率 94.3%

解説 it should be zero if ～「もし～ならそれはゼロになるはずだ」と書かれているので，前にある数字に注目する。第 3 段落最終文（For one of the

galaxies ...）に，「銀河の中心から暗黒物質のハローの中心が約 5 千光年ず
れている」と書かれているので，it が示すものは「銀河の中心点と暗黒物
質のハローの中心点の距離」だとわかる。(1)「暗黒物質のハローの中心点」，
(2)「WIMPs 団」，(3)「2 つの中心点間の距離」，(4)「暗黒物質の質量」の
中で正しいのは (3) である。

2-(カ)　**正解**　(3)　｜ 内容一致問題 ｜　正答率　81.6%

解説　下線部を含む文構造は make O C になっており，make dark matter less
dark で「暗黒物質をそれほど暗くないものにする」という意味。これは，
このあとの文から，「文字通り暗黒物質の黒さを和らげる」という意味で
はなく，「暗黒物質の漆黒の謎を，やや薄めて，少し解明する」という意
味のややしゃれた言い方であることがわかる。選択肢 (1)「より重い」，
(2)「より遠い」，(3)「より認識可能な」，(4)「より小さい」の中でここでの
less dark の意味に近いのは (3) である。

2-(キ)　**正解**　(1)　｜ 内容一致問題 ｜　正答率　52.5%

解説　下線部の shouting from the rooftops は「屋上から叫ぶ」が直訳で，そこ
から「世界に吹聴する」の意味に発展する。この熟語の意味を知らない場
合は推測することになる。下線部を含む文意「これはあまりに興味深い発
見なので，"shouting from the rooftops" ではなくて特に慎重に構えてい
る」とあるので，"shouting from the rooftops" は「慎重に構えて」の逆
の意味で，「軽率に振る舞う」に近い意味であろうと推測できる。選択
肢 (1)「その発見を公表する」，(2)「その問題を非常に慎重に考慮する」，
(3)「星々を仰ぎ見る」，(4)「世界に警告する」の中で「軽率」な行動と言
えそうなのは (1) である。

3-(イ)　**正解**　(A) (4)　｜ 書き換え問題 ｜　正答率(A)　81.2%
　　　　　　　　(B) (2)　　　　　　　　　　　　正答率(B) 100.0%

解説　not ～ by any means は「どのような手段によっても～しない，決して～
しない」の意味。except「～を除いて」は前置詞である。the pull
exerted by its gravity は「その重力による引力」の意味。以上から下線部
は「その重力による引力以外にはどのような手段でも目で確認することが
できない」の意味となる。まずは (A) の選択肢は (1)「明確に見える」，
(2)「完全に見えない」，(3)「ほとんど受け入れられない」，(4)「～だけ気づ
くことができる」の意味で，文意に合うのは (4) のみ。(B) の選択肢は
(1)「白紙に戻された」，(2)「引き起こされた」，(3)「混乱させられた」，
(4)「浪費された」だが，文意が通るのは (2) のみである。以上から ((4)
noticeable only) by the attracting force ((2) caused) by its gravity「その
重力によって引き起こされる引きつける力によってのみ気づくことが可能
な」となり，下線部とほぼ同じ意味になる。

4-(A)　**正解**　(2)　｜ 英問英答問題 ｜　正答率　81.0%

解説　「天文学者たちは，なぜ宇宙には目で見える恒星と銀河で説明できないほ

どの質量が存在するようだと考えているのか」

第1段落第2文（They came up with ...）に「天文学者がこの暗黒物質という考えに至ったのは，銀河の動きから判断するに，宇宙には目に見える恒星と銀河では説明がつかないほどの質量が存在していると思われ，それがなぜなのかを説明するためであった」とある。選択肢を順に検討する。(1)「ビッグバンがそれを生み出したという考えを思いついた」は偽。本文にそのような記述はない。(2)「彼らは銀河の動きを観察し，それから判断した」は真。(3)「彼らはなぜ銀河が膨張したかを説明することができない」は偽。本文にこのような記述はない。(4)「粒子という考えは大部分理論上の話である」は偽。以上から(2)が正解である。

4-(B)　**正解**　(2)　　　　　　　｜英問英答問題｜　正答率　80.1%

解説　「もし暗黒物質がなければ何が起こるだろうか」

第3段落第3文（Our own Milky Way's ...）のコロン以下（The galaxy is ...）「銀河系はあまりに高速で回転しているので，銀河系を1つにまとめる暗黒物質の重力が加わらなければ，飛び散ってしまうかもしれない」とある。選択肢を順に検討する。(1)「天文学者が失業するだろう」は偽。本文と何の関係もない記述である。(2)「銀河がばらばらになるだろう」は真。(3)「科学者がビッグバンを説明することができないだろう」は偽。本文にそのような記述はない。(4)「宇宙は今より明るくなるだろう」は偽。やはりそのような記述は本文にない。以上から(2)が正解となる。

4-(C)　**正解**　(2)　　　　　　　｜英問英答問題｜　正答率　76.2%

解説　「暗黒物質がWIMPsでできているという最初の証拠になりえるのはどれか」

第6段落第1文（This could be ...）に「今回の観測は，暗黒物質が実際にWIMPsでできていることを証明する初めての実証的証拠になるかもしれない」とあり，この「今回の観測（This）」の内容を答えればよい。それは第3段落最終文（For one of the galaxy ...）にある「今回観測された銀河団のうちの1つの銀河に対して，暗黒物質のハローの中心点が銀河そのものの中心点から，約5千光年ずれていたのである」の部分である。選択肢(1)「ビッグバン」，(2)「暗黒物質団のずれ」，(3)「ハッブル宇宙望遠鏡」，(4)「巨大なハロー」の中で適切なものは(2)である。

4-(D)　**正解**　(4)　　　　　　　｜英問英答問題｜　正答率　9.5%

解説　「マッシーは自分の新しい理論についてどう思っているか」

本文第6段落でマッシーは，暗黒物質の雲の位置のずれを最も明快に説明するものとして，（重力以外の）特別な力の存在を提唱しているが，同段第4文では「その力が何なのかさっぱりわからない」と述べている。続く第7段落では，自分で立てた仮説以外の（もっと単純な）現象が起こっている可能性も否定しない，としながらも，同段最終文（"It's tough to ...）で「説得力のある別の説明を考え出すのは難しい。しかし，（自説が）あまりに興味深い発見だからこそ，～，特別に慎重な態度を取っているのだ」と述べている。以上からマッシーは，自説が完璧ではないことを認めつつ

も，現時点では最も説得力のある説であると自認していることが伺える。この内容に一致する (4)「科学者が思いついた最善のものである」が正解である。(1)「それに対して自信が無い」は偽。第6段落では，確かに「(自説が提唱する) その力が何なのかさっぱりわからない」と述べているが，第7段落最終文で，「他の説明を考え出すのは難しい」，「(自説は) あまりに興味深い発見」であると述べていることから，自説そのものに対しては肯定的な印象を抱いていることが伺える。(2)「多くの他の説明のうちの1つに過ぎない」は偽。第7段落最終文で「説得力のある別の説明を考え出すのは難しい」と述べていることに反する。(3)「できるだけ早く発表することが必要だ」は偽。第7段落最終文で「特別に慎重な態度を取っているのだ」と述べていることに反する。

Cheer Up!
「難しいな」と思えば，他の受験生もそう思っている，ひるむな！
正答率が10%を切る難問である。本文では「説得力のある別の説明を考え出すのは難しい」のあとに「しかし…」と続く。よって「しかし大したことない」と推測してしまった人が (1) (2) を選んでしまった。消去法を使っておれば (1) と (2) がだいたい同じ方向だから，両者とも消去できたはずだ。

4-(E) **正解 (1)**

英問英答問題 | 正答率 14.3%

解説 「ジェイソン・ローズは暗黒物質についてどう思っているか」
本文中でジェイソン・ローズの名前が挙がるのは第8段落だけである。ここでのジェイソンの発言は，「現在のところ，(マッシーの暗黒物質に関する説明は) 最も説得力のある説明のように思える」としながらも，「しかし，さらなる証拠が必要なのは明らかです」のようにまとめられる。つまり，ジェイソンはマッシーの説明を完全に否定はしていないものの，やや懐疑的な立場を取っているのである。
以上を踏まえて選択肢を順に検討する。(1)「彼は自身の判断を控えている」は真。ジェイソンは，マッシーの説にはさらなる根拠が必要であると述べているだけで，ジェイソン独自の考えは本文中には一切提示されていない。(2)「彼はその存在を疑っている」は偽。マッシーの暗黒物質に関する説明については「最も説得力のある説明のように思える」とあることから，暗黒物質の存在そのものについては疑っていないことがうかがえる。(3)「マッシーと同じ意見を持っている」は偽。「さらなる証拠が必要である」と述べているように，マッシーの説明に対してやや懐疑的な立場を取っていることに反する。(4)「彼の考えはマッシーととても異なる」は偽。マッシーの説明について「最も説得力のある説明のように思える」とあるように，マッシーの説明の妥当性をある程度は認めていることに反する。
以上より，(1) が正解である。

Cheer Up!
微妙な問題には，自分が持っているセンサーを最大に設定して解く！
雑に読むと，ジェイソンもマッシーも「似た意見」だ，という印象を持ってしまう。そのためか，(3) を選んだ人が半数近くいる。まずは「ざっと」読んでもよいが，「しっかり」読むということも忘れてはならない。

解説　「ヨーロッパ大型ハドロン型加速器に取り組んでいる粒子物理学者が，地球上で暗黒物質の粒子を作り出すことができれば何が起きるだろうか」
第10段落第1文（Ideally, particle physicists …）に「理想的には，世界最大の粒子加速器である，欧州にある大型ハドロン衝突型加速器を用いて研究する粒子物理学者たちが，この地球上で暗黒物質を生成してくれれば，その性質を測定しやすくなるだろう」とある。選択肢を順に検討する。
(1)「宇宙への電子信号がより効果的に送られうる」は偽。本文にそのような記述はない。(2)「科学者は，重力以外の何かによってもたらされる力を強化できる」も偽。本文にそのような記述はない。(3)「ハッブル宇宙望遠鏡はもう必要なくなるだろう」は偽。本文にそのような記述はない。(4)「暗黒物質の粒子の特性をより簡単に観察できるだろう」は真。以上から(4)が正解となる。

1 ❶Astronomers have been struggling ⟨for nearly 80 years⟩ ⟨to figure out [what
　S　　　　　　　V　　　　　　　　　　　　　　　　　　　　V′　O′S″

makes up the mysterious dark matter ⟨that pervades the universe⟩]⟩. ❷They came
V″　　　　　O″　　　　　　　関代S‴　V‴　　　O‴　　　　　　　　S

up with the idea (of it) ⟨to explain [why, ⟨judging ⟨from the motions (of galaxies)⟩⟩,
V　　　　　O　　　　　　　　V′　　O′M″　　分構 V‴

the universe seems to have so much more mass ⟨than the visible stars and galaxies
　S″　　　　　V″　　　　　　O″　　　　　　　　　　S‴

can account for⟩]⟩. ❸They strongly suspect [（接 that 省略）it's some sort of exotic
V‴　　　　　　　S　　M　　V　　O　　　　　　　S′V′　　　C′

subatomic particle, ⟨created ⟨in the Big Bang⟩ ⟨in mind-blowing quantities⟩⟩ and ⟨not

visible ⟨by any means⟩ ⟨except by the pull (exerted ⟨by its gravity⟩)⟩⟩]. ❹The particle
　　　　　　　　　　　　　　　　　　　　　　　　　　　　　　　　　　　　　　S₁

notion is still mostly theoretical; astronomers have not yet discovered one (of these
　　　V₁ M₁　　M₁　　　C₁　　　　　S₂　　　　　　　　M₂　　　V₂　　O₂

particles) directly.
　　　　　　M₂

1 ❶天文学者らは80年近くにわたって，宇宙に（ア）充満している謎めいた暗黒物質が何でできているのかを突き止めようと奮闘してきた。❷天文学者がこの暗黒物質という考えに至ったのは，銀河の動きから判断するに，宇宙には目に見える恒星と銀河では説明がつかないほどの質量が存在していると思われ，それがなぜなのかを説明するためであった。❸天文学者らは，暗黒物質とは原子より小さい何らかの未確認粒子であり，ビッグバンによってとてつもなく大量に作られ，（イ）自らの重力による引力以外にはどのような手段でも目で確認することができないのではないかと強く疑っている。❹粒子であるという考え方は，いまだにほぼ理論上のものにすぎない。つまり，天文学者らは，これらの粒子の1つでさえ直接発見したわけではないのである。

　第1段落の要旨 天文学者らは，宇宙に充満する暗黒物質の解明に取り組んできたが，粒子ではないかというぐらいしかわかっていない。

□ astronomer	名「天文学者」※ astro-[星]。	………………	B
□ struggle to (V)	熟「Vしようと奮闘する」	……………………	B
□ figure 〜 out / figure out 〜	熟「〜を解明する」	…………………	A
□ pervade 〜	動「〜に浸透する，充満する」	………………	C
□ come up with 〜	熟「〜を思いつく」	………………………	A
□ judging from 〜	熟「〜から判断して」	……………………	A
□ mass	名「質量」	………………………………………	B
□ galaxy	名「銀河」	………………………………………	B
□ account for 〜	熟「〜（の理由）を説明する」	……………	B
□ suspect that SV	熟「SVではないかと疑う」※ = think と暗記。		
		…………………………………………	B

② ❶But a new set of observations (by the Hubble Space Telescope) and (by the Very
　接　　　　　S

Large Telescope, (based in Chile)), may have just come up with a crucial clue (about
　　　　　　　　　　　　　　　　　　　M　　　　　V　　　　O

[what the dark matter actually is φ]). ❷A new paper (appearing ⟨in *Monthly Notices*
関代C′　S′　　　　　M′ V′　　　　S

of the Royal Astronomical Society⟩) argues [that dark matter particles (within a
　　　　　　　　　　　　　　　　V　O接　　　S′

galaxy cluster (known as Abell 3827), (about 1.4 billion light-years ⟨from

Earth⟩)), are responding ⟨to a force (other than gravity)⟩].
　　　　　V′

② ❶しかし，ハッブル宇宙望遠鏡（HST）とチリにある超大型望遠鏡（VLT）を用い
　た新たな一連の観測結果により，もしかしたら，暗黒物質が実際には何なのかにつ
　いての決定的な手がかりがまさに得られた可能性がある。❷月刊『王立天文学短信』
　誌掲載の新しい論文によれば，地球から約14億光年離れたところにあるエイベル
　3827という名前で知られている銀河団の中にある暗黒物質の粒子は，重力以外の
　力に反応しているのだという。

　↳ **第2段落の要旨** 大型望遠鏡を用いた新発見：暗黒物質が重力以外の力に反応しているらしい。

③ ❶[What the paper's authors actually found out φ] was an unusual arrangement
　S 関代O′　　　　S′　　　　M′　　V′　　　V　　　　C

(of dark matter). ❷Normally, dark matter forms a huge halo ⟨around a galaxy⟩. ❸Our
　　　　　　　　　　　　M　　S　　　　V　　　O

own Milky Way's halo is part (of [what keeps us together]): The galaxy is spinning
　S₁　　　　　　V₁ C₁　　関代S′ V′ O′ M′　　　S₂　　　V₂

so fast ⟨(接 that 省略) it would fly apart ⟨without the extra gravity (of dark matter (to hold
M₂　　　　　　　　S′　　V′　　M′　　　　　　　　　　　　　　　　V′

263

it together)〉〉〉. ❹〈For one 〈of the galaxies 〈in this cluster〉〉〉, <u>the center point</u> 〈of the
O′　　　　　　　　　　　　　　　　　　　　　　　　　　　　　　　　　　S

dark-matter halo〉 <u>is</u> <u>offset</u> 〈by about 5,000 light-years〉〈from the center point
　　　　　　　　V　　C

〈of the galaxy itself〉〉.

③ ❶その論文の著者陣が実際に突き止めたのは，通常とは違った暗黒物質の(ウ)<u>分</u>
<u>布のしかた</u>であった。❷通常，暗黒物質は，銀河の周りに巨大なハローを形成する。
❸私たち自身が住む銀河系のハローも私たちをつなぎ止めているものの１つだ。銀
河系はあまりに高速で回転しているので，銀河系を１つにまとめる暗黒物質の重力
が加わらなければ，飛び散ってしまうかもしれない。❹今回観測された銀河団の
うちの１つの銀河に対して，暗黒物質のハローの中心点が銀河そのものの中心点か
ら，約５千光年ずれていたのである。

　↳ 第3段落の要旨 暗黒物質からなるハローの中心点が，通常とは異なり，銀河の中心点からず
　　れていた。

□ arrangement　名「配列」……………………………………………………………B
□ the Milky Way　名「天の川，銀河」※太陽系を含む銀河。…………………………A
□ spin　動「回転する」…………………………………………………………………B
□ fly apart　熟「飛び散る」……………………………………………………………A
□ for 〜　前「〜に関して」……………………………………………………………A
□ offset　形「(中心から) ずれた」……………………………………………………B

④ ❶〈In space〉, <u>that</u>'s not <u>very far</u>. ❷But <u>it</u> should be <u>zero</u> 〈if <u>dark-matter particles</u> <u>are</u>
　　　　　　　S　V　　C　　　接 S　V　　C　接　　　S′　　　　　　V′

<u>subject</u> 〈to gravity alone〉, 〔as <u>some theories</u> <u>suggest</u>〕.
C′　　　　　　　　　　　　　接　　S″　　　　V″

④ ❶宇宙においては，これ（約５千光年）は大した距離ではない。❷しかし，一部
の理論が示唆しているように，もし暗黒物質の粒子が重力の影響だけを受けるので
あれば，(エ)この距離はゼロになるはずなのだ。

　↳ 第4段落の要旨 本来は暗黒物質からなるハローの中心点と銀河の中心点が重なるはずだ。

□ be subject to 〜　熟「〜の影響を受ける」……………………………………………B
□ 〜 alone　形「〜だけ」………………………………………………………………A

⑤ ❶But <u>other theories</u> <u>predict</u> [that <u>another force</u> <u>should be involved</u>]. ❷〈For 〈at least〉
　　接　　S　　　　　V　　O 接　　S′　　　　　　V′

a couple of decades now〉, <u>theorists</u> <u>have leaned</u> 〈toward something 〈called "weakly
　　　　　　　　　　　　　　S　　　　V

interacting massive particles" 〈WIMPs〉〉〉, 〈as the best explanation 〈for [what
　　　　　　　　　　　　　　　　　　　　　　　　　　　　　　　　ofの目的語

<u>dark matter</u> <u>is made of</u> φ]〉〉. ❸<u>Such particles</u> <u>would feel</u> not just <u>gravity</u>, but <u>another,</u>
S′　　　　　V′　　　　　　　　S　　　　V　　M　　O₁　接

<u>relatively weak force</u> — <u>something</u> 〈similar 〈to the so-called weak nuclear force〉〉.
O₂　　　　　　　↑──同格──↑

⑤ ❶しかし，他の力も関わっているはずだと予測する理論もある。❷暗黒物質が何でできているか最もうまく説明する理論として，少なくとも数十年ほど前から，理論家の中では，「物質との電磁気的相互作用がほとんどない重い粒子（WIMPs）」と呼ばれる説が有力になってきている。❸この粒子は，重力だけではなく，その他比較的弱い力 —— 言ってみれば弱い原子力に近いもの —— も(オ)感知するかもしれない。

↳ **第5段落の要旨** 暗黒物質が何でできているかの理論としてWIMPs説が有力。

□ predict 〜 　**動**「〜を予測する」‥‥‥‥‥‥‥‥‥‥‥‥‥‥‥‥‥‥‥‥‥‥**A**
□ be involved 　**熟**「関与している」‥‥‥‥‥‥‥‥‥‥‥‥‥‥‥‥‥‥‥‥‥‥‥**B**
□ lean toward 〜 **熟**「〜に傾く」‥‥‥‥‥‥‥‥‥‥‥‥‥‥‥‥‥‥‥‥‥‥‥‥‥**B**
□ WIMPs 　※電磁気的な相互作用をほとんど起こさず，電磁波では検出できない粒子からできている「冷たい暗黒物質」のこと。

⑥ ❶This could be the first experimental evidence [that dark matter is indeed made ⟨of WIMPs⟩]. ❷The best explanation (for the dark-matter cloud's offset), says Richard Massey, lead author of the paper, is [that it's passing ⟨through other dark-matter clouds (in the core of Abell 3827)⟩]. ❸Friction (between the clouds), ⟨(being省略) caused ⟨by this extra force⟩⟩, is forcing the one ((関代 which 省略) Massey observed φ) (to lag ⟨behind its galaxy⟩) — ⟨although Massey and his colleagues have no idea yet [what the force is φ]⟩. ❹An extra force (besides gravity) wouldn't make dark matter less dark (in the sense ⟨of being easier ⟨to see directly⟩⟩), but rather (in the sense ⟨of casting some light ⟨on its nature⟩⟩).

⑥ ❶今回の観測は，暗黒物質が実際にWIMPsでできていることを証明する初めての実証的証拠になるかもしれない。❷この論文の筆頭著者であるリチャード・マッシーによれば，暗黒物質の雲の位置のずれを最も明快に説明するのは，その雲がエイベル3827の中心部にある他の暗黒物質の雲を通り抜けているところだったという見立てである。❸雲同士の摩擦が，この何らかの特別な力で引き起こされたため，マッシーが観測した暗黒物質が銀河の動きに対して後れをとってしまったという考え方だ。とはいえ，マッシーも共同研究者も，その力が何なのかはまだ見当がつかないと言う。❹重力に追加されるこの特別な力は，暗黒物質をより簡単に直接目に見えやすくするという意味ではなく，その正体にある程度の光を投げかけるという意味においては，暗黒物質の(カ)謎を少しは解明するものである。

↳ **第6段落の要旨** 今回の観察は，暗黒物質がWIMPsでできていることの証拠になるかもしれ

ない。

⑦ ❶They're also <u>open</u> 〈to the possibility [that <u>something</u> (much more mundane)

　S　V　M　C　　　　　└─同格─┘接　　S′

<u>is going on</u>]〉. ❷A <u>burst</u> (of star formation) (on one side (of the visible galaxy)),

　V′　　　　　S

〈for example〉, <u>could create</u> <u>a bright spot</u> (that <u>could skew</u> the astronomers'

　　　　　　　　　V　　　　O　　　　　関代S′　V′　　　O′

<u>estimate</u> (of [where the galaxy's center is])). ❸Or perhaps the <u>gravity</u> (of nearby

M″　　　　　　　　S′　　　　　V″　　接　M　　　　S

galaxies) <u>might be distorting</u> the visible galaxy's shape, again 〈making its center

　　　　　　V　　　　　　　O　　　　　M　分構V′　O′

hard 〈to pinpoint〉〉. ❹"It's <u>tough</u> [to think of a convincing alternative explanation],"

C′　　　仮S′₁V′₁C′₁ 真S′₁ V′　　　　　　O′

Massey says, "but <u>this</u> <u>is</u> such an exciting discovery 〈that I'm <u>being</u> extra super

　S　　V　接 S′₂ V′₂　　C′₂　　　　　接 S″ V″₁　　M″

cautious 〈rather than shouting 〈from the rooftops〉〉〉."

C″　　　　　　　V″₂

⑦ ❶マッシーらは，はるかにありふれたことが起こっているだけにすぎないという可能性も排除していない。❷たとえば，目に見える銀河の中のある場所で爆発的な勢いで星が形成され，それによりある部分があまりにもまぶしく光った結果，天文学者が銀河の中心がどこかを正確に把握しにくくなった可能性がある。❸あるいは，近隣の銀河の重力のせいで目に見える銀河の形にゆがみが生じ，その結果やはり中心部を特定しにくくなったということも考えられる。❹「説得力のある別の説明を考え出すのは難しい」とマッシーは言い，また次のようにも続けた。「しかし，これはあまりにも興味深い発見だからこそ，私は(キ)大々的に発表するよりは，ことさら慎重な態度を取っているのです」と。

↳ 第7段落の要旨 他の可能性も排除せず，慎重な態度を保っている。

□ pinpoint ～　　**動**「～を特定する」……………………………………………**C**
□ convincing　　**形**「説得力のある」…………………………………………**C**
□ cautious　　　**形**「用心深い」…………………………………………………**B**
□ shout from the rooftops 「屋根の上から叫ぶ」が直訳。

⑧ ❶The idea [that dark-matter particles are slowing each other down 〈through some
　　　　　S′ 　接　　同格　　　　　　S″　　　　　V″　　　O″
unknown force〉] "does seem (like the most likely explanation) 〈at this point〉," says
　　　　　　　　　　　V　　　　　　C′　　　　　　　　　　　　　　　　　　V
Jason Rhodes, a dark-matter expert 〈at NASA's Jet Propulsion Laboratory〉.
　　S　　　　　　同格
❷"But we clearly need more evidence." ❸The search (for that evidence) is already
　接　S　M　　V　　　O　　　　　　　S　　　　　　　　　　　　V　　M
(under way), 〈with a set of new observations (of other galaxies) (being省略) planned〉.
　C′　　　　分構　　　　S′　　　　　　　　　　　　　　　　　　　　C′

⑧ ❶何らかの未確認の力を通じて，暗黒物質粒子が互いの動きを遅くしているとい
う見立ては「現在のところ，実際最も説得力のある説明のように思える」とアメリ
カ航空宇宙局ジェット推進研究所の暗黒物質の専門家ジェイソン・ローズは言う。
❷「しかし，さらなる証拠が必要なのは明らかです」❸さらなる証拠を求めての研
究は既に始まっており，他のいくつかの銀河を新たに観察することが予定されてい
る。

↳ **第8段落の要旨** 「何らかの未確認の力を通じて，暗黒物質粒子が互いの動きを遅くしている」
が有力な見立てであるが，さらなる証拠は必要だ。

□ slow ～ down　　**動**「～を遅くする」……………………………………**B**
□ does seem ～　　**熟**「実際～と思われる」※does は強調の助動詞。………**A**
□ under way　　　**熟**「進行中で，始まって」…………………………………**A**
□ with ～ planned **熟**「～が計画されて」※with は付帯状況を示す。………**B**

⑨ ❶〈Even if more examples (of offset dark matter) are eventually found〉, it won't
　　接　　　　S′　　　　　　　　　　　　　　　　M′　　　V′　　S
necessarily nail down the nature (of the particles (in question)). ❷〈Even if they do
　　M　　　V　　　　O　　　　　　　　　　　　　　　　　　　接　　S′
feel some force 〈in addition to gravity〉〉, it will be hard [to calculate the strength
　V′　　O′　　　　　　　　　　　　　仮S V　C 真S₁ V　　　　O′
(of that force)], and thus [to narrow down the candidate list (of possible particles)
　　　　　　　接　M 真S₂　　V′　　　　　　O′
even further].
　M′

⑨ ❶今後暗黒物質の位置のずれの例が最終的にもっと観測されたとしても，今問題
になっている粒子の性質が(ク)特定されるとは限らない。❷粒子が重力以外のあ
る力を実際に感知しているとしても，その力の強さを計測し，そこから候補となる
粒子をさらに絞り込むのは難しいだろう。

267

↳ **第9段落の要旨** 暗黒物質に影響している粒子の特定は困難。

□ in question 　　　　　　　　　　　熟「問題となっている」‥‥‥‥‥‥‥‥‥‥Ａ
□ do feel ～ 　　　　　　　　　　　　熟「実際に～を感じ取る」※do は強調の助
　　　　　　　　　　　　　　　　　　　動詞。‥‥‥‥‥‥‥‥‥‥‥‥‥‥‥‥Ａ
□ calculate ～ 　　　　　　　　　　　動「～を計算する」‥‥‥‥‥‥‥‥‥‥‥Ｂ
□ narrow ～ down /narrow down ～ 　熟「～を絞り込む」‥‥‥‥‥‥‥‥‥‥‥Ｃ
□ candidate 　　　　　　　　　　　　名「候補者」※can- [白い]。candle「ろ
　　　　　　　　　　　　　　　　　　　うそく」が同系語。昔，選挙の候補者
　　　　　　　　　　　　　　　　　　　は白い服を着ていた。‥‥‥‥‥‥‥‥Ｂ
□ even ＋比較級 　　　　　　　　　　熟「さらに」‥‥‥‥‥‥‥‥‥‥‥‥‥‥Ａ

⑩ ❶Ideally, particle physicists (at Europe's Large Hadron Collider, the world's
　　　　　M　　　　　S　　　　　　　　　　　　　　　　　　┗━同格━┛

biggest particle accelerator), will manufacture some dark-matter particles 〈here on
　　　　　　　　　　　　　　　　　　V　　　　　　　O

Earth, (where their properties will be easier 〈to measure〉)〉. ❷Or maybe one (of
　　　　関副　　　S′　　　　V′　　　C′　　　　　　　　接　　M　S

several underground detectors), 〈〈(being 省略) designed (to snag a particle (as it passes
　　　　　　　　　　　　　　　　分構　　　　V″　C″ V‴　　O‴　　S‴ V‴

〈through the Earth〉)〉〉, will let us know 〈with an electronic signal〉.
　　　　　　　　　　　　　V　O　C

⑩ ❶理想的には，世界最大の粒子加速器である，欧州にある大型ハドロン衝突型加
速器を用いて研究する粒子物理学者たちが，この地球上で暗黒物質を生成してくれ
ることだろう。なぜなら地球上ならその性質を測定しやすくなるだろうからだ。
❷あるいは，いくつかある地下検出器の１つが，地球を通り抜ける粒子を捕まえ
るために設計され，（粒子を捕まえたと）電子信号で知らせてくれればいいのだが。

↳ **第10段落の要旨** 理想は，地球上での暗黒物質の生成と，地球を通る粒子を捕まえることで
ある。

□ physicist 　　　　　　　　　　　　名「物理学者」※chemist「化学者」。‥‥‥Ｂ
□ manufacture ～ 　　　　　　　　　動「～を製造する」‥‥‥‥‥‥‥‥‥‥‥Ｂ
□ property 　　　　　　　　　　　　名「特性」‥‥‥‥‥‥‥‥‥‥‥‥‥‥‥Ｂ
□ detector 　　　　　　　　　　　　名「検知器」‥‥‥‥‥‥‥‥‥‥‥‥‥‥Ｃ
□ a particle as it passes through 　　熟「地球を通り抜ける粒子」※as は「名詞限定
　　the Earth 　　　　　　　　　　　　の as」と呼ばれるもの。
　　　　　　　　　　　　　　　　　　　（→p.271 **Supremacy 034**）‥‥‥‥‥‥Ｂ
□ electronic signal 　　　　　　　　名「電子信号」‥‥‥‥‥‥‥‥‥‥‥‥‥Ｂ

⑪ ❶〈(In 省略) One way or another〉, physicists and their astronomical brothers are
　　　　　　　　　　　　　　　　　　　　S　　　　　　　　　　　　　　V

convinced [that the mystery (of dark matter) can't remain dark forever].
　　C　　　接　　S′　　　　　　　　　　　　　　V′　　C′　　M′

⑪ ❶物理学者もその兄弟たる天文学者も，暗黒物質の謎が永遠に「暗黒」のままで
あるわけではなく，何らかの方法で解明できると信じている。

□ one way or another 熟 「何らかの方法で」※前にinが省かれている。 …… A
□ be convinced that SV 熟 「SVを確信している」 …………………………… B

Oh my ...
英語学習者に知っておいてもらいたいこと

「語彙学習では言葉のイメージを大切に！」

　語学の学習は「語彙に始まり語彙に終わる」と言われる。ただ，語彙の形成は簡単なものではない。英単語を日本語に1対1で対応させて覚えても，英語と日本語との間に微妙なずれがあるので，英語の本質的なイメージに辿り着くのは困難だからである。京都大学の英作文の試験に出された「和食を理解する」という箇所では，understand the taste of Japanese-style foodと書いた人がほとんどであった。understand 〜は「（頭脳を用いて理知的に）〜を理解している」という意味で，「（芸術・文化に属するもの）を理解する，よさがわかる」という意味ではない。この意味を持つのはappreciateである。同様に，guaranteeを「保証」と覚えても，「誰が，何を，何の目的で行う保証」なのかわからない。よって，それでは単語を覚えたことにはならないのである。1対1対応の単語集で覚えていると，脳が疲労してくることがあるが，それは，言葉のイメージがつかめないもどかしさが理由であろう。guaranteeは「何かの商品が，ある一定期間の間に壊れた場合，それを修理する，あるいは交換することを文章で約束する」ことと理解すればすっきりする。

「英語は脳が混乱しないように書かれている！」

　日本語の「この町は10年で大きく変化した」に対応する英語はThis town has changed a lot over ten years.となる。overの代わりにinとしてもよいはずだが，知り合いのオーストラリア人（メルボルン大学出身）は，overの方がよいという。彼が言うにはinはin ten yearsなど「これから10年」にも使えるので，「脳が一瞬混乱する」。だから，まったく問題のないoverの方がいいとのことだった。確かに「かつて」のつもりでonceで始めると接続詞のonceの可能性も考えなければならないので「脳が混乱する」。だから「かつて」のonceは主語の後に置いた方がいいのかもしれない。英語は，このように「読者にわかるように書かれている」のだから，素直に読めばわかるのである。

1. less は little の比較級なので「より少ない」が基本的な意味。

［例1］Although some people do fine with *less* sleep, eight hours is still considered the norm.
「もっと少ない睡眠でもやっていける人もいるだろうが，8時間というのが標準的とされている」
本文では第6段落最終文（〜 dark matter less dark）とある。

2.（否定文で）*A*, much [still] less *B*「*A* は無理。ましてなおさら *B* は無理」

［例2］Dave cannot read Spanish books, *much less* write one himself.
「デイブはスペイン語の本を読めない。まして自分で書くなど不可能だ」

3. less *A* than *B*「*A* というよりむしろ *B*」

［例3］There has been some reduction in time spent on housework for women, but this is *less* the result of technological advance *than* the simple fact of women being employed outside the home.
「女性が家事に費やす時間はある程度減っているが，これは科学技術の進歩のおかげというよりも，単に女性が外の仕事に就くようになったということだけのことなのだ」

4. could not care less「まったく気にしていない」

［例4］I *could not care less* about what you think.
「君の考えていることなどまったく気にならない」
※「今は0％しか気にしていない。だから（そのつもりはないが）たとえ努力しても，これ以下のレベルで気にしないことはできない」が直訳。つまり，「まったく気にしていない」という意味になる。

5. nevertheless / nonetheless「にもかかわらず」

the 比較級の打ち消しで none という副詞が使われ none the less「それだけ少なくなることはない」となり，これが1語（nonetheless）となり，さらに none を never で入れ替えたのが nevertheless である。

［例5］It was raining heavily. *Nevertheless*, we went out.
「雨が激しく降っていた。にもかかわらず私たちは外出した」

6. not least 〜「とりわけ〜」

［例6］Brian was upset about Jill's appearance, *not least* because it seemed it was invading his privacy.
「ブライアンはジルが出現したことに動転した。とりわけそれは彼のプライバシーを侵害しているように思えたからだ」
※一種の婉曲表現。直訳は「一番どうでもよいことはない」だが，転じて「特に」となった。

関係代名詞の項で述べたように，英語は名詞の後ろにその名詞を説明する１つの文を置くことができる。ただしその際には人称代名詞の代わりに関係代名詞を用いるという条件がある。

［例1］welfare ＋ *we know it*

　　　→it を which に変更して，説明文の文頭に移動する

　　　welfare *which we know*

　　　「私たちが知っている福祉」

上記の英文を訳す場合 which の訳は出てこない。

名詞を説明するには，もう１つのやり方がある。それは説明文の前にasをつけるというものである。as もすでに述べたように「ゆるーい接続」に使われる語だ。だから《名詞＋as＋１つの完全な文》という形で使うことが可能なのである。

［例2］welfare ＋ *we know it*

　　　→説明文の前に as をつける。

　　　welfare *as we know it*

　　　「私たちが知っている（ような）福祉」

　　［例1］と同様に，上記の英文を訳す場合 it の訳は出てこない。

　関係代名詞節との違いは，限定用法（関係代名詞節にコンマのつかない用法）と非限定用法（関係代名詞節の前にコンマを打つ用法）との区別がないということ。よってどのような場合であれ，as 〜の両側にコンマを打っても打たなくてもよいのである。

　as we know it / as you know it という形が頻出だが，それ以外でも使われる。

［例3］Because Judy Garland has existed as a celebrity in this culture, we are aware of the story of her life <u>as it has entered our cultural awareness</u>, becoming a mythic narrative of the unhappiness of the successful.

　　　「ジュディ・ガーランドはこの文化の中の有名人として存在してきたために，我々の時代の文化面における意識の中に入り込み，成功者の不幸の神話となった彼女の人生の物語を我々は意識するのである」

　　※as it has entered our cultural awareness が the story of her life を説明している。

　　また《名詞＋as 過去分詞形》の形で，代名詞を伴わないこともある。

［例4］contemporary history as practiced in many countries

　　　「多くの国で行われているような現代歴史学」

　本文では第10段落最終文に Or maybe one of several underground detectors, designed to snag a particle <u>as it passes through the Earth</u>, will let us know with an electronic signal.

「あるいは，いくつかある地下検出器の１つが，地球を通り抜ける粒子を捕まえるために設計され，（粒子を捕まえたと）電子信号で知らせてくれればいいのだが」

テーマ：科学

ロンドンにおける
人工芝の脅威

[出題校]日本女子大学

[モニターの平均点] **30.7** / 44点
（記号は各3点，筆記は5点で採点）

╲竹岡の一言╱

想像力の欠落は悲劇をもたらし
うる。たとえば，建設業者は高
層マンションを建てる時に，そ
れが老朽化することなんて想像
しないのだろうか？また，人工
芝をあちこちに敷く人は，この
文に書かれていることをよく読
んでもらいたいものだ。

Answers：解答

番号	正解
1	イ (d)　エ (b)　オ (a) カ (a)　ケ (b)
2	ア (a)　ウ (c)　キ (c) ク (b)　コ (c)
3	サ　私はすべての時間を 費やして，天然芝を人工芝 に負けないぐらいきれい な見た目にしようと努力 しています。
4	a, c, f

Lecture：設問解説

1-イ ‖正解‖ (d)

｜空所補充問題｜ 正答率 98.8%

解説 空所を含む文は，4つの節が and でつながれた構造になっている。

①You are using ..., so there is a carbon impact there
②you have to remove ... so you （ イ ）the natural properties of the soil
③you are destroying an environment which ...
　　　　and
④this is a product which ultimately goes into the garbage dump

そして，それぞれが人工芝を敷くことによる環境への悪影響を挙げている。よって空所を含む箇所「土の持つ自然の特性（イ）」も，環境への悪影響について述べていると考えられる。この空所に選択肢（d）「～を減少させている」を入れれば，環境への悪影響として適切な内容になり，これが正解。(a)「～を付け足している」，(b)「～と意見が一致している」，(c)「～を生産している」。

1-エ ‖正解‖ (b)

｜空所補充問題｜ 正答率 49.5%

解説 空所を含む文の意味は「庭師の中には，自らの時間の100パーセントを人工芝の設置に費やす（　　），昔ながらの庭師としての仕事を放棄している者もいる」である。本文の第1段落第1文（Environmentalists have warned ...）に「本物の芝の代わりに人工芝を敷く傾向が高まっている」とあることから，「昔ながらの庭師としての仕事（＝天然芝を敷くこと）を放棄する」ということは，人工芝を敷くことに従事することを意味すると考えられる。よって「人工芝の設置に費やす（　　）」の空所には肯定的な内容の語が入ると推測できるので，(b)「～を好んで」が最も適切である。(a)「～の間に」，(c)「～の資格を持って」，(d)「～をやめるために」。

Cheer Up!

単語の意味はいい加減に覚えないこと！
favor と聞いてまず思いつくのは Could you do me a favor?「ちょっとお願いがあるのですが」である。この favor は「親切な行為」という意味。もう1つの意味は，in favor of ～で「（提案など）に賛成で，～の方を選んで」である。単語を覚えるときにいい加減に覚えるくらいなら覚えないほうがまし。知らない方が間違えないものである。

1-オ ‖正解‖ (a)

｜空所補充問題｜ 正答率 82.3%

解説 空所を含む文の意味は「今は誰でも，とても忙しい世界で暮らしているんだ。仕事（　　）何かができる時間がある者なんて誰一人いないんだ」である。1文目と2文目がコンマでつながれていることから，2番目の文は最初の文の言い換えとなっていることがわかる。よって「皆仕事で手一杯だ」という内容になるようにすればよい。選択肢(a)「～を除いて」，(b)「～の内部に」，(c)「～を通して」，(d)「～がなしに」の中で，そのような文意

になるのは (a) しかない。

1-カ　正解　(a)

解説　空所を含む文のうち，they are having artificial lawns （　　） の部分と，選択肢には動詞 lie と lay の変化形が並んでいることから，《have ＋ O ＋ 原形》または《have ＋ O ＋ 分詞》の第 5 文型になると考えられる。第 1 段落第 1 文（Environmentalists have warned ...）に lay artificial lawns「人工芝を敷く」という表現があることから，artificial lawns are laid「人工芝が敷かれる」という受動の意味関係が成り立つことがわかる。よって空所には，他動詞 lay の過去分詞形である (a) laid が適切である。《have ＋ O ＋過去分詞形》で「（プロなどに）O を～してもらう」という意味になる。残りの選択肢は (b) lay「～を横たえる」の原形または lie「横たわる」の過去形，(c) lie「嘘をつく」の過去形，(d) lie「横たわる」あるいは lie「嘘をつく」の （V）ing 形である。

1-ケ　正解　(b)

解説　空所を含む部分の意味は「土壌が持つ，ミネラルを吸収し自らを（　　）保つ力という観点で（昆虫がいることが重要だ）」。さらに直後に文は「だから，激しく雨が降ったり，干ばつに見舞われても，持ちこたえるだけの土壌になるのです」とある。選択肢 (a)「泥棒から」，(b)「健康な」，(c)「静かな」，(d)「秘密（の）」の中で文意が通るのは (b) のみである。

2-ア　正解　(a)

解説　下線部 in bulk は「大量に」の意味で，in large quantities や in large amounts などが同義熟語。この in は「数量・単位」を示す役割を担っている。この熟語を知らなくても，第 1 段落は「人工芝の使用が増加」について述べられているので推測可能であろう。選択肢 (a)「大量に」，(b)「店（倉庫）の中に」，(c)「クレジットカード払いで」，(d)「箱の中に詰め込まれている」の中で適切なのは (a) しかない。

2-ウ　正解　(c)

解説　下線部を含む文は「そしてその命が終わるとき，それは最終的にはゴミ捨て場行きになる製品なのです」という意味である。its「その」は後続の文で a product「製品」だと書かれているが，この文章中での製品は人工芝のことである。よって下線部の意味は「人工芝の命が終わるとき」となる。以上のことを踏まえて選択肢 (a)「私たちが生きている限り」，(b)「その庭の所有者が亡くなるとき」，(c)「我々が人工芝を捨てるとき」，(d)「野生動物が苦しんでいるとき」を見ると，適切なのは (c) だとわかる。30% 近い人が (b) にしているが，its の指すものを無視した結果であろう。

2-キ　正解　(c)

解説　下線を含む第 5 段落第 1 文では「（人工芝の）需要は across the board 高まっている」というイーモン・シェリダンの発言を紹介している。それに

続く第2文では，シェリダン自身の発言を引用し，第1文の発言の内容を裏付けていると考えられる。そこでは，シェリダンが所属する会社を含めた企業グループが人工芝の売り上げを大きく伸ばしていると説明されている。第1文と第2文の内容上の対応箇所は次の通り。

【第1文】（人工芝の）<u>需要は across the board 高まっている</u>

【第2文】<u>シェリダンが所属する会社を含めた企業グループ</u>が<u>人工芝の売り上げを大きく伸ばしている</u>

よって across the board は「大規模に，広い範囲で」という方向性の意味であると考えられるので，この意味に最も近い (c)「全般的に」が正解である。(a)「（鉄道の）軌道を超えて」は文字通りの意味しかもたず，文脈に適さない。(b)「外国から」は，おそらく board と abroad の見間違いをねらった引っ掛け。(d)「黒板に」は論外である。なお，across the board は「((略式)) 全体一律に，全域にわたって」の意味である。

必ず段落の趣旨を考えてから選択すること！

この問題の難しさは，across the board「板を横切って」から，その意味を理解することが困難であるということだ。「木を見て森を見ず」にならないように，段落全体の意味をまず考えれば (c) しか残らないはずだ。(a) にした27%の人は「across は何となく beyond に似てるな」というレベルであろうし，(b) にした45%の人は「何となくよさそうだ」というレベルである。とにかく常に「全体の趣旨」を考えること！

2-ク **正解** (b) | 語彙問題 | 正答率　18.2%

解説 substantial は受験生が覚えておくべき単語であり，その意味は (1)「かなりの，たくさんの」，(2)「内容のある，重要な」である。下線部を含む文の意味は「人工芝が与えるマイナスの影響は（substantial）であると思います」である。よって「かなりの」の意味であることはわかる。選択肢 (a)「説明責任がある，無理もない」，(b)「かなりの，重要な」，(c)「ささいな，つまらない」，(d)「地下の」の中で適切なものは (b) である。

派生語は元の単語と切り離し，1つの単語として覚えよ！

「派生語」という命名は「おまけ」の感じがしてよくない。それぞれ別々の単語として覚えるべきであろう。たとえば instrumental の意味は「役に立つ」で，instrument「楽器，器具」を覚えていても推測不可能である。つまり「instrumental は instrument の形容詞である」という情報は何の役にも立たないのである。accountable は「説明責任がある」という意味（accountability なら「説明責任」）で，account（アカウント，口座）からの推測は困難である。また considerable は「考えられることが可能な」→「（数量において）かなりの」と意味が発展しているため，これも推測困難な単語の1つである。consider（～を考慮する）とは切り離してしっかり覚えるべきであろう。本問の substantial も，名詞形 substance「物質」からは意味の推測は困難である。

2-コ **正解** (c)

解説 下線部を含む最終段落の冒頭で「人工芝の流行の恩恵に浴している人々でさえ，需要が高いことが必ずしも安寧な生活を意味するとは限らないことに気づきつつある」とある。つまり何かマイナスの事態が生じていることを示唆している。下線部を含む文の意味は「人工芝の需要が今では非常に高いので，自社が製造している高品質の欧州製の人工芝が，それよりも安価な輸入物によって，ますます（　　　）」である。冒頭の文を考慮すれば，空所には「食われている」の意味合いの語が入ると推測できる。選択肢(a)「励まされる」，(b)「監視される」，(c)「掘られる，衰えさせられる」，(d)「理解される」の中でマイナスイメージの単語は(c)しかないのでこれが正解。なおundercut〜は「〜の下を切り取る」の意味なので，本文では「価格の切り下げがなされている」という意味となる。

3-サ **正解** 私はすべての時間を費やして，天然芝を人工芝に負けないぐらいきれいな見た目にしようと努力しています。

解説 ▶ **I spent all my time trying to *do*** 「私は私のすべての時間を〜しようとすることに費やす」

《spend＋時間＋*doing*》は「時間を〜するのに費やす」の意味。「私は私のすべての時間を費やして〜する」という訳順でも可。

▶ **make the lawn look as good as the artificial one** 「（天然）芝を人工芝に負けないほど見栄えを良くする」

《make＋O＋原形不定詞》で「Oを〜にする」の形式。the lawn は「（私が現在使っている天然の）芝」，the artificial lawn も「（私が現在使っている）人工芝」の意味だがtheを訳す必要はない。as good as 〜は「〜に負けないほど良い」の意味。

竹岡の
生徒答案
メッタ
斬り!

[生徒答案例1] [4/5]
私は，人工芝と同じくらい天然芝の見栄えをよくするために，自分の×[ヌケ→すべての]人生を費やしている。
※allの訳抜け。

[生徒答案例2] [2/5]
私は自分の人生のすべてをかけて，人工芝と見栄えが大差ない本当の芝×を作ろう［→にしよう］と試みている。
※《make＋O＋原形不定詞》がわかっていない典型的なミス。

4 **正解** a
c
f

解説 (a)「ロンドン人工芝社も人工芝直販社も売り上げが増加している」は真。第5段落第2文（We have seen …）に，「当社（＝ロンドン人工芝社）の場合には，売り上げは63パーセント増加しましたが，（中略），そこ（＝

人工芝直販社）は売り上げが今までのところ昨年と比べて今年は220パーセントの伸びになっています」とある。

(b)「人工芝は何度もリサイクルして再利用できる」は偽。第1段落最終文（But specialists ...）に「永久に消えることのない廃棄物を生み出すことになる」とある。

(c)「人工芝は環境にマイナスの影響を与える」は真。文章全体からも容易にわかるが，たとえば第6段落第1文（Paul de Zylva ...）に「マイナスの影響はかなりなものがあると思います」とある。

(d)「昆虫は天然芝と人工芝の区別がつかない」は偽。第6段落第3〜4文（You will ...）に「ミツバチはさまざまな草の種を含む芝生にとまるものです。他にも昆虫や毛虫も芝生にいることでしょう」とある。さらに同段落第5〜6文に「人工芝を使うと，これらすべてを失うことになります。野生生物に対して『ここに来るなという信号』を発していることになるのです」とある。つまり人工芝には昆虫が寄りつかないことがわかる。

(e)「マシュー・ファースはテレビコマーシャルで人工芝を宣伝しようとしてきた」は偽。第2段落にマシュー・ファースが登場するが，このような記述はない。

(f)「人工芝の人気の理由の1つは，日頃の手入れが不要であるということだ」は真。第3段落第1文後半（which need littles ...）に，「ほとんどまったく手入れの必要がなく，芝刈りをする必要もない」とあり，さらに第4段落最終文（Thre is no ...）に「人工芝なら芝刈りも水やりもする必要なんかないからね」とある。

(g)「土壌は激しい雨と干ばつを防ぐ」は偽。第6段落第4文（Other insects and ...）に「このことは，土壌が持つ，ミネラルを吸収し自らを健康な状態に保つ力という観点で，極めて重要なことなのです。だから，激しく雨が降ったり，干ばつに見舞われても，持ちこたえるだけの土壌になるのです」とあるが「（激しい雨や干ばつ自体を）防ぐ」とは書いてない。

(h)「イギリスでは現在，人工芝と天然芝のバランスがうまく取れている」は偽。第3段落第2文（Some landscape gardeners ...）「庭師の中には，自らの時間の100パーセントを人工芝の設置に費やすことにして，昔ながらの庭師としての仕事を放棄している者もいる」だけでも，この選択肢が偽だとわかる。そもそも本文は「人工芝が普及してきていることに対する警告」である。

1 ❶Environmentalists have warned [that a growing trend ⟨to lay artificial lawns
S V O 接 S′ V″ O″₁

⟨instead of real grass⟩⟩ threatens the natural landscape ⟨across Britain⟩]. ❷⟨From
O″₂ V′ O′

local governments ⟨who purchase ⟨in bulk⟩ ⟨for use⟩ ⟨in urban settings⟩⟩⟩,
関代S′ V′

⟨to primary schools ⟨which purchase 省略⟩ ⟨for children's play areas⟩⟩, and ⟨in the gardens

⟨of ordinary suburban family homes⟩⟩, green artificial grass is becoming a familiar sight.
S V C

❸But specialists and green groups say [⟨接 that 省略⟩ the easy fix ⟨of a fake lawn⟩
接 S V O S′

is threatening wildlife, ⟨including butterflies, bees and garden birds⟩ ⟨as well as creating
V′₁ O′₁ V′₂

waste ⟨which will last forever⟩⟩].
O′₂ 関代S′ V′ M′

1 ❶本物の芝の代わりに人工芝を敷く傾向が高まっているが，それによってイギリ
ス全土の自然の景観が脅かされていると，環境保護論者は警告している。❷都市
部で利用するために(ア)大量に購入する地方自治体から，子どもたちの遊び場用
に購入する小学校や，また，郊外の普通の家庭の庭で，緑の人工芝は見慣れた風景
になりつつある。❸しかし，専門家や自然保護団体によると，人工芝を安易に設
置することは，チョウやミツバチや小鳥などの野生生物を脅かしつつあると同時に，
永久に消えることのない廃棄物を生み出すことになるということだ。

↳ **第1段落の要旨** 人工芝は自然環境に影響を及ぼすだけでなく，永久に残るゴミになる。

□ environmentalist	名	「環境保護論者」	B
□ a growing trend to (V)	熟	「Vする高まりゆく傾向」	B
□ lay artificial lawns	熟	「人工芝を敷く」	B
□ threaten ～	動	「～を脅かす」	B
□ natural landscape	熟	「自然の景観」	A
□ local government	名	「地方自治体」	A
□ in bulk	熟	「大量に」 ※bulk は「かさばる」の意味。	…
□ urban setting	熟	「(ある特定な) 都市環境，都市部」	B
□ suburban	形	「郊外の」	B
□ familiar sight	熟	「見慣れた光景」	A
□ green group	名	「環境保護団体」	A
□ the easy fix of a fake lawn	熟	「人工芝を安易に敷くこと」	B
□ wildlife	名	「野生生物」	B
□ garden bird	熟	「庭に来る鳥，小鳥」	A
□ last forever	熟	「永遠に残る」	B

2 ❶Mathew Firth, director of conservation at the London Wildlife Trust, said:
S ↑——同格——↑ V

["You are using fossil fuels ⟨to make artificial grass⟩, so there is a carbon impact
O S'₁ V₁ O'₁ V″ O″ 接 M″₁ V″₁ S″₁

there, you have to remove a significant amount (of soil) ⟨to lay it⟩ so you are reducing
M″₁ S'₂ V₂ O'₂ V″ O″ 接 S″₂ V″₂

the natural properties (of the soil), you are destroying an environment (which a
O″₂ S'₃ V₃ O'₃ 関代

wide range of species are dependent on ϕ), and ⟨at the end (of its life)⟩ this is a product
S″₃ V″₃ C″₃ 接 S'₄ V'₄ C'₄

(which ultimately goes ⟨into the garbage dump⟩). ❷So yes, we are concerned ⟨about its
関代S″₄ M″₄ V″₄ 接 M S V C

popularity⟩."]

② ❶ロンドンのワイルドライフ・トラストの自然保護部門を統括するマシュー・ファースは、「人工芝を作るために化石燃料を使用しています。だからそこには炭素による影響が出てしまいます。さらに，人工芝を敷くためにはかなりの量の土を取り除かねばなりません。それによって，土の持つ自然の特性(イ)が失われてしまいます。また，広範囲の種が依存している環境を破壊していることになる製品なのです。そして(ウ)人工芝の寿命が終わると，それは最終的にはゴミ捨て場行きになる製品なのです。❷だからこそ，私たちは人工芝の人気を懸念しているのです」と述べた。

↳ **第2段落の要旨** 人工芝の具体的な悪影響（炭素・土・環境破壊・ゴミ）。

- □ director of 〜　　熟「〜を統括する人」‥‥‥‥‥‥‥‥A
- □ fossil fuel　　名「化石燃料」‥‥‥‥‥‥‥‥‥‥‥‥B
- □ carbon impact　　熟「炭素の影響」‥‥‥‥‥‥‥‥‥‥B
- □ remove 〜　　動「〜を除去する」‥‥‥‥‥‥‥‥‥‥B
- □ a significant amount of 〜　　熟「かなりの量の〜」‥‥‥B
- □ natural property　　熟「自然の特性」‥‥‥‥‥‥‥‥‥B
- □ a wide range of 〜　　熟「広範囲の〜」‥‥‥‥‥‥‥‥A
- □ be dependent on 〜　　熟「〜に依存している」‥‥‥‥‥B
- □ at the end of one's life　　熟「〜の寿命がくると」‥‥‥A
- □ ultimately　　副「最終的に」‥‥‥‥‥‥‥‥‥‥‥‥B
- □ be concerned about 〜　　熟「〜を懸念している」‥‥‥‥B

③ ❶But the demand (for the perfect green carpet, (which needs little or no
接 S 関代S' V'₁

maintenance and does not need cutting)), is growing. ❷Some landscape gardeners are
O'₁ 接 V'₂ O'₂ V S

dropping their traditional gardening work ⟨in favor of spending 100% of their time
V O V' O'

⟨installing fake lawns⟩⟩. ❸Paul Wackett, a landscape gardener, said: ["It has gone
V″ O″ S ——同格—→ V O S' V'

absolutely crazy this year]. ❹Ninety-nine percent (of it) is ⟨for private homes⟩ — ⟨from
M' C' M' S V

small houses⟩ ⟨up to large houses ⟨with big gardens⟩ ⟨which <u>have</u> <u>it</u> ⟨around

　　　　　　　　　　　　　　　　　　　　　　　　　　　関代 S′　V′　O′

their swimming pools⟩⟩⟩."]

③ ❶しかし，この完璧な緑の絨毯（ほとんどまったく手入れの必要がなく，芝刈り
をする必要もない）に対する需要は伸び続けている。❷庭師の中には，自らの時
間の100パーセントを人工芝の設置に費やす(エ)ことにして，昔ながらの庭師とし
ての仕事を放棄しつつある者もいる。❸庭師のポール・ウォケットは，「今年は本
当に信じられないぐらい売れたよ。❹人工芝設置の仕事はその99パーセントが一
般家庭だったね。小さな家から，人工芝に囲まれたプールのある広い庭付きの豪邸
に至るまでね」と述べた。

> ↳ 第3段落の要旨 庭師も，昔ながらの仕事を捨て，人工芝設置に傾きつつある。

□ demand for ～　　　　　熟「～に対する需要」……………………………………B
□ little or no ～　　　　　熟「ほとんどまったく～ない」…………………………A
□ maintenance　　　　　名「手入れ」………………………………………………B
□ need *doing*　　　　　熟「～する必要がある」…………………………………A
□ landscape gardener　　「庭師」……………………………………………………B
□ drop ～　　　　　　　動「（習慣・計画など）をやめる，幕を下ろす」………A
□ spend ＋時間＋ *doing*　熟「（時間）を～するのに費やす」………………………A
□ fake lawn　　　　　　＝ artificial lawn　※同一語句の反復を避けるため。
□ crazy　　　　　　　　形「((略式)) 素晴らしくよい」………………………………A
□ S is for ～　　　　　　熟「S は～のためのものである」…………………………A

④ ❶<u>He</u> <u>also</u> <u>said</u>, [\"everyone <u>is living</u> ⟨in a very busy world⟩ now, <u>no one</u> <u>has</u> <u>time</u>

　S　M　V　　　　　　S′₁　　V′₁　　　　　　　　　　　　　　M′₁　S′₂　V′₂　O′₂

⟨to <u>do</u> anything ⟨except work⟩⟩. ❷<u>They</u> <u>work</u> hard and <u>they</u> <u>play</u> hard so <u>they</u> <u>are</u>

　　V′　　O′　　　　　　　　　　　　S₁　V₁　M₁　接 S₂　V₂　M₂　接 S₃

<u>having</u> artificial lawns <u>laid</u> ⟨if <u>they</u> <u>have</u> children or dogs and <u>they</u> <u>want</u> [to <u>enjoy</u> the

　V₃　　O₃　　　C₃　接 S′₁ V′₁　　　　O′₁　　　　接　S′₂　V′₂　O′₂　V″

garden] but <u>don't want</u> [to <u>maintain</u> it]⟩. ❸<u>There</u> <u>is</u> <u>no need</u> ⟨to <u>cut</u> or <u>water</u> the

　O″　　接　　V′₃　　O′₃　V″　　O″　　　　　M　V　S　　V′₁　　V′₂

lawn⟩.\"]

　O′

④ ❶ポールはまた，「今は誰でも，とても忙しい世界で暮らしているんだ。❷仕事
(オ)以外に何かができる時間がある者なんて誰一人いないんだ。みんな懸命に仕
事をして懸命に遊んでいるよ。もし子どもがいたり，犬を飼っていたりして，庭を
楽しみたいが庭の手入れをしたくない場合は，人工芝を(カ)敷いてもらうことに
なるんだ。❸人工芝なら芝刈りも水やりもする必要なんかないからね」と言う。

> ↳ 第4段落の要旨 忙しい現代人には人工芝が便利だ。

□ maintain ～　　　　　動「～を手入れする」……………………………………B
□ water ～　　　　　　　動「～に水をやる」………………………………………B

⑤ ❶<u>Eamon Sheridan</u>, <u>managing director of Artificial Grass London</u>, <u>said</u> [(接 that 省略)

　　S　　↑ーーー同格ーーー↑　　　　　　　　　　　　　　V

280

there had been an increase (in demand) ⟨across the board⟩]. ❷ "We have seen a 63%
　　　　M′　　V′　　　　　S′　　　　　　　　　　　　　　　　　　　　　S₁　　V₁

increase (in sales) ⟨in our case⟩, but we are part (of a group (of companies,
　O₁　　　　　　　　　　　　　　接　S₂ V₂　C₂

(one (of which), Artificial Grass Direct, has been established a lot longer))), and ⟨so
　S′　　関代　　↑───同格───↑　　　　　　　　　V　　　　　　　　M′　　M′　　　接

far⟩ they have seen a 220% increase (in sales) ⟨this year from last year⟩."]
　M₃　S₃　　V₃　　　O₃

⑤　❶ロンドン人工芝社の重役であるイーモン・シェリダンによると，需要は(キ)全
　　面的に高まっているとのことだ。❷「当社の場合には，売り上げは63パーセント
　　増加しましたが，当社は企業グループの一員にすぎません。その中の１社に，人工
　　芝直販社という当社より社歴がずっと長い会社がありまして，そこは売り上げが今
　　までのところ昨年と今年を比べて220パーセントの伸びになっています」

　↳ 第5段落の要旨　人工芝を扱う会社の業績は右肩上がりである。

　　□ managing director　　　熟「重役」………………………………………………A
　　□ an increase in demand　熟「需要の伸び」……………………………………B
　　□ across the board　　　　熟「全域にわたって（←ボード全体に）」…………A
　　□ establish ～　　　　　　動「～を設立する」…………………………………A
　　□ so far　　　　　　　　　熟「（先のことはわからないが）今までのところ」……A

⑥　❶Paul de Zylva, senior nature campaigner for Friends of the Earth, said: "I
　　　　S　　↑────同格────↑　　　　　　　　　　　　　　　　　V　S′

think [(接that→省略) the negative impacts (of artificial grass) are substantial].
　V′　O′　　　　　　　　　S″　　　　　　　　　　　　V″　　C″

❷⟨For the sake (of convenience and [not wanting the children (to get muddy)])⟩, what
　　　　　　　　　　①　　　　　　　　②　　V′　　　O′　　　　C′　　　　　　　O

is it (that 省略) we are losing φ here? ❸You will find bees resting ⟨on lawns (which
　　　　　　　　S　V　　　　　　　　S　　V　　　O　　　C　　　　　　関代S′

contain a mix (of grass seeds)⟩. ❹Other insects and worms will be ⟨in there⟩ too, (which
　V′　　O′　　　　　　　　　　　　S₁　　　　　　　　　　　V₁　　　M₁　　関代S′

are incredibly important ⟨in terms of the ability (of the soil) (to absorb minerals
　V′　　M′　　C′　　　　　　　　　　　　　　　　　　　　　　V′₁　O′₁

and keep soil healthy, ⟨so that ⟨when you have heavy rain or drought⟩ you have soil
接　V′₂　O′₂　C′₂　　接　　接　S‴ V‴　　O‴　　　　　　　　S″ V″ O″

(which can cope)⟩⟩⟩. ❺⟨By using artificial grass⟩, you lose all this. ❻You are creating
関代S‴　V‴　　　　　　　　　V′　　O′　　　S　V　O　　　S　　V

[a 'Don't come here sign,]' ⟨for wildlife⟩."
　O

⑥　❶「地球の友」の自然保護を訴える上級運動員であるポール・ド・ジルバは「人工
　　芝が与えるマイナスの影響は(ク)かなりなものがあると思います。❷利便性や，
　　こどもを泥だらけにしたくないという目的のために，我々がこの地球で失いつつあ

281

るのは一体何なのでしょうか。❸ミツバチはさまざまな草の種を含む芝生にとまるものです。❹他の昆虫やミミズも芝生の中にいることでしょう。これらの虫は，土壌が持つ，ミネラルを吸収し自らを(ケ)健全な状態に保ち，激しく雨が降ったり，干ばつに見舞われても，持ちこたえるだけの土壌になるという観点からは極めて重要なのです。❺人工芝を使うと，これらすべてを失うことになります。❻野生生物に対して「ここに来るなという信号」を発していることになるのです」と述べた。

↳ **第6段落の要旨** 人工芝は昆虫を排除することで土壌の持つ力を弱くする。

☐ Friends of the Earth	名 「(NPO法人) 地球の友」	A
☐ negative impact	熟 「マイナスの影響」	A
☐ substantial	形 「(数量・程度が) かなりの」	B
☐ for the sake of ～	熟 「～の目的で」	A
☐ get muddy	熟 「泥だらけになる」	B
☐ what is it we are losing here?	「ここで一体何を失いつつあるのか」※強調構文。	
☐ rest on ～	熟 「～にとまる」	A
☐ grass seed	熟 「草の種」	A
☐ worm	名 「(ミミズなどの) 虫」	B
☐ in there	熟 「その中に」※there の特殊用法。	A
☐ in terms of ～	熟 「～の観点から」	B
☐ the ability of ～ to (V)	熟 「～がVできること，～のVする能力」	A
☐ absorb ～	動 「～を吸収する」	B
☐ drought	名 「干ばつ」※dry, drain などと同系語。	B
☐ Don't come here sign	熟 「ここに来るなという信号」	B

⑦ ❶Even those (who have benefited 〈from the boom (in fake grass)〉) are finding [that high demand does not always mean an easy life]. ❷Robert Redcliffe, managing director (of Nam Grass, (which has been 〈in the UK〉〈for six years〉)), said [(接 that省略) the demand was now so great 〈that his high-quality European-made product was increasingly being undercut 〈by cheaper imports〉〉]. ❸Redcliffe is sympathetic 〈with environmentalists〉. ❹"I would agree 〈with them〉; it's not 〈for everyone〉, and it's not 〈for every bit (of the garden)〉. ❺Half (of my garden) is artificial grass, (where the children's play area is), but the rest is natural lawn (with a lot of bushes and plants). ❻I spend all my time 〈trying [to make the lawn look as good as the artificial one]〉."

⑦ ❶人工芝の流行の恩恵に浴している人々でさえ，需要が高いことが必ずしも安寧な生活を意味するとは限らないことに気づきつつある。❷イギリスで６年間営業しているナム・グラス社の重役であるロバート・レドクリフは，人工芝の需要が今

では非常に高いので，自社が製造している高品質の欧州製の人工芝が，それよりも安価な輸入物によって，ますます（コ）価格の切り下げを迫られていると述べた。❸ レドクリフは環境保護論者の意見に共感を示している。❹「私は彼らと意見が一致しています。人工芝はすべての人々のためになるものではないし，庭の隅々にまで利用するためのものでもありません。❺ 我が家の庭の半分は人工芝ですが，そこに子どもの遊び場があります。しかし，残りの部分は天然芝で，低木や植物も生い茂っています。❻（サ）私はすべての時間を費やして，天然芝を人工芝に負けないぐらいきれいな見た目にしようと努力しています」とレドクリフは言う。

↳ **第7段落の要旨** 製造業者の一人が，環境保護論者に共感。

□ benefit from ～	熟	「～の恩恵に浴する」	B
□ high-quality	形	「高品質の」	A
□ increasingly	副	「ますます」	B
□ undercut ～	動	「～の価格を下げる」	C
□ be sympathetic with ～	熟	「～に共感している」	B
□ I would agree with them.		「私なら賛同できるでしょう」※仮定法。「もし意見を尋ねられたとしたら同意するでしょう」の意味。	
□ bush	名	「低木」	A

1.「強調構文」とは何か？

正しくは分裂文と言う。その用法は 2 つである。

> ①名詞あるいは副詞を it is と that [who] で挟み込み，挟み込んだものを強調する。

[例1] It is Betty who is to blame.
　　「責任があるのはベティだ」
　[例1]では「他ならぬ Betty だ」ということが強調されている。

> ②「旧情報から新情報」を示すために行われる倒置する。

[例2] It was at this shop that we first met.
　　「この店で，私たちは初めて会いました」
　[例2]では，at this shop が旧情報となる。
　旧情報とは，this などの指示詞を含むもののことを指す。この場合には「強調構文」という名前は不適切。

2. 疑問詞も強調できるのか？

[例3] What was it that made you angry?
　　「あなたを怒らせたのは一体何ですか」
　疑問詞は名詞か副詞なので強調構文で強調することが可能になる。
　　1. 名詞（what, who, whom, which）
　　2. 副詞（when, where, when, why, how）
　たとえば What made you angry? の what を強調構文で強調すると，It was what that made you angry? となるが，疑問詞は文頭に出す必要があり，これは文として認められない。よって What was it that made you angry? という形にする。
　本文では第 6 段落第 2 文 what is it we are losing here? に見られる。
　that のあとに SV が連続する場合は that を省くこともある。
余談だが，疑問詞は on earth / in the world / the hell などで強調することも可能。
[例4] What on earth [in the world / the hell] made you angry?
　　「君を怒らせたのは一体何なんだ？」

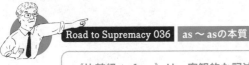

《比較級＋than》は，客観的な記述
《as ～ as》は，主観的な記述

[例1] Tom is as good at math as you are.

　　　○「トムの数学の力を侮ってはいけないよ。あなたには負けてない
　　　　からね」
　　　▲「トムとあなたは数学の実力が同じだ」

　as ～ asは感情的な表現として使う場合がほとんどである。たとえば，
上記の例の「言いたいこと」は，「トムを甘く見てはいけない。彼の数学
の才能は君ぐらいはあるよ」という意味。つまり「トムを過小評価しては
ならない」という場合に用いるのである。数学的には（Tomとyouが拮
抗しているという前提で）Tom ≧ youとなる。

　よって数学の客観的な「…と同じだ」とは異なる表現なので，as ～ as
が数学で使われることはない（倍数as ～ asは例外）。

[例2] The area of triangle ABC is equal to [×as large as] that of triangle
　　　PQR.
　　　「三角形ABCと三角形PQRの面積は等しい」

[例3] Tom is as tall as any boy in his class ~~is tall~~.
　　　「トムはクラスのどの少年と比べても背の高さで負けてない」

　トムは身長においてどの少年にも負けていないということは，トムの身
長が一番高いということになる。この文でas ～ as …「…と同じだ」とす
ると，「トムはクラスのどの少年とも身長が同じだ」となってしまい，ト
ムは身長を変えられる妖怪かサイボーグなどになってしまう。

[例4] What IPCC delivers is as good a piece of scientific advice on climate
　　　change as anyone could hope to get.
　　　　　[注] IPCC（Intergovernmental Panel on Climate Change）
　　　　　　　　「気候変動に関する政府間協議会」
　　　「IPCCの報告が，気候変動に関して手に入ることを望みうる最良の
　　　科学的助言である」

　不等号で確認しておく。

[例5] You are as good at the guitar as Jim.　　　　　　　[you ≧ Jim]
　　　「ギターに関して君はジムに負けてないよ」
　この文を否定文にすると次のような関係になる。

[例6] You are not as good at the guitar as Jim.　　　　　　[you ＜ Jim]
　　　「ギターに関しては君はジムほどの腕前ではない」

[例7] Tom succeeded not so much by luck as by talent.　[luck ＜ talent]
　　　「トムの成功は，才能によってほどには運によってではない」
　　　→「トムが成功したのは運というよりむしろ才能によるものだ」

　本文では最終段落最終文に as good as the artificial one がある。

19

285

≫問題は別冊p.112

テーマ：社会

記述的社会規範について

[出題校]中央大学

[モニターの平均点] **23.7** / 30点

（各3点で採点）

╲竹岡の一言╱

「記述的社会規範」などという
と難しいようだが，常識に照ら
して考えればそれほど難しいこ
とを言っているわけではない。
専門用語に惑わされてはいけな
い。

Answers：解答

番号	正解
1	(a)
2	(a)
3	(d)
4	(c)
5	(c)
6	(c)
7	(d)
8	(a)
9	(b)
10	(b)

1 **正解** (a) ｜内容一致問題｜ 正答率 85.6%

解説 doは直後に置かれた動詞を強調する働きをする助動詞である。下線部の意味は，「人々は実際，お互いの行動をまねているのだ」である。選択肢 (a)「人々は互いの姿勢や動きを実際まねる」，(b)「人々は互いの行動を確実に承認する」，(c)「人々は議論が進むとその意味を十分に理解する」，(d)「人々は，他者が言うことに耳を傾けているということを身振りで示す」の中で意味が近いのは (a) である。選択肢の中のcopy以下が下線部のfollow以下を置き換えたものになっている。

2 **正解** (a) ｜空所補充問題｜ 正答率 96.2%

解説 第3段落は「人は人の行動をまねる」の具体例を挙げている。空所を含む文とその前後の文の意味は「ほとんどの人と同じく，おそらく自分はポイ捨てなどしないと思うだろう。だがそれから通りを見回すと，(イ) がわかる。するとどうするだろう？ おそらく自分のチラシもポイ捨てするだろう」とある。よって (イ) には「他者もチラシを捨てている」という内容が入ることが予測できる。選択肢は (a)「そのようなチラシが何十もすでに地面に落ちている」，(b)「地面に1枚もチラシが散らかっていない」，(c)「周りにはあなたを見ている人が誰一人いない」，(d)「あなたの行動によって影響されるかもしれない人が周りに誰一人いない」の中で適切なのは (a) である。

3 **正解** (d) ｜内容一致問題｜ 正答率 72.1%

解説 第5段落の要旨は，「社会的影響は『記述的社会規範（人が実際にやっていること）』に由来し，それは『命令的社会規範（人がすると期待されていること）』より人に大きな影響を及ぼす」ということである。簡単に言えば，「たとえ規則や道徳的規範としてやってはいけないとされていても，多くの人がそれをやっていれば，人はそれに影響される」ということである。以上の内容を適切に表しているのは (d) である。

4 **正解** (c) ｜空所補充問題｜ 正答率 73.1%

解説 第6段落の要旨は「人が他人の行動をマネすることには意義がある」ということ。また，空所を含む文意は「もし誰もが逃げ出し，叫んでいるなら，たとえ一体何が生じているかを知る (エ)，同じことをするほうがおそらく良い考えだろう」である。また続く文には「何であれ，詳細はあとで調べるのが賢明だろう」とあるので，「たとえ一体何が生じているかを知る前でさえ」とすれば筋が通る。選択肢 (a)「～すればすぐに」，(b)「～なので」，(c)「～の前でさえ」，(d)「もし～なら」の中で適切なのは (c) である。

5 **正解** (c) ｜内容一致問題｜ 正答率 93.3%

解説 下線部 (オ) で気をつけるべき表現は，knowledgeable locals「事情通の地元民」で，本文では地元の店でどこがおいしい店かをよく知っている地

元民のことだ。the restaurant に続く that は関係代名詞，*A* rather than *B*「*B* より（むしろ）*A*」，the one that's empty = the restaurant that is empty である。以上から下線部の意味は「客のいない店よりも混んでいる店，しかも特に知識豊富な地元の人で混んでいる店を選ぶ」となる。したがって (c) が正解である。

---

6 **正解** (c)　　　　　　　　　　　| 空所補充問題 |　正答率　69.2%

解説 空所を含む文は「たとえば，ゴミが散らされている場合は，皆がポイ捨てするのを私たちが実際見たわけではないが，それが地面に落ちているという事実が，（カ）と教えてくれる」という意味である。第 7 段落第 1 文（A key point to note is ...）に「私たちは他者の行動を直接見ていないが，他人のしたことを推察している」とあることから，空所には落ちているゴミから推察される「他者がポイ捨てを行った」という内容が入ると予測できる。選択肢は (a)「彼らはそれをすることになっている」，(b)「彼らはそれをしたはずがない」，(c)「彼らはそれをしたはずだ」，(d)「彼らはそれをしてはいけない」であり，この中で適切なのは (c) である。must have (V) p.p. は過去のことを推量して「V したに違いない」という意味であることに注意すること。

---

7 **正解** (d)　　　　　　　　　　　| 空所補充問題 |　正答率　87.5%

解説 空所を含む文の意味は「同様に，散歩に出ているときは，踏みならされた細道や小道が，実際にそうした人を見たことはない（　　），大勢の人々がその道を通ってきたことを教えてくれる」である。空所の前後にはそれぞれ 1 つの独立した文があり，両者は逆接の関係にある。よって空所には逆接の意味を持つ接続詞が入るはずである。選択肢の中で適切なのは (d)「〜だけれども」である。(a)「〜なので」は順接で不可。(b)「〜の前に」は，before we see them「私たちがそれらを見てもいないのに（←私たちがそれらを見る前に）」とするなら可だが，we haven't actually seen（実際に見たことはない）の前には入らない。(c)「たとえそうでも」は副詞であり，2 つの文をつなぐことはできないので不可。
[例] Jim was tired. Even so he continued to run.
　　　「ジムは疲れていた。たとえそうでも彼は走り続けた」

---

8 **正解** (a)　　　　　　　　　　　| 空所補充問題 |　正答率　81.7%

解説 空所の前の文には「ネットショッピングの場合，他の人が何を買っているかの情報を事細かく教えてくれる」とあり，空所のあとにはその例が挙げられている。さらに最終文では「他の人々の行動には多くの有用な情報が含まれており，自分がどうするかはっきり決めていないときには特に役に立つのは明白だ」とあり，筆者がこうした例に対して肯定的な姿勢だとわかる。
空所を含む文の意味は「それら（＝オンラインショッピングで推薦してくれるもの）はまた（　　）でもある」である。選択肢 (a)「一般に有用である」，(b)「ほとんど有用ではない」，(c)「実用的であることはめったにない」，(d)「ふつう誤解を招く」の中で肯定的なものは (a) しかなく，これ

288

が正解である。

9　**正解** (b)　｜内容一致問題｜　正答率　49.8%

解説　下線部の直訳は「質が確かに役割を果たす」である。does は動詞 play を
強調する助動詞で「実際に，確かに」という意味である。
　下線を含む文の前の第9段落第1文から第3文（Even low-level feedback
...）までの箇所では，「オンラインサイトで音楽を購入する場合，そのフィー
ドバックが大きな影響を及ぼす」という主張が展開されている。また，下線
を含む文の直後には Nevertheless「にもかかわらず」という逆接を表す語で
始まる文が置かれて，先ほどの主張を繰り返し述べている。よってここまで
の文の流れは「主張」→「譲歩（下線部を含む文）」→ Nevertheless「主張
の再現」だとわかる。したがって下線部は，筆者の「主張」とは異なる立場
の内容になると考えられることから，「（筆者はフィードバックが大きな影響を
及ぼすと考えているが，）音楽の質も（オンラインサイトで音楽を購入する際
に）確かに重要な役割を果たす」という内容になると推測できる。選択肢
(b)「素晴らしい音楽の方がより人気がある傾向にあるのは否定できない」は，
音楽の質の高さと購入される可能性との相関関係に適切に言及しており，こ
れが正解。
　(a)「質の悪い音楽がたまたま人気が出るのは確かだ」は偽。直後にコロ
ンで補足された内容と真逆である。(c)「音楽の質は人気の点で最も重要な
要因であることは疑いがない」は偽。筆者の主張は「フィードバックこそ
が音楽の人気を左右する大きな要因である」というものなので，音楽の質
を「最も重要な要因」とするのは誤りである。(d)「音楽の質はその人気と
ほとんど関係もないことを私たちは認めなければならない」は偽。これは
直後に続く補足やこの段落の主張と真逆の内容である。

主張→譲歩→But 主張再現の流れには注意！
「譲歩（自分の主張を有利に進めるために，予想される反論を先に書く
こと）」→「主張」の流れは，「主張」の前に but や however が置かれる
ため容易にわかる。ところが「主張」→「譲歩」の流れでは，「譲歩」
であることを示すマーカーが置かれるとは限らない。よって見過ごして
しまいやすい。たとえば，「プラスチックは環境に悪い（主張）」に続い
て「プラスチックは人類に貢献してきた（譲歩）」のように，まるで方
向の異なる2つの文が連続することになる。よって突然方向性が異なっ
た場合には，「主張」→「譲歩」の流れを疑ってみることだ。

10　**正解** (b)　｜内容一致問題｜　正答率　76.0%

解説　空所を含む文は「どの曲が人気になるかは，どちらの曲が先に推奨される
かに大きく（　　）」である。この段落の主張は「オンラインサイトでの
音楽を購入する場合，そのフィードバックが大きな影響を及ぼす」である
から，空所には「影響される」といった意味が入ると推測できる。さらに
空所のあとには on があり，on と結びつく自動詞であることがわかる。以
上を満たすには (b)「依存する，左右される」である。残りの選択肢の
(a)「～を決める」，(c)「～に影響を及ぼす」，(d)「～の重さを量る」は，意
味も不適切だが，そもそも on と結びつかない。以上から (b) が正解となる。

1 ❶Human beings are deeply social beings. ❷We are constantly influencing each other.
　　S　　　　V　M　　C　　　S　　　M　　　　V　　　　O

❸⟨In your next few meetings⟩, try [watching people's body language more carefully].
　　　　　　　　　　　　　　　V　O　　V'　　　　　O'　　　　　　　M'

❹People really do follow each other. ❺⟨If someone leans back and puts their hands
　S　　M　　　V　　　O　　　　接　　S'　　V'₁　接　V'₂　　O'

⟨behind their head⟩⟩, it's likely [that someone else will do the same], especially ⟨if
　　　　　　　　　　仮S V　C 真S接　　S'　　　M'　V'　　O'　　　　M　　　接

the person (who moves first) is more dominant or (in a senior position)⟩. ❻We are
　S"　　関代S"'　V"'　M"'　V"　　　C"₁　　　　　C"₂　　　　　　S

genuinely influenced ⟨by each other⟩. ❼These social habits spread ⟨through entire
　M　　　V　　　　　　　　　　　　　　　　S　　　　　V　　　　①

organizations and even nations⟩. ❽⟨If you want [to understand human behavior]⟩, you
　　　　　　　　　　②　　　　　　　接 S' V'　O'　　　V"　　　O"　　　　S

have to understand this web (of influence) (that perpetually connects us).
　　V　　　　　　O　　　　　　　　　　関代S'　　M'　　　V'　O'

1 ❶人間は社会に深く関わる生き物である。❷私たちは絶えず互いに影響を及ぼし合っている。❸次の何回かの会議で，人々の身振りをいつもより注意深く観察してみるとよい。❹(ア) 人々は実際，お互いの行動をまねているのだ。❺誰かが背を反らせて両手を頭の後ろで組むと，とりわけ先に動いた人が，より支配的な，あるいは上の地位にある場合には，他の人もまた同じことをする可能性が高い。❻私たちは紛れもなく互いに影響され合っているのだ。❼こうした社会習慣は組織全体やさらには国家全体にさえ広まる。❽人間の行動を理解したいのなら，絶え間なく私たちを結びつけるこの網の目のような影響力を理解しなければならない。

> **第1段落の要旨** 人間は社会的な生き物で，その行動は周りの影響を受けやすい。

□ social being	名	「社会的生き物」	A
□ influence ～	動	「～に影響を及ぼす」	B
□ do＋原形不定詞	助	「実際～する」※ do は強調の助動詞。	A
□ lean back	熟	「背を反らせる」	A
□ do the same	熟	「同じことをする」※ same には the が必要。	A
□ dominant	形	「支配的な」	C
□ in a senior position	熟	「より上の地位にいる」	A
□ genuinely	副	「本当に」	B
□ web	名	「網」	A
□ perpetually	副	「絶え間なく」	B

2 ❶An everyday example (of the power (of social influence)) is [littering,
　　　　S　　　　　　　　　　　　　　　　　　　　　　　V　C

dropping garbage ⟨in public⟩]. ❷Imagine [(接 that省略) you are walking ⟨along the street⟩
　　　同格　　　　　　　　　　　V　　O　　　　　　　S'₁　　V'₁

and someone hands you a flyer]. ❸Do you keep it ⟨to throw away later⟩ or, ⟨if there is no
接　　S'₂　　V'₂　IO'₂ DO'₂　　　S₁ V₁ O₁　　V'　　　M'　　接　接　M'　V'

garbage can ⟨in sight⟩⟩, do you drop it ⟨on the ground⟩?
　　　　S′　　　　　　　　　　S₂ V₂ O₂

❸ ❶Picture the scene. ❷You probably think, ⟨like most people⟩, [that you wouldn't
　　　 V　　　 O　　　　 S　　 M　　　 V　　　　　　　　　　　　　　 O 接 S′

throw it ⟨on the ground⟩]. ❸But then you look ⟨around the street⟩ and see [that there
V′　O′　　　　　　　　　　　 接　 M　S　 V₁　　　　　　　　　 接 V₂ O₂接 M′

are dozens of such flyers already ⟨on the ground⟩]. ❹So what do you do? ❺You probably
V′　　　　 S′　　　　　　 M′　　　　　　　　　　 接　 O　 S V　 S　　 M

drop yours as well.
V　　O　　 M

② ❶社会的影響力の日常的な例の１つが，ゴミのポイ捨て，つまり公共の場所でゴミを捨てることである。❷通りを歩いていて誰かからチラシを手渡されたと想像してみよう。❸それを取っておいて，あとで捨てるのだろうか，それとも見える所にゴミ箱がなければ，地面にポイ捨てするだろうか。

③ ❶その光景を想像してみよう。❷ほとんどの人と同じく，おそらく自分はポイ捨てなどしないと思うだろう。❸だがそれから通りを見回すと，(イ)すでにそのようなチラシが何十も地面に落ちているということがわかる。❹するとどうするだろう？❺おそらく自分のチラシもポイ捨てするだろう。

↳ **第2～3段落の要旨** 社会的影響力の好例は，公共の場所でのポイ捨て。

□ litter　　　**動**「（公共の場所に）ゴミを散らかす」‥‥‥‥‥‥‥**B**
□ in public　**熟**「公共の場所で」‥‥‥‥‥‥‥‥‥‥‥‥‥‥‥**A**
□ flyer　　　**名**「チラシ」‥‥‥‥‥‥‥‥‥‥‥‥‥‥‥‥‥**B**
□ in sight　 **熟**「目に見えて」‥‥‥‥‥‥‥‥‥‥‥‥‥‥‥**A**
□ picture ～　**動**「～を思い描く」‥‥‥‥‥‥‥‥‥‥‥‥‥**A**
□ as well　　**熟**「同様に」‥‥‥‥‥‥‥‥‥‥‥‥‥‥‥‥‥**A**

④ ❶Experimental studies ⟨into such situations ⟨as this⟩⟩ ⟨by Robert Cialdini and
　　　 S

others⟩ have found [that people are around eight times more likely ⟨to drop their
　　　　 V　　 O 接　 S′　 V′　　　　 C′　　　　　　　 V″

flyer⟩ ⟨when other flyers are already littering the ground⟩]. ❷We may not like or approve
O″　 接　　 S‴　　　 M‴　　 V‴　　　 O‴　　　 S₁　　 V₁

of littering⟩, but ⟨when it seems [that many others ⟨around us⟩ are doing it]⟩
O₁　　　 接　接　 S′ V′ C′接　 S″　　　　　　 V″ O″

we follow the crowd.
S₂　 V₂　　 O₂

④ ❶ロバート・チャルディーニらによるこのような状況についての実証研究によって明らかになったのは，自分以外のチラシがすでに地面に散らかっている場合には，自分のチラシをポイ捨てする可能性は８倍ほど高くなるということであった。❷私たちは散らかすことを好まないし，容認もしないかもしれないが，周りの他の多

くの人々が捨てているとき，私たちも集団と同じ行動をとるようだ。

第4段落の要旨 実証実験でわかったこと。すでにゴミがあればゴミを捨てやすい。

□ experimental study　　　名「実証実験」……………………………………C
□ be likely to (V)　　　　　熟「Vする可能性がある」……………………A
□ litter ～　　　　　　　　動「(場所) を散らかす」……………………B
□ do not like or approve of ～　熟「～を好まず，あるいは承認しない」………B

⑤ ❶This powerful form (of social influence) comes 〈from [what Cialdini calls φ a
　　　　S　　　　　　　　　　　　　　　　V　　　　　O 関代 O′　 S′　　 V′
"descriptive" social norm]: [what we see others doing φ] or [what the evidence
　　　　 C′　　　　　　　　　 関代 S′₁ V′₁　 O′₁　　 接　関代　　 S′₂
indicates [that they are doing φ]]〉. ❷Such descriptive social norms need to be
　V′₂　 O′₂ 接　S″　 V″　　　　　　　　　S　　　　　　　　　　V
distinguished 〈from "injunctive" social norms: [what we're *supposed* to be doing φ]
　　　　O　　　　　　　　　　　　　　 関代 O′₁ S′₁　　　　 V′₁
or [what others approve of φ]〉. ❸It's a key distinction. ❹Lawyers, politicians and
接 関代 O′₂ S′₂　　 V′₂　　　 S V　 C　　　　　　 S
managers are generally (in the business (of constructing and enforcing injunctive social
　 V　　 M　　　　 C
norms)). ❺Cialdini's work shows [that 〈if you run into a situation (where an injunctive
　　　　 S　　　　 V　 O 接　接 S″　 V″　　 O″　　 関副　　 S‴
norm is running 〈against a descriptive one〉〉, it is the descriptive norm — [what
　 V‴　　　　　　　　　　　　　　　　　 S′　　　 同格　　 関代 O″
others are actually doing φ] — that tends to win out].
　S″　 V″　 M″　　　　　　　　　 V

⑤ ❶(ウ) この強力な形態の社会的影響は，チャルディーニが「記述的」社会規範と
呼ぶもの，すなわち私たちの目の前で他者がしていること，または彼らがしている
と証拠が示すことに由来する。❷このような記述的社会規範は，「命令的」社会規範，
すなわち私たちが「することになっている」こと，または他者が承認することと区
別する必要がある。❸それは重要な区別である。❹法律家や政治家や経営者たちは，
一般的に命令的社会規範を構築し，それらを強制的に守らせる業務に携わっている。
❺チャルディーニの研究が示すところでは，人が，命令的規範が記述的規範に反
する状況に出くわすと，勝利を収めがちなのは，記述的規範 —— 他者が実際にして
いること —— ということである。

第5段落の要旨 社会的影響は「記述的社会規範（人が実際にやっていること）」に由来し，
それは「命令的社会規範」よりも人に大きな影響を及ぼす。

□ descriptive　　　　　　　　形「記述的」……………………………………B
□ social norm　　　　　　　　名「社会規範」…………………………………C
□ indicate ～　　　　　　　　動「～を示す」…………………………………A
□ be distinguished from ～　 熟「～とは区別される」………………………B
□ injunctive　　　　　　　　　形「命令的な」…………………………………C
□ be supposed to (V)　　　　 熟「Vすることになっている」………………B
□ approve of ～　　　　　　　熟「～を承認する」……………………………B

6 ❶We can see [why it makes sense [to follow the behavior of others]]. ❷〈If everyone
 S V O M′ 仮S′ V′ 真S′ V′   O′   接 S′
is running away and screaming〉, it's probably a good idea [to do the same], 〈even
 V′₁ 接 V′₂ 仮SV M C 真SV O′ M
before you know [exactly what's going on]〉. ❸Maybe it's a tiger or an attack 〈by an
 接 S″ V″ M′ 関代S‴V‴ M₁ S₁V₁ C₁ 接 C₂
invading army〉; but 〈whatever, (it may be省略)〉 it may be best [to examine the details
    接 C′ S′ V′ 仮S₂ V₂ C₂ 真S₂ V′ O′
later]. ❹Similarly, 〈when (you are省略) visiting a new place〉, it is probably a good idea [to
M′ M 接 S′ V′ V′ O′ 仮SV M C 真S
choose the restaurant (that is busy, especially 〈with knowledgeable locals〉), rather than
 V′ O′₁ 関代S′V′ C′ 接
the one (that's empty).
 O′₂ 関代S′V′ C′

6 ❶他者の行動に従うことに意味がある理由は理解できる。❷もし誰もが逃げ出し、叫んでいるなら、たとえ一体何が生じているかを知る(エ)前でさえ、同じことをするほうがおそらく良い考えだろう。❸それはトラかもしれないし、侵略軍による攻撃かもしれないが、何であれ、詳細はあとで調べるのが賢明だろう。❹同様に、初めての場所を訪れるときは、(オ)客のいない店よりも混んでいる店、しかも特に知識豊富な地元の人で混んでいる店を選ぶほうが、おそらく良い考えだろう。

↳ 第6段落の要旨 他者のまねをするのが安全である。

7 ❶A key point (to note φ) is [that often we don't directly see the behavior (of others),
 S V C 接 M′ S′ M′ V′₁ O′₁
but infer [what they have done φ]]. ❷〈For example〉, 〈in the case of litter〉 it is
接 V′₂O′₂関代O″ S″ V″ S₁ V₁
not [that we actually see everyone dropping it], but the fact [that it is lying
C₁ 接 S′ M′ V′ O′ C′ 接 S₂ 接S′ V′
                        同格

⟨on the ground⟩] tells us [that they must have done it]]. ❸Similarly, ⟨when ⟨we are 省略⟩
　　　　　　　　　V₂ IO₂ DO₂ 接　S″　　　V″　　O″　　　M　　接　S′ V′

out walking⟩, well-worn paths and trails tell us [that many people have passed ⟨over
M′　V′　　　　　　　　　　S　　　　　　　V IO DO 接　　S′　　　　V′

them⟩], ⟨even though we haven't actually seen them⟩. ❹The worn pathway is still a
　　　　　　　接　　　S′　　M′　　V′　　O′　　　　　　　S　　　　　V M

useful clue [that we're probably heading ⟨in the right direction ⟨to the nearby river
C　　　　　接 S′₁　　M′₁　　V′₁
　↑↑
　同格

or town ⟨that we are seeking φ⟩⟩⟩], and [that the path ⟨⟨関代 which 省略⟩ we are on φ⟩ is
　　　　関代 O′ S″　　V″　　　　　接　接　　S′₂　　　　　　　　　　S″ V″ M″　V′₂

a safe route ⟨to take φ⟩].
C′₂

⑦ ❶注目すべき重要な点は，多くの場合，私たちは他者の行動を直接見ていないが，彼らがしたことを推察しているということだ。❷たとえば，ゴミの場合は，皆がポイ捨てするのを私たちが実際見たわけではないが，ゴミが地面に落ちているという事実が，(カ)彼らはゴミを捨てたに違いないと私たちに教えてくれる。❸同様に，散歩に出ているときは，踏みならされた細道や小道が，実際にそうした人を見たことはなく(キ)ても，大勢の人々がその道を通ってきたことを教えてくれる。❹踏みならされた小道であっても，それは依然として，自分たちが探している近くの川や町へ至る正しい方向に私たちがおそらく進んでいること，それに今通っている小道は，取るべき安全なルートであることを示す，有用な手がかりなのである。

↳ 第7段落の要旨 他者の行為を実際に見なくても，その痕跡から推測するだけでも，なすべき
　　　　　　　　　　行為の方向性がわかる。

□ note ~　　　　　　　　　動「~に注目する」‥‥‥‥‥‥‥‥‥‥‥‥‥A
□ infer ~　　　　　　　　　動「~を推測する」‥‥‥‥‥‥‥‥‥‥‥‥‥B
□ in the case of ~　　　　　熟「~の場合には」‥‥‥‥‥‥‥‥‥‥‥‥‥A
□ it is not that SV　　　　　熟「SV ということではない」※it は「状況」を示す役
　　　　　　　　　　　　　　　割で，訳さない。(→ p.297 Supremacy 037)‥‥A
□ the fact that SV　　　　　熟「SV という事実」※fact と that 節が同格関係。
　　　　　　　　　　　　　　　　‥‥‥‥‥‥‥‥‥‥‥‥‥‥‥‥‥‥‥A
□ well-worn　　　　　　　　形「踏みならされた」‥‥‥‥‥‥‥‥‥‥‥‥B
□ trail　　　　　　　　　　名「(人が通った) 跡，(登山などの) ルート」‥‥‥B
□ clue　　　　　　　　　　名「(難問・調査・研究などの) 手がかり」‥‥‥‥A
□ head in the right direction　熟「正しい方角へと向かう」‥‥‥‥‥‥‥‥‥A
□ seek ~　　　　　　　　　動「~を探し求める」‥‥‥‥‥‥‥‥‥‥‥‥A
□ the path we are on　　　　= the path which we are on

⑧ ❶⟨In the modern world⟩ this pattern ⟨of social inference⟩ is as powerful as ever,
　　　　　　　　　　　　　　　S　　　　　　　　　V　　C₁　　　M

and perhaps even more so. ❷The recommendations ⟨of online shopping sites⟩ ⟨that
接　　M　　　　C₂　　　　　　　　　S　　　　　　　　　　　　　　　　関代 S′

show us [what other people bought or looked at φ]⟩ strongly influence behavior. ❸They
V′ IO′ DO′関代 O′　S″　　V″₁ 接 V″₂　　　　M　　　V　　O　　　S

are also generally useful. ❹⟨Are you 省略⟩ Buying a camera? ❺Many people also bought
V　M　　M　　　C　　　　　　　　　　　　V　　　O　　　　S　　　M　　V

this protective case. ❻(Are you 省略) Buying that DVD? ❼Many people also viewed
    O   V   O   S   M   V

this box set, (which costs almost the same but has all three series, not just one). ❽Clearly,
   O   関代S′   V₁   M′   O′₁   接   V′₂   O′₂   M

other people's behavior contains lots of useful information, particularly (when we're not
          S   V   O   M   接   S′   V′

quite sure [what (we are 省略) to do φ]).
  M′   C′   O′   V′

⑧ ❶現代の世界でも，このような社会的推測の型は相変わらず強い力がある，というかさらに強力かもしれない。❷他の人々が買ったり見たりしたものを，私たちに示してくれるオンラインショッピングサイトの推奨品は，行動に強い影響を及ぼす。❸しかもそれらは(ク)おおむね役に立つ。❹カメラをお買い上げですか。❺たくさんの人がこの保護ケースもお買い上げになりました。❻そのDVDをお買い上げですか。❼たくさんの人がこのボックスセットもチェックされていて，それは値段がほとんど変わらないのに，シリーズ1だけでなく，シリーズ3まですべてが収められています。❽他の人々の行動には多くの有用な情報が含まれており，自分がどうするかはっきり決めていないときには特に役に立つのは明白だ。

↳ 第8段落の要旨 現代ではオンラインショッピングなどがあり，他者の行動の影響力は以前にも増して強い。

☐ as 〜 as ever　　　熟「以前と同様に〜」･････････････････････････････A
☐ even ＋ 比較級　　　熟「さらに一層〜」･･････････････････････････････B
☐ recommendation　　名「推薦するもの」････････････････････････････B
☐ protective case　　 名「保護ケース」･･････････････････････････････B
☐ clearly　　　　　　　副「〜は明白だ」※文修飾の副詞。･･･････････････A
☐ not quite 〜　　　　熟「かならずしも〜ない」･･････････････････････A

⑨ ❶Systematic studies (of consumer choice) confirm [that these social influences
       S   V   O 接   S′

are very powerful and tend to be self-reinforcing]. ❷(When students (choosing music
V′₁   C′₁   接   V′₂   C′₂   接   S′   V″   O″

(on an online site)) are given information (about [what others liked φ])), this leads
                      V′   O′   関代O′ S″ V″   S   V

(to dramatic changes (in purchasing behavior)), (compared with choices (that are not
                                                                  関代S′

informed (in this way))). ❸Even low-level feedback (about [what others liked φ])
  V′   S   関代O′ S′ V′

increases the popularity (of some songs) and suppresses that (of others).
  V₁   O₁   接   V₂   O₂

❹Quality does play a role: songs (that are independently rated as very good) tend to
  S   V   O   S₁   関代S′   M′   V′   C′   V₁

do better, and those (that are independently rated as very bad) tend to do less
M   接   S₂   関代S′   M′   V′   C′   V₂   M

well. ❺Nonetheless, (in repeat experiments), [which songs become popular] depends
      M   S   S′   V′   C′   V

heavily 〈on [whichever song first gets recommended]〉. ❻ The feedback creates a
　　 M　　　　　 S′　　　　 M′　　　　　 V′　　　　　　　 S　　　　　 V
"winner takes all" dynamic, 〈at least 〈in these experimental conditions〉〉, 〈with
　　　　　　　　　　 O　　　　　　　　　　　　　　　　　　　　　　　　　　　 分構
that winner strongly depending 〈on [whatever got recommended 〈in the first
　　 S′　　　　 M′　　　 V′　　　　　 関代S″　　　　　 V″
round 〈of feedback〉〉]〉〉.

⑨ ❶こうした社会的影響は極めて強力で, 自己強化的になる傾向があることを, 消
　費者の選択に関する体系的研究が裏付けている。❷オンラインサイトで音楽を選
　ぶ学生たちに, 他の人々の好みについての情報が与えられると, このような情報を
　与えられずに行われる選択と比較して, 購買行動に劇的な変化が引き起こされる。
　❸他の人々の好みについての低レベルのフィードバックでさえ, 一部の曲の人気
　を高め, 他の曲の人気を下げる。❹(ケ)音楽の質は確かに一役買う。とてもよい
　ということだけで評価された曲はよく売れ, とても悪いということだけで評価され
　た曲はあまり売れない傾向がある。❺それにもかかわらず, 繰り返し行われた実
　験では, どの曲に人気が出るかは, どちらの曲が先に推奨されるかに大きく(コ)左
　右される。❻少なくともこうした実験的状況では, フィードバックが「勝者ひと
　り勝ち」の力学を生み出し, その勝者は, どんなものであれ1回目のフィードバッ
　クで何が推奨されたかに大きく左右されるのである。

　　↳ 第9段落の要旨 こうした社会的影響は大きい。

□ systematic study　　　　名 「体系的研究」………………………………… B
□ confirm 〜　　　　　　　 動 「〜を裏付ける」……………………………… B
□ self-reinforcing　　　　 形 「自己強化的な」……………………………… B
□ A lead to B　　　　　　 熟 「Aの結果Bとなる」………………………… A
□ purchasing behavior　　名 「購買行動」…………………………………… B
□ suppress 〜　　　　　　 動 「〜を抑圧する」……………………………… B
□ that of others = the popularity of other songs
□ does play a role　　　　 熟 「実際に役割を演じる」 ※does は強調の助動詞。
　　　　　　　　　　　　　　……………………………………………………… A
□ rate A as B　　　　　　 熟 「AをBと評価する」………………………… C
□ independently　　　　　副 「独立して」…………………………………… C
□ nonetheless　　　　　　副 「にもかかわらず」…………………………… B
□ repeat　　　　　　　　 名 「(形容詞的に)繰り返される」……………… A
□ winner takes all　　　　熟 「勝者がすべてをとる」……………………… A
□ dynamic　　　　　　　 名 「力学, 原動力」……………………………… B
□ experimental condition　名 「実験的状況」……………………………… C
□ with 〜 depending on ...　熟 「〜が…に依存している状態で」※付帯状況の
　　　　　　　　　　　　　　 with. ……………………………………………… A

> ［例1］It seems that he lives alone.
> 　　　「彼は一人で住んでいるらしい」

この例文のItは何だろうか？　形式上の主語だろうか？　でも，もしそうなら，that he lives aloneが「真の主語」となり，seemsの補語（seemの意味を補うために後ろに置かれる名詞か形容詞）がなくなることになる。seemは必ず補語を必要とする動詞なので，それは困ったことになる。実は，このItは，「漠然とした状況を指すit」と呼ばれるものである。

> ［例2］It may be that he lives alone.
> 　　　「彼は一人で暮らしているのかもしれない」

この例文のItも上記と同じである。しかもItとthatが省かれてmayとbeがくっつき，Maybe he lives alone.ということもある。Itに意味がないのなら省いてしまえ！　ということだろうか。

> ［例3］It turned out that he lived alone.
> 　　　「彼は一人で暮らしていることが判明した」

この例文のItも上記と同じである。直訳すると「（状況は）彼が一人で住んでいると判明した」となる。日本語では「彼は一人で暮らしていることが判明した」となる。

> ［例4］I did not go to his party. It is not that I do not like him.
> 　　　「私は彼のパーティに行かなかった。彼のことが好きでないということではない」

この例文のItも上記と同じである。It is自体がほとんど意味をなしていない。だからこそ，It isが省かれてNot that I do not like him.とすることもある。初めてこの形を見たら，きっと「これは一体何だ？」と思うだろう。

> ［例5］It happens that I know why she resigned.
> 　　　「彼女がなぜ辞職したのかを私はたまたま知っている」

この例文のItも上記と同じである。

本文では第7段落の第2文目に見られる。For example, in the case of litter it is not that we actually see everyone dropping it, but ... 「たとえば，ポイ捨ての場合には，私たちは皆がゴミを捨てているのを実際見ているということはない。しかし…」

> 副詞の種類
> 1. 語（形容詞・副詞・動詞）を修飾する
> ［例1］ I clearly remember the day when I first met her.
>   「私は彼女と会った日をはっきりと覚えている」
> 2. 文全体を修飾する
> ［例2］ She clearly dislikes this kind of work.
>   「彼女がこの種の仕事を嫌っているのは明白だ」
> ［例3］ Characteristically an insect society is formed of a parent
>   or parents and a large number of offspring.
>   「昆虫の社会は、1匹ないしは複数の親と、多数の子から
>   成っているのが特徴である」

　［例1］では，clearly は remember を修飾している。このような副詞を「語修飾の副詞」と言う。ところが［例2］では clearly は dislikes だけを修飾しているのではなく，She dislikes this kind of work. 全体を修飾していて，It is clear that she dislikes this kind of work. と書き換えることもできる。このような副詞を「文修飾の副詞」と言う。

> 文修飾可能な副詞の種類
> 1. 語修飾も文修飾も可能な副詞
> ［ 例 ］ clearly   (1)「はっきりと」 (2)「〜とは明らかだ」
>   naturally   (1)「自然に」   (2)「〜とは当然だ」
>   rightly   (1)「正しく」   (2)「〜とは正当だ」
>   obviously   (1)「目に見えて」 (2)「〜とは明白だ」
> 2. 文修飾だけが可能な副詞
> ［ 例 ］ probably   「おそらく」
>   characteristically 「〜が特徴だ」
>   unfortunately   「〜とは残念だ」
>   certainly   「〜とは確かだ」
>   apparently   「見たところ〜らしい」
> ※文修飾の副詞の意味は①「可能性を示すもの」②「筆者の意見
>   を示すもの」がほとんどである。

　本文では第8段落最終文にある。Clearly, other people's behavior contains a lot of useful information, particularly when we're not quite sure what to do.「他の人々の行動には多くの有用な情報が含まれており、自分がどうするかはっきり決めていないときには特に役に立つのは明白だ」

「なにくそ，負けるものか！」

　勉強すれば，「苦しさに立ち向かい，それに打ち勝った」という大切な経験ができると同時に「想像力を育む」ことができる。

　勉強に限らず，生きていればさまざまな苦難に出合うものだ。その苦難を乗り越えようとするエネルギーは，勉強やクラブ活動を必死にやることを通して培われるように思う。知識はすぐに消える。たとえば，受験勉強を終えて久しい人は，数学の公式，日本史の用語，英単語などすっかり忘れているかもしれない。でも，そのような人でも，学生時代にがむしゃらに何かに取り組み，壁を乗り越えた経験は，時を経ても忘れることはない。そうした経験は，将来何かの壁にぶつかったときに，「あの辛い時を乗り越えられたのだから，今回も頑張ろう」と思える原動力になるものだ。学問もクラブ活動も楽しくやるのが基本だろうが，辛さを伴わないものは偽物だと思う。そうした辛さを乗り越えるからこそ，その経験が輝かしいものになるのではないだろうか。

　人の痛みがわかるには想像力が必要となる。街角の壁にペンキで落書きをする人は，落書きをされた人がどれほど悲しいか，その落書きを消すにはどれくらいの労力が必要かなんかを想像できない人だろう。車やバイクで大きな音を立てている人たちは，子どもが目を覚まさないかとはらはらしている親の気持ちを理解する想像力を持ち合わせていないのだろう。電車の中で大きな声で話をしている人も想像力が欠如している。周りがどれほど嫌な気持ちになっているかがわからないのだから。自然災害による被害に遭われた方の痛みを理解することは，実際に体験していない者にとっては難しいかもしれない。しかし，想像力を最大限に働かせれば，その人々の痛みの１％でもわかるかもしれない。

　科目によらず勉強は人の想像力を育てる。勉強は教室でやるものとは限らない。年齢を重ねることでも人は学習する。年を取ると，今まで見えてこなかった色々なものが見えてくる。若いときには考えもしなかった視点から物事を見ることができるようになる。しかし，若いうちに勉強すれば「年齢を重ねる」ことをしないでも，ある程度想像力を培うことができる。だから勉強は必要なのだ。昔，巨人軍の王貞治選手は，ホームランを打っても派手なガッツポーズをせずに淡々とホームベースまで走った。打たれた投手のことを気遣ってのことだそうだ。それまでにさまざまな苦労や経験をしてこられた想像力豊かな王選手ならではのエピソードだと思う。

　君たちもこの問題集を通して英語力はもちろんのこと，想像力も鍛えて欲しい。健闘を祈る！

著者

竹岡広信
Hironobu Takeoka

学研プライムゼミ特任講師。駿台予備学
校講師。竹岡塾主宰。「先生のおかげで
英語が克服できた」と多くの東大合格者
が信頼を寄せるカリスマ英語講師。厳し
くも愛情に満ちた授業と生徒の解答答案
１枚１枚への愛情あふれる添削は受験
生を魅了し，数多くの生徒を難関大学
合格へと導き続けている。『ドラゴンイ
ングリッシュ基本英文100』『ドラゴンイ
ングリッシュ必修英単語1000』(いずれ
も講談社)，『決定版　竹岡広信の英作文
が面白いほど書ける本』(KADOKAWA)，
『竹岡の英文法・語法ULTIMATE究極の
600題』(学研) など多数の著書があるが，
本書は師の日頃の授業の情熱と添削から
得た知見を凝縮した「英語長文問題集」
の決定版である。

竹岡の
英語長文SUPREMACY 至高の20題

Editorial Staff

アートディレクション：細山田光宣

ブックデザイン：川口匠(細山田デザイン事務所)

イラストレーション：岡田みそ

編集協力：日本アイアール株式会社, 挙市玲子, 渡辺泰葉

データ作成：株式会社四国写研

印刷所：株式会社リーブルテック